다른 유교
다른 기독교

The Other Confucianism

다른 유교
다른 기독교

The Other Christianity

이은선 지음

한국적 페미니즘, 한국적 포스트모던 영성

오늘날 생명 윤리학이나 에코페미니즘에서 많이 이야기하는 살림과 생명의 원리가 이 중용적 '성물(成物)'과 '생물(生物)'의 원리와 다르지 않고, 유교 여성들의 삶이야말로 바로 지극하게 그것들을 선행적으로 실천하고 산 삶이었다고 하겠다. 이렇게 지속성과 성실성으로 끊임없이 생명을 살리고 창조하는 만물일체의 유교 영성(天地生物之心)이야말로 오늘날 현대 여성들이 다시 체득해야 하는 덕목이라고 밝히고자 한다. 이러한 가운데 유교 종교성은 "선(善)이란 내가 진정으로 좋아서 원하는 것이고, 믿음(信)이란 내 몸에 있는 것"이라고 했다면, 진정한 신앙은 단순히 언어나 마음의 문제가 아니며, 밖의 것을 좇는 일이 아니라 추구할만한 것을 선으로 해서 그것을 몸에 체현시키는 일이라고 보는 것을 말한다.

1.

올해로 한국 개신교는 선교 130주년을 맞이하였다. 1885년 인천 제물포에 아펜젤러(H.G. Appenzeller, 1858-1902) 부부와 언더우드(H.G. Underwood, 1859-1916) 선교사가 첫 발을 내디디면서 시작된 한국 개신교회는 이후 놀라운 성장을 거듭하여 지금은 세계에서 유수한 교회가 되었고, 한국은 가장 많은 수의 선교사를 파견하는 나라 중 하나가 되었다. 하지만 오늘날 한국 교회가 이러한 성취를 기뻐할 수만은 없는 상황에 처한 것 또한 주지의 사실이다. 한국 교회는 요즈음 '개독교'라는 소리를 들을 정도로 사회적 신망을 잃었고, 가장 믿을 수 없고 신뢰할 수 없는 집단이라는 지적받는 지경에 이르렀다. 구한말 신약성서의 한글 번역에 깊이 헌신했던 선교사 J.S. 게일(J.S. Gale, 1863-1937)은 당시 중국이나 인도와는 달리 조선 민중들의 문해력과 식자력이 뛰어나게 높은 것을 보고서 조선은 하늘이 예비한 "전반구(全半球)를 돌리기 위한 축으로 사용되고 있음이 분명하다"고 하며 한국 선교에 대한 큰 비전을 보여주었다. 하지만 150여 년이 지난 오늘날 그로부터 성장해온 한국 교회의 모습과 역할을 바라보는 시선이 복잡하다.

2.

일찍이 함석헌 선생은 '생각하는 백성이라야 산다'라고 강조하셨다. 그러면서 민중들로 하여금 스스로 하늘과 맞닿게 하는 종교야말로 참된 종교라고 하였는데, 한민족의 역사에서 그 일을 불교도 못했고, 유교도 하지 못했으며, 가장 나중의 기독교 역시 철저히 근본주의적 타락의 종교로 전락하여 그 일을 이루어내지 못하고 있다고 일갈하였다. 그에 따르면 "중보(中保) 소리 많이 하는 종교"는 "협잡종교"이다. 오늘날 한국 교회 타락의 양태를 볼 때 그 중보의 자리에는 남성 성직자가 들어가 있고, 교파의 체제가 들어가 있으며, 교회의 건물 등이 차지하고 있는 것을 보면서 어떻게 하면 한국 교회가 다시 한 번 크게 개혁되어서 진정으로 민중들로 하여금 스스로 궁극까지, 또는 근저까지 가 닿을 수 있도록 하겠는가를 생각해 본다. 그럴 때만이 신앙에서의 참된 주체성과 실천력이 길러지고, 거기서 인간적인 행위력이 가능해지기 때문이다. 이번에 『다른 유교, 다른 기독교』라는 제목으로 출간되는 이 책의 글을 한 편씩 써 나아갈 때마다 그런 마음으로 썼다는 것을 말씀드리고 싶다. 20세기에 들어와서 '압축적 근대화(compressed modernity)'를 겪으면서 힘겹게 오늘에 이른 한국이 요사이 크게 흔들리는 것을 보면서 그 흔들림과 위기의 근저에 신앙의 경직과 고사가 놓여 있는 것을 보기 때문이다. 그것은 19세기 영국의 존 스튜어트 밀이 이미 잘 지적한 대로 우리의 정신에 두터운 외피를 덮어 씌워서 이후 정신에 미치는 다른 일체의 영향을 차단시키고, 그렇게 함으로써 세상과의 소통을 저버리고 점점 더 자신 안에 갇혀 유아독존적으로 타락하면서 정신과 감정, 행동력이 점점 말라가는 것을 말한다. 오늘 한국 사회에서 개독교 소리를 듣는 교회와 거기의 권력자들 모습이 그렇게 변질되어 가고 있는 것을 부인하기 어렵다.

3.

한국 기독교가 이 땅에서 본격적으로 자라나기 시작한지 150여년 만에 빠져든 현실의 모습을 '자아절대주의'와 '세계소외(world alienation)'의 병으로 보고자 한다. 그리고 그것을 치유할 좋은 가능성을 우리 유교 전통에서 보왔다. 특히 조선의 성학(聖學)과 도학(道學)의 전통에서 우리의 선조들이 자신들 마음 속 깊은 곳(性)에 하늘 초월(理)의 편린이 담겨져 있는 것을 보고 그것을 갈고 닦는 일을 통해서 하늘과 하나가 되고, 참된 인간성에 도달하고자 했던 노력과 성실(聖人之道/學)에서 한국 교회와 세계 기독교가 배울 것이 많다고 생각했다. 물론 우리가 주지하는 대로 유교도 오늘의 기독교가 빠져든 것보다 덜하지 않은 고루와 자기폐쇄의 경직에 빠져들었었고, 그래서 우리는 구한말 나라를 잃을 정도의 폐해를 깊이 경험했던 것도 사실이다. 하지만 한 사고의 전통에서 그것이 경직되기 이전의 정수를 살펴서 그 전해주고자 하는 핵심 메시지를 살펴본다면, 유교는 분명 우리에게 많은 가르침을 줄 수 있다고 여긴다. 함석헌 선생 등이 앞으로 인류가 가장 필요로 하는 것은 어떤 기술문명적인 것이 아니라 "새 종교"이고, 그 새로운 종교는 결코 인간의 생각하는 힘(理智)과 상치되는 것이 아닌 새로운 차원의 "정신적 영화(靈化)"를 위한 "노력의 종교"가 될 것이라고 전망했다면, 유교 전통, 특히 조선 성리학의 전통은 그 훌륭한 원천이 될 수 있다고 본다. 16세기 이후로 조선의 도학자들은 인간 정신의 깊은 탐구력을 믿었고, 우리가 그 정신과 마음을 잘 관찰하고 닦아낸다면 그 정신으로 상대방의 마음을 읽어내고, 우주가 온통 한 몸인 것을 알아차릴 수 있다고 믿었다. 그래서 그들은 그렇게 온 힘을 다해서 자신의 감정 변화와 도덕적 의지의 추동과 사고와 판단의 관계, 행위와 실천의 삶이 어떻게 가능해지는지(四端七情論) 등을 알아내고자 애를 썼고, 또한 세상의 만물이 과연 한 몸을 이루는지, 왜 인간사회와 문명은 인간적이어야 하는지, 무엇이 인간으로 하여금 진정으로 인간되게 하는지(人物性同異論, 禮學論) 등의 질문을 묻고 또 물었다. 나는 이러한 탐구적 노력이야말로 오늘 한국 교회가 자신들은 이미 모든 답을 가지고 있다고 여기고, 그래서 그것이 존경되기만 했지 한 번도 진지하게 논의되거나 토론되지 못하고 하나의 '초이념(supersense)'으로 굳어져서 근본주의적 원리와 교리로 작동되는 현실을 타개할 수 있는 좋은 가능성으로 보았다. 오늘 한국 교회의 독단과 아집, 점점 더 빠져드는 비도덕성이란 바로 그렇게 제대로 근저에서부터 토의되지 못하고 단지 유산으로 받기만 한 신앙이 값싼 대속 신앙으로 전락한 결과라고 생각하며 그러한 신앙과 삶의 유리, 행위 없음의 비도덕성을 어떻게 치유할 수 있을까를 묻는다.

4.

그러나 사실 다시 역으로 유교 쪽에서 보면, 지금까지 유교는 스스로를 하나의 '종교'전통으로 이해해왔다기보다는 주로 철학이나 윤리, 도덕이나 정치적 담론 등으로 여겨왔기 때문에 여기서 우리가 유교 전통을 종교전통의 하나로 보면서 그와의 대화를 통해서 오늘 기독교의 한계를 넘으려는 시도를 의아하게 생각할 수도 있다. 하지만 나는 이것이 바로 유교 전통의 한계이고, 스스로가 오늘날의 포스트모던적 상황에서 자신의 진정한 가능성과 지금까지 스스로 일구어온 것의 가치를 모르는 일이라고 말하고 싶다. 즉 오늘의 포스트모던적 상황에서의 '유교적 세속주의 종교영성(Confucian secular religiosity)'의 의미, 다시 말하면 외형적으로는 최소한으로 종교적이지만 현실의 구체적 삶에서는 참으로 풍성하게 영적인 유교 종교성의 포스트모던적 성격을 말하는 것이다. 그래서 이번에는 한 사람의 기독교 신학자로서 유교가 앞으로의 시간에서 새로운 역할을 하기 위해서는 지금까지의 굳어진 자기이해에서 벗어나서 다른 모습으로 거듭나야 함을 말하고, 그 일은 서구 기독교 전통과의 대화를 통해서 자신의 참된 종교성을 자각하는 일로 이루어야 함을 말하고자 한다. 지금까지 유교 정신이 이 세상에서 극진하게 지속적으로 수행해온 '하학이상달(下學而上達)'의 일과 '극고명이도중용(極高明

而道中庸)'의 추구가 결코 세속적이기만 한 것이 아니라 바로 오늘의 세속화 (secularization)를 넘어서 다시 세속화 이후(post-secularization)를 말하는 포스트모던 시대에 꼭 요청되는 새로운 포스트모던 종교성의 실천이고, 그래서 그들이 인간 마음속에서 먼저 싹 틔우고, 정치, 경제, 문화, 교육 등 세상 삶의 전 영역으로 확장해서 섬세하게 의례화(ritualization)를 통해서 지극히 구체적으로 실현하려고 한 일들이 '초월'과 '궁극'의 실천의 일이라는 것을 의식하는 일이어야 한다는 것이다. 서구 기독교인들은 그들의 종교적 언어로 그 일을 보다 뚜렷하게 신적이고 종교적인 일로 자각하고 있었다. 나는 만약 오늘의 유교가 기독교 전통과의 대화를 통해서 그러한 포스트모던적 재신화화의 일을 가능하게 한다면 많은 평범한 보통 사람들의 보편적인 세속의 일을 뛰어나게 궁극과 근저까지 가 닿으려는 초월의 일로 의식하게 만들어서 그들로 하여금 보다 능동적이고, 자주적으로, 그리고 주체적이고 창조적으로 행위하고 실천하는 사람들로 거듭나게 할 수 있다고 본다. 유교 전통이 그일을 이루지 못해서 결국 구한말의 비극을 불러왔지만, 유교 전통에서 나온 동학은 서학의 도전에 응전하면서 천주(天主)와 향아설위(向我設位)를 말하면서 그 일을 이루고자 했다. 그래서 유교와 동학의 관계를 나는 서구 정신사에서 중세 스콜라 신학과 철학이 없었으면 루터의 종교개혁이 나올 수 없었던 것처럼 동학의 탄생은 조선 성리학의 깊은 탐구와 수행이 없었다면 가능하지 못했을 일이라고 이해한다. 오늘 서구에서도 다시 '새로운 중세'를 말하면서 자신들의 근대를 넘어서고자 하는 포스트모던적인 시도가 무르익고 있는데, 한국의 근대를 온통 수놓았던 것이 서구 기독교의 문명이었다면, 이제 한국적 '근대 이후(포스트모던)'가 다시 돌아보아야 할 중세는 우리의 유교 전통이라고 생각한다.

5.

우리 스스로뿐 아니라 세계가 놀라고 있는 한류(The Korean wave)의 물결이 많은 논란과 비판적 지적에도 불구하고 계속되고 있다. 본문의 글「한류와 유교 전통 그리고 한국 여성의 살림영성」에서 살핀 대로 나는 이 한류의 내용 안에 지금까지 이야기한 '세속적 종교성(secular religiosity)'으로서의 유교 종교성이 잘 녹아있다고 생각한다. 그리고 그것이 근대에 들어와서 한국이 집약적으로 받아들인 서구 기독교 문명의 표현 방식과 잘 어우러져서 세계가 열광하고 있다고 여긴다. 그것은 전통과 현대의 조화이며, 아시아적 가치와 서구적 해석의 연결을 통해서, 특히 여성 주인공들에 의해서 삶이란 '의미 만들기(sense-making)'라는 고전의 의미가 새로운 형식으로 표현되고 있기에 세계가 보편적으로 공감을 보내고 있다고 생각한다. 함석헌 선생의 말씀대로 하면 그것은 인류 근대의 과학기술 시대에 한쪽으로 치워져있던 "인간성(仁)"이 다시 추구되는 것이기도 하고, 한국 문화 전통의 "착함"이 인간적인 뜻을 이루기 위해서 오랫동안 인내하면서, 그러나 당당하고 주체적으로 그 뜻을 이루어가는 모습을 통해 새로운 포스트휴먼적 인간상으로 나타내주고 있기 때문이라고 할 수 있다. 나는 한국 유교의 전통이 그러한 인간상을 영글도록 하는데 지대한 영향을 끼쳤다고 생각한다. 그리고 그것이 비록 그 안에 많은 한계를 가지고 있고, 여성들에게는 여전히 경직된 세계관적 이데올로기로 부정적인 영향을 끼치기도 하지만, 이제 특히 서구 기독교와 현대 페미니즘을 통해서 스스로가 직접적으로 궁극과 초월과 관계할 수 있는 방식을 얻은 현대의 한국 여성들이 그 유교적 전통을 다시 자신의 자산으로 끌어안는다면 참으로 창조적이고 풍성한 열매를 일어낼 수 있다고 생각한다. 그래서 한국적 여성신학자로서, 또는 기독교적 유교인으로서 두 전통의 연결과 대화를 강조하고 싶은 것이다.

6.

세계 문명사적 관점에서 볼 때도 앞으로 인류 삶을 크게 좌우할 관건이 유교 문명권과 기독교 문명권의 만남이라는 것을 오늘 국제 정치 현황에서도 잘 보고 있다. 얼마 전까지도 인류 삶에서의 갈등은 주로 서구 문명권 안에서부터 배태된 것이었다면 지금은 중국과 미국이라는 동서 헤게모니 사이의 일이 되고 있다. 이러한 이유에서라도 두 문명권에 대한 이해는 긴요하고, 특히 우리의 경우에는 남북한의 통일이라는 중대한 과제를 앞두고 있고, 거기서 두 세력 간의 관계가 큰 관건이며, 또한 우리 민족적 동질성이 유교 문명과 깊이 연관되어 있으므로 더욱 그러하다고 생각한다. 나는 지난 2003년에 『유교, 기독교 그리고 페미니즘』이라는 제목의 책을 냈었다. 이후 다시 둘 사이의 대화로부터 '한국 생물(生物)여성영성'이라는 귀한 언어를 얻었고, 이것으로써 한국적 생명여성영성이 지향하는 한국 여성 고유의 생명력과 창조력, 물(物)을 낳고 살리는 생명살림의 영성을 나타내주는 언어로 삼아왔다. 그것은 그 이전에 두 문명 간의 대화로부터 얻어서 나의 세계관적 구상의 틀을 밝혀주는데 긴요하게 쓰였던 '성(聖)·성(性)·성(誠)'의 언어를 보다 잘 밝혀주는 것으로 여겨졌다. 이렇게 나는 동서의 두 전통으로부터 말을 얻어서 궁극적인 초월에 관한 질문인 종교·형이상학적인 물음(聖)과 성정치도 포함해서 우리 공동체 삶의 치리의 문제인 정치와 경제사회의 물음(性), 그리고 마지막으로 그러한 물음들이 도달하게 되는 문화와 교육, 우리 삶에서의 성숙에 대한 물음(誠)을 모두 함께 어우러서 통합적으로 살펴보고자 했다. 이번의 책도 그러한 과정에서의 또 하나의 탄생이고, 불민한 사람이어서 그 일이 많이 힘에 겹고 힘들지만, 그러나 또한 동시에 큰 기쁨과 즐거움을 주는 것이어서 여기까지 왔다. 이 일을 통해서 21세기 지구라는 별 위에서 다른 어느 곳에서보다도 농도 짙게 유교 문명과 기독교 문명을 실험한 장소인 한국에서 한 여성주의 사고가 어떤 언어로 어떻게 세계와 인간적 삶을 이름짓고 있는가(正名)를 보여주고 싶기 때문이다.

7.

올해는 나에게 매우 특별한 해이다. 국가적으로는 광복 70년, 분단 60년의 큰 의미있는 해였지만, 세월호 참사와 관련해서는 1주기가 지나가도록 아무런 변화가 없이 우리 사회는 점점 더 큰 갈등의 소용돌이 속으로 끌려들어가고 있는 것 같다. 거기에 더해서 지난 2월 9일에는 오랜동안 병상에 누워계셨던 엄마 정애(鄭愛, 1929-2015) 여사가 돌아가셨다. 거의 10여 년을 병마와 씨름하다 가셨는데, 요즈음 극단 〈크리에이티브 바퀴(VaQi)〉가 공연한 연극 '비퍼애프터(BeforeAfter)'를 관람하고는 그동안 엄마가 병상에 누워계셨을 때 나는 한 번도 진지하게 그분의 속마음을 헤아리려고 노력하지 않았다는 것을 의식하게 되었다. 그래서 이 글을 쓰는 것조차 매우 아프고 죄송하다. 엄마가 돌아가시고 나니 그 긴 시간을 병상에서 말없이 누워 계셨던 모습이 마치 오랜 기간 십자가를 등에 지고 계셨던 것처럼 느껴졌고, 지금 멀리 눈앞에 보이는 북한산 능선의 한 형상이 마치 그 때 누워계셨던 엄마 옆얼굴의 형상처럼 다가와서 바라보고 또 바라본다. 그러면서 그렇게 오랜 기간을 참고, 인내하고, 감내하셨던 모든 일들을 떠올려보면서 그것이야말로 그동안 내가 많이 이야기해온 '사기종인(舍己從人, 나를 버리고 남을 따른다)'의 길이었고, '지속성(誠)'의 삶이었다는 것을 알아차린다. 그 길을 엄마가 가셨고, 그 이전에 할머니도 가셨으며, 한국의 수많은 여성들이 의식하면서 또는 그렇지 않으면서도 계속해서 이어오고 걸어오셨는데, 그 길 위에 나도 어느덧 또 다른 모습으로 함께 서있는 것을 본다.

엄마는 살아생전 그 마음을 우리 자녀들에게 잘 드러내지 않으셨지만 스스로도 오늘 내가 이 책을 짓는 것과 같이 세상에 대한 이름을 짓는 일을 하고 싶으셨다고 한다. 하지만 그 시대에는 세상이 그것을 쉽게 허락하지 않았고, 기회를 주지 않았다. 그래서 당신이 경험한 대로 하나님의 새이름을 부르며 세상 사물들의 이름을 고유하게 짓고, 사람 사는 이치와 마땅히 그러해야 함의 순서를 밝히는 일들을 해보지 못하셨다. 그런 엄마는 이제 떠나서 우리 곁에 더 이상 몸으로 계시지 않는다. 그래서 그 가심을 애달파하면서 엄마 몫까지라도 더 잘 하고, 더욱 고유하고 진실되게, 근원까지 내려가서 참된 이름에 닿도록 해야지 노력한다.

8.

올해 개신교 선교 130주년을 맞이하는 해에 한국양명학회는 한국 양명학의 성지 강화도에서 매년 열리는 국제학술대회에서 이번에는 강화 유학자들의 초기 기독교 수용을 살펴보았는데, 그 일환으로 현재 미국 UMC 감리교의 감독으로 있는 정희수 감독이 기조강연을 하셨다. 그는 강화도 유교 선비가의 자손으로 기독교 신학을 공부하고 미국으로 건너가서 미감리교의 감독이 되었는데, 강연을 통해서도 어떻게 초기 한국 기독교 선교에서 두 전통이 긴밀하게 만났고, 앞으로의 시간을 위해서도 서로의 만남이 어떤 의미가 있는지를 생생하게 들려주었다. 강화도에서 그렇게 빠른 시간에 기독교가 흥할 수 있었던 배경에는 유교학자들과 양명학자들이 있었던 것이다. 나는 앞으로 한국 땅에서 이 둘의 만남이 더욱 활성화되어서 세계 교회를 위해서도, 그리고 세계 무대에 주요하게 등장하는 동아시아의 후예들을 위해서도 좋은 역할을 할 수 있을 것이라고 기대한다.

때는 이렇게 무르익었지만 그러한 만남을 한국 땅에서 제일 선구적으로 주도하고 실행했던 한국 감리교회와 감리교신학대학이 지금 매우 어려운 처지에 놓인 것을 보고 염려가 크다. 남편 이정배(李正培) 교수가 올해로 환갑을 맞이했다. 우리를 부부로 맺어준 변선환 선생님이 돌아가신 지 20주기가 되는 해이어서 그의 제자들은 『선생님, 그리운 변선환 선생님』이라는 추모 에세이집을 펴냈고, 거기서 나는 「변선환 선생님과 우리 부부, 그리고 한국여성신학」이라는 글을 통해서 지난 시간들을 반추했다. 남편과 나는 부부 신학자로서 많은 일을 같이 해왔다. 기독자교수협의회 회장을 차례로 맡으면서 특히 다가오는 2017년 종교개혁 500주년을 기하는 일로 '제2의 종교개혁'을 말하며 여러 가지 일들을 구상한다. 남편은 특별히 몇 년 전부터 〈생명평화마당〉을 통해서 한국 교회를 크게 개혁할 가능성으로서 탈성장, 탈성직, 탈성별을 모토로 하는 '작은교회운동'에 힘을 쏟고 있다. 올해로 세 번째를 맞이한 작은교회박람회는 오늘날 신학은 부재하고 권력과 힘으로만 남은 한국 대형교회들에 대신할 새로운 대안교회 운동으로 많은 호응을 얻고 있다. 나는 그 일에서 좀 더 성찰적으로 '한국적 교회론'을 구상하기 위한 신학적 성찰에 주력하며 지금까지 해 왔던 유교와 기독교 간의 대화를 통해서 새로운 한국적 교회론의 탐색에 일조하기를 소망하고 있다. 이러한 모든 일들에서 우리 부부가 얼마나 더 대학에 머무를지는 한정하기 어렵지만 그에 관계없이 바야흐로 좋은 기회가 된 유교와 기독교의 새로운 만남을 위해서 힘이 닿는 대로 함께하고자 한다.

9.

이제 마지막으로 지금까지 부족한 사람의 책을 꾸준히 내주신 〈도서출판 모시는사람들〉의 박길수 대표님, 소경희 편집장님과 함께 고생한 모든 식구들에게 감사의 인사를 전하고 싶다. 여러 기회에 쓴 글들을 다시 한 권으로 모으는 일이었으므로 형식과 표현을 맞추는 일에서 수고가 많이 들어갔지만 잘 마무리해주셔서 고마운 마음이 크다. 특히 이번에는 여는 글을 써서 책 짓기를 마무리하는 일까지 시간이 많이 들어갔는데, 그럼에도 잘 기다려주셨다. 한국 기독교와 교회가 많은 문제를 가지고 있지만, 그래도 세계 어느 곳에서 그렇게 많은 사람들이 매번 정해진 시간에 정해진 장소로 함께 가서 공동체를 이루며, 뜻을 추구하는 언어를 함께 듣고 같이 깨우치는 삶을 지속해 가는 곳이 있는가? 그러한 일들이 지금도 매 주일마다 이루어지는 곳이 한국 교회라면 그 기적과 같은 일을 지금도 수행하는 한국 교회가 새롭게 변하고, 마음을 크게 열어서 지금까지 자신들이 배척했던 지구 문명의 또 다른 축이 원래 자신들의 정신적 축이었다는 것을 깨닫고 그래서 그것을 다시 껴안는다면, 앞으로의 세계는 크게 변할 수 있을 것이라고 나는 믿는다. 그 일을 위해서 이 책이 하나의 작은 디딤돌이 되기를 기대한다.

2015년을 보내며 부암동 언덕에서
이은선 모심

다른 유교, 다른 기독교

── 제1부 ──

다른 유교

The Other Confucianism,
The Other Christianity

한국 유교의 종교적 성찰
- 조선 후기 여성성리학자 강정일당(姜靜一堂)을 중심으로

1. 유교 전통 새로 보기

이 글은 한국 유교의 종교성을 찾아내 그것을 여성들의 삶과 리더십에 연결시켜 보려는 것이다. 이를 위해서 조선 후기 영정조 시대의 여성성리학자 임윤지당(任允摯堂, 1721~1793)과 강정일당(姜靜一堂, 1772~1832)의 삶과 사상을 살펴보고자 한다. 특히 그중에서 강정일당의 생애와 사고를 그녀의 유고집을 중심으로 검토하면서 어떻게 오늘날 여성 주체성의 바른 형성을 위해서 좋은 의미가 될 수 있을까를 살피려고 한다.

유교를 이해하는 여러 틀 중에서 특히 '성인지도(聖人之道)'의 추구에 초점을 맞추어 그것을 유교 고유의 종교성(religiosity)의 표현으로 보면서, 유교 여성들의 '사기종인(舍己從人)'의 삶을 이해하고자 한다. 자칫 전통 유교 여성들의 삶을 한없이 주체성이 결여된 전근대적 삶으로 폄하하기 쉽지만, 오히려 오늘날 여성 주체성의 과도한 적용이 야기하는 여러 문제 앞에서 유교 여성들의 삶이야말로 새롭게 해석될 여지가 많이 있음을 본다. 성인지도 추구의 인식 안에서 자신을 감추고 드러내지 않으면서 주변을 온전히 살려내는 유교 여성들의 살림의 삶이야말로 오늘날 여성과 남성 모두의 참된 인간성 추

구의 모델이 될 수 있다고 보는 것이다.

하지만 몇년 전 신사임당이 한국 고액권 화폐의 인물로 선정되는 과정에서 여성계의 찬반 논쟁에서 잘 드러났듯이, 아직까지도 한국 여성들에게 유교 전통은 결코 가까이하고 싶지 않은 전통이다. 한국 유교 전통의 대표적 여성 인물로서 신사임당은 여전히 주로 누구의 어머니와 처로 이야기되는 상황이므로, 그렇게 여성 고유의 독자성과 개별성을 대변하지 못하는 여성상은 오늘날 페미니즘 시대에 여성 화폐인물로 적합하지 않다는 것이었다. 이처럼 오늘날 여성계에서 여성의 역할로서 어머니나 부인의 역할은 경원하지만 다른 한편으로 21세기 새로운 여성 리더십을 모색할 때는 전통적인 남성 리더십 대신에 돌봄이나 배려, 보살핌의 리더십을 강조한다. 이것은 모순적으로 보이는데, 돌봄과 배려, 보살핌이란 유교 전통의 여성들이 주로 어머니와 부인으로서의 역할을 수행하면서 핵심적으로 닦아 온 덕목이기 때문이다.

이 모순을 해소하기 위해서 오늘날 유교 전통 여성들의 삶과 사고를 새롭게 조명해 내는 일이 긴요하다. 그들의 어머니와 부인으로서의 역할을 새롭게 해석해서 그것을 이제는 남녀 모두에게 의미 있는 인간 덕목 실천의 장으로 보는 일이다. 그들의 삶이 단지 굴종적이고 자기비하적인 것이기만 하지 않았다는 것을 보여주면서, 어떻게 그들 삶 속에서 오늘날 남녀 모두가 새롭게 참된 인간성과 리더십의 모델로 삼는 돌봄과 배려의 덕목이 잘 체화되어 있었는지를 드러내 주는 일이다. 그들 삶의 역할과 시간들이 결코 잃어버린 시간이 아니라 오늘의 한국 여성과 한국을 있게 한 원동력이었고, 앞으로 우리 모두의 미래를 위한 받침대가 되는 것을 보여주는 일이다. 이것으로써 그들 삶과 역할을 복권시키려고 한다.

나는 조선 시대 여성들의 삶이 제대로 평가받지 못하는 중요한 이유가 그들 삶의 정신적 지주였던 유교의 이해에서 그 종교성이 충분히 인지되지 못했기 때문이라고 생각한다.[1] 그러면 여기서 종교성(religiosity)이 무엇을 말하는 것인가가 중요한 관건이 될 것인데, 주로 서양 주류 종교 이해의 영향 아래서 신인동형적인 신(神) 존재에 대한 믿음이나 구별된 성직자 그룹의 유무로 이해하는 것이 아니라, 삶에서의 '궁극 관심(the great ultimate concern)'과 '의미 물음(die Sinn-Sein Frage)'과의 관련으로 이해하고자 한다. 즉 유교 종교성의 핵심은 그 신관이나 내세관 등의 유무나 내용에 놓여있는 것이 아니라 유교적 궁극 의미의 추구, 성인지도(聖人之道, To become a sage)의 추구 속에서 있다는 것이다. 다시 말하면 지극한 초월의 내면화(天과 天命, 德과 仁, 그리고 性과 禮 등)를 통해서 어떻게 하면 참다운 인간이 될 수 있으며, 어떠한 길을 통해서 가장 이상적인 인간 공동체 삶의 형태를 이룰 수 있고, 궁극적인 만물일체(萬物一體)와 대동(大同)을 이룰 수 있을까 하는 관심에 놓여 있다고 보는 것이다. 이 인식은 지금까지 일반적인 유교 이해에서처럼 유교적 추구를 그저 세속적인 도덕 추구나 정치 추구, 사회윤리적인 추구로 환원시키거나 축소하는 것을 넘어서 좀 더 고원한 궁극적 종교 물음으로 이해하며, 이러한 시각 속에서 유교 고유의 특질인 하학이상달(下學而上達)적이고 극고명이도중용(極高明而道中庸)을 추구하는 유교적 도의 의미가 더욱 잘 드러난다고 보는 것이다. 유교 종교성은 지극히 성속일여(聖俗一如)적인 종교성의 실천으로 우리 전 삶의 공간을 성화(聖化)하려는 노력이며, 일상의 전 영역을 거룩의 영역으로 화하게 하려는 기도(企圖)라고 보는 것을 말한다.[2]

남성들과는 달리 매일의 일상의 심한 노동과 성차별적 억압 속에서 유교 여성들이 과연 이러한 추구심을 가질 수 있었겠는가 하는 의구심이 제기된다. 또한 조선 후기라 하면 일반적인 한국 여성사 연구는 주로 유교 가부장주의가 더욱 혹독한 모습으로 강화되어 여성들의 삶이 더욱 곤고해진 시기로 파악하는데, 어떻게 조선 후기 여성 강정일당의 삶과 사고를 유교 종교성 추구의 한 범례로 볼 수 있겠는가 하는 의문이 제기된다. 이러한 질문들이 적실한 측면도 있지만, 유교 성인지도의 종교성이란 어떤 다른 종교성보다도 속(俗)의 세계에서 성(聖)을 이룩해 내려는 성속일여(聖俗一如)의 종교성이므로, 속의 영역이라 여겨지는 여성들의 삶과 일도 결코 그 유교적 의미 실현의 의미 밖에 놓여 있던 것이 아니었다는 지적을 하고 싶다. 또한 조선 후기라 하면 한국 여성들이 일찍이 삼국시대부터 접해 왔던 유교 윤리와 의식이 최고도로 확산된 시기이고, 그 전통의 큰 특징인 문(文)과 학(學)의 강조가 여성들에게도 본격적으로 영향을 미치기 시작한 시기인 것을 들고자 한다.[3]

종교성 내지는 종교적 추구는 그 형태는 다양하지만 모두 공통적으로 나, 자아, 자기를 초월하고자 하는 것이다. 그 추구의 목표가 성인(聖人)이나 대인(大人)으로 표현되든지, 아니면 부처나 그리스도가 되든지 모두 지금 여기의 한정된 자아를 넘어서서 더 큰 의미(神, 聖, 天, 空, 우주 등)와 하나가 되고자 하는 것이다. 그러므로 모든 종교성의 핵심에는 자아의 희생이나 겸비, 극기 등이 들어가 있다. 유교도 이와 다르지 않다. 그러므로 유교적 도의 추구인 사기종인(舍己從人)이나 극기복례(克己復禮), 사생취의(舍生取義) 등의 추구를 단지 세속적 차원의 도덕적 윤리 추구로만 본다면 그 의미가 충분히 드러나지 않을 것이다. 유교 여성들의 부덕(婦德)이나 겸양과 곤도(坤道)의 삶도 이와 유사한 맥락에서 평가될 수 있다. 오늘날 서구 주체성 원리의 과도한 강조와 개인주의의 범람으로 인간 공동체 삶이 크게 위협 받고 있는 상황에서 유교 공동체 윤리가 다시 주목을 받는다면 그 공동체 윤리의 실질적인 집행자와 수행자들이었던 유교 여성들의 삶도 다시 평가될 수 있어야 한다고 생각한다. 20세기 현대 페미니즘은 우리가 이제 참된 인간이 되고자 하는 데

생물학적 성(性)은 더 이상 장애나 차별의 요인이 되지 않는다는 것을 가르쳐 주었다. 또한 우리의 성은 많은 경우 사회적 성(젠더)의 차원을 가지고 있고, 더 이상 생식적인 재생산에만 관계되는 것이 아님을 밝혀주었다. 이러한 근본적인 인식의 전환을 바탕으로 해서 유교 여성들의 삶이 오늘 우리 남녀 모두에게 어떤 의미로 다가오는지, 특히 조선 후기 강정일당의 삶을 통해서 살펴보고자 한다.

2. 한국 유교의 종교성과 여성의 삶

불가나 도가와는 달리 완전히 출세간적(出世間的)이지도 않고, 묵가와 법가와 달리 완전히 즉세간적(即世間的)이지도 않으면서, 이 두 가지 측면을 동시에 담지하고 있는 유교 정신을 공자는 '가까운 삶에서의 공부를 통해 높은 진리의 세계에 도달하는 일(下學而上達)'로 보았다. 『중용(中庸)』27장은 그 일을 '고명함을 지극히 하되 일상을 따른다(極高明而道中庸)'로 표현했다.

오늘날 현대 정신의 과격한 자아 중심주의와 주체성 강조에 대비해서 주체의 의지와 결단의 측면을 가지고 있으면서도 동시에 그것을 넘어서는 유교 종교성의 표현으로 공자와 맹자가 특히 고대 순(舜) 임금의 인격과 더불어 논했던 '사기종인(舍己從人, 나를 버리고 상대를 좇는다)'의 정신을 들고 싶다.[4] 이 정신은 언뜻 보기에는 자아와 주체성이 부재하고 매우 수동적이고 소극적인 모습으로 보인다. 하지만 이 경지야말로 좁은 의미의 주체성의 차원을 벗어나서 더 큰 대인(大人)의 인격으로서 여기 지금과 나의 상대성을 자각하면서, 하늘의 현현으로 다가오는 타자를 깊이 받아들이는 유교 종교성의 핵심이라고 이해하고자 한다. 맹자는 미(美)와 선(善)과 효(孝)의 대성(大聖)으로 일컬어지는 순 임금에 대해서 다음과 같이 말했다: "자로는 사람들이 그에게 허물이 있다고 말하면 기뻐하셨다. 우 임금은 선한 말을 들으면 절을 하셨다. 대순(大舜)은 (그보다도) 위대했으니, 선(善)을 남과 함께 하여 자신을 버리고 남을 따르며, 다른 사람에게서 취하여서 선을 행하는 것을 기뻐하셨다."[5]

이상의 선진 유교에서 나타난 유교 종교성을 다시 탁월하게 표현한 것이 신유교(新儒教, 性理學)의 '리일분수(理一分殊, The principle is one but its manifestations are many)'의 정리(定理)라고 생각한다. 유교 성리학은 이것을 가지고 세상의 만물이 성(聖)의 씨앗(性, 理)을 담지하고 있다는 믿음을 다시 천명했고, 그것을 만물 가운데 실현하려고 추구하였다. 이것은 유교 수양론의 문제가 더욱 본격적으로 등장한 것이며, 특히 조선으로 와서 리기(理氣)와 사단칠정(四端七情)의 논실을 통해서 인간 윤리의 내면성을 그 극처에까지 가시 밝히려는 심도 깊은 도학(道學)의 논의로 전개되었다. 그러한 조선 도학의 한 축인 율곡을 배출한 어머니 신사임당의 행장에 따르면, 신사임당이 새 며느리가 되어서 집안의 잔치 자리에 있게 되었는데, 많은 여자 손님들의 대화 속에서 말없이 앉아있는 사임당에게 "왜 새 며느리는 말을 하지 않느냐?"고 하자, "문밖에 나가 보지 않아서 전혀 본 것이 없는데 무슨 말을 하겠습니까?"라고 대답하여 그 자리에 있던 모든 사람이 부끄러워하였다고 한다. 이 일화는 유교 여성들의 겸비와 극기의 삶이 보통 평가하듯이 단지 주체적이지 못하고 비천했던 것이 아니라 끊임없이 자신의 상대성과 한계를 살피면서 자신을 닦으려는 사기종인(舍己從人)과 수기안인(修己安人), 그리고 일상의 삶을 도의 추구와 관련시키려는 하학이상달적 노력과 연관된 것임을 보여준다.

나는 이렇게 자신을 닦고 참된 인간이 되고자 하는 공부 속에 유교 종교성의 참 모습이 들어 있고, 여성들의 삶도 이 정신에서 이해되어야 한다고 생각한다. 물론 당시 인류가 놓여 있던 가부장적 한계 속에 조선 여성도 많은 현실적인 제한을 가졌지만, 다른 출세간의 종교 전통들보다도 이 세계 안에서 하늘의 도를 실현하려는 유교의 내재적 초월성은 여성들의 살림살이와 삶의 과정도 이 배움 안에 포괄되는 것으로 가르쳤다. 우리가 잘 아는 대로『대학(大學)』의「제가(齊家)」편에는 "군자는 집을 나가지 않고서 나라에 가르침을 이룬다(君子 不出家而 成教於國)"라는 구절이 있다. 이것은 불가와 도가의 도 실현 방식과 구별되는 유가 고유의 방식을 드러내는 말로서 결코 우리 일상과 가정의 일과 수신 등을 떠나서 도를 실현할 수 없음을 지시한 것이라고 읽힌다. 유교 여성들도 이와 같은『대학』의 가르침을 삶의 근본 요체로 알고 살았던 바, 그들의 삶이 이 성인지도의 추구 안에 포괄되지 않는 것이 아니었다. 그리하여 조선 후대로 내려올수록 점점 더 많은 여성들이 이 자각을 가지게 되었고, 그 대표적인 예로 조선 후기 영정조 시대에 원주에서 살았던 여성성리학자 임윤지당(任允摯堂, 1721~1792)과 그 정신적 후계자인 강정일당(姜靜一堂, 1772~1832)이 있다. 오늘날 여성 고전 연구가들에 의해서 많이 밝혀지듯이 18세기 조선 여성들의 삶에는 유교 종법의 경직화가 가져오는 한계에도 불구하고 경제력의 상승과 함께 독서 인구가 확대되었고 실용적인 학문의 확장으로 많은 변화가 있었다. 임윤지당과 강정일당뿐 아니라 이 시기에『의유당(意幽堂) 일기』를 쓴 의유당 남씨(意幽堂 南氏, 1727~1823),『태교신기(胎敎新記)』의 사주당 이씨(師朱堂 李氏, 1739~1821),『규합총서(閨閤叢書)』의 빙허각 이씨(憑虛閣 李氏, 1759~1824) 등을 들 수 있다.

임윤지당은 녹문 임성주(鹿門 任聖周, 1711~1788)의 누이였는데, 어려서부터 일찍 돌아가신 아버지를 대신해서 그 역할을 하던 오빠 임성주로부터『효경(孝經)』,『열녀전(烈女傳)』,『소학』과『논어』,『맹자』,『대학』,『중용』의 사서 등 유교경전과 역사책을 학습하였다고 한다.[6] 19세의 나이에 원주 선비 신광유(申光裕, 1722~1747)와 혼인하였으나, 28세에 과부가 되었다. 하지만 생가(生家)와 양가(養家)의 두 시어머니를 모두 모시면서 효성을 다하였고, 47세 때에 이미 집안의 큰 어른이 되어 제사를 받들고 손님 접대하고, 일가친척을 대하고 모든 가사를 처리하면서도 밤에는 늦게까지 학문에 몰두하는 생활을 하였다고 전해진다. 상하 2편 1책으로 남긴 『윤지당유고(允摯堂遺稿)』의 「이기심성설(理氣心性說)」을 그녀는 다음과 같은 언술로 마무리한다.

> … 아아! 내 비록 부인이기는 하지만, 부여받은 성품(性)은 애초에 남녀 간에 차이가 없다. 안연이 배운 것을 배울 수는 없다 해도, 성인(聖人)을 앙모하는 뜻은 간절하다. 그러므로 간략히 소견을 펼쳐 여기에 서술하여 나의 뜻을 덧붙인다.[7]

유교 전통의 억음존양적(抑陰尊陽的) 음양론의 적용은 여성들을 억압했고, 그들에게는 쉽게 배움의 기회를 허락하지 않았다. 하지만 오늘날의 페미니즘적 인식을 바탕으로 해서 이러한 음양론을 새롭게 해석하고 적용해 보면 또 다른 측면들을 알 수 있다. 유교 존재론과 생성론의 역학적 표현인 일음일양(一陰一陽)과 건곤(乾坤)의 이해에서 지금까지 음과 곤은 수동적이며 낮음과 비천함의 상징으로서 부정적으로 평가되어 왔다. 지금까지 주로 여성괘로 읽혀 오면서 부정적으로 평가되어 오던 곤괘는 그러나 실은 건도(乾道)의 생명의 창생에 비해서 만물의 형성과 성장을 주관하는 도로서, 여기에서 비로소 몸으로 하늘의 도를 이루려는 유교 종교성이 완수됨이 지적되었다. 또한 공자가 자신의 이상으로 삼았던 술이부작(述而不作)의 문명창달 방식이 바로 이 곤도(坤道)의 방식과 다르지 않다는 것인데, 왜냐하면 곤괘란 토(土)와 갑(甲)의 결합으로 자신의 몸을 낮추어 만물이 그 위에서 쭉 뻗어나가게 하는 것을 말하고, 스스로 그 공적을 자랑하지 않지만 실제로 이어서 임무를 완수하는 지속성(誠之)의 자세이기 때문이다. 공자가 자신의 문명창조를 새로 창작하는 것이 아니라 옛것을 믿고 좋아하여 그것을 전하는 술이부작의 방식으로 말했다면, 이것이야말로 곤도의 겸허와 자기 비움과 생명의 완성의 방식과 같다는 것이다.[8]

이상의 모든 해석들은 우리로 하여금 더 이상 곤도와 사기종인의 방식을 폄하할 이유가 없게 만든다. 오히려 이제 남녀 모두에게 더 큰 생명 창조와 완성의 길로서 모두가 체화해야 하는 삶의 도로 받아들이도록 요청한다. 과거에는 신체적 성(性) 결정론에 사로잡혀서 주로 여성에게만 해당되던 수동성의 덕목으로 여겨졌으나, 오늘날은 오히려 최고 수준의 능동성과 주체성의 길로서 자아를 버리는 길을 통해서 자아를 완성하고 생명을 지속적으로 일구는 참된 종교성의 모습으로 받아들이게 한다. 『중용』은 경의 결론 부분에 가서 천하의 큰 기준을 논할 수 있고, 큰 근본을 세울 수 있으며, 천지의 화육을 돕는 성인과 군자의 지극한 성실함(天下至誠)을 논한 다음에, 그 덕의 속성을 "감추임(隱)"이나 "은미함(微)", "온화함(溫)", "드러나지 않는 덕(不顯惟德)", "소리가 없고 냄새가 없음(無聲無臭)" 등으로 표현했다. 이것은 진정으로 지극한 도는 어떤 형태나 소리 있는 주장을 통해 전달되거나 뜻을 이루는 것이 아니라 화려하게 드러나지는 않지만 "마치 비단옷 위에 홑옷을 덧입는 것처럼" 그 극진한 성실성으로 은은하게 날로 드러나며, 공손한 덕으로 천하를 화평하게 하고, 그래서 천하가 진정으로 두려워하는 덕이 됨을 밝힌다. 이러한 중용의 깊은 영성과 종교성을 체화한 군자에 대해서 "군자에게 있어서 도달할 수 없는 것은 사람들이 보지 못하는 것에 있다(君子所不可及者, 其唯人之所不見乎, 『중용』 33장)"라고 하였다.

나는 지난 유교 전통 여성들의 삶이 비록 잘 의식하지는 못했다 하더라도 이런 유교 종교성을 몸으로 실천하려는 시도였다고 생각한다. 그것이 유교

인문정신과 예(禮)정신의 핵심이었으므로 이제는 남녀 모두에게 요청되는 삶의 원리가 되고, 더불어 유교 전통 여성들의 삶의 방식은 오늘 우리에게 많은 가르침을 줄 수 있다. 임윤지당이나 강정일당의 삶의 모습도 바로 이런 맥락에서 이해하고자 한다.

3. 한국 유교 종교성의 실례 : 강정일당의 삶과 사상

강정일당(姜靜一堂, 1772~1832)은 임윤지당보다 50여 년 후 영조 48년 10월 15일 충청북도 제천에서 아버지 강재수(姜在洙)와 어머니 안동 권씨(安東 權氏)의 딸로 태어났다. 그녀의 어머니는 기호학파 성리학의 학풍을 따르는 권상하(權尙夏, 1641~1721) 집안 출신이었다. 신해년(1791)에 정일당이 20세 때 6세 연하의 충주 선비 윤광연(尹光演)과 결혼하자, 그 어머니는 사위를 처음 만났을 때 공부한 것을 물으면서 "만약 직접 체득하여 실천하지 않으면 이것이 헛되이 공부한 것이다"라고 지적했다고 한다.[9]

정일당은 집안이 가난하였으나 남편에게 간곡히 성인지도(聖人之道)의 학문을 권면하였고, 그 말에 감동한 남편이 학문에 뜻을 두자 자신도 곁에서 삯바느질하면서 남편의 글소리를 듣고 더불어 공부했다. 매우 총명했던 그녀는 경전을 한 번 살피고는 곧장 암송하였고, 그런 방식으로 유교 13경을 두루 읽으면서 깊이 침잠하여 생각하였고, 글씨 쓰기를 좋아하여 늘 붓글씨를 즐겨 썼는데 필획이 씩씩하고 단정하였다고 전해진다.[10]

1) 정일당의 삶과 여성 성인(聖人)의 길

정일당은 가난한 가정 환경과 허약한 몸에도 불구하고 각고의 노력으로 학문에 정진하여 『문답편(問答編)』과 『언행록(言行錄)』 등 원래 10여 권에 이르는 저술을 하였으나 모두 유실되었다. 남은 것으로 사후 4년이 지난 1836년에 남편 윤광연이 한 권의 유고문집으로 엮어 낸 것이 있다. 따라서 그녀의 학문세계 전반을 체계적으로 알 수 없지만, 그가 남긴 시문들, 또 성인의 도를 같이 찾아가는 도반으로서 사랑방의 남편에게 때때의 상황마다 생각을 적어 보낸 쪽지글들, 사후 여러 사람들이 지은 행장과 남편의 제문들에서 그 삶과 사상이 어떤 경지에 올랐는지를 알 수 있다. 그것은 한마디로 '여성 군자'의 모습이고, 어떻게 조선 도학(道學)이 참된 성인지도의 배움으로서 오늘ㆍ여기에서 도를 실현하려는 깊은 종교가 될 수 있는지를 보여준다.

그녀는 제사를 받들고 빈객을 접대하고 바느질하며 밥하고 상을 치르며, 질병을 간호하는 일 외에 유교 13경 공부하는 것을 다반사로 여겼고, 여러 전적들에 두루 통하면서 고금의 정치 변동과 인물들의 행적을 손바닥처럼 밝게 알았다고 한다.[11] 일찍이 『주례(周禮)』, 『이아(爾雅)』, 『춘추좌전(春秋左傳)』, 『근사록(近思錄)』, 『격몽요결(擊蒙要訣)』 등의 책을 좋아했다.[12] 거의 독학으로 학문을 했지만 사승 관계에서 남편 윤광연의 스승이었던 송치규(剛齋, 宋穉圭, 1759~1838)와의 관계를 생각해볼 수 있다. 강재는 우암 송시열의 6대손이었으므로 정일당은 율곡(栗谷)-사계(沙溪)-우암(尤庵)을 잇는 노론 정통 기호학파의 성리학을 계승한 것으로 볼 수 있다고 지적된다.[13] 이와 더불어 정일당의 학문 정진에서 윤지당과의 관계는 특별하다. 정일당은 윤지당보다 50년 후에 태어나서 한 번도 직접 만난 적은 없지만, 그녀를 몹시 흠모하여서 "남녀의 품성은 차이가 없고, 여성도 성인이 될 수 있다"는 윤지당의 글을 일상의 가장 중요한 구절로 귀감삼고 정진했다.

윤지당께서 말씀하시기를, "나는 비록 부인이지만, 하늘에서 받은 성품은 애당초 남녀의 차이가 없다" 하셨고, 또 "부인으로 태어나 태임(太任)과 태사

(太姒)로 스스로 기약하지 않는 사람들은 모두 자포자기한 사람들이다"라고 하셨습니다. 그렇다면, 비록 부인들이라도 유위(有爲)할 수 있다면 성인(聖人)의 경지에 이를 수 있습니다. 당신은 어떻게 생각하십니까?[14]

정일당 역시 윤지당이 말한 것처럼 남녀의 차이를 본질적으로 인정하지 않았고, 여성도 노력을 통해 참다운 성인의 경지에 도달할 수 있음을 굳게 믿고 실천했다. 남아 있는 유고집에서 그녀의 학문을 엿볼 수 있는 것은 특히 심성 수양과 도학적 경지를 읊은 시들이 두드러지는데, 이미 그때에 주목받기를, 그녀의 시는 당시 일반 여성들의 것처럼 사랑이나 경치를 읊은 것에 비할 바가 아니라 자기를 성찰하는 성심(誠心) 공부에 간절하고 부지런한 모습이 나타나서 읽는 사람들로 하여금 무릎을 모으고 자리를 고쳐 앉게 하였다고 한다.[15] 이렇게 시문과 성리학에 동시에 능했던 정일당은 이미 그 시대에 사임당과 윤지당의 능한 것을 겸비했다고 평가받았다.[16]

정일당은 인간의 도리란 자신을 갈고닦는 학문의 길에 있음을 누누이 강조했다. 그래서 남편이 분주히 다니며 장사하는 일을 "의(義)를 버리고 생계를 도모하는 일"로 지적하고 그렇게 사는 것은 "도(道)를 들고 가난을 편히 여기는 것만 못하다"고 주장했다.[17] 그녀에게 있어 학문의 길은 결코 남성에게만 해당되는 것이 아니라 남녀 모두에게 인간적 도리로서 부여된 일이었다. 그래서 자신도 성현을 닮기 위해 최선의 노력을 다하고 있음을 내보인다.

군자가 도를 닦는 것은 자신을 수양하여 남을 다스리기 위함일 뿐이니, 밤낮으로 부지런히 하여 오히려 미치지 못할까를 걱정합니다. 어느 겨를에 쓸데없는 생각하고 잡담하며, 한가하게 손님이나 맞고 여기저기 출입하면서

'군자의 책임은 중대하고 갈 곳이 멀다'는 교훈을 스스로 저버릴 수 있겠습니까? 당신은 조심하고 노력하시기 바랍니다. 사람이 장수하든 일찍 죽든, 빈궁하든 현달하든 명(命)이 있습니다. 부모 된 자가 세속의 말을 믿고 딸에게 책 읽히기를 크게 꺼리기 때문에 부녀자들이 종종 의리(義理)를 알지 못하니 매우 가소롭습니다.[18]

정일당은 당시 시대적인 한계에 따라 부인의 한정된 지위와 역할을 부정하지 않았다. 그런 의미에서 그 역시 시대의 딸이었으므로 도덕적 주체로서의 자각이 매우 뛰어났지만, 오늘날 여성주의의 각성과 그대로 일치하는 것은 아니다. 그러나 비록 그러한 시대적 제약 아래에 살았다고 하지만 성인지도를 따르고자 하는 수양에 있어서는 남녀의 차별이 없다고 확신하면서 극한에 이른 가난 속에서도 자신의 역할을 다하며 순수한 마음으로 배움에 정진했다. 이런 모습은 당시 어느 남성 성리학자도 쉽게 이룰 수 없는 것이었고, 그것은 도와 삶을 뛰어나게 일치시킨 한 종교적 실존자의 모습이었다.[19] 이러한 정일당의 삶에 대해서 당시 남성학자들은 여성들 중에 비록 영민한 자질과 밝은 식견을 가진 자가 있더라도, "일찍이 정일당처럼 도학에 힘쓰는 사람은 없었다"라고 평가했다.[20] 이러한 정일당의 삶에 대해 총 14인이 보내왔던 만장(挽章)의 한 편에는 다음과 같은 글이 있다.

예로부터 여사들이 많았지만 대개는 시문에 향기나 날렸을 뿐
이제 정일당에서 학문이 정밀하고 은밀한 경지에 이르렀음을 듣는구나
하늘과 사람 사이의 진리를 탐구하고 성명(性命)의 근원을 탐구하여
우리 도의 중함을 한 붓으로 규문(閨門)에 그려내었네
뉘라 미발(未發)의 때에서 내 마음의 본체를 체험하였는가?

(정일당은) 마음이 발동하기 이전의 경지에 능하였지

위대하다! 칼과 자 위에 새겨진

존심(存心) 양성(養性)의 다짐이여![21]

2) 정일당의 성학(聖學)

정일당은 이렇게 뚜렷한 학문적 자각을 가지고 비록 늦은 나이에 학문을 시작하였지만, "천지만물은 나와 더불어 한몸을 이룰 것이니, 한 가지의 이치라도 구하지 아니하면 나의 한 가지 지식에 흠이 된다"고 하면서 자신의 탐구를 심화시켜 나갔다. 천지귀신(天地鬼神), 괘상(卦象), 정전제(丁田制)로부터 곤충, 초목 그리고 경전, 역사의 어려운 이치와 일상생활에서 의심나는 것에 이르기까지 하나하나 조목을 나열하여 탐구하였다.[22] 그녀는 『대학』에 대해서 논하기를 "학문은 격물치지(格物致知)보다 앞서는 것이 없다. 지금 사람들이 대부분 수신제가를 잘못하는 것은 격물치지 공부에 정력을 들이지 못하기 때문이다"라고 하면서 학문의 길을 누구보다도 철저히 수행하였다.[23] 그리하여 자연과 인간의 성품과 운명, 왕도(王道) 정치와 패도(覇道) 정치의 옳고 그름 등에 대해 연역하여 궁리하지 않은 것이 없었고, 또한 실생활에서 사람들이 한마디 말이나 한 가지 행실이라도 착한 것이 있으면 들은 대로 수록하여 모범을 삼았다고 한다.[24] 이것은 특별히 따로 공부 시간을 내기 어려웠던 여성의 공부 방법이었고, 이것이야말로 『중용』이 가르쳐주는 참된 공부법이었다고 할 수 있겠다.

정일당 문집인 『정일당 유고(靜一堂 遺稿)』에는 남편 윤광연을 대신하여 쓴, 이른바 '대부자작(代夫子作, 남편을 대신하여 쓴 글)'의 글이 많다. 대작(代作)은 한문학에서 종종 볼 수 있는 글쓰기 형태이지만 조선 시대 여성 작가 중에서 그런 글을 남긴 경우는 드물고, 더군다나 정일당처럼 산문 대다수가 대작이고, 여성인 아내가 남성인 남편을 대신하여 쓴 경우는 거의 없다고 한다.[25] 또한 정일당의 문집에는 대부자작이 엄연하게 대부자작임을 밝힌 채 기록되어 있다. 이것은 여성 정일당이 대부자작을 통해 "사회적 학문 토론의 장에 직접 참여했던 사정"을 보여주는 것이고, 그가 남성 사대부들 간에 벌어진 공적, 사회적 담론과 학술 논의의 장에 참여했음을 알 수 있게 해 준다고 평가받는다.[26]

정일당은 문사로서 명망있는 인물들에 대한 답시뿐 아니라 서신, 제발(題跋), 묘지명(墓誌銘), 행장(行狀), 제문(祭文) 등의 산문을 썼다. 그렇게 정일당에게 자신을 대신해서 쓰게 한 남편 윤광연은 부인의 권고로 늦게 도학에 입문하여 당시 노론의 대학자 강재 송치규의 문하에서 배웠고, 송치규의 『문인록(文人錄)』에 10명의 문인 중 한 사람으로 올라 있다고 한다.[27] 정일당의 유고집에 기록들을 남기고 있는 그의 사승 관계나 교우 관계들을 살펴보면, 당시 성균관 대사성까지 지낸 오헌 이우재(梧軒 李愚在)는 청나라로 사신을 떠나면서 아들을 윤광연에게 부탁했고,[28] 해석 김재찬(海石 金載瓚, 1746~1827)은 이들 부부에 대한 애정이 깊었다.[29] 스승의 아들 송흠성(宋欽成), 아버지 윤동엽의 스승이었던 김원행의 후손 김병운(金炳雲)도 누차 그들의 집에 방문하였고, 매산 홍직필(梅山 洪直弼, 1776~1852), 양화 이의승(李義升), 최한기(惠岡 崔漢綺, 1803~1877) 등과도 교분이 있었다.[30] 또한 정일당이 윤광연을 찾아온 사람들의 면면을 평가하여 남편에게 권면하고 그들 사이에 오간 학문의 내용을 자신에게도 가르쳐 줄 것을 부탁하는 편지들을 보면, 임윤지당의 오빠 임성주(鹿門 任聖周, 1711~1788)를 스승으로 모시고 있던 임노(任魯, 1755~1828), 심홍모(沈弘模) 등과도 교류했음을 알 수 있다.

정일당은 학문의 길에서 스승과 벗의 필요성을 절감하며 남편에게 교유를 적극적으로 권면했고, 그 남편도 위에서 본 바와 같이 낙론계 기호학파의 선비들과 주로 교류하면서 규방에 갇힌 여인인 자신의 부인에 대한 생각도 남달랐다. 그는 부인이 아프자 떠나는 손님도 굳이 만류하지 않았고,[31] 또 스승을 뵈러 가려던 일정을 취소하려 했으며,[32] 정일당이 자신의 친정 일을 세세히 의논하는 상대였고, 그녀와 그녀 가족의 학문 여정을 열어 주고 이끌어 주었다. 다음의 시는 남편 윤광연이 지은 것으로서 정일당은 크게 읊어 마지않았다.

> 공자(孔子)와 안자(顔子)는 내가 배우고자 함이요
>
> 태임과 태사는 그대가 기약하는 것일세
>
> 뜻과 일도 서로가 권면하는데
>
> 하물며 이 쇠락하고 저물어 가는 때이리오![33]

정일당은 늦은 나이에 학문을 시작하였지만, 위에서 본 대로 최선을 다하며 노력하여서 당시의 학문 성과에서 소외되지 않았다. 그러나 그녀 공부의 핵심은 심성(心性) 수양에 있었고, 그런 의미에서 참다운 도학자의 면모를 보여 준 것이라고 하겠다. 윤지당과 마찬가지로 정일당도 『중용』을 무척 좋아하였는데, 그중에서도 특히 「계신장(戒愼章)」 연구에 정진하여 추위와 배고픔을 잊고 질병도 다스릴 정도로 깊은 중화(中和)의 경지를 체득하였다고 남편은 밝히고 있다.

> 성품과 천명의 근원을 연구하며 정밀하고 한결같이 하는 요령을 탐구하였고, 항상 일을 처리하고 사물을 대함에 있어 범연히 단좌(端坐)하여 마음이 발동하기 전의 상태를 체득하였다. 스스로 말하기를, "매번 병을 앓으면 마음을 가다듬고 단정히 앉아 성(誠)·명(明)의 경계를 보니, 자연히 정신과 기

운이 화평하게 되어 병이 몸에서 떠나는 것도 몰랐다" 고 하였다.[34]

정일당은 성(誠)과 경(敬) 두 가지를 "도에 들어가는 문(入道之門)"이라고 했다. 이 둘 중에서도 그녀는 특히 경을 중시하였는데(主敬), 경은 성정(性情)의 진면목을 환하게 볼 수 있게 하고, 또한 그 성정을 통솔하는 먼 길을 가는 데서 그 외에 다른 길이 없다고 보았기 때문이다.

> 모든 이치는 천지에 근원을 두었고
> 한 마음은 성정을 통섭하네
> 만약 경을 위주로 하지 않으면
> 어찌 민 길을 갈 수 있으리오![35] 「주경(主敬)」

또한 그녀는 『소학』을 논하기를 "몸은 만 가지 행동의 근본이고, 경은 한 몸의 주인이다. 그러므로 『소학』의 「경신편(敬身篇)」은 총괄편이 된다"고 하였다.[36] 이렇듯 정일당이 자신의 공부 방법으로 경에 주목했다는 것은 그녀의 성리학 공부가 더욱 종교적이고 도학적이라는 것을 드러낸다. 그리하여 그녀는 당시의 리기(理氣) 논의에 별로 관심을 보이지 않고, 거기에 대한 언급도 거의 하지 않았으며, "성명(性命)의 미세함과 일관하는 묘법을 한갓 한 바탕 공리공담으로 할 것이 아니다"라고 했다.[37]

정일당은 성정을 다스리는 일에 대해서 많이 말했다. 남편 윤광연이 감정, 특히 노기의 노출에서 중도를 지키지 못하고 과한 데로 흐른다고 자주 염려했는데, 남을 꾸짖을 때 온화한 기운이 없고 지나친 것은 수신하는 방도에 크게 해로운 것이라고 하면서 여러 차례 경계하기를 권했다.[38] 정일당은 학문의 탐구가 이러한 성정의 수양 공부와 더불어 가지 못하면 올바른 공부가 아님을 어느 누구보다도 확실히 알았다. 그래서 남편에게 정감을 형상화하고 그것을 시문으로 짓는 것도 중요하므로 육경을 연구하는 틈틈이 시문에도 힘쓸 것을 부탁하였다.[39]

이것은 정일당의 공부가 심성정(心性情) 모든 부분을 포괄하며, 그것이 인의예지의 행위와 실천으로 드러나야 함을 강조하는 것과 잘 연결된다. 남편에게 보내는 정일당의 편지들에는 남편이 평소 했던 말과 원칙과 다르게 다른 사람들을 대한다거나 부(富)나 이익에 관해서 조금이라도 의(義)에 어긋난다고 생각되는 일이 있으면 여지없이 지적하고 고칠 것을 요청하는 글들이 많이 있다. 다음이 그 예들이다.

> 아무개 아이 집은 나흘이나 불을 때지 못하였고, 우리 집은 사흘을 밥을 짓지 못했으니, 이 아이가 가져온 음식은 받을 수 없습니다. … 의(義)는 다스림의 근원이고, 이(利)는 혼란의 핵심입니다. 듣자니 어떤 사람이 날마다 사랑채에 와서 이에 대해서 많이 말하고 있다는데, 문하에서 배우는 학생들이 자주 들어서 점점 거기에 빠질까 싶습니다. 당신은 왜 진작 그를 멀리하지 않으십니까?[40]

> 아무개는 부자인데도 술을 석 잔이나 권하셨다 하시니 지나치지 않습니까? 영원(鈴原) 참판 윤행직(尹行直) 선생은 늙었는데도 탕이나 국을 제대로 대접하지 못했으니, 결례가 된 것 같습니다. 이것은 비록 작은 일이지만 헤아려 처치하지 않을 수 없습니다.[41]

윤광연 부부는 무척 곤궁하여 끼니를 잇기도 힘들었지만, 정일당의 각고의 노력과 가계 관리로 말년에는 서울 남대문 밖의 탄현(藥峴, 지금의 중림동)에

'탄원(坦園)'이라고 명명한 정원이 딸린 집에 살게 되었다. 정일당이 바로 남편의 호이기도 한 탄원에 대해 지은 시와 기문「탄원기(坦園記)」에 보면, 이들 부부가 비록 후미진 골짜기이긴 하지만 그곳에서 어떻게 자부심을 가지고 물질과 명예를 넘어서서 정신의 탄탄함을 추구하며 도의 실현을 지향하며 살았는가가 잘 나타난다.[42]

> 탄원은 그윽하고 고요하니
> 그 단아함이 지인(至人)이 살기에 적합하네
> 홀로 천고의 서적을 탐구하며
> 작은 오두막에서 고고히 살아가네[43]

정일당은 정신 수양에 전일하여 행동할 때나 쉴 때나 한결같았다고 한다. 늘 연의(緣衣)를 입었고, 남편을 따라 새벽에 가묘(家廟)에 배알하였으며, 한가하여 일이 없을 때는 문을 닫고 단정히 정좌하여 마음이 발동하기 전의 경계를 체득하였다고 한다.[44] 이렇게 성경(誠敬)의 심성 훈련 공부에 평생의 노력을 기울여 삶과 죽음을 초월했고, 부와 가난의 경계를 넘어서 확연의 경지에 도달하도록 쌓아 나갔다. 아홉 명의 자녀가 모두 일찍 죽고 3일 밤낮을 굶어도 원망하거나 근심하는 마음이 없이, 오히려 그러한 불행을 만날 때마다 남편을 더욱 위로하고 격려하였다.[45] 그것은 극단적인 환경과 혈육이 모두 죽는 비극 속에서도 스스로의 도리를 다할 뿐 결코 명(命)을 탓하지 않고 현실에 맞서서 자기 성실을 다하는 심원한 종교적 수행자의 삶이었다. 다음과 같은 시는 어떻게 그녀가 학문과 수양을 통해서 우주와 하나가 되는 깊은 유교의 도학적 영성을 가지게 되었는지를 잘 보여준다.

온갖 수목들 가을 기운을 맞는데
석양에 매미 소리 요란하네
깊이 사물의 이치에 감동되어
숲 속에서 홀로 거니네[46]

밤이 깊으니 동물들은 움직임을 그치고
빈뜰에는 달빛이 밝게 비추네
마음이 씻은 듯이 맑으니
성정(性情)의 진면목을 환하게 바라보네[47]

이러한 부인이 죽자 남편 윤굉연은 다음과 같은 제문으로 그 죽음을 애통
해 했다.

나에게서 한 가지라도 착한 것을 보게 되면 기뻐할 뿐만 아니라 더욱 격려
하였고, 나에게 한 가지라도 허물이 있음을 보면 걱정할 뿐만 아니라 질책하
기도 하여 반드시 나를 중용되고 정대한 경지에 서도록 하고, 친지 사이에서
한 점의 허물도 없는 사람이 되게 하였다. 비록 내가 미련하고 못나서 더 실
천하지 못하였지만, 아름다운 말과 지극한 논리에 종신토록 승복하였다. 이
때문에 부부지간이 마치 스승처럼 엄격하였고, 단정하고 조심하여 조금도
소홀함이 없었다. 매번 그대와 마주할 때는 신명을 대하는 것과 같았고, 그
대와 이야기할 때는 눈이 아찔해지는 것을 느꼈디. 지금 이후로는 이와 같은
사람을 다시 볼 수 없으리.[48]

3) 일상의 성화(聖化)와 유교 종교성

정일당은 경(敬)을 특히 중시하는 깊은 종교적 태도로 예(禮)에 대한 깊은 관심을 보여주었다. 유고집에서 정일당이 예학(禮學)의 중요성을 깊이 인식하고 그 공부에 많은 노력을 들인 것을 볼 수 있다. 예는 천리(天理)의 절도와 표현으로 그 천리를 깊이 숭경하던 그녀는 일상적인 삶에서도 어떻게 사는 것이 천리를 잘 따르는 것인가를 알아야 했으므로 예법을 깊이 있게 탐구했으며, 거기에 대한 논의들이 다수 실려 있다.

남편의 스승과 대부자작(代夫子作)으로서 여러 차례 주고받은 편지의 내용도 거의가 이 예법에 대한 것이다. 거기에는 상례의 복제(服制), 초반(抄飯, 빈소 영전에 밥상을 올리고 밥을 떠서 물에 말아 두는 일)의 횟수에 관한 것, 상식(上食, 영전에 밥상을 올리는 것)으로 죽을 올리게 될 경우 수저를 꽂는 것의 타당성 등에 관한 것이 있다.[49] 또한 심의(深衣)라는 옷은 길사와 흉사에 모두 통용되는 옷인데, 조문하러 갈 때도 입는 것이 마땅한지에 대한 질문이 들어 있다.[50] 단의(禒衣)는 선비 아내의 옷으로 그 색이 순검정이니 기제사 때는 온당치 않다는 이야기,[51] 중국인들의 화관(華冠)과 관련하여 부인들이 관을 쓰는 것의 온당함에 대한 질문, 복건(幅巾)에 관한 것, 또한 낳아 준 부모와 입후(入後)한 부모의 상례나 장례, 제례가 서로 겹칠 경우의 예에 관한 것 등이 유고집에서 볼 수 있는 논의들이다. 이러한 논의들은 당시 가례에 대한 일반적인 이해의 수준을 넘어서 연구가 상당히 축적된 것이라고 평가받는다.[52]

정일당의 예학에 대한 관심과 관련하여 나에게 깊은 인상을 준 것 중 하나는 그녀의 「조상들의 기호품(思嗜錄)」이라는 글이다. 여기서 정일당은 11대조의 취미나 기호 음식에 대한 이야기부터 시작해서 과거 조상들이 어떻게 술과 음식을 좋아했고, 또한 그들이 어떻게 스스로 조상들을 섬겼으며 이웃을 도왔고 제사를 지내왔는지를 세세하게 밝히고 있다. 그렇게 먼 조상에게까지 세세하게 관심이 닿아 있던 정일당은 "옛 사람들은 돌아가신 분섬기기를 산 사람과 같이 하였기 때문에, 제사를 앞두고 재계하는 때에 그분의 거처와 말과 웃음, 뜻과 즐기시던 것과 좋아하던 것들을 생각하며 명상에 잠긴다"라고 하였다.[53] 이것은 그녀가 어떻게 보본반시(報本反始)의 정신으로 근원에 대한 깊은 종교적 심성을 가지고 있었고, 또한 그 경외심에서 우러나온 조상과 부모를 섬기는 예에서 한 치도 흐트러짐이 없도록 노력했는지를 잘 나타내 주는 글이다. 이러한 정일당에 대해 한 만장(挽章)은 다음과 같이 쓰고 있다.

> 한양성 남쪽에 여성 선비 있으니
> 집은 고요하고 자리에 먼지 하나 없네
> 삼천 가지 예법에 모범이 되었고
> 사십 년을 안빈낙도 하였네 [54]

하늘에 대한 깊은 공경에서 삶의 어느 한 부분도 하늘의 절도와 표현 바깥에 두기를 원치 않았던 정일당의 일상성과 겸비의 종교성은 다시 그 관심을 후대의 시간에로 확장한다. 즉 후대에 대한 그녀의 진지한 교육적 관심을 말한다. 남편 윤광연은 열심히 닦은 학문과 덕성으로 명망 있는 교육자가 되었고, 그들의 집은 그래서 양가 친척과 이웃들의 배움의 터가 되었다. 정일당의 많은 글들이 바로 이들에 대한 배려에서 나온 것이고, 가르치는 스승으로서의 남편의 학문과 덕성 함양을 위한 것이었다. 정일당은 남편을 대신하여 친정동생 일회(日會)에게 쓴 편지에서 집안에 여러 차례 상사(喪事)가 있었지만 그 가운데서도 "사람 가르치는 큰일(爲人大節)"이 어긋나지 않도록 잘 배려할 것을 여러 가지로 조언한다. 그만큼 그녀에게 있어서 후손의 교육은 중요했던 것이다.[55] 그녀는 다음과 같은 시문을 지어 사람의 교육과 공부가 어떠해야 하는지를 밝힌다.

사람의 성품은 모두 선하니
각기 최선을 다하면 성인(聖人)이 되네
인(仁)을 갈구하면 인이 이루어지리니
진리를 밝혀서 몸을 성실히 하리[56]

너희들은 모름지기 부지런히 독서하여
젊은 날을 헛되이 보내지 말라
어찌 책을 읽고 외우기만 하랴
마땅히 성인(聖人)이 되도록 기약해야지[57]

　　정일당은 여러 편지들에서 친정 자제들 하나하나의 장점을 거론하며 남편에게 그들이 공부할 수 있도록 도와달라고 간절하게 요청한다.[58] 또한 남편에게 스승으로서 제자들에게서 한두 가지 드러나는 선악을 보지 말고 근원을 보라고 요구하며, 항상 긍정적으로 선한 면에 주목하도록 촉구한다. 정일당은 성심으로 노력하는 자들은 가려서 더욱 사랑하고 독실하게 가르쳐서 크게 성취하는 일이야말로 참으로 보람 있는 일이라고 상기시킨다.[59] 어리석은 제자를 가르치기가 어렵다고 불만스럽게 여기는 남편에게 만약 성인(聖人)이라면 그랬겠느냐고 하면서 작은 단서라도 찾아서 노력하면서 오히려 스승으로서 자신의 능력이 부족한 것을 염려하라고 충언한다. 그녀는 다음과 같이 시대를 뛰어넘는 반상평등(班常平等)의 교육관을 가지고 가르침에 있어서의 열림과 평등을 주장했다.

주신 편지에, "물은 모든 것을 적시지만, 점토석은 젖지 않는다"고 하셨습니다. 이는 아마도 우매한 자들을 가르치기 어렵다는 뜻으로 말씀하신 것 같습니다. 그러나 성인(聖人)이 맡게 된다면 단서 하나에 의지해서 교화시킬 수도 있을지 어찌 알겠습니까? 바라옵건대, 그 젖어들지 않음을 걱정하지 말고 적실 수 없음을 걱정하시기 바랍니다.[60]

무릇 백성 가운데 빼어난 자들은 삼대(고대중국의 하 · 은 · 주)에도 버리지 않았습니다. 지금 서당 아이들 중에서 노귀(虜龜)는 자상하고 명민하며, 이암(李巖)은 돈독하고 후덕하며, 유철(劉喆)은 효성스럽고 신중하니 모두가 가르칠 만합니다. 미천하고 어리다고 하여 소홀히 하지 마시기 바랍니다.[61]

『중용』18장과 19장에 보면 하늘의 뜻(天命)을 받아서 세대를 넘어 계승하는 일에 관한 이야기가 나온다. 18장에 보면 공자는 "근심이 없으신 분은 문왕(文王)이실 뿐이다. 왕계(王季)를 아버지로 삼으시고 무왕(武王)을 아들로 삼으셨으니, 아버지가 시작하시거늘 아들이 계술(繼述)하였다"라는 구절이 나온다. 그리고 또한 다음 장에는 무왕과 주공을 "달효(達孝)"라고 칭하며 "모름지기 효(孝)란 사람(부모)의 뜻을 잘 계승하며(善繼) 사람(부모)의 일을 잘 전술(善述)하는 것이다"라고 하였다. 이것은 유교적 인식에서 부모의 뜻이란 거슬러 올라가면 궁극적으로 하늘의 뜻이 되므로, 세대를 넘어서 전달하는 일에 관심하는 사람이야말로 효자인 동시에 참된 종교인이 됨을 지시하는 것이라 할 수 있다. 문왕은 ㄱ 부모 세대가 하늘의 뜻을 받고 전히는 일을 시작하였고, 문왕 자신을 거쳐서 다음 세대의 무왕도 같은 뜻을 가지고 행했으므로, 자신뿐 아니라 그 윗세대와 아랫세대 모두 한가지로 "뜻을 받고(受天命)", "계승하고(善繼)", "잘 기록하여 알려주고(善述)" 하였으므로 근심이 없는 사람으로 파악된 것이다. 유교의 종교성은 이렇게 효와 밀접하게 연관되어 있고, 다음 세대로 이어주는 교육과 연결되어 있다는 의미에서 자신의 아이와 친척의 아이뿐 아니라 모든 다음 세대의 교육에 관심을 가진 정일당은 참된 종교인이었다고 할 수 있겠다.

정일당의 영성은 그녀의 만물일체의 깊은 영성과 더불어 삶의 모든 시간과 공간을 성(聖)의 영역으로 화하게 하려는 통찰과 겸비의 실천에서 볼 수 있다. 그녀는 바로 자신의 삶 자체를 그러한 진리의 실현장으로 보았으며 죽기 사흘 전에는 다음과 같은 시를 지었다.

여생이 사흘밖에 남지 않았는데
성현이 되기로 한 기약을 저버려 부끄럽네
늘 증자를 사모하였으니
이제는 자리를 바꾸고 죽을 때가 되었네[62]

정일당이 가장 가까운 남편으로부터 신명(神明)의 차원으로까지 평가받은 공부란 바로 일상 속에서, 자신의 모든 관계 윤리 안에서 자신을 낮추면서 사기종인(舍己從人)의 방식을 통해서 이룬 것이었다. 그녀는 아침 일찍 일어나고 밤늦게 잠들면서 효도와 공경을 다하였고, 한 가지 음식이라도 생기면 반드시 잘 간수하여 부모님을 섬기고 제사 받드는 재료로 삼았다. 시어머니가 지극히 사랑하였지만 결코 이를 믿고 소홀히 하지 않았고, 돌아가시기까지 16년을 한결같이 봉양하였으며, 돌아가시자 상(喪)을 치름에 성의와 예법을 다했다. 당시 흉년을 당했고 겨울이 몹시 추웠는데도 최선을 다해서 상례를 치렀다고 전한다.[63] 정일당이 하는 음식은 극도로 정결하였고, 바느질도 지극히 정밀했다. 일생생활이나 가정 관리의 모든 면에서 정밀하고 철저하여 그녀가 시집온 후에는 부모님이 편안하고, 동서들이 옳게 여기고, 친척들이 칭찬하고 노비들이 의지하였다고 한다.[64] 집이 매우 가난하였지만 제사를 받드는 데 부족한 것이 없었고, 자루에는 돈 한 푼 없었지만 빈객을 접대하는 데 즐거움을 다하였다. 받고 거절하는 데 밝아서 의로운 것이 아니면 단 한 개라도 가지지 않았고, 남의 어려움을 구제하는 데 급하였고, 자신을 다스리는 데는 엄격하였지만 남을 책망하는 데 너그러웠다고 칭송받았다.[65]

정일당이 이렇게 철저히 일상의 모든 순간 속에서 자신을 닦는 일이 얼마나 체화되었나를 잘 알 수 있는 일화가 다음과 같이 행장에 소개되어 있다.

> 그녀는 일찍이 주자가 "동안(同安)에 있을 때, 종소리 한 번을 듣는 사이에 이 마음을 끊지 못하여, 잡념이 저절로 뛰기 시작하였다"는 글을 읽고, 매번 아침저녁으로 종소리를 들으면 묵묵히 그것을 체험하였다. 서당 아이들이 두레박을 치면서 놀이를 하였는데, 치는 수에 절도가 없었다. 정일당은 그 치는 소리를 고르게 시켜서 마음의 잡히고 놓이는 순간을 체험하였다. 또 바늘을 가지고 바느질을 하면서 여기서부터 저기에 이를 때까지 이 마음을 바꾸지 않도록 기약하기도 하였다.[66]

이상처럼 정일당은 아침저녁으로 밖의 종소리를 듣는 일순간에도, 아이들이 떠들며 노는 소리를 들으면서도, 바느질과 같은 지극히 일상적인 일을 하면서도 자신의 덕성을 닦는 일을 놓지 않았다. 이것이야말로 진정으로 도학적 공부의 봉우리에 있는 모습이라고 하겠다. 일상생활에서는 빠른 말이나 황급한 행동이 없었고, 꾸짖는 소리가 노비들에게 미치지 않았다고 한다. 음식을 먹는 데 돌아가신 이를 먼저하고 살아 있는 이를 뒤로 하였으며, 잘된 일은 남에게 공을 돌리고, 잘못된 일은 자신에게 허물을 돌렸다고 전한다.[67] 남의 장점을 선양할 때는 뒤질까 걱정하였고, 자신의 재능을 깊이 숨겨서 혹시라도 남들이 알까 걱정하였다. 미워하는 사람이라도 그의 착한 일을 칭찬하였고, 아끼는 사람이라도 잘못을 묵과하지 않았다. 그리고 일찍이 남의 허물을 말한 적이 없었다고 한다.

이렇듯 독실하게 공부한 것이 성인(聖人)의 학문이었고, 그래서 그녀는 "처음에는 마음이 들뜨고 흔들림을 근심하였으나, 점차 깊이 익숙하여 말년에 이르러서는 마음의 겉과 속이 태연하게 되었다"라고 스스로 고백한다.[68] 이러한 정일당의 삶에 대해서 "독실하게 공부한 것은 오직 성학(聖學)이요, 문장은 그녀에게 나머지 일에 지나지 않았고", 부부가 스승을 겸하였으며, "부엌 사이에 책상이 있었고", "경전은 음식물에 섞여 있었다"고 표현된다.[69] 그래서 그녀에 대한 긴 행장은 다음과 같은 탄사로 마무리 된다.

> 오직 재덕을 겸비하고 지식과 행실을 함께 닦은 사람을 나는 정일당에게서 보았다. 그러니 정일당과 같은 이가 어찌 여인들 중에 군자에만 그치겠는가? 실로 여사(女史) 중에도 일찍이 없었던 바이다. 내가 어찌 혹시라도 친척이라고 하여 지나치게 미화하겠는가?[70]

4. 현대 여성의 삶과 유교 종교성

1) 새로운 여성 주체성의 형상화를 위한 종교적 토대

이상과 같이 이 글은 유가적 도(道)의 특성이 성인지도(聖人之道)의 추구라고 보면서 그것이 단순히 어떤 정치경제적 의미나 윤리도덕적 의미만을 가지는 것이 아니라 '누구나 배움을 통해서 성인(聖人)의 경지에 도달할 수 있다(學以至聖之道)'는 깊은 내재적 초월성과 종교성을 포함하는 것으로 보았다.

이런 유가적 도 실현의 방법론이 조선조에서 도학의 전통으로 전개되었고, 18세기 후반부터는 여성들의 삶도 이 도학적 추구의 관심 안으로 이끌어져서 더욱 많은 여성들이 주체로 일깨워졌음을 지적하였다. 또한 이와 같은 유교 여성들의 삶을 공자가 『중용』에서 '큰 지혜(大知/智)'로 찬탄하며 "그는 묻기를 좋아하셨고, 하찮은 말을 살피는 것을 좋아하셨다"고 서술한 순(舜)임금의 사기종인(舍己從人)의 삶으로 그려보았다. '자기를 버리고 남을 따른다'의 삶은 현대 페미니스트들의 시각으로 보면 한없이 굴종적이고 비주체적인 삶으로 보이지만, 그러나 그러한 표피적인 이해를 넘어서 그 안에 삶의 궁극성에 대한 고원한 추구가 들어 있다고 보는 것이다.

정일당은 학행과 수행이 결코 둘이 아님을 여성의 몸으로 증거했다. 손님을 접대하고 음식을 장만하며 바느질을 하는 가운데서도 유교 13경의 공부를 쉬지 않았고, 살림살이의 지극히 일상적인 일 가운데서 자신의 성품들을 닦고 경(經)의 진리들을 실험하는 기회를 찾았다. 그녀는 남편에게 삶에서 가장 귀중한 일이란 도를 추구하는 일임을 강조하면서 부귀나 생계, 과거 시험 등이 결코 인생의 목표가 될 수 없음을 누누이 상기시켰다. 이러한 뛰어난 도학적 의식은 가난과 질병, 삶의 여러 가지 질고와 명성 없음 등을 하늘의 명으로 인내하며 감당하게 했으며, 부부의 관계를 이렇게 도를 실현해 가는 도반의 관계로 이해하게 했다. 이러한 정일당의 의식이야말로 오늘날 어떤 현대 페미니스트 주체의식보다도 더욱 건실한 주체의식이라고 생각한다. 단지 사회정치적 차원에서만의 주체성 추구가 아니라 그러한 차원을 넘어서 더욱 더 궁극적인 데까지 나가서 참된 삶의 의미 실현을 추구한 것이기 때문이다.

전통적으로 종교적이고 형이상학적 영역이 되는 삶의 궁극적 의미 추구와 관련하여 여성들이 스스로 서지 못한다면 그들의 주체성 추구는 한갓 사상누각이 되기 쉽다. 왜냐하면 이러한 형이상학적(종교적) 물음들은 우리 존재와 삶의 뿌리와 근원에 관한 질문이므로 여기서의 해방적이고 건설적인 증거야말로 삶과 행위에서 진정성과 방향성을 주기 때문이다. 그런 의미에서 프랑스의 여성철학자 이리가라이(Luce Irigaray)도 여성의 진정한 주체성 회복을 위해서는 종교의 영역이 반드시 필요하다고 강조한 것을 본다.[71] 이보다 먼저 20세기 서양 페미니즘의 기수 시몬느 보바르(Simone Beauvoir)도 지적하기를, 성차별적 억압을 인식한 여성들이 자신들의 인간적 발견에 돌파구를 찾는 데 전념한 나머지 우주에 대한 그들의 해석을 형성하는 데는 거의 남겨진 에너지가 없게 되었다고 지적하였다.[72]

『맹자』의 「진심장(盡心章)」에 보면 "인(仁)하지 못하고도 한 나라(國)를 얻는 자는 있었으나, 인하지 못하고서 천하(天下)를 얻는 자는 없다"라는 구절이 있다.[73] 나는 정일당을 비롯한 유교 전통 여성들의 도학 추구가 바로 이러한 인을 추구하는 것이었다고 보고, 오늘날 여성들의 주체성 추구와 리더십이 바로 이 지경까지 이르고자 한다면 그것이 삶의 궁극 물음과 관계해야 한다고 보는 것이다. 유사한 맥락에서 앞에서 사기종인으로 표현한 유교 종교성과 거기에 근거한 리더십이 결코 현대 페미니즘의 주체성이 강조하는 정의나 권리의 측면을 무시하는 것이 아니라는 것을 말하고자 한다. 오히려 그 차원을 넘어서 더 궁극적이고 포괄적으로 공평무사(公平無私)와 인간 삶과 행위의 기초적 근거를 얻고자 함이라는 것을 지적하고 싶다. 참된 대인(大人)과 성인(聖人)을 추구하는 『대학』의 마지막 장에는 "오직 인의 사람만이 능히 남을 사랑하며 능히 남을 미워할 수 있다(唯仁人爲能愛人 能惡人)"라는 구절이 있다. 이것은 끊임없는 자기성찰과 공부로 "지극히 공평하고 사심이 없는 사람(至公無私)"이 되어서 인간 공동 삶에서 그 일을 위한 기초적인 근거가 되는 감정의 기준, 즉 "좋아하고 싫어함의 기준(好惡之正)"을 정할 수 있는 사람의 경지를 말하는 것이다. 정일당 등에게서 우수하게 체현된 유교 종교성이 현대 여성들에게 시사하는 의미가 바로 이것이고, 그런 의미에서 진정한 주체성과 리더십의 형성을 위한 기초적인 가르침을 줄 수 있다고 본다.

2) 공적 영역과 사적 영역의 통합의 가능성

다음으로 정일당의 삶에서도 보았듯이, 유교 종교성은 우리의 의식 속에 끊임없이 공적 인간으로서의 자각을 불러일으키는 것을 들고자 한다. 유교 전통 여성들의 삶이 오늘날 우리 시대와 견주어 보았을 때 많은 제약을 가지고 있었다는 것을 부인할 수 없다. 하지만 그들의 가정과 안방 생활은 결코 단지 사적인 것만이 아니었다. 그들의 봉제사와 접빈객, 자녀 교육과 살림살이는 뛰어난 공적 감각 안에서 행해진 것들이었다. 정일당이 어려운 살림살이에도 불구하고 조상들의 묘소를 천 리 길로부터 이장하여 뜻을 계승하고 전술하는 일에 힘을 쏟은 것이나, 가난한 형제 친척들의 혼례와 상례를 치러 주면서 인간다운 삶의 절도를 더욱 펼치려고 수고한 일, 그녀의 쪽지 편지들에 잘 나타나는 것처럼 남편의 공적 교제와 사귐을 끊임없이 의(義)와 도(道)의 관점에서 염려하고 간구한 일, 가난한 마을 아이들까지도 가르침의 대상으로 삼아서 교육을 베풀어 주고자 한 일 등, 그녀의 삶은 결코 사적 영역에 갇힌 비주체의 삶이 아니었다. 오히려 오늘날 현대 여성들의 삶이 사적 영역과 공적 영역으로 이분화되어서 물리적으로는 전통 여성들보다 훨씬 더 많이 공적 영역에 몸담고 있지만, 이들의 실질적인 관심은 온통 사적 영역의 일로 채워져 있는 것을 볼 때 그렇게 단순하게 비교할 수 없다고 보는 것이다. 이런 맥락에서 나는 조선 유교 전통에서의 어머니 역할과 입후제도(入後制度)에 대해서 다시 생각해 보고자 한다.

유교 전통은 인간성(仁)이 가장 기초적으로 길러지는 곳을 가정이라고 보았고, 그중에서도 특히 부모와 자식 간의 관계, 형제자매 사이의 관계를 핵심으로 보았다. 물론 이러한 유교의 가족 중시 사상은 현실 속에서 많이 타락하였고, 남성 중심적이고 여성 억압적인 이데올로기로 변질되기도 하였다. 그럼에도 불구하고 인간의 기본적인 성품과 특징이 바로 이러한 친밀한 가족 관계에서 이루어지는 것이라면, 시대의 변화와 함께 가족의 외적 형태는 달라질 수 있다는 것을 인정한다고 해도 그 기본 정신을 보유하는 일은 여전히 긴요한 것을 부인할 수 없다. 일반적으로 유교 전통의 입후제도를 가부장주의 전통의 나쁜 악습으로 규정한다. 사실 최근까지 남성 혈통 중심의 가계를 유지하기 위한 남아 선호 사고는 많은 부작용을 낳았다. 그러나 오늘날 호주제도도 폐지되고, 여아에 대한 차별이 거의 옛이야기가 된 상황에서 과거 입후제도의 시행을 다시 생각해 볼 수 있다. 오늘날 우리 사회에서 입양을 여전히 어려운 일로 생각하고, 외국으로 해외 입양을 보내고 미혼모나 가정을 잃은 많은 아이들이 방치되어 있는 상황을 생각해 본다면, 과거 유교 여성들이 비록 입후제도를 통해서 얻은 자식이지만 그들과 어떻게 깊은 모자관계를 형성했나를 보면서 오늘 우리 시대에 그 정신적 모습을 귀감으로 삼을 수 있다는 의미이다. 윤지당도 그렇게 해서 아들을 얻어 극진한 관계를 이루었고, 정일당은 어려운 형제와 친족들을 위해서 입후를 해준 것이 7~8인이었다고 전해진다.

오늘날 더 이상 실체로서의 모성이 아닌 체험으로서의 모성과 정신적인 모성을 말하고, 몸의 자궁이 아닌 마음의 자궁이 이야기하는 상황에서 어머니 되기와 모성은 남녀 양성 모두의 일이거나 다중적 여성 주체의 한 가지 선택적 일이 될 수밖에 없다. 유교 여성들은 비록 우리 시대와는 달리 스스로 그 일을 선택할 수는 없었지만 모성을 인간 삶에서 참으로 높은 차원과 수준으로 고양시켰다. 정일당은 불행히도 9명의 친자식을 모두 잃었지만 집안의 모든 아이들을 자신의 친자식처럼 보살피고 교육했으며, 큰어머니의 마음으로 주변의 사람들을 정성을 다해 챙겨 주었다. 이러한 어머니 되기의 역량이 오늘날 보살핌과 연민의 능력으로서 더욱더 요청된다면 이 유교 여성들의 어머니 모델을 파기할 이유가 없다. 오히려 여성들은 이미 기득권으로 가진 이 여성성과 모성을 잘 다듬어서 인간적 주체성을 더욱 풍부히 하는 데 보탤 수 있다고 생각한다.

나는 지난 2008년 쇠고기 파동과 관련해서 한국 사회에서 불 일듯이 일어난 촛불집회에서 유모차를 끄는 어머니 그룹이 수행했던 사회 참여도 이런 맥락에서 이해한다. 세계가 놀란 한국 풀뿌리 민주주의의 역량과 여성들의 역할이 하루아침에 이루어진 것이 아니며, 또한 단지 서구 현대 페미니즘의 영향만이 아니라 바로 이렇게 오랫동안 유교 전통에서 전래되고 일구어진 공적 감각이 뒷받침된 것이라고 보고자 한다. 그런 의미에서 한국 유교 전통의 여성들이 실행했던 부덕의 성실성과 진정성은 여전히 우리에게 많은 것을 가르쳐 줄 수 있다고 생각한다.

3) 생명과 살림의 영성 : 만물의 어머니 되어 주기

마지막으로 한국 유교영성과 종교성이 오늘날 여성들에게 주는 의미로 그 포괄성과 지속성(誠)의 영성을 들고자 한다. 유교 성인지도(聖人之道)의 학문은 궁극적으로 만물일체의 경지를 추구한다. 『대학』의 마지막 10장 「성천하」에서 주희는 앞의 전문 3장에서 『시경』의 언어로 밝혔던 "친(親)·현(賢)·락(樂)·리(利)"의 네 단어를 다시 언급한다. 그러면서 천하가 태평해지는 경지로서 나라가 이(利)를 이익으로 삼지 않고, 의(義)를 이로움으로 삼는다는 원칙으로 다스려지면 결국 나라의 친·현·락·리가 각각 그 마땅한 자리를 얻어서 평천하가 이루어지는 것이라고 설명한다. 여기서 이 네 영역을 각각 오늘의 언어로 풀어보면, 친(親)이란 가정적 삶을 이끄는 원리이고, 현(賢)이란 인재 등용과 관련한 정치의 원리이고, 락(樂)이란 인간 마음과 감정의 다스림과 관련되어 국가의 문화적 삶이 정도를 찾는 것을 말한다. 마지막으로 리(利)란 바로 경제를 의미한다. 사실 이 네 가지 원리는 우리 삶의 모든 영역을 포괄하는 원리이며, 이렇게 유교적 도는 우리 삶의 전 영역이 바르게 다스려지기를 추구하는 것이다. 이것이야말로 바로 궁극의 거룩(聖)이 지극한 일상의 삶과 세속(俗)에서 실현되기를 추구하는 유교 종교성의 표현이고, 나는 유교 여성들의 간단없는 살림살이도 바로 이 일과 다르지 않았다고 본다.

정일당이 남긴 짤막한 글들과 행적은 그녀가 어떻게 끊임없는 경(敬)과 성(誠)의 정신으로 가정 살림살이를 일구었으며, 남편과 자신의 심성 함양과 예의 체화를 위해서 노력했고, 심지어는 신체적 병도 심성의 안정으로 다스리면서 삼천 가지 예법에 능하게 되었는지를 보여준다. 그녀의 동시대인들에 대한 혜안과 깊은 평가 등은 모두 그녀의 삶이 이러한 포괄성과 지속성의 덕목을 뛰어나게 체화한 것이었음을 밝혀준다. 나는 현대 여성들의 삶과 리더십이 이러한 포괄적인 안목과 성실성에 기초해야 한다고 생각한다. 가정의 안녕을 기초로 해서 정치와 문화와 경제를 통괄해서 보는 안목, 드러나는 일순간의 효과에 좌우되지 않고 지속적으로 노력하여 뜻을 실현하고자 하는 결심, 자신의 가정이나 사적 울타리를 넘어서 세상의 만물에 마음과 관심을 두는 포괄적 배려심과 생명적 책임감, 이런 덕목과 리더십이야말로 오늘 여성들에게도 긴히 필요하고 그것을 정일당과 같은 유교 여성들의 삶에서 배울 수 있다고 여긴다.

『중용』은 자신을 이룰 뿐(成己) 아니라 타인(成人)과 만물(成物)을 이루는 성실함(誠)을 끝임없이 이야기한다. 자신을 이루는 데 그치지 않고 그 성실함의 배려와 생명 살리기의 일이 온 만물에 지속적으로 끼쳐지기를 추구해야 함을 말하는 것이다. 그런 지속함(不息則久)을 통해서 변화가 나타나고(久則微), "유구함은 물(物)을 이루는 까닭(悠久所以成物也)"이기 때문이다. 오늘날 생명 윤리학이나 에코페미니즘에서 많이 이야기하는 살림과 생명의 원리가 이 중용적 '성물(成物)'과 '생물(生物)'의 원리와 다르지 않고, 유교 여성들의 삶이야말로 바로 지극하게 그것들을 선행적으로 실천하고 산 삶이었다고 하겠다. 이렇게 지속성과 성실성으로 끊임없이 생명을 살리고 창조하는 만물 일체의 유교영성(天地生物之心)이야말로 오늘날 현대 여성들이 다시 체득해야 하는 덕목이라고 밝히고자 한다. 이러한 가운데 유교 종교성은 "선(善)이란 내가 진정으로 좋아서 원하는 것이고, 믿음(信)이란 내 몸에 있는 것"이라고 했다면,[74] 진정한 신앙은 단순히 언어나 마음의 문제가 아니며, 밖의 것을 좇는 일이 아니라 추구할만한 것을 선으로 해서 그것을 몸에 체현시키는 일이라고 보는 것을 말한다. 21세기에는 우리 모두의 삶이 이러한 새로운 신앙으로 채워지기를 희망한다.

한류와 유교 전통 그리고 한국 여성의 살림영성

시작하는 말

한류의 물결이 동구에까지 퍼져서 전개되기 시작할 즈음 불가리아를 방문하고 온 김황식 국무총리는 TV 인터뷰에 나와서 "좋은 의미로, 어쩌다 이렇게 되었는지는 모르겠지만…"이라고 감탄하면서, 당시 런던과 파리에 이어서 동유럽 불가리아에도 불고 있던 한류의 열풍에 크게 놀라고 고무된 심정을 드러냈다. 가는 곳마다 그곳의 젊은이들이 한류 스타들의 노래를 따라하고 한국어를 배우고, 가장 여행하고 싶은 나라로 한국을 꼽는 것 등을 보면서 그는 국무총리로서 매우 감격스러웠다고 술회하며 어떻게 이런 일이 가능하게 되었는지 어리둥절해 했다. 비단 김황식 총리만이 아니라 대부분의 한국인들이 세계 곳곳에서 부는 한류 열풍을 보면서 처음에 이와 유사한 감정을 가졌다. 세계 전쟁사에서 가장 많은 수의 시민이 희생된 전쟁으로 이야기되는 6·25전쟁을 겪은 세대일수록 더욱 그러한 감정을 느낄 것이다.

이러한 한류 열풍에서 특히 여성 주역들의 역할이 두드러지는 것을 부인할 수 없다. 물론 2012년 〈강남스타일〉의 싸이가 있지만, 일찍이 한 한류 드라마 연구가도 잘 지적해 낸 대로 한류 물결의 중심에 여성들이 서 있는 것을 잘 볼 수 있다.[1] 예를 들어 소설가 신경숙이 소설 『엄마를 부탁해』를 가지고 미국 도서 시장에 불러일으킨 한류 바람도 그 중 하나이다. 여기서 작가는 스스로가 여성이라는 것뿐 아니라 그 소설 내용에 있어서도 '엄마'라고 하는 인류 보편의 여성 체험을 가지고 어떻게 한국적인 여성 체험이 그 지극한 예가 될 수 있는지를 보여주었다는 점에서 주목받았다. 신경숙 작가는 『엄마를 부탁해』의 미국 착륙이 자기 개인뿐 아니라 한국 문학으로도 "미국에 내리는 첫눈"과 같다고 소감을 밝혔는데, 이 말은 매우 상징적으로 들렸다.[2] 즉, 미국으로 대변되는 서구 문명을 포근하게 감싸는 첫눈과 같은 한국 여성성, 한국의 모성과 생명 정신, 이런 것들을 생각할 수 있었다. 이러한 『엄마를 부탁해』의 열풍과 더불어 당시 한국 사회를 흔들어 놓았던 또 다른 소설과 영화 〈도가니〉의 삭가도 여성이었다. 그런데 거기서 작가 공지영은 말할 것도 없고, 그 작가로 하여금 그와 같은 소설을 쓰도록 하는 데 결정적인 계기를 마련해 준 사람도 여성이었음이 밝혀졌다. 즉 소설의 실제 소재가 된 〈인화학교〉 장애인 집단 성폭행 사건에 대한 재판 결과를 장애 피해자들의 입장에서 여성적인 울림으로 기사화해 준 인턴 여기자의 분노의 글이 먼저 있었던 것이다. 그것이 작가 공지영에게 강한 소설적 영감을 불러일으켰다고 한다.[3]

이렇게 세계 곳곳에서 일고 있는 한류의 정체는 무엇일까? 한국 문화와 정서의 무엇이 그토록 세계인들의 정서에 보편적인 호소력과 감흥을 불러일으키고 있는가? 또한 거기서 두드러지는 한국 여성들의 역할과 활동을 어떻게 이해할 수 있을까? 한류 드라마 〈가을동화〉와 〈가을연가〉로부터 시작해서 〈대장금〉은 말할 것도 없고, 몇몇의 경우를 제외하고는 모두 주인공이 여성이었다. 한류 드라마가 그러한 여성 주인공들과 더불어 여성 중심적 시각에서 구성되어 인류 정서에 보편적으로 감동을 주는 이유와 근거는 무엇일까를 묻게 된다. 오늘날 세계 문명의 판도는 미국과 중국이라는 두 나라로 대변되는 기독교 문명권과 유교 문명권의 대대(待對) 형상으로 크게 그려 볼 수 있다. 거기서 사회주의 국가 중국 본토에서도 불고 있는 유교 정신의 부흥뿐 아니라 유교 전통에 대한 관심은 점점 더 고조되고 있다. 하지만 현대 페미니즘과의 관계에서만큼은 그 관계가 여전히 소원하다. 그것은 모두가 주지하다시피 과거 유교 남존여비 전통의 이름이 워낙 높았고, 거기서의 존양억음(尊陽抑陰)의 이론이 오늘날도 여전히 드물지 않게 (여)성 억압적 이데올로기로 작동하고 있기 때문이다. 하지만 지난 90년대 이후 세계 곳곳의 유교 여성들은 20세기 페미니즘의 도전과 더불어 어떻게 그러한 여성억압적 유교 전통을 새롭게 구성해 낼 수 있을가로 씨름해 왔다. 특히 유교 문명권의 나라 중에서도 유교 전통이 많이 살아 있는 한국에서 유교와 페미니즘 간의 대화는 꾸준히 진행되어 왔다.[4]

이 글은 이러한 유교와 페미니즘 간의 대화의 연속선상에서 어떻게 오늘날 전 세계에 퍼져 있는 한류의 밑바닥에 한국 여성들이 오랜 동안 유교 전통의 삶 속에서 지난하게 일구어 온 살림과 생명의 영성이 흐르고 있고, 그 정신이 어떤 방식으로 21세기 여성을 위해서도 역할할 수 있으며, 인류 보편적 삶을 위해서도 의미를 줄 수 있는지를 탐색해 보려고 한다. 20세기에 서구로부터 전래된 기독교 복음이 현대 한국 여성들 삶의 해방과 주체성 형성을 위해서 지대한 영향을 끼쳤다는 것을 부인할 수 없다. 또한 그러한 한국 여성들의 삶은 20세기 후반에 만난 서구 페미니즘을 통해서 다시 한 번 크게 변화되었다. 하지만 오늘날은 동서의 인류 모두가 공통적으로 그러한 서구 기독교 정신이 낳은 근대 산업문명과 거기서의 자아·주체 중심주의의 한계 앞에 노정되어 있다. 또한 그 근대 기독교 정신의 딸인 페미니즘에 대해서도 오늘날 가족적 삶도 포함해서 인간 공동체적 삶이 크게 해체되어 가고 있는 상황에서 다시 그 진행 방향과 목표에 대해서 재고해야 한다는 비판이 비등하고 있다. 이 글에서는 이러한 비판적 상황을 염두에 두고서 어떤 점에서 우리가 유교 전통으로부터 새롭게 배울 수 있고, 어떻게 유교 문명과 기독교 문명이 서로 대화할 수 있는지를 특히 한국 페미니스트의 시각에서 물어 보고자 한다. 현대 페미니즘을 서구 기독교 문명의 근대주의적의 딸이라고 본다는 점에서 일종의 유교와 기독교의 대화가 될 것이다.

1. 일상의 삶을 성화(聖化)하고 예화(禮化)하는 유교 종교성과 한국 여성의 삶

오늘날 우리 모두는 너나 할 것 없이 개인적 사적 영역의 이익을 위해서 동분서주하는 노동자가 되었다. 이로써 우리 세계는 공적 영역의 함몰이라는 고통 속에 빠져 있다. 세계 근대 산업화 역사에서 그 유례를 찾아볼 수 없을 정도로 짧은 기간 동안 압축적으로 산업화되고 근대화된 한국에서 이러한 경향은 두드러진다. 하지만 이에 반해서 유교 전통은 현실에서는 꼭 그렇게 이루어지지 않았다 하더라도 '천하의 모든 일은 공(公)의 실현을 위해 나아간다(天下爲公, 『예기(禮記)』)'[5]는 구절이 잘 일러주는 대로 서구 기독교 문명보다도 훨씬 더 공적인 세계와 거기서의 화합을 강조해 왔다. '자기를 이기고 예로 돌아가는 것이 참된 인간성이다(克己復禮爲仁)'라는 것이 공자의 핵심 사상이고, '이익을 보거든 먼저 의(義)를 생각하라(見利思義)'가 또 다른 핵심 가르침이었던 것에서도 드러나듯이, 유교 전통은 인간 공동 삶에서의 차이(別)의 인정과 거기서의 개별적인 욕망의 조절과 화합(禮)을 인간 삶을 지속하기 위한 가장 중요한 테제로 보아 왔다. 유교적 내성외왕(內聖外王)과 하학이상달(下學而上達) 등의 가르침은 바로 공(公)과 사(私), 이념적 삶과 물질적 생활, 타자와 자아 등 오늘날 여성들도 포함해서 현대인들이 첨예하게 느끼는 삶에서의 근본적 간극들을 매우 현실적이고 세속적인(secular) 방식으로 조화시키고자 하는 노력이었다. 그러므로 이렇게 대극에 서 있는 요소들(內/外, 下學/上達, 理/氣)을 실천적이고 세속적으로 세간의 삶에서 조화롭게 엮어 내는 가르침으로서의 유교적 도는 현대 여성들을 포함해서 오늘날 세속화(secular ization) 또는 탈세속화(postsecular ization) 시대의 현대인들에게 좋은 시사가 될 수 있을 것이다.

여기서 더 나아가서 이 글은 이러한 유교 전통 속에서의 한국 여성들의 삶에 특히 주목하고자 한다. 왜냐하면 그들의 삶을 지금까지 인류 동서의 어느 시대, 어느 배경에서의 경우보다도 혹독하게 초월(聖, the sacred)과 내재(俗, the profane)를 통합해 내어야 하는 삶이었다고 보기 때문이다. 또한 거기서 억음존양과 남존여비의 지난했던 삶의 조건에도 불구하고 자신의 몸과 마음으로 생명을 낳고, 살리고, 보살피는 생명 창조와 살림의 역할을 해 왔다고 이해한다. 그들의 삶을 한마디로 '사기종인(舍己從人, 나를 버리고 상대를 좇는다)'의 삶이었다고 보는 것이다. 이 정신은 언뜻 보기에는 자아와 주체성은 사라지고 한없이 수동적이고 소극적인 삶의 정신이 아닌가라고 말할 수 있지만, 맹자가 대순(大舜)의 인격적 특성을 그 언어로 특징지은 데서도 잘 드러나듯이 그렇게 간단한 것이 아님을 알 수 있다. 이 경지야말로 오히려 좁은 의미의 자아와 주체성의 차원을 넘어 더 큰 대인(大人)의 인격을 그리는 서술로서, 여기 · 지금과 자아의 상대성을 자각하고 매 순간과 만물 속에서 다가오는 하늘의 현현으로서의 타자를 깊이 받아들이는 유교영성과 종교성으로 이해할 수 있다고 본다.

조선 시대 유교 여성들의 삶이 특히 남존여비의 시각에서만 이해되는 이유가 바로 이와 같은 유교 종교성에 대한 이해가 부족했기 때문이라고 생각한다. 유교가 거의 사회정치적인 체제나 도덕·윤리 체계로만 이해되어 왔지 그 종교성은 주목받지 못한 것이다. 거기서 '성인지도(聖人之道, To become a sage)'를 향한 유교 종교성의 차원이 무시되어져 왔다. 나는 이러한 유교 종교성의 이해가 조선 시대 남성들의 삶뿐만이 아니라 여성들의 삶을 이해하는 데서도 매우 중요한 기제가 된다고 본다. 속(俗)의 차원으로부터 성(聖)의 차원을 엄밀하게 구분하는 불교와는 달리 유교는 그러한 구분을 그렇게 급진적으로 하지 않는다. 오히려 유교는 일상과 세속의 차원에서 거룩을 실현하기를 원하고, 그 일을 하기 위해서 특히 신유교는 '리일분수(理一分數, The principle is one but its manifestations are many)'라고 하는 형이상학적 원리를 제시하면서 이 세계의 모든 영역을 거룩의 영역으로 이해하고자 한다. 이 원리에 따르면 세계의 모든 영역은 그 안에 성스러운 핵을 가지고 있고, 그 핵을 현실화하는 일이 존재와 삶의 일이라고 보았다. 그 일을 위해서 인간 삶을 크게 세 영역으로 나누어 이해해왔는데, 즉 '국가(國)'와 '가정(家)' 그리고 '자아(身)'를 말한다.

사실 원래 (신)유교의 궁극(宗) 개념인 태극(太極)이나 (천)리(理)는 성적(性的)인 차별과는 관계가 없다. 이일분수의 리(理)는 여남의 차이는 물론이거니와 인간과 동물, 물질과의 차이도 상관하는 것이 아니어서 이 세계의 만물 속에 내재하는 하늘의 거룩한 원리를 지시하는 것이다. 그러므로 그 리의 온전한 실현(聖人之道)은 여남 누구나 도달 가능한 목표가 되며, 온 세계 전체가 한가족이 되는 것(萬物一體)이 가능하다고 보는 입장이다. 그러나 그러한 (신)유교의 태극론적 우주론은 거기에 머물지 않았고, 그 리의 현실적인 활동을 위해서 다시 음과 양의 우주론적 기(氣)의 원리를 받아들여 형이상학적으로 존재의 구별과 차별을 말하기 시작했다. 그리하여 현실의 인간 삶에서 여성과 남성의 구별은 점점 차별이 되어 갔으며 종법의 질서는 지독한 남성 중

심의 가부장주의 위계질서가 되었다. 이것이야말로 유교 성속 체계의 사각
지대라고 할 수 있다.

　이 사각지대와 한계로 인해서 유교 전통 사회 속에서 여성들은 열등한 존
재로 낙인받았으며, 몸과 섹슈얼리티는 매우 터부시되었다. 그러나 이러한
한계와 사각지대에도 불구하고 (신)유교 체계는 어떠한 다른 종교 체제보다
도 포괄적으로 세속의 영역을 끌어안는다. 그리하여 그 표현으로서 가례(家
禮)의 생활화로 지금까지 거룩(聖)의 영역과 별로 상관이 없다고 여겨지던 삶
의 세세한 부분들과 특히 여성들의 삶을 성화(聖化)와 예화(禮化)의 과정으로
끌어들여서 변화를 이루고자 했다. 즉 유교는 비록 남성들과 차별을 두기는
했지만 여성들과 그들의 삶을 그대로 속의 영역에 둘 수 없었다. 그래서 여
성들에게도 제한적이긴 했지만 교육을 주기 시작했고, 그들만의 책을 만들
기 시작했으며, 그들의 모든 살림살이가 질서가 있고, 규모가 있으며, 구별
이 있기를 원한 것이다.

　이러한 일들은 조선 시대 유교 전통 이전의 삶에서는 드문 것이었다. 이
는 물론 남성들을 위한 것과 비교한다면 한없이 차별적이지만, 앞에서도 지
적했듯이 우리 삶 전체를 거룩한 영역으로 만들고, 일상의 세속의 영역에
서 거룩을 실현하려는 기도를 가진 유교 성속 체계가 가질 수밖에 없는 한
계였다고 본다. 리일분수의 세계관을 가졌지만 현실에서는 속(俗)의 전 영역
을 거룩의 영역으로 화하게 하기 위해서 출발점(the starting point)을 필요로 했
을 것이고, 그 출발점을 모든 세속 가정의 적장자 가부장으로 본 것이라고
이해할 수 있다. 독일의 역사사회학자 노버트 엘리아스(Nobert Elias, 1987~1990)
는 중세기 이후 서구 유럽 사회의 전개를 "매너의 역사-문명화의 과정(der
Prozess der Zivilisation)"으로 그려냈다. 그것은 매너의 세련화 과정인데 특히 인
간의 일상적인 본능과 관련된 삶에서 본능적인 충동이 억제되고 다른 사람

과의 관계에서 자율적인 자기 통제가 증가되는 예(禮)와 매너 의식의 전개로 이해했다.[6] 나는 조선 시대 여성의 삶도 그러한 해석의 틀 안에서 잘 파악 될 수 있다고 보았는데, 그러나 여기서 한 걸음 더 나아가고자 했다. 즉 조 선 시대 여성들의 삶의 변화는 단순히 계몽적이고 세속적인 의미에서의 문 명화 과정일 뿐만 아니라 더 깊은 종교적인 의미가 있다는 것이며, 그것은 유교 종교성을 그의 성인지도(聖人之道)의 추구 속에서 보면서 조선 시대 여 성들의 삶도 또 하나의 성화(聖化, To become a sage)의 과정으로 보고자 한 것 이다. 이와 더불어 그러한 유교적 성인지도의 종교성이 지금까지 통상적으 로 알고 있는 종교 실천의 모습과는 많이 다르다 하더라도, 오히려 오늘 세 속의 시대에서는 그러한 세간적 시도가 더 큰 의미로 다가올 수 있다고 보 았다. 그것은 겉으로는 종교처럼 보이지 않지만 내적으로는 깊은 영성의 차원을 가지고 있는 또 하나의 새로운 종교성, 즉 '포스트모던적인 종교성 (postmodernism religiosity)'으로 볼 수 있음을 지시한다. 『중용』의 불성무물(不誠 無物)의 가르침에 따라서 바로 각자의 삶의 정성이 새로운 삶을 낳고, 변화시 키고, 창조하는 것처럼 그렇게 조선 시대 유교 여성들의 삶은 지극한 정성 의 삶에서 뛰어난 모범을 보였고, 나는 그들의 삶을 일상의 많은 영역을 성 화시켜온 삶으로 보고자 하는 것이다.

이러한 이해 속에서 유교 여성들의 삶이 우리가 보통 평가하듯이 단지 주 체적이지 못하고 비천했던 것만이 아니라고 본다. 오히려 끊임없이 스스로 의 상대성과 한계를 살피면서 자신을 닦으려는 성인지도의 실천 속에서 사 기종인과 수기안인(修己安人)의 노력과 연관된 것이었다고 할 수 있다. 그들 은 자신들의 살림살이 가운데서 그 전체를 질서 지우고 아름답게 다듬으려 고 노력하였고, 바로 이러한 노력이야말로 『중용』이 지시한 대로 지극히 높 은 것을 추구하되 일상을 따르는 유교적 도를 어느 경우보다도 생생히 실행해 온 예로 볼 수 있다고 여긴다. 오늘날 여성들도 전통적인 가정의 테두리에서 벗어나서 활발하게 공적인 역할과 삶을 살아갈 21세기에는 특히 삶의 다양하고 개별적인 요소들과 사람들을 창조적으로 엮어내는 능력이 리더십의 중요한 요건으로 요청되고 있다. 그런데 한국 여성들은 과거 자신들의 삶에서 수많은 다양한 요소들을 엮어서 삶을 뛰어나게 예화(禮化, ritualization)시키고 다듬어 온 풍성한 경험들을 가지고 있다. 나는 이러한 살림살이의 능력과 영성이야말로 21세기의 새로운 리더십의 형성을 위해서 좋은 가르침과 지혜가 될 수 있다고 보는데, 그들의 살림살이야말로 바로 자신과 타자, 사적인 영역과 공적인 영역, 수많은 관계와 요소들을 조화 · 화합시키는 일이었다고 이해하기 때문이다.

예컨대 오늘날 전 세계로 번지고 있는 한류의 바람과 그 밑바닥에 이러한 오랜 기간의 유교적 살림의 과정에서 다듬어진 한국 여성들의 살림의 영성과 리더십이 녹아 있다고 생각한다. 한류의 인기 있는 드라마의 여성 주인공들이 많은 어려움 가운데서 역경을 이겨내고 커리어 우먼으로 우뚝 서는 것이 중요한 특성이고,[7] 그 성취에 있어서도 서구의 다른 드라마들과는 달리 권선징악이나 진실한 사랑의 승리 등의 보다 높은 차원의 질서가 궁극적인 나침반이 되어서 이루어지는 것이 한국적 드라마의 특징이라고 한다.[8] 나는 이러한 특성들이 바로 위에서 살펴본 포스트모던적 유교 종교성과 유교적 살림영성과 밀접히 연결되어 있다고 생각한다.

2. 한국 유교의 사기종인(舍己從人)의 종교성과 여성의 삶

이상과 같이 오랜 기간 유교적 살림의 영성과 종교성을 수행해 온 한국 여성들에게도 21세기 오늘날 가장 따르기 힘들어하는 도는 사기종인(나를 버리고 남은 따른다)의 도라고 할 수 있다. 이미 밝혔듯이 이 도는 맹자에 따르면 미(美)와 선(善)과 효(孝)의 대성(大聖) 순 임금의 인격을 핵심적으로 지시해 주는 언어이다. 맹자는 한국인의 심성을 가장 잘 대변해 주는 사상가로 여겨지는데, 그는 "자로는 사람들이 그에게 허물이 있다고 말하면 기뻐하셨다. 우 임금은 선한 말을 들으면 절을 하셨다. 대순은 (그보다도) 위대했으니, 선을 남과 함께 하여 자신을 버리고 남을 따르며, 다른 사람에게서 취하여서 선을 행하는 것을 기뻐하셨다"고 말했다.[9]

　　20세기 페미니즘의 등장이 여성들의 주체성과 자의식 강조와 더불어 시작되었다고 한다면, 이렇게 자기를 버리고 남을 따르라는 가르침은 자칫 여성들을 다시 비주체와 수동적 삶과 자아 없음의 게토로 몰고 가는 것이라고 비판 받기 쉽다. 특히 오랜 기간의 존양억음의 논리 속에서 여성들을 자기 목소리 없는 삶에 가두어 두었던 한국 사회에서 유교가 다시 이러한 이야기를 한다면 심한 의심의 눈총을 받을 수 있다. 하지만 나는 여기서 먼저 순 임금이 그러한 덕을 실행하고자 했던 이유와 목적에 대한 서술에 주목하여 다른 해석을 해 보고자 한다. 즉 맹자는 여기서 순 임금이 왜 스스로를 버리고 남을 따랐는가의 이유를 "다른 사람과 더불어 선을 행하려고 한다"는 '선여인동(善與人同)'의 덕을 세우기 위해서라고 분명히 밝히고 있다. 이는 순 임금이 스스로에 대한 집중보다는 공동체를 세우는 일에 먼저 관심을 가졌기 때문이라는 것을 분명히 지시해 준다. 다시 말하면 순 임금은 자신의 선한 삶을 넘어서 사람들로 하여금 함께 선을 행할 수 있도록 노력했고, 그들이 선을 행하는 일에 관심을 갖도록 깨우치기 하기 위해서는 그 스스로가 먼저 희생하고 남을 따르고 존중하는 삶을 살아야 했음을 말한 것이다. 그러므로 여기서 순 임금의 도는 언뜻 보기에는 매우 수동적이고 소극적인 것으로 오해받을 수 있지만, 실은 이 경지야말로 좁은 의미의 자아와 주체성의 차원을 벗어나서 더 큰 의미의 주체성을 찾고 대인(大人)의 삶을 산 경우라는 할수 있다. 맹자는 순 임금의 위대함을 그렇게 보았다는 점에서 다시 한 번 유교적 도는 앞에서 지적한 대로 천하위공(天下爲公)의 도처럼 먼저 공적 세계를 세우는 일에 집중하는 일이라는 것을 잘 말해 주었다.

오늘날 한류의 여러 드라마 속에는 이러한 한국 여성들의 오래된 사기종인의 주체성과 리더십이 여러 모습으로 그려져 있다. 그중 제일 큰 인상을 남긴 것이 〈대장금〉의 장금이의 리더십이라고 할 수 있다. 장금이가 자신을 희생하고 포기하면서도 더 큰 덕을 이루려고 노력했던 수고와 리더십은 오늘날 전 세계의 많은 여성들에게 깊은 인상을 준다. 예를 들어 2004년 대만의 국회의원 선거에서 한 여성 정치인은 장금이 복장을 하고서 장금이처럼 대만 사회의 병을 고치겠다고 유세하여 호응을 얻어서 당선되었다고 한다.[10] 나는 이러한 유교적 사기종인의 주체성과 리더십이 단지 드라마 안에서만의 일이 아니라 오늘날 현대 한국 여성 리더들의 구체적 삶에서도 잘 나타나고 있다고 본다. 그 좋은 한 가지 예가 미국 동부 〈동암연구소〉의 공동 창시자 전혜성 여사가 제안한 "역할 완수(Role dedication)"의 리더십이다. 일찍이 미국으로 건너가서 기독교적 영성과 유교적 영성을 자신의 삶과 일에서 뛰어나게 조화시킨 그녀는 역할 완수는 한국 문화의 전통에서 돋보이는 우수한 가치라고 하면서 차세대 여성들을 위한 한국적 여성 리더십을 제안하는 자리에서 "서양에서는 자기 성장, 자기 계발이 중요하다고 하지만 한국에서는 꼭 자기 성장을 추구하지 않아도 역할을 완수하다 보면 자기완성도 이루어진다고 본다"고 지적하였다.[11] 나는 여기서 전혜성 여사가 한국적 특수성으로 지적한 역할 완수의 리더십이야말로 맹자가 말한 사기종인의 덕목이 오래도록 체현되어서 나온 결실이라고 이해한다. 그것은 오늘날 근대 주체성 원리의 과도한 적용이 가져오는 공적 영역의 쇠퇴와, 서로를 점점 더 고립된 섬으로 만들어 가면서 자아 외에는 남아 있는 것이 없도록 하는 세계부재(worldlessness)와 세계소외(world alienation)의 현상을 치유할 수 있는 대안이 될 수 있다고 여긴다.

하지만 현실에서는 이러한 한국적 여성 리더십의 이상과 서구적 근대 페미니즘의 주체성의 원리가 곧잘 충돌한다. 지난 2008년 한국에서 5만 원권 지폐가 새로 만들어지면서 거기에 들어갈 화폐 인물을 선정하는 과정에서 일었던 논쟁이 그 한 경우라고 생각한다. 많은 논의를 거쳐서 조선조 유학자 율곡의 어머니 신사임당이 선정되어서 일단락되었지만, 당시 한국의 페미니스트들은 주로 누구의 어머니와 처로 이야기되는 유교 전통의 신사임당을 첫 여성 화폐 인물로 선정하는 것은 시대에 맞지 않다고 강하게 반발하였다. 하지만 앞에서 살펴본 대로 사기종인의 도의 목적이 바로 공(公)을 세우는 일이고, 특히 오늘 우리 시대는 대중의 뿌리 뽑힘과 익명성의 분자화가 더욱 가중되어 가는 상황이므로 자아와 개인을 넘어서 가족을 꾸리고 다음 세대를 가능하게 하는 어머니와 처의 일을 더 이상 여성 주체성의 이름으로 폄하할 이유가 없다고 본다. 주지하다시피 오늘날 세계는, 한국 사회도 예외가 아니지만 광범위하게 진행되는 가족적 공동체의 해체로 인해서 인간 공동 삶의 일차적 기반이 무너지고 있다. 그것은 단순한 숫자의 문제가 아니라 어떤 종류의 인간 공동체이든지 그것이 가능하기 위해서 필수적인 관계를 맺을 수 있는 능력, 즉 '인(仁)'과 '인간성'이 기초적으로 자라나는 장이 해체되고 있는 것을 말한다. 그 인간성이란 바로 공동체적 삶이 아니고서는 싹틀 수 없고, 그것도 아주 긴밀하고 친밀한 반경에서 오랫동안의 지속적인 관계를 통해서 얻어질 수 있는 것이므로 오늘날의 가족적 공동체의 해체는 매우 우려되는 현상이다.

지금까지 현대 페미니스트들은 유교 전통 여성들이 오직 사적 영역에 갇혀 지냈을 뿐이라고 비판하였다. 하지만 예를 들어 유교 전통 사회에서의 입후제도도 다시 생각해 보면 그것은 유교 여성들이 당시 하나의 공적 영역이기도 했던 가계의 유지와 계속됨을 위해서 자신들의 신체적인 결정론도 뛰어넘어서 의식적인 인간적 선택으로 맺어진 모자 관계를 극진히 일구어온 경우라고 이해해 볼 수 있다. 다시 말하면 이 일은 대개 그들 나름대로 시대의 한게 속에서 공적인 일을 수행해 온 사례라고 할 수 있다는 것이다. 그런 의미에서 어쩌면 오늘날 주체성의 이름으로 밖으로 나가서 공적 영역에서 일하는 현대 여성들이 오히려 더 사적 영역에 갇혀 있다고도 할 수 있다. 왜냐하면 그들 노동의 관심은 대부분 자신들의 사적 이익의 취득과 관련되어 있기 때문이다. 그렇게 본다면 신사임당의 여성 화폐 인물의 선정을 현대 페미니즘이 좀 더 긴 안목에서 이해하여 그것이 단지 전통에 다시 사로잡히는 것만이 아닌 것으로 파악할 수 있다.

　신사임당의 아들 율곡은 자신의 『성학집요(聖學輯要)』 「위정편(爲政篇)」에서 위 맹자의 선여인동(善與人同)을 강조하고, 맹자가 남과 더불어 선을 행하는 일이란 "남에게서 취하여서 선을 행하는 일이고", "군자에게는 남이 선을 행하도록 도와주는 일보다 더 큰 일은 없다"라고 설명한 것을 계속해서 언급하면서, 천하의 모든 일이 공을 세우는 일에 수렴됨을 분명히 밝힌다.[12] 여기서도 드러난 것은 그렇게 인간 공동 삶의 지속을 위해서 필수적인 공적 영역을 위해서는 누군가는 자신을 버려야 하고, 인간의 삶에서 그 버리는 일이 "위대한 일(所以極其聖也)"로 평가받았다는 것이다. 여기서 맹자의 이 언행과 유사하게 인간 삶에서 공적 영역을 세우고 보살피는 일의 중요성을 강조하면서 진정한 인간 주체성의 일이란 바로 자신을 그러한 공적인 영역에로 던지는 일이라 이해했던 서구 여성 정치철학자 한나 아렌트가 생각난다. 그녀는 특히 인간 주체성의 상징인 자유(freedom)란 결코 개인의 내면적 의지(will)의 문제가 아니라 다원성의 공적 삶에서 정치적 행위(acting)와 실천(doing)과 관련되어 있고, 그래서 자유는 원래 타자의 존재가 요청되는 공론 영역이 아니고서는 드러나지 않는다는 것을 강조하였다. 그녀에 따르면 서구 정신사의 전개는 그러나 시간이 갈수록 그 자유를 철저히 인간 내면의 문제로 환원시키고 그것을 주권(sovereignty)과 동일시하면서 완전한 자유는 사회와 결코 병립할 수 없다는 서구적 개인주의를 불러왔다고 지적한다.[13] 그녀는 현대 페미니즘이 강조하는 여성 주체성도 유사한 오류 앞에 놓여 있다고 본다. 그래서 당시 페미니스트들의 세찬 비판에도 불구하고 로자 룩셈부르크를 기리는 자리에서 로자와 더불어 자신의 마음을 "Vive la petite difference(작은 차이 만세)!"라는 말로 표현하면서, 진정한 여성 주체성의 일은 단순히 여성과 남성의 차이(別)를 없애는 데에 있는 것이 아니라 오히려 공적 행위력과 행위할 수 있는 능력으로서의 자유 속에서 보아야 한다는 입장을 드러냈다.[14] 그런 의미에서 한국 유교 여성들의 어머니와 처로서의 사기종인의 행위가 자신을 넘어서서 가족과 다음 세대라는 공적 영역을 살리기 위한 더 큰 의미의 주체성의 행위로 이해하는 것이 가능함을 보여주었다.[15]

물론 주지하다시피 21세기 오늘날은 로자 룩셈부르크나 아렌트가 생각했던 것보다 우리의 삶이 훨씬 더 신체적 결정론을 벗어나 있다. 그래서 자궁의 모성이 아니라 체험으로서의 모성, 마음의 자궁이 말해지고 대리 자궁의 모성도 가능해졌다. 그러나 그럼에도 불구하고 어떤 방식의 자궁과 모성의 역할이든지 거기서 자기를 버리고 공적 세계로서의 가족과 다음 세대를 세우는 행위는 인간 삶의 지속을 위해서는 반드시 필요한 일임을 부인할 수 없다. 세계는 지금 가족과 모성이라는 공적 영역이 한없이 무너져 내리고 있다. 그렇지만 이 일은 인간의 삶에서 필수불가결한 일이므로 여남의 구분을 떠나서 누군가의 사기종인의 희생과 책임의 행위는 반드시 있어야 하는

데, 오늘 우리 주체성의 시대에는 이 일은 거의 불가능한 일(impossibility)이 되어 버렸다. 그래서 예를 들어 포스트모던 종교학자 카푸토(John D. Caputo) 등이 오늘의 탈세속화 사회에서의 종교를 "불가능한 것이 가능해지도록 하는 노력과 행위"라고 보았다면, 나는 세계 어느 문화에서보다도 극진하게 가족적 삶이나 모성이 실현되고 있는 한국 문화의 토대에 바로 한국 여성들의 사기종인의 행위와 실행이 놓여 있는 것을 지적하면서 그것을 오늘 우리 시대의 또 다른 종교의 일로 볼 것을 제안한다.[16]

그런 맥락에서 한국 유교의 사기종인의 종교성과 영성을 오늘 21세기에 우리가 새롭게 요청하는 포스트모던적 종교성, 즉 "가장 적게 종교적이면서도 풍성하게 영적인 종교성", '세속적 종교성(secular religiosity)', 아니면 '탈세속적 종교성(postsecular religiosity)'이라고 불러도 손색이 없다고 본다.[17] 그것은 전통의 기독교나 불교와는 달리 지극히 세속적인 영역의 일(下學)을 통해서 궁극에 도달하려는(上達) 이상으로서 그러한 유교적 종교성은 오늘의 탈세속화 시대에 "최소적 종교(minimal religion)"로서[18] 생명을 낳고, 살리고, 보살피면서 공적 영역을 가능케 하는 더 극진한 의미의 주체성의 표현으로 이해될 수 있다는 것이다. 오늘날 전 세계로 퍼지고 있는 한류 드라마 등을 통해서도 핵심적으로 전파되고 있는 가족주의의 메시지는 바로 그러한 의미의 가족주의라고 생각하고, 그동안 한국 여성들이 체득한 생명과 살림의 영성이 밑받침된 것이라고 여긴다. 〈가을연가〉, 〈가을동화〉 등 많은 한류 드라마에서 표현된 가족 관계와 인간관계는 이미 현실에서는 보기 힘든 인간관계의 이상적인 모습을 보여주는 것이지만, 그것은 세계 사람들로 하여금 "사라진 유토피아"에 대한 향수를 일깨운다.[19] 그러한 이상적 인간관계의 표현을 가능하게 한 기초적인 힘이 바로 한국의 오랜 유교 전통에서 나온 사기종인의 덕성이라고 본다.

3. 한국 유교의 구인성성(求仁成聖)의 종교성과 한류

상대방과 더불어 함께 선을 행하기 위해서 자신을 버리고 남을 따르는 한국적 대순의 사기종인의 영성을 또 다른 표현으로 '구인성성(求仁成聖)'의 영성이라고 부르고자 한다. 구인성성이란 '인을 구해서(seeking the humanity) 성인됨을 이룬다(accomplishing the sagehood)'라는 뜻으로 퇴계 선생은 그의 『성학십도(聖學十圖)』 「서명도(西銘圖)」와 「인설도(仁說圖)」에서 인간의 일이란 인을 구하는(求仁) 종신 사업이며, 그 인을 구하는 일은 성인 됨을 추구하여 자신을 성장시키는 일생의 여정(成聖)이라고 밝혔다.[20] 여기서 인이란 무엇인가에 대한 답으로서 그는 주희가 『중용』의 언어로 "천지가 만물을 낳고 살리는 마음(天地生物之心)"이라고 한 것을 받아서 "천지에 있어서는 한없이 넓은 만물을 낳는 마음(在天地則快然生物之心)"이고, "사람에게 있어서는 따뜻하고, 사람을 사랑하고, 만물을 이롭게 하는 마음(在人則溫然愛人利物之心)"이라고 설명하였다.[21]

한국의 유학자 이기동에 따르면 인이라는 글자는 엄마가 배 속에서 아기를 배고 있는 모습, 또는 사람과 사람이 서로 껴안고 있는 모습, 아니면 한 사람이 한 사람을 부축하면서 기대고 있는 모습 등의 형상화로서 바로 한국인의 심성을 잘 설명하는 언어라고 한다.[22] 그렇게 인은 생명과 사랑과 관계와 같은 매우 여성적인 특성의 일을 나타내주는 언어로서 함석헌도 그의 『뜻으로 본 한국역사』에서 한국인들이 만일 하려고만 한다면 앞으로 그것을 가지고 세계에 기여할 수 있는 인격적 특성으로 이러한 인의 "착함", "차마 못하는 마음(不忍之心)"을 들었다.[23] 그는 한국인들이 이름을 짓는 데 많이 쓰는 낱말인 인(仁), 의(義), 예(禮), 지(智), 신(信), 순(順), 순(淳), 화(和), 덕(德), 명(明), 량(良), 숙(淑) 등이 모두 착함을 좋아하는 한국인들의 민족적 이상을 드러내 주는 일이라고 하였다.[24] 그 중에서 사람의 알맹이와 씨앗(桃仁), 알짬이고, 동물에서 하면 활동하는 생명력이고, 사람에게 하면 사람 된 본 바탈인 인이야말로 민족을 살리고 세계를 살리는 일에서 "일루의 희망"이라고 지적하였다.[25]

이렇게 인을 통해서 참된 인간성을 이루고, 인간다운 세상과 사람 사는 세상을 이루고자 했던 유교적 가르침은 한국 땅에서 세대를 거쳐서 영향을 주었다. 퇴계 선생은 그의 「서명도」에서의 설명대로 "성학(聖學, 성인이 되고자 하는 공부)이란 바로 인을 구하는 일에 있다(蓋聖學在於求仁)"라고 하면서 그러한 유교 성학 공부의 궁극점인 천지만물과 일체가 되는 일(天地萬物一體)은 진실로 인을 구하는 측은의 공부와 보살핌과 배려의 공부를 통해서 이루어지는 것임을 강조하였다. 그러면서 우리 시대를 위해서도 아주 중요한 이야기를 했는데, 당시 자신의 시대가 "인물위기지병(認物爲己之病)", 세상을 자기 마음대로, 또는 자기 자신으로 보는 병통에 빠져 있다고 지적하면서 구인성성의 일로 그 병을 치유할 수 있다고 제시하였다.[26] 이 인물위기의 병이라 바로 앞에서 한나 아렌트 등도 '세계부재(worldlessness)'와 '세계소외(world-alienation)' 등과 같은 말로 지적한 우리의 주체성 강조의 시대가 자칫 빠져들기 쉬운 병과 다르지 않다. 그것은 세계의 다원성과 그 사이에서의 다름(別)과 차이의 구별성을 인정하지 않고, 마치 19세기 영국의 제국주의자 세실 로즈(Cecil J. Rhodes, 1853~1902)가 말한 "할 수만 있다면 저 별들을 훔쳤으면 좋으련만(I would annex the planets if I could)"의 언술처럼 그렇게 전 지구를 넘어서 우주까지도 자신의 소유로 만들어서 이 세상의 모든 것을 자신의 욕구와 처분대로 처리하려는 과격한 자아 중심주의라고 할 수 있다.[27]

퇴계 선생이 강조한 한국 유교의 구인성성의 도는 그러한 전체주의적 주관주의나 자아 중심주의와는 달리 우리를 세우고, 공(公)을 확립하는 일을 관건으로 하면서 타자와 내 밖의 세계를 나의 목적을 위한 수단으로 보지 않는 방식을 말한다. 대신에 그 타자와 세계가 내 인간 됨의 근거이고 필수 불가결한 조건이라는 것을 강조한다. 그는 주희의 말을 들어서 밝히기를, "공은 인을 체득하는 방법이니, '자기를 극복하여 예로 돌아가면 인이 된다' 고 말하는 것과 같다(公者, 所以體仁, 猶言克己復禮爲仁也.)"[28]라고 하였다. 즉 인은 우리가 천지의 낳고 살리는 마음(天地生物之心)을 받아서 "우리 마음으로 삼은 것(人之所得以爲心)"이지만 그 인간성을 체득하고 다듬는 방법과 길은 혼자서, 또는 이론이나 머릿속의 생각만을 가지고는 안 되고, 다른 사람과의 관계 안에서 삶의 다원성을 인정함을 통해서, 거기서의 구체적인 관계 맺음의 행위를 통해서라는 것을 밝혀주는 의미이다. 우리가 진정으로 자신의 인간성을 키우고 싶다면 공적으로 자신을 드러내야 하고, 사람들과의 관계 속에 들어가야 하며, 거기서 자아 중심주의와 비인간적인 힘이나 폭력을 버리고 인간적인 말과 행위로 세계와 타자와 관계하는 일을 지속해 나가야 한다는 뜻이다. 그러한 관계적이며 인간적인 삶의 방식을 통해서만이 만물을 낳고 사랑하고 배려하고 보살필 수 있는 인간적인 능력(仁)이 길러진다는 가르침이다.

여기서 다시 한나 아렌트가 생각난다. 그녀의 전체주의 비판과 정치의 약속에 대한 신뢰에 따르면 인간의 자유와 행위의 능력은 바로 삶의 다원성의 인정 아래서 그 다원성과 더불어 "조화롭게 행위하는 일(acting in concert)"을 통해서만 길러지고, 정치의 의미인 자유란 바로 인간과 현실의 다원성으로 인해서 생기는 세계의 사이(間)에서 "새로 시작하는 힘(the great capacity of men to start something new)"을 말한다. 그녀는 몽테스키외가 인간 공동 삶의 이상 형태인 공화정의 정치 원리로 "평등에 대한 사랑(love of equality)"과 "덕(virtue)"을 꼽은 것을 상기시키면서, 덕이란 "자신이 다른 사람들과 더불어 같이 있을 수 있는 축복을 위해서 자신의 한정된 힘에 대해 즐겁게 대가를 치르는 일(Virtue is happy to pay the price of limited power for the blessing of being together with other men)"이라고 밝혔다.[29] 그리고 우리가 자유와 행위의 존재라는 것의 의미는 바로 그 덕이 우리의 행위의 원리가 됨을 말하는 것이라고 강조한다. 이렇게 여기서 몽테스키외나 아렌트가 밝힌 자유나 덕이 바로 동아시아 유교 전통에서의 덕, 그중에서도 유교 인의예지의 네 가지 덕을 모두 포괄하는 인(仁)과 매우 닮아 있는 것을 알 수 있다. "인간 고유성의 핵심(仁者人也,『중용』20장)"이며, "만물을 낳고 살리는 따뜻한 사랑의 원리(所謂生之性, 愛之理, 仁之體也,『聖學十圖』「第7 仁說圖」)"이고, 공자가 자기를 버리고 예로 돌아가는 것이 인(克己復禮爲仁)이라고 한 의미처럼 타인의 존재에 대한 즐거운 인정과 배려인 것이다. 아렌트는 그녀의 전체주의 비판에서 "인간은 주변의 현실이나 동료들과의 관계의 상실과 더불어 경험과 사고의 능력 모두를 잃는다"라고 하면서 어떻게 관계 능력의 상실이 인간성 자체의 상실로 이어지는지는 잘 밝혔는데,[30] 바로 유교적 구인성성의 도가 인을 인간성의 뿌리와 핵으로서 지적하는 것과 다르지 않다.

다시 율곡으로 돌아가 보면 그는 앞에서 우리가 더 지극한 의미의 주체성의 원리로 이야기한 순 임금의 사기종인의 덕을 논하는 자리에서, "천하의 눈을 내 눈으로 삼는다면 보지 못하는 것이 없고, 천하의 귀를 내 귀로 삼는다면 듣지 못하는 것이 없으며, 천하의 마음을 내 마음으로 삼으면 생각하지 못할 것이 없을 것이니, 이것이 성스런 임금과 현명한 군주가 천하의 사람들을 고무시키면서도 마음과 힘을 들이지 않는 이유입니다"라고 하였다.[31] 순 임금이 위대한 임금이 될 수 있었던 근거는 스스로가 모든 지혜를 가졌다고 자만하지 않고, 이웃과 삶의 다원성을 인정하면서 그 다원성에 의지하고, 그들을 신뢰하고 고무하면서 거기서 도움을 구하고, 그렇게 얻어진 다양한 지혜를 취해서 하나로 엮어서 "치우치지 않는 판단(得中)"을 내릴 수 있었기 때문이라는 설명이다.

나는 여기서 서술된 사기종인의 리더십이 삶의 다원성과 관계성에 대한 인정을 말하는 구인성성의 리더십과 다르지 않다고 보면서, 오늘날은 그것이 트위터나 페이스북 등의 소셜미디어를 통해서 새롭게 실천되고 있다고 본다. 오늘날 세계의 창조적인 리더들은 트위터 등의 활동을 통해서 세계 다중의 지혜와 연결하면서 다중지성과 집단지성의 한 사람으로서 살아간다. 오늘 그렇게 페이스북이나 트위터 등으로 나와 연결되어 있는 나 밖의 사람들을 나의 "외뇌", 내 몸 바깥에서 활동하는 나의 또 다른 뇌로 이야기한다면 유교 전통의 구인성성의 도가 21세기 오늘날 그와 같은 방식으로 새롭게 재현되고 있는 것을 본다. 그런 의미에서 21세기에 한국이 IT 강국이 된 것은 우연이 아니며, 그것은 한국의 인(仁) 사상과 내적으로 깊이 연결되어 있음을 보고자 한다. 인이란 복수성이고, 세상 사람들이 모두 나름의 지(智)가 있다는 것을 아는 것이며, 그래서 그들을 고무하며 연결하여 함께 가는 것이라는 율곡의 설명이 그런 의미에서 매우 포스트모던적인 지혜로 들린다.

그런데 여기서 나는 이렇게 한국 유교 전통에서 퇴계나 율곡이 그들의 구인성성과 선여인동의 덕으로 뛰어난 사상적 위치를 점하게 된 배경에 그들 어린 시절의 극진한 모성 체험이 있었고, 또한 그들의 부인이나 처가, 여자 형제들과의 관계가 당시의 일반적인 남성 가부장주자의 모습과 많이 달랐음을 지적하고자 한다. 율곡의 어머니 신사임당은 말할 것도 없고, 7남매를 두고 일찍 세상을 뜬 아버지를 대신해서 경제적 삶뿐 아니라 자식들의 바른 인성 교육을 위해서 끊임없이 염려했던 퇴계의 어머니 춘천 박씨(1470~1537)가 있었다. 또한 퇴계가 상처한 후 서른의 나이에 맞은 둘째 부인 권씨는 정신이 박약했지만 퇴계가 어떻게 그녀를 돌보고 배려했는지의 이야기, 그가 손이 없는 처가의 제사를 오랫동안 극진히 모셨다는 일, 신사임당의 맏딸 매창으로부터 남동생 율곡이 어떻게 조언을 얻었으며, 율곡의 부인 노씨 부인의 덕성 등이 모두 이들 사상가의 삶의 배경이었다. 오늘날 퇴계의 삶을 우리 시대를 위한 뛰어난 리더십의 전형으로 보는 연구는 그래서 퇴계의 인성에 깃든 "여성적 리더십"을 이야기하면서 "즉 지배하기보다는 섬김으로써 오히려 다스릴 수 있는 고차원의 윤리와 철학은 구체적으로 그의 삶을 만들고 영향을 준 여성과의 관계 속에서 재검토될 필요가 있다"라고 지적하였다.[32] 오늘 여러 장르의 한류 속에 흐르는 정신들이 바로 이렇게 퇴계의 존재를 가능하게 했던 한국적 여성 리더십의 정신과 다르지 않음을 지적하고자 한다.

4. 한류 정신의 핵심으로서의 인(仁)과 한국 여성의 살림영성

『맹자』「진심장(盡心章)」에 보면 "인(仁)하지 못하고도 한 나라(國)를 얻는 자는 있었으나, 인하지 못하고서 천하(天下)를 얻는 자는 없다"라는 구절이 있다.[33] 이 구절이 가르쳐 주는 지혜는 인간의 리더십이 진정으로 참된 리더십이 되려면 그것은 섬세하게 닦여진 인간적 마음에 기초해야 하고, 그 기초적인 마음의 힘이야말로 오늘날 많은 사람들이 추구하는 천하를 위한 리더십(CEO의 리더십)의 출발이 된다는 것이다. 서울에 거주하는 외국인들을 상대로 서울을 매력적인 도시로 만드는 요인이 무엇인가를 묻는 조사에서 한국의 음식, 특히 주요리보다 더 풍성히 제공되는 많은 가짓수의 반찬 등이 첫손으로 꼽혔다. 또한 "친절하고 따뜻한" 시민들도 서울을 살기 좋은 도시로 만들어 주는 주된 요인으로 꼽혔다. 오늘날까지도 이어지는 이러한 매력들이 나는 한국 유교 전통의 인의 덕목, 특히 여성들의 살림과 접빈객의 덕과 관련이 깊다고 생각한다. 세계 어느 나라에서 그렇게 적은 비용으로 건강하게 잘 차려진 한 끼의 밥을 먹을 수 있는지 묻고 싶다. 바로 한국 여성들의 사기종인의 수고와 구인성성의 정성이 그 밥 속에 녹아 있기 때문에 가능해진 일로 본다. 그러한 한국 여성들의 구인성성의 마음은 하루아침에 이루어진 것이 아니라 장구한 세월 속에서 체현된 결과이다. 한국 전통 종가에서 한 종부의 접빈객의 예를 보면, 그녀는 사랑채에 머무는 손님을 위해서 안채에서 작은 문구멍을 통해 그의 체구를 미리 가늠해 두었다가 그가 떠날 때 그의 발에 꼭 맞는 버선을 내놓았다는 이야기가 있다. 이것은 한국 유교 전통 여성들의 접빈객을 위한 인(仁)의 실천이 어느 정도였는지를 잘 보여준다.[34] 또한 몇 해 전 한국 무용단과 춤을 유럽에 소개하는 일을 위해서 방한한 독일 뒤셀도르프 탄츠하우스의 총감독은 한국 전통 제례의 춤에는 유럽에 없는 섬세함이 있다고 하면서 두 지역의 좀 더 긴밀한 소통을 희망하였다.[35] 이러한 모든 예들은 한국 여성들의 구인성성의 영성과 리더십이 오늘날 인류 문화가 그 물질주의적 산업화로 인해서 점점 더 잃어가는 인간적인 섬세함과 인간성의 무늬를 되살리는 데 좋은 역할을 할 수 있다는 것을 시사해 준다.

한국의 한 정치학자는 서구적 자연법 사상의 한계를 밝히면서 자연법적 전통에서와 같이 법이 정치 세계 외부에 존재하면서 정치의 내용과 형식을 규정하고 제약하는 방식의 한계를 잘 지적해 주었다.[36] 나에게 이것은 춘추전국 시대 당시 유가가 법가에 대해 가했던 비판과 유사하게 들린다. 이 비판은 얼마 전까지만 해도 그렇게 진지하게 경청되지 않았다. 하지만 오늘날 서구식 금융 자본주의의 탐욕으로 전 세계가 큰 어려움을 당하고 있고, 가장 부자 나라였던 미국의 심장부 월가에서 민중 시위가 일어나 바로 그 미국이 상위 1%가 소득의 23%를 차지하는 기형국가가 되어서 수많은 노숙자와 실업자를 배출하는 것을 보면서 다르게 여겨진다. 현재 미국의 빈부격차 수준이 가나나 니카라과 수준과 비슷하게 되었다는 보도가 나오는 상황이고 보면,[37] 그러한 지적은 다시 설득력을 얻는다. 아무리 외부적 법률 체계가 잘 갖추어져 있다 하더라도 내부적 인간성의 자연이 작동되지 않는 곳에서는 그 외부적 법도 쉽게 무용지물화 될 수 있다는 것을 서구발 신자유주의 금융위기가 잘 보여주기 때문이다.

오늘 한국의 상황도 크게 다르지 않지만, 그래도 한국과 미국의 현실에서 뿌리 뽑힌 민중들이 이 모든 상황에도 불구하고 삶을 견디고 삶에 머무르도록 하는 데 역할을 하는 삶의 기제는 무엇일까를 묻게 된다. 모성과 관계의 배려가 살아 있는 가족과 같은 힘인가, 아니면 실업자 수당과 같은 외부적 법적 장치인가? 나는 한국 구인성성의 마음과 리더십은 특히 내재적 자연법인 인과 덕의 영성에 근거한 리더십으로서 이 두 영역을 포괄하면서 앞으로 21세기의 인류에게 줄 것이 많다고 본다. 일찍이 맹자는 극심한 약육강식의 전국(戰國)시대에 크게 유행하던 양주(楊朱)와 묵적(墨翟)의 사상을 반박하면서 인의(仁義)의 도를 자신의 대안으로 제시했다. 그에 따르면 "내 몸의 터럭 하나를 뽑아 천하를 이롭게 할 수 있어도 나는 그렇게 하지 않는다"고 하는 양주의 위아(爲我) 사상이나 "(부모나 형제, 친척을 타인과 구별하지 않고) 겸하여 사랑할 것"을 주장하는 묵적의 겸애(兼愛) 사상은 결국 사람들이 서로를 잡아먹는 비인간의 세상을 불러온다고 경고하였다.[38] 그는 양주의 위아사상을 '무군(無君)', 즉 군주(국가)를 인정하지 않는 사상으로 파악하였는데, 오늘 우리의 언어로 하면 공적 영역의 일을 인정하지 않고, 자신을 포함하여 인간의 삶을 철저히 사적 영역의 일과 존재로 환원시키는 태도로서 심지어는 나라의 최고 공직자들까지도 그 공직을 자신의 사적 이익을 채우는 기회로 삼는 모습을 말한다고 하겠다. 무부(無父), 즉 부모가 없는 것으로 묘사되는 묵적의 겸애사상은 종종 유가의 좁은 가족주의를 넘어서는 기독교적 범애(汎愛) 사상으로 유비되어서 평가되기도 하지만 나는 오늘날 동서양의 인간적 삶이 공통적으로 바로 이 무부의 지혜를 놓치는 데서 오는 위기에 직면해 있다고 본다. 오늘날 급속도로 해체되어 가는 가족적 삶을 대신할 어떤 다른 대안적 공동체의 삶이 제시되지 않는 상황에서 지금까지와 같은 가족적 삶의 친밀성과 책임성 밖의 어디에서 인간이 그 인간적 삶을 계속해 나갈 수 있는 인(仁)과 의(義)의 의식을 배울 수 있겠는가 하는 물음인 것이다. 오늘 우리는 주변에서 맹자가 예언한 것과 같이 사람들이 서로를 잡아먹는 시대의 증거들을 많이 본다. 1%의 부자가 99%의 사람들을 잡아먹는 사회, 미래의 성공을 위해서 아이 잡는 교육을 강요하던 엄마를 죽인 중학생 아들, 아버지가 자신의 친딸을 성폭행하는 시대, 이렇게 인간이 인간을 잡아먹은 세계의 뒤편에는 바로 무부모(無父母), 가족의 해체가 있다.

한국 여성들로 하여금 삶의 온갖 어려움과 고난에도 불구하고 여전히 삶에 남아 있도록 한 것은 어머니로서, 자식으로서, 또는 아내로서의 역할과 아니면 자기 밖의 타자가 그들에게 부과한 삶의 역할이었다. 그 사기종인의 역할 완수의 덕이 그들로 하여금 바로 그들 되게 한 초월적 근거라는 것이다. 그런 의미에서 본다면 그들에게 궁극은 전통적인 의미에서의 종교적 신앙에서처럼 어떤 하늘 위의 초월자이거나(기독교) 자기 안의 내면적 신(불교) 등의 모습이 아니라 바로 내 눈 앞에서 구체적인 타자로서, 자식이거나 남편이거나, 조상이거나 손님이거나, 또는 가난한 이웃이나 자연, 민족이거나 하는 모습으로 현존해 있는 타자였던 것이다. 또한 그들의 입장에서도 그 타자가 다수로서 거기 있음으로 인해서 세상에 대한 소망과 믿음을 잃지 않을 수 있었다고 할 수 있다. 그렇게 그들에게 초월은 바로 자신들 앞에 적나라하게 현존하면서 그들의 도움과 배려와 사랑을 요청하는 생명이었다고 할 수 있으며, 그 생명의 외침을 섬세하고 듣고 그 음성에 화답하면서 자기를 버리는 수많은 날들을 지내오면서 한국 여성들의 생명을 낳고 살리고 보살피는 생명 살림의 영성이 다듬어져 왔음을 알 수 있다. 이제 오늘날 세계 페미니즘이 새로운 페미니즘의 방향으로 돌봄과 배려, 관계성의 페미니즘을 찾고자 한다면 이와 같은 한국 전통 여성들의 경험에 귀 기울일 수 있고, 한류 물결 속에 여러 모양으로 녹아 있는 이러한 정신이 바로 오늘 한류의 붐을 이룰 수 있게 한다고 생각한다.

한류 드라마에 환호를 보내는 많은 아시아 여성들은 한국 드라마 속 여성들의 모습이 매우 밝고 씩씩한 것에 매료된다고 한다. 〈대장금〉, 〈다모〉 등 새로운 스타일의 사극이 여성들에게 인기 있는 이유도 바로 거기서의 주인공들이 매우 적극적이고 능력 있는 여성의 모습을 보여주기 때문이다. 이렇게 한국 여성들이 가정의 주부로 역할을 한다 하더라도 결코 수동적이거나 나약한 모습이 아니라 삶 전체에 대해서 적극적이고 주체적으로 역할을 하는 모습으로 그려져서 그러한 여성들을 통해서 대리만족을 느낀다.[39] 가정의 안녕을 기초로 해서 정치와 문화와 경제를 모두 통괄해서 보는 안목, 드러나는 일순간의 효과에 좌우되지 않고 지속적으로 노력하여 뜻을 실현하고자 하는 결심, 자신의 가정이나 사적 울타리를 넘어서 온 세상의 만물에 마음과 관심을 두는 포괄적 배려심과 책임적 생명감, 이런 덕목과 리더십이야말로 오늘의 여성들에게도 필요하고, 그것을 유교 전통 여성들의 삶에서 배울 수 있다.

일찍이 함석헌 선생은 세계 인류사 속에서의 한국 민족의 존재 이유를 탐구하면서 당시 일제 식민지 치하의 한없는 비참함 속에서 자신들의 인간성을 잃고서 끝없는 비참과 싸움, 갈등과 불신과 배반에 빠져 있는 한민족에게, 그래도 자신들의 고유한 착함에 대한 믿음을 잃어버려서는 안 된다고 설득하였다. 당시 비참한 환경 속의 한국인들 어디에 그러한 착하고, 자신을 희생하는 선한 성질을 볼 수 있느냐는 비판적인 질문이 비등했지만, 그는 오히려 삼국 시대로부터 그때까지의 실패도 그 이전의 무수한 시간에 비하면 그렇게 긴 시간이 아니라고 대답하였다.[40] 그리하여 많은 실패와 갈등에도 불구하고 한민족의 기본적인 특성을 착함과 선함으로 보면서 그것을 다시 회복할 것을 촉구하였는데, 나는 그와 유사한 이야기를 오늘 21세기 신자유주의 세계화의 경쟁 속에서 무척 갈등하고 있는 한국 사회와 문화를 위해서도 의미있는 제언이라고 생각한다. 한국 문화의 역할은 바로 그러한 비참 속에서도 잃어버려서는 안 되는 인간성과 선함을 다시 진정한 모습으로 보여주어야 하고, 그런 의미에서 앞으로도 한류가 계속되려면 그런 선함을 우리 사회와 각자의 삶에서 회복해야 한다는 것을 말하고자 한다.

한류의 물결을 과거 예전 서구적 제국주의나 민족주의를 따라가려는 의미에서의 한국의 부흥으로 보아서는 안 되고, 오히려 지금 인류 문화가 잃어버리고 있는 참된 인간성과 착함과 선함을 한국 문화가 다시 밝혀주고 제시해 주는 방식의 한류여야 한다는 것을 강조하고 싶은 것이다. 그것이 우리가 한류와 정의(正義)를 같이 생각한다는 것의 의미이고, 이것은 또한 일찍이 백범 김구 선생님이 문화로서 대한민국이 세계 최고의 아름다운 나라가 되는 소원을 밝힌 것과 같은 의미라고 생각한다. 오늘 21세기 한국인은 전 세계에 일고 있는 한류와 더불어 반드시 이러한 의미들을 생각해보아야 하고, 특히 한국 여성들의 주체성과 리더십은 이러한 측면들과 씨름해야 한다.

맺는 말

지금까지 21세기 벽두에 전 지구적 삶이 공통으로 놓여 있는 세계소외의 위기 앞에서 한국 유교 전통 여성들의 삶에 녹아 있는 사기종인과 구인성성의 삶의 원리를 살펴보았다. 그러면서 그것을 오늘 우리 시대를 위한 대안적 영성과 리더십으로 제시하고자 했다. 하지만 그 일이 또한 얼마나 어려운 일인지는 바로 사기종인과 극기복례의 덕을 제안했던 공자도 다음과 같은 이야기를 하는 것에서도 드러난다. 공자는 『논어』「헌문(憲文)」 36절에서 다음과 같은 대화를 나누었다. "누가 물었다. 덕으로 원망을 갚는 것은 어떻습니까? 선생님이 말씀하셨다. 그럼 덕은 무엇으로 갚을 것인가? 원망(怨)은 곧음(直)으로 갚고, 덕은 덕으로 갚을 것이니라(以直報怨, 以德報德)."

나는 여기서 공자도 인간의 삶에는 덕이 아니라 솔직한 언어와 의(義)의 차원으로 갚아야 하는 억울함과 불의의 차원이 있음을 밝힌 것이라고 여긴다. 그러면서 지금까지 우리가 21세기 새로운 여성 주체성의 덕목으로 제안한 사기종인과 구인성성의 덕 실행이 현실에서는 얼마나 왜곡될 수 있으며, 전통적으로 여성들의 길이었던 이 길이 어떻게 다시 그들을 자기부정과 굴종, 억압의 덫에 빠지게 할 수 있는지도 알려준 것이라고 생각한다. 그래서 원망(怨)은 덕(德)이 아닌 정직한 대화와 정의로운 보상과 '바로잡음(直)'으로 해결할 것을 권고하신 것이라고 본다.

하지만 그럼에도 불구하고 앞에서도 이야기했듯이 지금 세계의 현실은 공공성과 공적 영역을 다시 세우기 위해서 인간적인 방식의 자기희생을 요구한다. 만인 대 만인의 투쟁 상태가 되어 버린 인간 삶을 치유하기 위해서 무엇이 인간적인 것인가를 원형적으로 보여주는 일이 시급히 요청되는 때라는 것이다. 인간 문화 자체가 가능할 수 있도록 하는 가족과 같은 인간적 토대가 이렇게 빠른 속도로 무너지고 있는데, 그래서 일찍이 맹자가 묵적에게 지적했던 무군과 무부의 폐해가 오늘 우리 시대에 급속도로 현실화되고 있는데, 여기서 누가 사기종인과 구인성성의 도를 행하는 사람이 되어서 다시 인(仁)을 세우고 공(公)을 세울까 하는 것이 관건이라는 의미이다. 나는 이 일은 인간과 세계에 대한 '믿음(信)'을 다시 회복하는 일이고, 그 새로운 근거를 찾는 일이라고 본다. 그래서 단순히 정치사회적이고, 경제적인 안목만 가지고는 안 되고 훨씬 더 궁극으로 밀고 가서 존재론적으로 또는 영적으로 탐구해야 할 일이라고 보는 것이다. 즉 오늘 우리 시대의 문제는 페미니즘의 문제도 포함해서 일종의 세속화 이후 시대(postsecular age)의 "영적 혁명"의 일이라는 것이다.[41] 그러나 이 일에서 과거 전통적으로 종교의 방식이라고 일컬어졌던 성속 분리의 방식으로는 더 이상 설득력을 얻지 못하므로 참으로 이세상적이면서도 동시에 초월적인, 즉 성속의 급진적인 하나됨에서 세계 의미 물음을 풀려는 유교적 도의 가르침을 한 번 진지하게 살펴보자는 것이다. 그 유교적 도는 세계 존재와 인간 삶의 핵심을 인과 공이라는 다원성과 복수성으로 보는 것이며, 단순한 주체성(independence)이 아닌 '상호주체성(interdependence)'을 말하고, 자신을 스스로 부정할 수 있는 사기종인과 선여인동의 덕이 관건이라는 메시지를 주고 있다. 이 일에 있어서 한국 유교 전통의 여성들이 줄 것이 많고, 오늘 현대 페미니즘의 세례를 받은 한국 여성들이 다시 이 전통에 접목하면서 답을 찾을 수 있기를 바란다.

오늘날 이러한 유교적 인의 가치가 단지 아시아나 한국 여성들의 것 만이라고 생각지 않는다. 이미 보스턴 유교(Boston Confucianism)을 말한 네빌(R.C. Neville) 교수도 지적했듯이 플라톤이 단순히 서구 대학이나 서구인들에 의해서만 연구되고 읽히는 것이 아닌 것처럼, 또한 희랍어를 아는 사람만이 희랍철학을 할 수 있는 것이 아니듯이, 그렇게 유교 전통이 이제 인류 모두의 지혜가 되어서 오늘의 세계 문제를 푸는 데 기여할 수 있기를 바란다.[42] 유교 전통 안에는 그렇게 인류 전체를 포괄할 수 있는 보편성이 담지되어 있다고 보기 때문이다. 그런데 여기서 지금까지 아시아인들이 서구를 배우고 그 언어를 습득하기 위해서 그렇게 많은 시간과 노력을 들였듯이 이제는 서구인들이 동양과 아시아를 배우기 위해서, 그래서 그것들을 인류 공동의 유산으로 잘 전수하기 위해서 역할을 해야 한다고 본다. 한국 전통의 여성들이 나름대로 섬세하게 가꾸어 온 인간성의 원형적 모습이 21세기 여남 모두가, 특히 21세기 세계 여성들이 진정으로 천지의 만물을 살리는 생명과 생물(生物)의 주체로 거듭나서 다시 공(公)을 살리고 인(仁)을 전수해 주는 일에 힘을 합할 수 있도록 기여할 수 있기를 바라는 마음이다. 오늘날 세계가 주목하는 한류의 바람이 그런 일을 가능하게 하는 데 한편의 역할을 하고 있는 것이라고 생각한다.

21세기 여성 주체성과 유교 전통

1. 유교 전통과 페미니즘의 만남

국학진흥원의 유교와 공동체 프로젝트와 관련해서 "유교공동체와 소수자"와의 관계에 대한 성찰을 부탁받고 나는 왜 현대 페미니스트로서 유교 전통과의 대화를 중시하는가를 다시 한 번 생각해 보았다. 그러면서 그동안 '한국 페미니스트 종교 사고가(Korean religious thinker)'로서 두 전통과의 대화, 즉 동아시아 유교 전통과 서구 기독교 전통의 페미니즘과의 대화를 시도해 오면서 경험했던 여러 일들이 생각났다. 사실 나는 유교 전통과 페미니즘과의 대화를 시도하기 이전에 박사학위 연구로서 유교와 기독교의 비교 연구를 신학적이고 종교철학적으로 수행한 터였다. 당시 대학교육을 마칠 때까지 개인적으로 거의 유교 공부를 해 보지 못했던 나는 유럽에 가서 서양 지도교수로부터 명나라의 신유교 사상가 왕양명(王陽明, 1472~1528)을 소개받고서 거기에 단번에 빠져들었다. 동아시아에서 기독교 전통의 나라로 유학을 가서 그때까지 궁극의 진리로 알았던 기독교가 얼마나 서구 중심주의에 물들어 있었는가를 보게 되면서 어떻게 하면 오래된 자기폐쇄적인 기독교 이해를 넘어서 좀 더 다원적이고, 간(間)문화적이며, 서구 형이상학의 이원론을 벗어난 새로운 그리스도론을 만날 수 있을까로 고심하고 있었던 차였기 때문이다. 따라서 양명의 역동적 심(心)과 양지(良知) 이해에 근거한 신유교적 인간 이해와 초월 이해는 나에게 매우 설득력 있게 다가왔다.

한국에 돌아와서 90년대 중반부터 유교와 페미니즘과의 대화를 시도했다. 먼저 「유교와 페미니즘-그 관계의 탐색을 통한 한국적 페미니즘 전망」이라는 글로서 한국 여성학회에서 발표했지만 거센 저항을 받았다. 당시 나의 유교 이해는 일천한 것이었지만, 그럼에도 불구하고 "한국적 페미니즘"의 구성이라는 뚜렷한 전망과 목표를 가지고 당시 민족과 문화, 전통 등에 거리를 두면서 일종의 사회 비판과학으로서의 역할에 경도되어 있던 한국 여성학의 일반적인 경향을 비판적으로 지적했다. 그러면서 한국 여성학이 시작점의 여/성해방의 목표를 넘어서, 진정으로 인간 삶과 한국 사회 공동체를 살리는 역할을 하기 위해서는 인간 삶에서 좀 더 "장기적인 역사 과정"에 대한 전망을 가져야 하고, 보다 더 "통합적인" 시각의 관찰이 필요하다고 역설했다. 그러한 시각에서 한국 유교 전통에 대해서도 새롭게 생각해 볼 것을 제안하며, 1980년대 이후 중국 본토에서도 일고 있던 유교 부흥론을 언급했다. 20세기에 들어와서 유교가 서구 문명의 두 핵을 민주주의와 과학으로 보면서 그 두 가치와의 대화를 통해서 서로 다가간 것처럼 그렇게 페미니즘과도 견원지간(犬猿之間)의 격을 넘어서 서로 창조적인 관계를 맺을 수 있다고 강조했다.[1]

여성학자들에게는 잘 들리지 않았지만 뜻밖에도 한국 유교학회가 관심을 가져서 유교학회는 1999년과 2000년의 두 차례에 걸쳐서 〈유교와 페미니즘 간의 대화〉를 주제로 심포지엄을 열었다. 거기에 초대된 여성학자들의 비판은 여전히 거셌지만, 그럼에도 불구하고 그 즈음부터 페미니스트 의식의 여성 유교학자들도 활동하기 시작했고, 이와 더불어 유교와 페미니즘 간의 대화는 한국 사회에서 더 이상 낯선 주제가 아니게 되었다. 한국 유교학회는 그 두 차례 심포지엄의 결과를 2001년 『유교와 페미니즘』이라는 제목의 단행본으로 펴냈다.[2] 나 자신은 유교와 페미니즘 간의 대화를 큰 틀에서의 유교와 기독교 간의 대화라고 생각하며 지속해 갔다. 유교의 경(經)과 서(書)가 기독교 성경(聖經)과 어떻게 대비되고 관계될 수 있는지를 고심했고, 서구에서는 여성들이 자신들의 경전과 전통을 한없는 성억압적인 요소들에도 불구하고 나름대로 해방적으로 재해석하고 재구성하여 새로운 '여성신학(Feminist Theology)'을 구축해 가고 있는데 왜 우리는 유교 전통과 더불어 그렇게 할 수 없다고 하는지 물었다. 더군다나 20세기 이후 인류의 정황은 지금까지 3백여 년간 지속되어 온 서구 근대주의로 인해서 많은 고통을 겪고 있고, 그래서 새로운 모색을 해야 하며 그 일을 위해서라도 유교 전통과의 대화는 매우 긴요하다고 역설했다.

　나는 예전 맹자가 전국(戰國) 시대와 관련해서 무군(無君)과 무부(無父)의 위기를 지적했듯이 오늘 우리 시대의 문제도 바로 무군과 같은 공적 영역의 훼손과 함몰, 그리고 무부와 같은 가족적 삶의 해체와 깊이 관련되어 있다고 여긴다. 그리고 그러한 상황이 초래된 중요한 요인으로서 특히 서구 근대의 주체성의 원리(the principle of subjectivity)가 과도하게 적용되어온 것을 생각한다. 오늘날 한국은 정부가 고용률 70% 달성을 외칠 정도로 예전에는 주로 '집사람(housewife)'이었던 4~50대 이상의 여성들도 집 밖으로 나와서 하나같이 사회적 노동자로 일하고 있다. 그러나 이렇게 세계 전체가 점점 더 직접적으로 마주하는 세계화의 상황 속에서 모두가 노동자가 되어서 경제적 부와 자아의 확장을 위해서 일하고 있지만 동시에 많은 것을 잃고 있는 것도 사실이다. 한없이 자신의 이익만을 확장하려는 자아와 주체들의 충돌과 갈등으로 각종 공적 영역이 무너지고 있으며, 이러한 공적 영역의 해체는 심지어는 자신의 부모조차도 밖으로 내몰면서 그들이 그렇게 중시하는 핵가족적 삶도 남아 있을 여지가 없게 만들고 있는 것이다.

나는 이러한 현실 앞에서 '사기종인(舍己從人, 나를 버리고 남을 따른다)'과 '극기복례(克己復禮, 자신을 이기고 禮를 회복한다)', '견리사의(見利思義, 이익을 보거든 義를 생각하라)', '천하위공(天下爲公, 천하의 모든 일은 公의 실현을 위해 있다)' 등을 말하는 유교 전통을 생각했다. 지금까지 여성의 입장에서 보면 한없이 여성 억압적이지만 오늘 세계 전체가 심각하게 맞이하고 있는 공적 세계의 함몰과 세계소외라는 현실 앞에서 오래 전에 유교의 제3의 물결이 거론될 정도로 또 하나의 대안으로 주목받고 있다면, 그 유교를 여성들을 위해서도 새롭게 해석할 수 있다고 생각했다. 앞에서 지적한 대로 오늘 서구 기독교의 여성신학자들이 자신들의 가부장적 전통을 여성해방적으로 재해석하여 다른 관계를 맺고 있다면, 우리도 유교 전통과 그러한 일이 가능하다고 본 것이다.

익히 들어 왔던 대로 유교는 종교가 아니고 단지 윤리나 도덕일 뿐이고, 정치 담론이지 결코 기독교나 불교와 같은 초월성을 지시하는 종교가 아니라는 지적을 많이 받아왔다. 종교 간 대화의 장에서도 그래서 유교와 기독교 사이의 대화는 불교나 기독교 간의 대화보다 많이 전개되어 있지 않다. 하지만 나는 일찍부터 유교의 '포스트모던적 종교성(postmodern religiosity)'에 대해서 주목했다. 잘 알다시피 서구 기독교 역사에서도 니체의 신 죽음의 선포 이후 전통적인 신인동형론적이고, 이 세상과 저 세상을 과격하게 이분하는 초월 이해는 많은 비판을 받아 왔다. 대신에 어떻게 하면 세계 내적으로, 현대의 비신화화의 물결 속에서도 존재의 초월적 차원을 탈각시키지 않는 초월 이해가 가능할 수 있을까를 여러 방면으로 탐색해 오고 있다. 나는 이러한 서구적 포스트모던의 탐색과 유교의 궁극 이해가 잘 만날 수 있다고 생각했다. 그것은 유교가 겉으로는 그렇게 종교적으로 보이지 않지만 끊임없이 하학이상달(下學而上達, 낮은 것을 배워서 높은 데 도달한다)과 극고명이도중용(極高明而道中庸, 지극히 높은 것을 추구하되 일상을 따르라)을 말하면서 바로 이 세상과 이곳의 삶에서 궁극의 의미를 실현하려는 추구로 이해했기 때문이다. 이러한 유교에 대한 종교적 이해를 조선 유교 여성들의 부덕의 삶을 해석하는데도 적용했고, 그것을 "잃어버린 초월"을 다시 찾아서 오늘 우리의 삶을 위해서 의미 지우는 일로 이해했다.[3]

이러한 기초적인 세계 이해와 궁극 이해에 근거해서 이번 글에서는 우선 유교와 페미니즘의 만남에서 자주 등장하는 유교 전통에 대한 페미니적 비판과 지적을 들어서 그러한 이해를 어떻게 다르게 볼 수 있는지를 살펴보고자 한다. 일종의 유교 변증이라고 할 수 있다. 다음으로는 일면 그렇게 치우친 사고를 걷어냈을 때 우리에게 다가오는 유교 전통의 실제 의미와 가치에 어떤 것들이 있는지를 찾아보고, 마지막으로는 그러한 실재 의미가 오늘 21세기 여성들의 구체적 삶에서는 어떻게 적용되고 활용될 수 있는지, 특히 21세기 여성 리더십 구축과 관련해서 살펴보려고 한다. 결국 이러한 모든 탐구는 21세기 인류 미래의 삶에 대한 한국 페미니스트로서의 유교 페미니즘적 문명 전망이 되겠다.

2. 유교 전통 변증의 몇 가지 예

한국 여성사를 이야기하는 가운데 유교 전통에 대한 현대 페미니스트 비판의 몇 가지 예를 들어서 거기에 대해서 나름의 변증을 해 보고자 한다. 먼저 제일 많이 듣는 이야기로서 이혼과 재혼이 훨씬 자유로웠던 고려 시대 여성들의 지위가 조선 시대보다 더 높았다는 것이 있다. 알다시피 조선은 건국과 더불어 유교를 국가 이념으로 삼고서 그 정착과 확산을 위해서 유교적 삶의 원리들을 국가 의례화했다. 그것들을 『경국대전』, 『속대전』 등으로 법제화했으며, 『주자가례(朱子家禮)』 등의 보급으로 전(前) 고려 왕조와는 다른 삶의 규범을 세우기를 원했다. 여기서 유교 전통이 자신들의 도(道)를 실현할 출발점으로 삼고 있는 혼인 제도와 관련해서 유교 가례가 이상적으로 모색하는 혼인 제도는 '일부일처제(一夫一妻制)'였다. 그것이 고려 시대에도 한편으로 인정되었지만 고려 말기의 혼인 풍조는 다처병축(多妻竝蓄)의 폐해가 심했고, 고려 건국 시 왕건(王建)이 호족 세력을 규합하려는 목적으로 부인을 29명이나 두었다거나, 이자겸(李資謙)이 자신의 셋째 딸과 넷째 딸을 동시에 인종(仁宗)의 비로 삼게 한 일 등에서 보듯이 고려 시대의 혼인은 중혼의 폐해가 심했고, 근친혼의 풍습도 늦게까지 사라지지 않았다고 한다.[4]

조선 처첩의 엄격한 구분과 재가금지(再嫁禁止)는 이러한 배경과 관련해서 일부일처제를 강화하기 위한 것임을 이해할 필요가 있다. 물론 오늘 일부일처가 모두의 상식이 된 시각에서 보면 처첩의 구분이나 재가 금지는 말할 수 없는 여성 비하이고 탄압이다. 하지만 당시 인간 삶이 처한 제한된 물적 조건을 고려해 보면 남성들이 조그마한 이익을 위해서도 처를 쉽게 버리고 다른 여성들과 이중 삼중으로 혼인을 맺는다거나, 이미 조선 초기 태종대의 왕자의 난에서도 보았듯이 처권이 확보되지 않는 중혼이나 근친혼이 국가의 존립 자체도 위협할 정도로 중대한 사안이 될 수 있다는 것이 드러났다면, 조선의 재가금지법 등도 다른 측면에서 보아야 할 것이다. 즉 이 같은 사실은 고려 시대에 처첩으로 분간하기 어려운 다처제를 여성들이 더 쉽게 이혼하고 재혼할 수 있도록 한 여성 권리의 더 높은 표현으로 해석하거나, 고려의 독특한 혼인 풍습이었던 남귀여가혼(男歸女家婚, 혼인이 성립되면 신랑이 신부의 집에서 일정 기간 거주하는 것: 장가 든다)이 조선 시대의 친영(親迎, 혼인식 후에 신부를 신랑 집에서 곧바로 맞는 것: 시집 간다)보다 여성의 지위를 더 보장해 주는 제도였다고 단순히 해석하는 것은 많은 한계를 가진다는 것을 알려준다. 남귀여

가혼은 여자 집에서 혼수를 마련하고 사위를 거주시켜야 하는 제도이므로 실제 상황에서는 경제력이 뒷받침되지 않는 집안의 여성들은 버림받을(棄妻) 위험에 노출되는 것을 말하고, 또한 실제 그러한 사례가 비일비재했다고 한다.[5] 따라서 이러한 고려 시대의 혼인 제도로 고려에서의 여성의 지위가 조선 시대보다 더 높았고, 그리하여 한국 여성의 열악한 상황이 모두 조선 시대 유교 전통으로 인해 야기된 것으로 해석하는 것은 매우 단편적인 시각일 수 있다. 그것은 과거 시대의 이혼과 재혼 등의 혼인 제도를 오늘의 시각으로 재단하여 평가하는 오류가 될 수 있음을 보여주는 것이다.

현대 페미니스트 비판이 종종 조선 유교 여성들의 지위가 점점 더 열악해졌다는 증거로 들고 있는 고려 시대의 자녀 간 재산균분상속제와 관련해서도 유사한 이야기를 할 수 있다. 한국 사회의 유교화 과정에 대해서 그렇게 호의적이지만은 않은 서구 한국학자 도이힐러(Martina Deuchler)도 유사하게 지적했다. 그녀에 따르면 조선 사회에서 16세기 중반과 17세기 후반의 큰 인구 증가로 효율적인 식량 공급을 위해서는 토지가 더 이상 작게 나뉘어서는 안 되었다. 그런 이유로 출가한 딸에게까지 계속해서 상속을 할 수 없는 현실적인 불가피함이 있었을 것이라고 추정한다.[6] 나는 이러한 지적들이 인류 문명의 가부장주의 시기를 이해할 때도 그것을 너무 여남 양성의 성대결적 차원에서만 이해해서는 안 된다는 것을 보여주는 사례라고 여긴다. 여성학 연구도 포함해서 20세기의 일반적인 사회학 연구가 그렇듯이 너무 단기적인 과정과 정태적인 개별 대상에 대한 집중에서 벗어나서 좀 더 긴 기간에 대한 장기적인 전망과 역사의식을 가지고 판단하면 다른 측면을 볼 수 있다는 것이다. 가톨릭 신부이자 고생물학자였던 테이아르 드 샤르뎅(Teilhard de Chardin, 1881~1956)에게서 많은 영향을 받은 나는 한국 여성의 삶과 유교 전통을 이해하는데 있어서도 특히 역사적이고 장기간의 전개 과정에 주목하는 관점에 끌렸다. 그 한 예로 독일의 역사사회학자 노버트 엘리아스(Nobert Elias, 1897~1990)가 유럽에서 중세 이래 근대 부르주아사회까지의 유럽인들의 삶의 변화를 일종의 "문명화 과정(der Prozess der Zivilisation)"으로 파악한 이야기가 큰 의미로 다가왔다. 그는 모든 역사적 추세를 부동적이고 진화가 없는 것으로 파악하는 역사의 정태주의나, 다른 한편으로는 역사에서 오직 끊임없이 변화하는 것만을 보고 그러한 변화의 기저에 있는 질서와 역학 구조, 방향을 무시하는 역사의 상대주의를 모두 배격하면서, 장기간에 걸친 역사적 경험을 실증적으로 살펴보면 거기에는 분명 뚜렷한 포괄적인 사회 발전의 방향과 구조가 드러난다고 역설했다. 일반적인 사회학적 학문 방법론과는 다른 이러한 역사 사회학적인 탐구로 유럽 사회의 변화—종교나 경제, 예술, 국가 형태뿐만 아니라, 특히 우리의 일상적 · 본능적 삶의 경험, 즉 식사예절, 오줌누기, 코풀기, 침 뱉기, 목욕하기, 성생활 등—를 장기적인 과정에 관심을 두고서 관찰해 본 결과 그것은 분명한 문명화 과정이었고, 매너의 세련화 과정이었으며, 다른 이야기로 하면 인간의 본능적 충동이 억제되고 다른 사람들과의 관계에서 자율적 자기통제가 증가되는 이성적 사고와 분리 의식이 발전하는 과정이었다는 것이다.[7]

나는 이러한 매너의 전개 역사가 바로 조선조의 유교 역사를 이해하는 데도 잘 적용될 수 있다고 보았다. 조선조 성립 이후 유교적 예(禮)를 국가 삶의 전 영역으로 확산시키고자 한 조선의 예치(禮治) 노력이 서구에서 중세 이후 기독교 문명을 통해서 유럽인들의 일상적 삶을 세련화시키고자 한 것처럼 그렇게 조선 사회를 유교화해 간 것이라고 보았다. 그리고 그 유교적 예화(禮化, ritualization)의 과정 안에 여성들의 삶과 살림살이도 함께 포괄되었다고 파악한 것이다. 문명화의 구체적 내용 안에 자기통제력(self-control), 식자력(識字力, literacy), 시간개념(the sense of time) 등이 포함된다면 한국 여성사의 전개에서 특히 문(文)을 숭상하고 예(禮)를 강조한 조선조 유교 전통 시대의 여성들에게서 이러한 문명화 능력이 크게 신장되었음을 알 수 있다. 따라서 조선 유교 전통이 한국 여성들의 지위를 그 이전 시대보다 훨씬 더 떨어뜨렸다는 주장을 액면 그대로 모두 받아들이기 어려웠다는 것이다. 한국 여성사 연구는 조선조 이전에는 여성들이 문화의 각 부분에서 그렇게 폭넓게 활동한 적이 없었다고 지적한다. 조선 후기 영정조 시대 이후로는 여성성리학자 임윤지당(任允摯堂, 1721~1792)과 그 정신적 후계자인 강정일당(姜靜一堂, 1772~1832) 이외에 『의유당 일기』를 쓴 의유당 남씨(意幽堂 南氏, 1727~1823), 『태교신기(胎教新記)』의 사주당 이씨(師朱堂 李氏, 1739~1821), 『규합총서(閨閤叢書)』를 쓴 빙허각 이씨(憑虛閣 李氏, 1759~1824) 등 여성성리학자들의 활동이 그 실례들이다.

근자에 들어서 송호근 교수의 『인민의 탄생』은 한국 근대의 기원을 탐색한 결과 특히 한글을 통해 문해 능력을 갖춘 '문해 인민(文解人民, literate people)'이야말로 한국 근대의 문을 연 추동력임을 지적하였다.[8] 그는 여기서 여성들의 역할에 특별히 주목하지는 않았지만 나는 여러 여훈서 등을 생활화한 조선 여성들, 언문소설과 천주교의 성서와 교리서 등을 읽으면서 서학 전래 과정에서도 주체적인 역할을 한 조선 여성들의 활동이 중요하게 언급되어야 한다고 생각한다. 가톨릭 여성사학자 김옥희에 따르면 초기 한국 천주교의 대표적 인물인 이벽(李蘗, 1754~1786)의 아내이며 권철신(權哲身)의 질녀였던 류한당 권씨(柳閑堂 權氏)가 이승훈이 북경에서 가져온 천주교의 대표적 서적들을 번역했다고 한다.[9] 또한 전통적인 유교 여교훈서를 천주 신앙으로 새롭게 해석해서 『언행실록』이라는 여교훈서를 지어서 당시 여신도들을 구체적으로 계몽했다고 밝힌다. 이러한 일들은 그때까지 주로 남성들의 전유

물이었던 식자력을 통한 사회참여가 여성들에 의해서 이루어졌다는 점에서 조선 유교 전통의 기여였다고 평가할 수 있다.

최근 일본의 젊은 문명비평가 사사키 아타루도 서양 문명사를 탐색하면서 인류 문명사에서 혁명과 변화의 진정한 성취는 바로 글과 문(文)과 책에 대한 식자력을 통해서였다고 설득력 있게 밝히고 있다.[10] 이러한 측면에서 본다면 한국 여성들의 유교 전통은 지금까지와는 많이 다른 해석의 여지를 남기고 있다. 그런 뜻에서 유교 전통이 한국 여성들의 근대 주체성 형성에 끼친 긍정적인 역할과 또한 앞으로 21세기 이후 미래를 위해서 가질 수 있는 의미를 좀 더 다차원적 시각에서, 그리고 장기간의 전망 속에서 살펴보아야 할 것이다. 나는 유교 문명이나 기독교 문명처럼 한 문명의 원리가 그토록 오랜 기간에 그와 같이 많은 사람들의 삶에 지속적으로 영향을 끼쳐왔다면 그 안에는 분명 우리가 간단히 무시할 수 없는 좀 더 영속적인 의미 체계가 담지 되어 있을 것이라고 생각한다. 그런 의미에서 보더라도 현대 페미니즘이 유교 전통을 그렇게 간단히 제쳐놓을 수 없다. 특히 그것이 21세기 오늘날의 우리를 있게 한 과정에서 그처럼 오랫동안 역할을 해 온 것이라면 오늘날 여성들과 그 전통과의 대화는 피할 수 없을 것이다.

3. 유교 성인지도(聖人之道)의 종교성과 21세기 여성 주체성

이상에서 밝힌 나의 유교 변증 방식은 한마디로 "생명역사 진화론적(bio-historical epic of evolution)" 사고방식이라고 할 수 있다. 그것은 우주 존재의 모든 생명과 삶을 역사와 진화적 과정으로 보는 사고인데, 그런 맥락에서 앞에서 언급한 엘리아스의 문명화 과정도 이해했고, 그것을 조선의 유교화 과정에 대한 파악에도 적용했다. 하지만 여기서 더 밝히고 싶은 것은, 나는 그 유교화 과정을 단순히 간단한 윤리 도덕적 차원에서의 예화(禮化, 매너의 역사)의 과정으로만 이해하는 것이 아니라 오히려 거기에 더 근본적인 존재론적 차원을 더해서 그것을 일종의 '성화(聖化, sanctification)'의 과정으로 이해한다는 점이다. 또한 여기서 내가 지시하는 성화의 의미는 전통적인 좁은 종교 이해에서의 성속(聖俗)의 과격한 구분의 방식이 아니라 오히려 이 두 영역을 서로 깊이 연결하는 방식, 예를 들어 『대학(大學)』의 언어로 하면 '군자는 출가하지 않고 나라에서 도를 이룬다(故君子不出家而成敎於國)'는 등의 매우 세간적(世間的)인 방식을 말하는 것이다. 이것이야말로 유교적 성속 체계의 고유한 특성이라고 생각했고, 조선 유교의 역사는 이러한 세간적 종교성이 실행된 역사이고, 여성들의 유교적 삶도 비록 거기서의 성차별적 적용에도 불구하고 이 일에서 크게 벗어나지 않는다고 생각했다.

맹자는 「진심상(盡心上)1」에서 다음과 같은 고백으로 유교의 세간적 종교성을 잘 전개시켰다.

> 그 마음을 다하는 자는 (자신의) (본)성을 알 것이니, (자신의) 본성을 아는 일은 하늘을 아는 일이다. 그 마음을 보존하고 (본)성을 닦는 것이 하늘을 섬기는 일이요, 요절과 장수는 서로 다른 것이 아니니, 몸을 닦아 기다림을 곧 명을 세우는 일이다.

여기서 하늘(天)은 곧 내 인간성의 본성(性)으로 내재해 계시고, 또 그 본성은 먼 곳에 있는 것이 아니라 우리 마음과 몸의 모든 표현에 드러나는 것임을 잘 지시해 준다. 그래서 사람의 본분(命)이란 이러한 내재적 초월에 대한 신앙을 가지고 생사를 초월하여 지금 여기서 충실히 살아가는 일이라고 밝힌 것이다. 이러한 맥락에서 나는 유교적 종교성을 "일상의 모든 삶을 성(聖)

으로 승화시키는 힘"이라고 명명하면서 조선 시대의 심도 깊은 유교적 예화 과정은 이러한 유교적 세간의 종교성이 참으로 진정성 있게 꽃핀 모범이라고 보았다. 그것은 서구 기독교의 신(神)의 명칭과는 달리 존재와 의미의 궁극을 성(性)과 리(理) 등의 지극히 보편적인 언어로 표현해 오면서 그 초월적 성(聖)을 지금·여기의 각 개인의 내면과 일상, 가족과 국가와 우주의 온 영역에 펼치고자 한 기도이다. 그렇게 궁극의 도(道)와 거룩을 지극한 일상과 세속에서 실현하도록 추구하는 유교적 성인지도(聖人之道, To become a sage)의 실천을 나는 "성(聖)의 평범성의 확대"라는 표현으로 칭하기도 했다.[12] 유교 여성들이 그들의 모든 살림살이에 질서와 규모와 아름다움(理/禮/藝)이 있으며, 구별(別序)이 있기를 바란 노력도 이러한 일과 크게 다르지 않다고 생각한 것이다.

이렇게 유교의 길은 일상의 삶에서 초월을 실현하려는 시도이기 때문에 불교나 도교, 또는 서구의 기독교처럼 일상과 속(俗)의 세계와 급진적으로 구분되는 성직자 그룹을 따로 두지 않는다. 또한 삶의 모든 일 속에서 도를 실천하려는 구도였으므로 배움(學)이 곧 종교적 추구가 되고, 정치의 일이 곧 성인(聖人)이 되고자 하는 길이다. 나는 유교영성이 이처럼 '학(學, 공부 또는 교육)'이나 '정치(사회생활 또는 직업)' 등의 누구나에게 해당되는 모든 사람의 보편적인(common) 일을 초월의 일로 보면서 가장 적게 종교적이면서도 그 안에 풍성한 영적인 추구와 실천적 수행의 차원을 담고 있기 때문에(minimal religion) 그것이 오늘날 서구 기독교 전통에서도 세속화와 다시 탈세속화 시대에 새로운 대안으로 찾고 있는 포스트모던적(postmodern) 영성, 세속주의적 종교(secular religion), 아니면 탈세속적 종교성(post-secular religiosity)과 크게 부합한다고 보았다.

전통적 기독교의 대속 신앙이 하나의 견고한 형이상학적 실체론으로 굳어지면서 구체적인 행위력과 실천력을 많이 잃어버리고 있는 상황에서 이러한 "일상적 영성(lay spirituality)"으로서의 유교적 종교성이 남성뿐 아니라 여성의 삶에도 구체적 수행력의 주체성과 영성으로 좋은 대안이 될 수 있다고 보았다. 그러나 그럼에도 불구하고 이와 동시에 공자 자신도 갇혀있던 유교 가부장주의가 결코 간단한 문제가 아니라는 것도 실감한다. 그렇지만 그것을 이제는 역으로 오늘의 서구 페미니즘의 도움으로 수정하고 보완한다면, 사기종인(舍己從人, 자신을 버리고 남을 따름)과 극기복례, 수기안인(修己安人)과 사생취의(捨生取義, 목숨을 버리고 의를 취함)를 말하면서 한없이 높은 수준의 도덕적 주체성을 지향하는 유교 종교성은 우리에게 좋은 메시지가 될 수 있다. 이처럼 유교 전통에서의 주체성 의식은 여느 다른 전통에서보다도 높게 신장될 수 있는 가능성을 많이 가지고 있고, 조선 시대(구한말) 서구 주체성의 종교인 기독교(특히 개신교)의 유입은 바로 이러한 유교적 토대 위에서 이루어졌기 때문에 한국에서 그렇게 큰 성취를 이룰 수 있었다고 나는 파악한다.[13]

유교의 도는 인간의 욕망과 개체의 의지를 무조건 억누르거나 부정하지 않고 오히려 잘 살고 싶고 인간다운 대접을 받고자 하는 스스로의 마음을 잘 미루어서 타인의 상황을 짐작한다.[14] 그래서 거기서 자신의 잘못된 욕망을 극복하고 다시 인간다운 관계를 회복하며(克己復禮), 자신의 선한 의지를 북돋아서 사람들을 편안하게 하기를 원한다(修己安人). 유교 종교성은 초월성(仁/性)을 인간 주체의 보편적인 마음(心)이나 거기서의 직관력(智), 감정(情) 또는 의지(意) 등과 연결시켜 표현하고, 바로 그 인간적인 토대를 육성해서 인간 간의 구체적인 장에서 도를 실현하려는 지향이기 때문에 오늘날 각종 관계의 장에서 모든 공적 활동에 열려진 가능성을 가지고 있는 여성들에게 아주 적실하게 기여할 수 있다.

사회학자 김상준도 이러한 유교 전통의 초월적 종교성(聖)에 새롭게 주목하였다. 그는 지금까지의 일반적인 사회학적 시각과는 다르게 유교를 한 편으로는 "초월유교(transcendental Confucianism)", 다른 한편으로는 "현세유교 (mundane Confucianism)"라고 하는 두 얼굴로[15] 이해하면서 페미니즘과의 관계에서도 "유교적 가치에는 여성적 특징이라고 볼 수 있는 측면이 다른 종교적 전통에 비해 오히려 강하다"라고 지적한다. 또한 그는 유교 신분 사회의 진정한 권위가 "명예로운 죽음에 대한 감연한 태도"를 핵심으로 하는 "도덕적 권위"에 달려 있다고 보면서, 조선 유교 사회에서의 여성들의 역할이었던 열(烈)과 절(節)의 의미도 지금까지의 일반적인 부정적 평가와는 다르게 본다. 즉 보통 유교 전통에 대한 비판에서 가장 많이 거론되는 것 중의 하나로서 사람 잡는 예(禮)로 칭호되던 여성적 열절(烈節)의 실행이 단순히 여성의 몸에 대한 가부장주의적 억압이나 폭력이 아니라 남성적 충(忠)이나 효 (孝)와 마찬가지로 유교 종교성의 차원으로까지 승화되는 인간 도덕적 명예와 권력을 담보해 주는 여성적 기제로 해석해 내는 것이다.[16]

이것은 나에게는 매우 반가운 언술이다. 이미 예전에 페미니스트들과의 논의에서 유사한 주장을 했지만 당시 유교 종교성에 대한 인식이 받아들여지지 않은 상황에서 이러한 해석은 큰 반발을 불러 일으켰다. 물론 역사에서 이러한 열절의 실행이 도덕적 근본주의나 저급한 물질주의로 타락한 것도 사실이지만, 김 교수도 지적한 대로 인간적 명예와 존엄성, 주체성의 척도가 최종적으로 자신의 몸의 마지막, 즉 '죽음'과 어떻게 관계 맺는가에 깊이 달려 있다고 본다면, 그러한 열절의 덕을 말하는 유교야말로 여성들에게도 나름의 도덕적 권위와 주체성을 인정한 것이 된다고 하겠다. 그러므로 여성적 특징이 더 강한 전통이라고 할 수 있다는 것이다. 그 덕의 실행을 극진히 수행해 온 조선 유교 사회에서의 여성들의 주체성이 그 이전보다 많이 신장되었다고 보는 것이 결코 무리가 아님을 지시해 준다.[17]

나는 유교가 현대 페미니즘의 도움으로 참된 인간성의 추구와 공동체의 리더 됨에 있어서 더 이상 인간 신체적 성(性)의 구별이 운명이 되지 않는다는 사실을 받아들이고, 그에 근거해서 유교적 성학(聖學)의 길을 자신의 일로 받아들인다면 여느 다른 종교 전통보다도 여성들의 삶에 실천적이고 구체적인 도움을 줄 수 있다고 생각한다. 이제 인류의 삶에서 과거 가부장주의 사회에서의 성차별과 남존여비의 윤리는 더 이상 유효한 것으로 여겨지지 않는다. 우리도 그러한 윤리들을 당시 인류적 삶의 생존적 정황들이 불러온 역사적 한계로 본다면 유교 전통에서 오늘 우리의 삶에도 여전히 유효하고 더 나아가서 바로 이 시대가 긴요하게 요청하는 가치를 풍성하게 발견할 수 있다. 현대 페미니즘의 덕택으로 한편으로 우리가 몸이고 몸이 우리인 것을 더욱 확실히 깨닫게 되었다. 그러나 동시에 21세기 오늘날은 그 몸의 과격한 세속화와 물화가 어떠한 비인간화를 초래하는지도 아프게 경험하고 있다. 그러므로 21세기의 진정한 여성 주체성을 위해서는 우리의 몸과 성(性)에 대한 좀 더 심화된 성찰이 요구된다. 이 일을 위해서 유교 전통 여성들의 예기(禮器)로서의 몸 이해가 시사하는 바가 많다고 생각하는데, 세간적 종교성의 유교적 성인지도는 그렇게 정신적 주체성의 차원을 놓치지 않으면서도 동시에 우리 시대가 절실히 요청하는 몸과의 새로운 관계맺음을 핵심적으로 가르치고 있다.

4. 21세기 여성 리더십 구현을 위한 구체적 기여

오늘날은 포스트휴먼(posthuman)을 말하는 시대가 되었음에도 불구하고 우리 사회의 비인간화 정도와 공동체 해체의 상황이 심각하다. 극심한 물질주의와 이기주의의 팽배로 지금 당장의 이익과 자아의 확장을 위해 모든 것을 수단화하는 시대가 되어서 세상에 남아나는 것이 없다. 여기서 주체성 원리를 한껏 외치는 개인과 개체들의 충돌로 지금까지 삶에서 의심할 여지 없이 받아들여지던 여러 공적 영역과 관계들이 급속도로 해체되어 가고 있다. 심지어는 우리 관계망에서 부인할 수 없는 기본적인 장인 가족과 가정의 삶까지도 위태롭게 되어서 우리 시대는 이제 인식론의 위기를 넘어서 존재론의 위기상황에 빠지게 되었다고 지적된다.[18]

이런 상황에 대한 대안으로 지금까지 "성(聖)의 평범성의 확대"로 해석한 유교적 성인지도(聖人之道)의 종교성을 제시하였다. 그것은 여성 정치철학자 한나 아렌트가 20세기 생명 경시 현상과 다원성과 공동체성의 무시로 인한 시대의 위기와 관련해서 "아무리 단순한 사용물조차 그것의 척도는 신(神)이다"라는 말로 당시의 소피스트를 반박했던 플라톤의 언술을 다시 끄집어 내어서 만물의 존재론적 존엄성을 새로이 근거 짓고자 하는 시도와 유사하다.[19] 유교의 내재신적인 영성이 이 세상 만물의 초월적 차원을 지시해 주면서 그 내적 연결망과 공동체성을 뚜렷하게 밝혀주는 것으로 이해하기 때문이다. 또한 이러한 유교영성이 그 뛰어난 세속성과 보편성으로 인해 하나의 시민적 종교(a public/civic religion)로 이해될 수 있는 소지가 많다고 본다. 그렇다면 거기서의 성인됨의 의미를 우리 시대가 보편적으로 이야기하는 사회적 리더(CEO)의 의미로 이해할 수 있고, 여성 성인(女聖人)은 오늘의 페미니즘도 많이 찾고 있는 여성적 리더십의 구축을 위한 상징으로 쓸 수 있겠다. 그런 의미에서 우리의 유교 전통과의 대화는 한국적 여성 리더십을 위한 시도에서 좋은 기여가 될 수 있다. 이 일을 위해서 크게 유교 전통이 지금까지 자신의 성인됨의 지향을 위해 핵심적으로 써 왔던 세 언어, 즉 '사기종인(舍己從人)'과 '극기복례(克己復禮)', 그리고 '구인성성(求仁成聖)'이 여성주의적으로 어떻게 새롭게 해석될 수 있는지를 살펴보고자 한다.

먼저 '사기종인(舍己從人)'의 자기를 버리고 남을 따른다의 말은 성인 임금 순(大舜)의 인격적 특징을 대변해 주는 언어로 주로 쓰이는데,『중용』제6장에서 공자는 순 임금은 "묻기를 좋아하며 가까운 곳의 말을 살피기를 좋아하시는 분(好問而好察邇言)"이라고 소개하였고, 맹자는 "위대한 순 임금(大舜)"은 "큰 것이 있으니 선을 남과 더불어 행하고, 자신을 버리고 남을 따르며, 다른 사람에게서 취하여서 선을 행하는 것을 기뻐하셨다"라고 했다.[20] 즉 순 임금의 위대함이란 바로 하찮은 일에서라도 나보다 남을 더 낫게 여기고, 그런 남의 의견과 지혜를 잘 경청하고, 특히 착한 일을 남과 함께 하려는(善與人同) 공동체적 인격이었다는 것을 밝히고 있다.

하지만 잘 알다시피 현실에서 이러한 순 임금의 사기종인의 이야기를 여성들에게 적용할 때는 매우 조심해야 한다. 그 이유는 오랜 기간 존양억음(尊楊抑陰)의 논리 속에서 여성들은 자기 목소리 없음에 갇혀 있었기 때문이다. 그럼에도 불구하고 여기에서 순 임금이 그러한 덕을 실행하고자 했던 이유와 목적에 대해 다시 주목하면서 다른 해석을 해보고자 한다. 맹자에 따르면 여기서 순 임금의 사기종인은 다른 사람과 더불어 선을 행하려는 선여인동(善與人同)의 덕을 위해서였고, 자신의 선한 삶을 넘어서 다른 사람들도 같이 선해지도록 하기 위해서였다. 그렇다면 여기서 순 임금의 도는 언뜻 보기에는 매우 수동적이고 소극적인 것처럼 보이지만, 오히려 이 경지야말로 좁은 의미의 자아와 주체성의 차원을 넘어서 더 큰 주체성과 대인(大人)의 삶이었다고 이해할 수 있다. 그러므로 오늘 우리 시대에 주체성 원리의 과도한 적용으로 공동체적 삶이 크게 훼손되고 있는 상황이라면 여성들의 경우에도 이러한 덕목의 리더십을 무시할 수 없다고 보고자 한다. 아니 오히려 여성들이야말로 과거로부터 이 덕목의 진정한 수행자였다고 할 수 있다면 다시 오늘 여성의 주체성의 이름으로 이 전통을 무시할 것이 아니라 오히려 새롭게 가다듬어서 21세기 순 임금의 진정한 후예로서 공동체의 회복과 재건을 위해서 여성들이 일할 수 있다고 본다. 순 임금이 "갈고, 심고, 질그릇을 굽고, 고기 잡는 일로부터 왕 노릇을 하는 일에 이르기까지 다른 사람에게서 취하지 않는 것이 없었다"고 했다면 그와 같이 지극히 일상적인 생활세계에서부터 나라를 이끄는 일까지 자신을 비우고, 타인을 인정하면서 남과 더불어 함께하는 방식으로 해왔다는 것이고, 그러한 방식은 여성들에게 매우 친숙한 방식이므로 21세기는 여성들이 더 잘 가꿀 수 있다는 것이다.

이러한 모습은 다른 말로 하면 '집단지성'과 '다중지성'의 삶을 살아가는 것이라고 할 수 있다. 이 집단지성의 수행을 통해서 세계는 곳곳이 더욱 활기차지고 다양한 생명의 꽃이 활짝 필 수 있음을 말하는 것인데, 유교 전통과 대화하는 21세기 여성 리더십이 사기종인의 덕목을 이렇게 창조적으로 활용한다면 어느 경우보다도 뛰어난 집단지성의 리더십으로 성장할 수 있다. 그것은 서구적 근대 자아 중심주의가 자아와 주체에 대한 과도한 집중으로 현실과 삶의 다양성을 억누르고 생명을 "언제든지 대체가능한(absolutely superfluous)" "한갓 물건(a mere thing)"으로 만들어 버리는 방식과는 다른 지경으로서 자아의 주체성을 훼손하지 않으면서 동시에 뛰어나게 공동체성을 모색하는 길이라고 할 수 있다.[21] 그런 의미에서 유교적 사기종인의 리더십은 참된 포스트모던적 '생명의 리더십(天地生物之心)'이라고 부를 수 있다.

두 번째 유교적 성인됨을 지향하는 언어로 공자의 '극기복례(克己復禮)'를 들고자 한다. 이 말은 자아에 대한 집착과 고집, 절대 등 '네 가지가 없음(毋四)'과 화이부동(和而不同)을 말하는 공자가 인(仁)을 묻는 제자 안연에게 대답하는 장면에서 나오는 말이다. 인간성이란 자신을 삼가면서 다른 사람과 서로 화합하며 함께 사는 일로 나아감을 말하는 것이라는 지적이다.

하지만 앞의 사기종인의 경우처럼 이 극기복례의 실행에서도 여성들은 좋지 않은 기억을 가지고 있다. 과거 전통 사회에서 예(禮)를 앞세워 여성들에게 가해진 요구가 너무 과했기 때문이다. 그러나 오늘 이 시대에 인간다운 공동 삶을 지속하기 위해서는 주체성 원리의 인정에도 불구하고 그 주체들을 좀 더 일관성 있게, 좀 더 보편적인 인간적인 방식으로 엮고 묶을 수 있는 원리와 근거가 필요하다는 것을 잘 안다. 즉 공동의 삶을 유지하고 지속하기 위해서는 각자의 사적이고 일시적인 필요나 의도로부터 독립해서 보다 공평한 공동의 규범이 요청된다는 것이다. 인간 삶을 위한 이러한 보편적 요구로부터 여성들도 자유로울 수 없다는 것은 명약관화한 사실이다. 그런 의미에서 아렌트가 인간 주체성의 상징인 자유(freedom)를 결코 개인의 내면적 의지(will)의 문제가 아니라 다원성의 공적 삶에서 행해지는 정치적 행위(action)의 일로 보면서 자유란 오히려 자신 안의 동기나 목적에서 자유로우면서 밖에서 요구하는 원리들(principles)의 요청에 따를 수 있는 능력이라고 지적한 것이 의미 있게 다가온다.[22] 그녀의 분석에 따르면 서구 정신사의 전개는 시간이 갈수록 그 자유를 철저히 인간 내면의 문제로 환원시키면서 완전한 자유는 사회와 결코 병립할 수 없다는 서구적 개인주의를 불러왔다. 현대 페미니즘이 강조하는 여성 주체성도 유사한 오류에 놓여 있다고 보는 그녀는 그러므로 진정한 자유란 타자의 존재가 요청되는 공론영역이 아니고서는 경험될 수 없고, 공론영역의 정치적 자유가 없이는 개인의 자유가 신장될 수 없다고 강조했다.

이러한 맥락에서 우리 시대의 가족적 삶의 의미와 모성의 역할에 대해서 다시 생각해 보고자 한다. 물론 오늘날은 가족이라는 것이 단지 혈연적 가족이거나 지금까지와 같은 형태의 혼인 제도를 통해서만 이루어지는 것은 아니다. 그러나 그럼에도 불구하고 인간 존재의 삶이 다른 사람과의 공동 삶이라는 규정으로부터 뗄 수 없는 것이라면, 어떠한 경우에도 같이 살아가는 것을 그만둘 수 없고, 또한 그러한 삶에는 어떠한 형태로든 예(禮)와 기술이 필요하다는 것을 인정해야 한다. 그런데 여기서 그 예와 기술은 함께 살아가는 삶을 통하지 않고서는 습득될 수 없는 기술이고, 더군다나 인간으로서 섬세하고 세밀한 수준에서 그 능력을 얻기 위해서는 우리 공동 삶이 아주 긴밀하고 친밀한 관계 속에서 지속적으로 이루어져야 한다는 것이다. 유교 전통은 그것을 가정(家)으로 적시했고, 그 가족적 삶에서 우리 몸과 감정이 자극받고 배려되어서 참된 인간성(仁義禮智)이 길러진다고 밝힌다. 그 모든 일에서 모성의 역할은 핵심이다.

서구의 하이데거는 근대적 차가운 계산 이성의 비인간성을 넘어서기 위해서 다시 역사의 이야기들 가운데서 이해타산과 계산과 자기주장을 넘어서는 인간성의 친구인 '집친구(Hausfreund)'를 찾아 나섰다.[23] 나는 그것이 유교 전통의 여성들이 어머니와 아내로서 수행해온 집사람(Hausfrau)의 역할과 매우 유사함을 본다. 오늘 우리 시대에도 이러한 집사람들을 요청하지만 그러나 이제는 그 일이 더이상 우리 몸의 신체적 구분에 의해서 좌우되어서는 안 된다는 것이다. 오히려 우리 마음과 관련되어 있는 일로 보아서(모성의 탈본질화), 여남 누구나가 차별 없이 그러한 집사람이 될 수 있고, 또한 그래야 한다고 보는 입장이다. 우리 공동체가 이러한 집사람들을 귀하게 여기고, 거기서 그들의 역할이 더 이상 오로지 각자의 개인적인 희생에 의해서만 유지되는 일이 없도록 하는 것이 시급한 일이다. 인간 공동 삶을 지속시키는 일로서 아이를 낳고 기르는 일, 부모와 노인 등 윗세대를 돌보는 일, 가까운 마을 공동체를 돌보고 공적 세계에 관심하는 일은 단순히 자아나 개인 희생의 차원 등의 일이 아니라 참다운 인간성과 인간적인 힘이 나오고 길러지는 원천이라는 점에서 모두가 피해서는 안 되는 일일 것이다. 이것은 동서고금을 막론하고 누구도 부인할 수 없는 인간적 보편의 진리라는 점에서 유교적 극기복례의 덕은 여전히 의미 있다.

유교적 성인지도를 지시하는 마지막 언어로서 한국의 퇴계 선생이 주목한 '구인성성(求仁成聖)'의 언어를 들 수 있다. 송나라 주희의 인(仁)에 대한 이해에 깊이 동감하면서 그것을 자신의 「성학십도(聖學十圖)」에 다시 옮겨 놓은 퇴계는 그리하여 유학의 길을 가는 학자는 누구나 "인을 구하고 찾는 일에 몰두해야 한다(所以必使学者汲汲於求仁)"고 강조한다. 주희는 또한 이 인간적 마음을 『역경(易經)』과 『중용』의 언어인 "천지가 만물을 낳고 살리는 마음과 원칙(天地生物之心/理)"이라고 파악했다. 이러한 유교적 천지생물지심의 언어에 주목하면서 거기서 '한국 생물(生物)여성영성'의 연원을 보았다. 그것은 한국 여성들의 살림의 영성과 다르지 않은데, 오늘 인류 문명의 반생명적·반생태적 위기 앞에서 한국적 생태영성과 생명역학으로서 중요한 의미를 가진다고 본 것이다. "하늘과 땅의 큰 덕과 일은 낳고 살리는 일이고(天地之大德曰生)", "낳고 낳고, 살리고 살리는 일이 역의 일(生生之謂易)"이라는 역경적 선언이 바로 그러한 영성의 토대라고 이해한다.

퇴계는 이 큰 생명의 영(生之理, 生物之心, 利物之心)을 그렇게 깊이 체현할 수 있게 되는 과정에서 오늘 우리 주체성의 시대에서는 매우 낯설고 소원한 '공경(敬)'의 마음을 매우 강조한다. 그의 이 공경심에 대한 깊은 성찰인 「경재잠(敬齋箴)」은 한 인간의 마음이 어느 정도로 세계에 대해서 깊은 공경과 예의 마음을 다할 수 있는지를 잘 보여주고 있다. 이러한 유교적 천지생물지심의 영성은 유교 전통 여성들의 삶에서 특히 접빈객(接賓客)의 예에서 훌륭히 실행되어 왔다. 그리고 이 접빈객의 예야말로 유교 여성들이 봉제사의 일과 함께 자신의 힘을 온전히 쏟아서 실행해 온 일이었기 때문에 여기서 길러진 여성들의 만물을 살리는 힘이 뛰어나다고 본다.[24] 미국 〈동암연구소 (East Rock Institute)〉의 전혜성 여사는 한국적 여성 리더십의 고유성(authenticity) 과 그 의미의 차원을 "역할 완수(Role dediction)"라는 개념으로 표현해 주었다. 그녀는 "서양에서는 자기 성장, 자기 계발이 중요하다고 여기지만, 한국에 서는 꼭 자기 성장을 추구하지 않아도 역할을 완수하다 보면 자기완성도 함 께 이루어진다고 본다"고 하였다. 그러면서 "역할 완수는 한국 문화의 전통 에서 돋보이는 우수한 가치"라고 지적하고, 그 역할 완수와 효(孝)가 매우 밀 접하게 연관되어 있는 것이 한국적 효의 특징이라고 설명한다. 한국적 효는 나 개인이 추구하는 목적을 지향하는 것이 아니라, 조부모의 손녀와 손자, 부모의 딸과 아들로서의 목적 완수를 지향하는 것으로서 거기에는 나의 개 념 자체가 나를 넘어서는 시간성을 포함하고 있다고 지적한다. 그것이 한국 문화와 한국 여성 리더십의 특징이라는 것인데, 나는 인(仁)을 구해서 나의 인간성을 완성하려는 구인성성의 추구가 오늘날에는 이러한 여성적 역할 완수의 리더십으로 표현되고 있다고 여긴다.[25]

5. 여성 리더들의 현재

지금까지 왜 현대 페미니스트로서 유교 전통과의 대화를 중시하는가를 밝혀보았다. 진솔한 언어로 나의 구체적인 삶에서 유교 전통과 어떻게 관계 하고 사는가를 드러내고자 했지만 충분하지 않는 것 같다. 나는 유교와의 만남을 통해서 종교적 이중 국적자로서 유교로부터 기독교와 동시에 배우 려고 한다. 아침에 일어나서 기독교 성경과 유교 경전을 같이 읽고, 기도도 예수와 공자의 이름으로 동시에 한다. 두 분 성인이 살았던 삶을 생각하고,

그들의 믿음과 희생을 기억하면서 그들의 신앙과 노력이 밑받침이 되어서 오늘 인류의 삶과 내가 있다고 생각한다. 그리고 그 덕분으로 우리 시대가 더 인간적으로 나아갈 수 있다고 믿어서 그들의 이름을 동시에 들어서 기도한다. 모든 인간이 배움(學)을 통해서 성인이 될 수 있다는 가르침을 주는 유교적 언어는 내가 비서구인과 여성 평신도로서 서구적인 견고한 성직체제 안에서 실행되는 기독교 교회에서 겪는 어려움과 소외를 많이 해소해 준다. 아니 오히려 기독교 전통에서도 말한 '만인사제설'과 예수가 그의 삶과 죽음을 통해서 그렇게 가르쳐 왔던 자기비움과 자기겸비의 복음이 인간 모두의 보편적인 진리라는 사실을 더욱 믿게 해준다.

하지만 이러한 모든 의미 있는 적용에도 불구하고 나도 여전히 아내와 엄마로서, 부모님의 딸과 형제자매 사이의 동생으로서, 한 집안과 사회의 여성 구성원으로 많은 갈등을 가지며 살고 있다. 남편과 어떻게 어느 정도로 조화하면서 집안의 주부와 전문 직업인으로서 일을 나누어야 할지의 갈등도 여전하다. 또한 한 사람의 페미니스트로서 이렇게 현대 페미니즘과는 낯선 유교 도를 제안하다보니 나 스스로 안의 갈등뿐 아니라 페미니스트 동료들과의 거리감도 적지 않다. 그러나 그 모든 가운데서도 지난 20여 년을 되돌아보면 점점 더 많은 동서의 동료들이 구체적으로 말로 강조하지는 않지만, 또한 뚜렷이 의식하고 있지는 않다 하더라도 각자 나름의 방식으로 지금까지 위에서 밝힌 유교적 살림영성에 더욱 가까이 다가오는 것을 본다. 그들 스스로도 의식하지 못하면서 알게 모르게 살아 내고 있는 것이다. 『나는 실행할 거야』라는 책도 내면서 여러 예술적 퍼포먼스를 통해서 우리 사회의 각종 선입견과 이기주의를 전방위적으로 해체하는 낸시 랭에게서 나는 유교 전통의 오랜 목표였던 '지행합일'의 급진적인 실천을 본다. 단순함, 솔직함, 한결같음을 말하면서 『나는 내일을 기다리지 않는다』라는 자서전적 저술을 통해 자신이 어떻게 정직하게, 그리고 간단없이 지속적으로 발레리나로서의 삶을 사는가를 보여주는 발레리나 강수진에게서 나는 바로 여기 지금의 순간과 일상에서 궁극을 실현하려는 유교적 '성(誠)'의 뛰어난 실행을 본다. 서양 여성이지만 "아이 위한 5시30분 퇴근이 일반 여성에게 어려운 것 안다. 수백 번 생각보다 한 번의 실행이 중요했다"고 강조하는 페이스북 최고운영책임자(COO) 쎄릴 샌드버그의 고백도 만물을 낳고 살리는 '생물(生物) 여성영성'의 언술과 그렇게 다르지 않다. 그녀는 많은 성취를 이루고도 목소리 높이는 여성에 대한 나댄다는 편견, 남성보다 4배 높은 여성의 가사 부담, 일터에서 급여와 각종 처우의 불평등이 자연스레 여성 내면에 두려움을 형성한다고 지적한다. 자신이 매일 12시간 넘게 사무실을 지키는 생활을 하다가 5시 30분에 퇴근해서 아이와 저녁을 먹기로 결단을 하고서도 "한동안 사무실에 불을 켜두거나 옷을 걸어 두고 퇴근하기 일쑤"였다고 고백한다. 하지만 자신의 모성을 위한 선택을 과감히 하고 나자 그것이 남자 직원들에게도 영향을 끼쳐서 이제는 그들도 일찍 퇴근해 가사를 분담하고 아이를 돌보는 변화가 일어났다고 전한다(〈한겨레신문〉, 2013.7.5).

일찍이 『제2의 성』의 시몬느 보바르와 그에게 많은 영향을 받은 『아버지 하느님을 넘어서』의 메리 데일리(Mary Daly)는 여성들이 자신들의 정체성 문제로 갈등하느라고 우주에 대한 자신들의 해석과 이론을 세우는 일에는 거의 에너지가 남아 있지 않다고 지적했다.[26] 나도 이 이야기에 크게 공감한다. 물론 "수백 번의 이상적 생각보다 한 번의 실행"이라는 말도 진실이지만, 그러나 우리의 행위를 위해서 원리(principle)와 이론을 갖지 않고서는 그 행위는 단편에 그치기 쉽고, 지속되기 어려우며, 방향성을 상실할 수 있다. 그런 의미에서 나는 오늘날 더 많은 여성들이 자신들의 몸과 마음으로 스스로의 삶의 이론을 세워 나가는 일에 종사하기 원하며, 그래서 우리의 실천과 행위가 나름의 존재론에 근거해야 하고, 그 존재론의 탐색에서도 존재의 궁극에까지 가서 답을 얻고자 노력하는 지극한 성실의 초월적 물음과 연결되기를 원한다. 나의 유교 이야기는 그런 추구 가운데서 나온 한 시도라고 밝히며, 나는 그렇게 될 때 우리의 행위와 실천이 더욱 힘을 얻을 수 있다고 믿는다.

지금까지의 대화를 통한 나의 경험에 비추어보면 오랜 기간 유교 가부장주의의 억압과 고통 속에 있던 유교 여성들은 그 궁극적 초월자를 자신들의 성(性)의 구분에 관계없이 참으로 친밀하게 인격적으로 만나게 해주는 기독교적 신앙을 통해서 그 불평등한 처우들을 효과 있게 물리칠 수 있다. 그런 의미에서 기독교 문명은 한국 여성들의 주체성 형성에 큰 역할을 한 것을 부인할 수 없다. 하지만 앞에서 말한 대로 유교는 전통적으로 하나의 통치론이었고, 종교보다는 정치나 교육, 윤리 등의 이야기로 이해되어 온 만큼 그러한 궁극과 초월의 이야기를 현실적이며 실천적으로 해 주기 때문에 오늘날 공동 삶의 각 부분에서 리더로서 활동하는 여성들이 갖추어야 하는 행위의 원칙과 원리들을 아주 구체적이고 포괄적으로 가르쳐줄 수 있다. 더군다나 공자는 『논어』「옹야(雍也)1」에서 심지어는 충(忠)과 신(信)이라는 덕목보다 자신을 '호학(好學, 배우는 것을 좋아함)'이라는 덕목으로 더 알아주기를 원했는데, 이것이야말로 오늘 21세기 지식과 학문의 시대에 여성들이 유교를 배워야 하는 뛰어난 근거라고 생각한다. 거기서 공자는 배움의 목적을 '임민(臨民)', 즉 민중에게로 나아가고 도달하기 위해서라고 분명히 지적해 주고 있기 때문에 나는 이러한 유교가 오늘날 독자적인 리더십을 추구하는 여성들에게 줄 것이 많다고 생각한다.

맺는 말

미국의 세계적인 여성운동가 글로리아 스타이넘은 이제 70세가 넘은 나이가 되어 보니 "내 최근의 관심은 사랑을 받고 안전하게 양육된다면 자존감의 강박에서 벗어날 수 있다는 것"이라고 했다.[27] 이 말은 페미니스트들이 진정으로 관심을 갖는 여성 주체성의 실현과 그것의 신장을 통한 사회의 개혁은 결국 다음 세대의 여성들을 건강한 자존감을 갖춘 여성으로 키우는 일에 달려있다는 것을 지시해 준다. 그렇다면 그것은 곧 자라나는 세대를 위한 가족적 삶과 건강한 모성의 확보가 관건이라는 사실을 밝혀주는 것이다. 나는 여기서 바로 서구 페미니즘의 지향도 우리가 지금까지 이야기한 만물을 낳고 살리는 '천지생물지심(天地生物之心)의 영성'을 확보하는 일에 몰두하고 있음을 본다. 앞에서 살펴본 사기종인과 극기복례는 그런 일들을 가능하게 하기 위해서는 끊임없이 좁은 자아를 버리고 오히려 보편을 따르고 과거의 자신을 넘어서 앞으로 나아가라고 촉구한다. 그렇게 우리를 포괄하고 이끄는 큰 보편으로 인간성(人/仁)을 제시하는 가르침이 구인성성(求仁成聖)인 것이다.

4장

21세기 포스트모던 영성과
큰 배움(大學), 큰 공동체(大同社會)
- 포스트모던 시대의 대학교육과 평생교육

1. 대학의 위기와 탈학교 사회 그리고 평생교육

오늘날 한국 사회에서 대학교육이 큰 위기를 맞이하고 있다. 신자유주의 무한경쟁의 시대를 맞이하여 공부가 한갓 돈벌이 수단으로 전락했고, 거기에 더해서 교육의 새로운 대안이라고 여겨지던 평생교육도 또 하나의 스펙 쌓기 수단으로 변질되어 가고 있다. 이런 현실 앞에서 이 글은 특히 한국 유교 전통의 영성과 대화하면서 대학 공부의 참 의미를 되새기고자 한다. 인류의 여러 종교 전통 중에서 동아시아의 유교는 그 급진적 내재적 초월성으로 인해서 21세기 포스트모던 영성으로 이해될 수 있다. 이 글은 오늘 교육과 삶의 문제가 인간을 철저히 수단화하고 그 존재론적 존엄성과 고유성을 망각한 데서 오는 것이라고 보면서, 그러한 유교영성을 새롭게 회복하는 일을 통해서 우리 교육의 새 길을 모색해 보려는 것이다.

지금처럼 대학에 재직하기 전에 스스로가 대학생이었고, 석·박사 과정을 거쳐 교수로 봉직하게 되었으니, 내가 대학에 머물고 있는 시간이 거의 40여 년이 되어 간다. 그런데 누가 나에게 그 긴 시간을 대학에서 보냈으니 대학에서 보낸 것과 그렇지 않은 것의 차이나 결과 또는 그 효과를 무엇이라고 하겠으며, 그 대답이 전체적으로 어떤 색깔을 띠느냐고 묻는다면 그렇게 긍정적으로 대답할 자신이 없다. 근자에 들어서 더욱 그러한 경향이 두드러지면서 학기가 시작될 때마다 많은 물음을 던지면서 시작하는데, 과연 내가 계속해서 대학에 재직하는 것이 어떤 의미가 있는지, 내가 맞이하는 학생들 대부분이 현재의 나보다 어려운 가정 형편에서 오는데 그들이 와서 과연 무엇을 얻어 가고 오늘의 대학이 그 부모와 학생들의 기대에 부응하고 있는지, 그들이 많은 것을 감수하면서 대학에 머물기로 한 결정과 선택이 좋은 것이었다고 나 스스로가 긍정할 수 있는지 등, 물음이 꼬리에 꼬리를 문다. 그러면서 시간이 흘렀고, 몇 년 전부터는 이러한 질문들이 단순히 몇몇 개인적인 상황으로 인한 질문이 아니라 점점 더 우리 사회의 보편적인 질문이 되어 가는 것을 본다. 한국의 대학은 이러한 상황에서 서울 소재의 대학도 휴학생과 자퇴생의 증가로 등록금 수입이 감소하는 것을 염려하게 되었고, 이와 더불어 우리의 대학교육은 점점 흔들리고 있다.

이미 1960~70년대에 이반 일리치(Ivan Illich, 1926~2002)는 '학교 없는 사회(deschooling society)'를 외치면서, 어떻게 인류의 삶이 대학이나 연구소와 같은 전문가 그룹의 독재 사회로 변해 가는지를 밝혀 주었다. 인류 문명의 전개 가운데서 지금까지 3백여 년 이상 지속된 산업사회의 지속적인 작동을 위해서 학교는 그 산업 생산물들을 계속해서 소비할 수 있는 미래의 소비자를 키워 내는 최대의 생산자이고 고용주라고 그는 비판적으로 지적했다. 학생들은 미래의 소비 능력에 따라서 그 가치 등급이 매겨지므로 더 많은 지식을 사기 위해서 점점 더 학교나 전문가에게 종속되어 간다는 것이다. 그런 면에서 우리 모두는 생산의 측면에서나 소비의 측면에서 학교교육에 말려들어 가고 있는데, 그에 따르면 우리 각자가 그러한 제도적 학교로부터의 해방을 통해서만 점점 더 증가해 가는 소비에서 스스로를 해방시킬 수 있다. 그는 "끊임없이 수요가 증대되는 세계는 단순히 불행이라는 말로서는 다 표현할 수가 없다. 그것은 바로 지옥이라고 말할 수 있다"라는 지적으로 20세기 후반기 인류 산업사회의 교육 상황을 급진적으로 비판했다. 그래서 그는 대안으로서 탈학교 사회를 말하고 "성장을 멈추라(Tools for Conviviality)"고 촉구한다.[1]

　21세기의 한국 사회는 이러한 지적이 결코 과장이 아니라는 것을 잘 실감하고 있다. 그럼에도 불구하고 우리 사회에서 평생교육에 대한 요구는 점점 더 증대하고 있다. 대학의 교육학과에서도 평생교육을 전공으로 하려는 석·박사 학생들이 제일 많고, 평생교육사라는 직업의 전망을 아주 밝게 보고 있다. '평생교육(lifelong education)'이라는 개념은 한국 교육의 현장에 처음 들어왔을 때 크게 환영받았다. 그것으로써 교육과 배움을 학교 제도 안에서의 일정한 기간까지의 일로 보는 것이 아니라 요람에서부터 무덤까지라는 구호처럼 종전 제도교육의 울타리를 훨씬 넘어서 시공간적으로 교육의 영역을 넓게 확장시킬 수 있는 것으로 보였기 때문이다. 일리치가 탈학교를 말하고 배움이 제도교육에 의해서 독점된 것을 해체하고자 한 것도 일면 이러한 평생교육의 사상과 통하는 것이다. 하지만 예를 들어 지금까지 기독교 교회에서 평생 신앙생활을 해오던 나의 지인이 요즈음은 교회조차도 일종의 학교로 변해서 그 과정을 모두 따라가는 것이 쉽지 않다고 지적한 것처럼, 오히려 평생교육의 이상이 새롭게 사람들을 더 많은 교육과정과 배움의 과정으로 옭매고 있는 것을 볼 수 있다. 일리치는 현대사회는 너무 과잉 계획되어 있다고 했다. 그러면 그럴수록 사람들은 점점 더 스스로 할 수 있는 것이 없어지고, 배움의 균형이 깨져서 교육비의 지출은 날로 늘어가지만 자신감은 한없이 떨어지는 것을 지적했다. 오늘 한국 사회의 많은 구성원들이 교육의 과잉으로 인해서 직면한 현실을 잘 밝히는 것이어서 의미가 깊다.

〈종교 영성과 교육〉이라는 심포지엄의 주제도 이러한 상황의 타개책을 찾기 위해서 선택된 것이라고 여겨진다.[2] 왜냐하면 현재 우리 삶은 인간이 한낱 돈 버는 기계로 전락해 있고, 거기서 교육은 제일 중요한 돈벌이 수단이 되어서 점점 더 비싸지고 있으며, 여기에 비해 우리 삶의 기쁨과 보람은 한없이 추락하고 있기 때문이다. 여기서 핵심어인 '영(靈)' 또는 '영성(靈性)'의 한자어를 회의적(會意的)으로 의미 분석해 보면, 그것은 무당의 무(巫)와 세 개의 입 구(口), 그리고 비 우(雨)가 합하여진 합성어라는 것을 알 수 있다. 곧 그 언어는 하늘과 땅을 연결하는 일을 하는 무당이 한 입으로도 아니고 세 입으로 간절히 간구하여 모든 생명의 근원이 되는 비를 구한다는 의미라고 하는데,[3] 여기서 교육을 그 영과 관계시키려 한다는 것은 그만큼 오늘의 교육을 새롭게 하려는 간절함이 큰 것을 말해주고, 그 새로워짐의 내용도 지금까지와는 근본적으로 다른 새로운 차원의 것을 요청하는 뜻이라고 하겠다.

나는 여기서 이 일을 특히 동아시아의 유교 전통에 접목하면서 수행해 보고자 한다. 흔히 유교는 종교가 아니며 단지 윤리나 도덕 또는 정치 담론일 뿐이라고 말하지만 유교의 종교성과 영성은 그 도의 실현 방식의 핵심을 하학이상달(下學而上達, 낮은 것을 배워서 높은 데 도달한다)이나 극고명이도중용(極高明而道中庸, 지극히 높은 것을 추구하되 일상을 따르라)이라는 말로 표현해 주고 있듯이, 바로 정치나 교육 등 모든 인간적인 삶 가운데서 그 궁극의 도를 실현하려는 의도이다. 그러므로 종교 영성과 교육이라는 주제를 위해서 여느 종교 전통과의 대화 못지않게 풍성한 열매를 가져다 줄 수 있다. 즉 침묵의 종교와 최소한의 종교(minimal religion)로서의 유교적 포스트모던 영성(postmodern religiosity/spirituality)이 어떻게 오늘날 교육적으로 의미를 줄 수 있겠는지를 살펴보는 일을 말한다.

2. 큰 배움의 초월적 근거 : 인간적 초월성(二)

오늘날의 삶과 교육이 당면한 제일 큰 난제는 어떻게 하면 우리 존재와 활동을 근대 산업사회의 소비주의로부터 벗어나게 할 수 있으며, 어떻게 그 수단과 목적의 영원한 순환 고리로부터 인간의 삶을 벗어날 수 있게 하겠는가라는 물음일 것이다. 이것은 20세기 여성 정치철학자 한나 아렌트(Hannah Arendt)도 잘 지적한 대로, 역사적으로 사적 소유의 관리가 사적인 관심에서 최대의 공적 관심사로 변형된 근대 산업사회에서 공리주의의 무한정한 증가고리를 끊는 것을 말한다. 그것은 세상의 모든 것을 사적 소유의 증대를 위한 도구와 수단으로 만들어버리기 때문이다. 하지만 이 일은 종교의 도움이 없이는 가능하지 않은 것으로 보인다.[4] 이 일은 결국 인간은 물론이려니와 이 세상의 아무리 하찮은 미물과 단순한 사용물조차도 그 최종적인 처분은 인간의 권한을 넘어서는 신적 영역의 일이라는 것을 인정하는 일과 관계되기 때문이다.[5]

인류 근대 산업문명의 계산하는 이성은 존재의 내재적 가치를 모두 탈각시켰다. 또한 과격한 개체주의적 사고인 주체성의 원리를 최고의 행위 원리로 삼아서 자아의 무한정한 확장을 위해 세상의 만물을 수단으로 전락시켰다. 그러나 여기에 대해서 종교와 영성은 아주 다른 이야기를 한다. 서구의 '종교(religion)'라는 말도 우리의 존재가 현재의 드러나는 것을 넘어서 더 오래된 근원과 토대와 연결되어 있음을 말하는 'religare(to be tied back)'에서 연원되었다고 하듯이,[6] 일찍이 서구 근대의 비판자 슐라이에르마허도 종교의 본질이란 주위의 수많은 유한자가 궁극적으로 모두 무한자에게 속해있는 것을 직관하면서 "모든 개별적인 것을 전체의 일부분으로, 모든 한정된 것을 무한자의 표현으로 받아들이는 것"이라고 지적하였다.[7] 이러한 지적들은 인간 이해와 현실 이해에서 많은 것을 시사하고 있지만, 여기서는 이러한 서구기독교 전통에서의 대안적 초월 이야기도 넘어서 동아시아 전통의 유교적 초월 이야기를 살펴보고자 한다. 그것은 유교 전통의 초월이야기가 기독교 전통의 성속 분리의 이야기에서보다도 훨씬 더 보편적으로 초월의 평범성을 이야기하고, 바로 우리 인간성 자체에 주목하면서 그 인간성의 영적 기원에 근거해서 세계의 의미를 실현하는 방법을 찾고자 하기 때문이다.[8]

하나의 종교 전통으로 이해된 유교의 인간 정신 이해는 기독교 전통에서 보다 훨씬 더 분명하게 그 힘의 내재적 초월성을 지시해 주고(性卽理 또는 心卽理), 그러한 만물 공통의 정신에 근거해서 자아를 제어하고 공동체를 배려하여 공공선을 지향하도록 가르쳐왔다. 인간의 공부와 대학 공부가 단지 사적 이익을 키우기 위한 수단을 배우는 것이 아니라 참된 인간성의 실현과 만물의 하나 됨을 위한 길이라는 것을 강조하는 유교 공부는, 그리하여 그것을 '성학(聖學, To become a sage)', 참된 인간이 되는 길로서의 '성인지도(聖人之道)'라고 불러왔다. 예를 들어 그 성학의 길을 열 가지의 구체적인 내용과 과정으로 설명해 주는 퇴계 선생은 그의 「성학십도(聖學十圖)」 제2도 '서명도(西銘圖)'에서 유교 전통에서 모든 존재의 궁극적인 모습을 지시하는 만물일체의 경지를 바로 우리 마음속 인간성(仁)의 신장(求仁成聖)을 통해서 이룰 수 있다고 밝혀주었다.

유교 전통은 잘 알다시피 그러한 천지만물일체를 이루는 공부를 '큰 배움(大學)'이라고 불러 왔다. 인간으로서 이루어야 하는 공부가 바로 그 큰 공부인데, 그러한 큰 공부 이야기를 전해주는 유교 경전 『대학』은 큰 공부의 토대를 명덕(明德), 인간 속의 밝은 덕, 인간 정신 안에 하늘의 씨앗으로서 내재하는 밝은 토대라고 하였다. 즉 유교 전통의 공부와 교육은 인간을 단지 계산하고 이익만을 챙기는 물질적 자아로 그린 것이 아니라 초월적 뿌리를 가지고 있는 존재, 하늘의 밝은 덕을 품수 받은 존재로서 교육이란 바로 그 신적 뿌리와 씨앗을 키워서 더 밝게 하는 "명명덕(明明德)"의 일이라고 본 것이다. 이『대학』과 더불어『중용』은 유교 공부와 대학교육의 초월적 뿌리를 더욱 뚜렷하게 드러내준다. 알다시피『중용』의 첫 머리는 다음과 같은 유명한 구절로 시작한다.[9]

> 하늘이 명한 것을 성(性)이라고 하고(天命之謂性),
>
> 성(性)을 따르는 것을 도(道)라고 하며(率性之謂道),
>
> 그 도(道)를 닦는 것을 교(敎)라고 한다(修道之謂敎). (『중용장구』제1장)

이 짧은 세 마디의 문장 안에 유교 교육 사상, 더 나아가서는 유교 사상 전체가 핵심적으로 들어 있다. 하늘이 인간에게 부여한 좋은 본성을 잘 길러내어서 이상적인 인간의 모습인 성인(聖人)과 대인(大人)으로 길러내는 일을 말하는 것이다. 그것이 인간의 규정이고 교육의 역할이라는 것이다. 여기서 "하늘(天)이 명한 것은 성(性)"이라고 하는 언명은 인간 본래의 성품(性)은 곧 하늘로부터 받은 것이고, 그래서 그냥 땅의 것이 아니라 초월의 것이므로 인간의 존귀성은 단순히 후천적이고 경험적인 것이 아니라는 것을 밝히는 뜻이라고 이해할 수 있다. 이 언술에서 유교 형이상학의 깊은 내재적 초월성을 볼 수 있다. 보통 서양의 종교 사상들과 비교하여 유교에는 종교성이 없고 초월과 형이상학에 대한 감각이 부족하다고 말하지만, 유교 형이상학과 초월성에 대한 신앙과 인식은 다른 곳에 있는 것이 아니라 바로 이러한 인간에 대한 깊은 신뢰가 그것이며, 그것들을 특히『중용』과 같은 경전은 깊이 있게 전해 주고 있다. 다르게 말하면 유교 형이상학은 외재하는 초월적 대상(神)에 대한 신앙과 형이상학이 아니라 도덕과 정치와 교육의 형

이상학이며, 그것은 바로 인간 그 자신에 대한 논술이라는 것이다.[10]

『중용』이 하늘(天)로부터 온 것이라고 표현한 '성(性)'이란 글자는 그 모양이 마음(忄=心)과 삶(生)의 결합체인 것을 알 수 있고, 그래서 살려는 마음, 살려는 의지로 풀이된다.[11] 그리고 보면 인간 누구에게나 하늘로부터 살려는 의지를 부여받은 것을 말하고, 그 살려는 의지가 인간에게는 인(仁)이나 밝은 덕, 도덕심(理)이나 양지(良知) 등으로 나타나는 것을 유가의 도통은 밝혀주고 있다. 다시 이야기하면 인간이 도덕적으로 위대해지려는 것은 하늘이 인간에 부여한 가장 자연스러운 살려는 의지라는 것이다. 한국에서 유불도와 기독교를 의미 있게 연결시키는 다석(多夕) 류영모 선생(柳永模, 1890~1981)은 중(中)이란 "속마음(알)"이고, 내 마음에 오신 "하느님의 성령"이며, 절대 하느님의 영에 의해서 뚫려서 "참나"와 "얼나"로 거듭나게 된 것을 말한다.[12] 중용이란 그러므로 그 성령(中)이 나의 전 삶에서 항상(庸) 뚫고 있다는 것인데, 이는 "성령으로 거듭나는 과정"을 의미한다고 밝히고 있다.[13] 이러한 중(中)을 항상 살고 있는(庸) 인간은 기독교의 다른 개념으로 이야기하면 그리스도가 되는데, 이렇게 인간 누구나의 본(本)성(性)으로서 놓여 있는 중의 개념을 가지고 그리스도를 이해하는 류영모에게는 예수만이 그리스도가 되는 것이 아니고, 그만이 하느님의 아들(天子)이 되는 것이 아니다.[14] 오히려 우리 모두가 제 속에 그리스도를 포함하고 있고, 그런 의미에서 모두가 '천자(天子)'이며, 중국 사상 속에 하느님의 아들 사상이 있었다는 것은 놀라운 일이라고 감탄한다. 다만 제왕(帝王)만이 천자라는 것은 잘못이고, 기독교에서도 예수만이 하느님의 아들이라고 주장하는 것은 잘못이며, 우리 모두가 천자인 것을 깨달아야 한다고 지적한다.[15] 그의 말을 들어보면,

> 그러므로 밖에서 그리스도·부처·성인을 기다리는 것은 어리석은 짓이

다. 제 속에 그리스도가 있고, 부처가 있고 성인이 있다. 그리스도나 부처나 성인이란 내 속에 영원한 생명인 것이다. … 제 속에 온 천명(天命)의 그리스도·부처·성인을 모르면 밖으로 오는 그리스도·부처·성인도 알아주지 못한다. 그러면 거짓에 속기만 한다.[16]

『중용』제19장에는 "하늘과 땅을 제사지내는 예(郊社之禮)"와 "조상들을 제사지내는 예(宗廟之禮)"에 대한 이야기가 나온다. 『중용』은 이 두 가지 예의 뜻을 분명히 안다면 "나라 다스리는 일은 손바닥을 보는 것 같이 잘 알게 될 것이다"라고 하였다. 이것은 정치란 자신의 근원을 잘 알고 섬기는 일이라는 가르침이라고 하겠는데, 교육적으로 풀어보면 진정한 교육이란 그 대상인 인간이 하늘로부터 유래한 존재이고, 그 안에 하늘의 씨앗(性 또는 中)을 담지하고 있는 존재임을 분명히 아는 것이라고 할 수 있다. 교육의 초월적 근거에 대한 인지야말로 모든 교육 활동의 근거가 됨을 알려 주는 것이다. 그래서 『중용』제20장은 다시 말하기를, "사람을 알려고 한다면 하늘을 알지 않으면 안 되는 것이다(思知人, 不可以不知天)"라고 했다. 또한 여기서 수신(修身)으로부터 시작하여 사친(事親)을 말하고 지천(知天)을 이야기했다면, 바로 자신을 닦고 부모를 섬기며 인간을 교육하는 모든 일이 하늘을 섬기는 일임을 알려주는 것이다. 그래서 앞의 류영모는 이제 옛날 중국에서처럼 제왕만이 교사(郊社), 하늘에 제사드릴 수 있는 것이 아니라 모두가 제사 지낼 수 있는 자유와 평등을 누려야 하며, 이 가르침을 믿는 한 사람 한 사람이 천자가 되어 천제를 올려야 한다고 했다.[17] 유교 전통은 교육이란 바로 이렇게 우리 모두가 자기 속의 신적 뿌리를 알고서 그것을 키워 나가는 '하늘에 대한 제사(配天)'라고 가르쳐준다. 나는 오늘의 교육과 대학 공부가 바로 이렇게 자기 활동의 초월적 근거를 아는 일이 가장 시급한 과제라고 본다. 이러한 교

육적 영성이 부재하므로 오늘의 교육은 한갓 임금노동자의 생계를 위한 수
단으로 전락했고, 거기서 인간과 생명의 존엄성과 소중함은 하나의 꿈이 되
어 버렸다.

3. 큰 배움의 길 : 지행합일(知行合一)

인간 존재의 초월적 내면에 대한 믿음에 근거한 교육은 그 과정과 방법론
이 그렇지 않은 경우와 확연히 다를 것이라는 것은 자명하다. 유교 배움의
전통에서 그 차이를 가장 확연히 드러낸 것이 신유교 전통에서의 주희와 왕
양명의 『대학』 논의라고 할 수 있다. 물론 주희도 위에서 살펴본 대로 '성즉
리(性卽理, 우리 본성이 곧 하늘이다)'라는 명제를 가지고 인간 내면의 초월성에 대
한 믿음을 나름대로 표현했고, 거기에 근거해서 자신의 공부 방법론을 펼쳤
다. 하지만 양명은 거기서 근본적으로 더 나아가서 단지 우리의 본성(性), 즉
사고하는 이성(理)만이 성스러운 것이 아니라 그 사고하는 능력을 포괄한 우
리 마음 전체, 즉 감각과 감정, 직관력과 상상력 등도 모두 포괄해서 우리 존
재 자체(心)가 초월과 직접적으로 맞닿아 있다고 보았다(心卽理). 그래서 그에
게는 공부란 단지 우리의 이성 능력만을 기르기 위한 지적 작업이 아니라
몸과 마음과 정신을 모두 아우르는 통합적 삶의 과정이 된다. 그것을 그는
'지행합일(知行合一)'이라는 명제로 표현하였다.

잘 알려져 있다시피 주희는 『대학』을 "처음 배우는 자가 덕에 들어가는
문이다"라고 하면서 원래 『예기(禮記)』 49편 가운데 제42편으로 들어 있던
고본의 형태를 자신의 평생의 작업이라고 고백하는 『대학장구(大學章句)』를
통해서 재편집하였다. 하지만 이것은 후에 신유교사에서 많은 중요한 논쟁
을 야기시켰다. 주희는 그 서문에서 궁리정심(窮理正心)하고 수기치인(修己治

人)하는 도(道)로 『대학』을 요약하면서 그 첫머리로부터 205자를 경(經)이라고 하고, 대학의 목적을 논술한 삼강령(三綱領: 明明德, 新民, 止於至善)과 이를 닦는 차례를 논술한 팔조목(八條目: 修身/齊家/治國/平天下/格物/致知/誠意/正心)으로 이루어진다고 하였다. 그리고 10장으로 나눈 전(傳)은 이 삼강령과 팔조목에 대한 해설이라고 여겼기 때문에 이 경의 글의 순서를 따라 전의 글의 차례를 바꾸고 본문을 교정하고 보완하기까지 했다. 하지만 3백여 년 후 명대(明代)의 양명은 거기에 이의를 제기하고 원래의 고본으로 돌아갈 것을 주장하였다. 양명이 『대학고본(大學古本)』을 주장하는 이유는 주희가 개인의 지적인 공부에 해당한다고 생각하는 격물치지(格物致知)에 스스로 보충의 말을 집어넣어 앞으로 배치했고, 원본에는 원래 더 앞에 나와 있던 성의(誠意)에 대한 부분을 뒤로 돌려서 전 6장으로 처리했기 때문이다.

양명에 따르면 이것은 모두 주희가 지적인 공부와 개인의 공부, 밖에서 구하는 박학(博學) 공부를 더 중시하는 경향이 있음을 보여주는 것이다. 이러한 주희의 주지주의적 경향은 지(知)와 행(行)을 둘로 분리하는 것이며, 명명덕(明明德)과 신/친민(新/親民)을 둘로 나누어서 단지 행동하지 못하는 허구의 지식인만을 양산할 뿐이다. 이에 반해서 양명에게 있어서 제일 중요한 공부는 '성의(誠意)' 공부이다. 그것은 행의 공부이며, 만물과의 관계에서 기본적인 출발점이 되며 원천이 되는 나의 마음(心)의 의도(意)를 바로잡고 진실되게 하는(誠) 일이 우선이라는 주장이다. 이 일은 마음이 어떤 일과 만났을 때 단순히 그 일의 지식을 수집하고 정보를 모으는 것이 아니라 그 일과 관계하는 내 마음을 먼저 온전히 하고 바르게 하는 일이다. 이렇게 체(體)와 용(用), 지(知), 행(行)과 안과 밖의 하나 됨을 훨씬 강조하는 양명은 『대학』 팔조목의 모든 공부가 결국은 하나를 이루는 것이며, 결코 안팎이 따로 있는 것이 아니라고 강조한다.[18]

양명은 당시 과거제도를 통해서 거의 관학화되어 있던 주희 공부법의 폐해와 맹점을 잘 보았다. 원래 어느 누구보다도 주희의 공부법을 충실히 따르고자 했던 양명은 주희의 그와 같은 지식 중심적 방법으로는 어느 누구도 깨달음에 이를 수 없고, 우리 속의 밝은 덕을 밝힐 수 없다고 판단했다. 즉 주희의 격물 이해에서의 물(物)은 외부 세계에 있는 사건이나 사물들을 가리키는데, 이에 대한 끝을 다하는 연구는 사람들의 능력의 한계를 벗어나고, 특히 보통 사람들이 그렇게 할 수 없다면 그것은 유교 도(道)의 오래된 전통인 '사람은 누구나 다 배움(學)을 통해서 성인(聖人)이 될 수 있다(學而至聖人)'는 가르침에도 어긋난다고 보았다. 그래서 그는 격물의 격(格) 자를 '이르다'가 아닌 '바르게 하다(正)'로 보고, 또한 물(物)을 주희보다 훨씬 더 주객의 관계성 속에서 보면서 단순히 바깥의 대상물이 아니라 바로 우리 마음의 뜻이 머무는 곳, 우리의 지향이 닿는 지향점으로 본 것이다. 그는 우리의 공부, 즉 격물이란 그 마음을 고치는 것(正心), 그 속의 뜻을 진실 되게 하는 것(誠意)을 오히려 출발점으로 삼는 공부의 방식이어야 한다고 이해한 것이다.

　이것은 공부의 초점을 다시 우리 자아에게로 돌리는 것이고, 거기서 단순히 자아가 계산하는 이성이 아닌, 더 근본적인 인간 인식력인 감각과 감정, 직관력에 주목한 것이다. 왜냐하면 합리적 사고보다는 직관과 지향의 마음이야말로 주관이 만물과 만나는 출발점과 핵이 된다고 보았기 때문이다. 그런 그의 통찰이 심즉리(心卽理)의 깨달음이고, 그렇게 그의 공부법은 우리 마음에 이미 초월이 내재해 있고, 그것을 통하여 누구나 하늘의 자식이라는 깨달음 위에 서는 것이다. 그러므로 양명의 학은 매우 급진적인 만인평등의 감각에서 우러나와서 실천과 삶 중심적인 지행합일의 방법이 되었다. 그는 당시 이 "근본(頭腦處)"을 키우지 못하고 밖으로부터의 사물에 대한 잡다한 지식만을 추구하는 일로 전락한 주희식 공부 방식은 "잡다한 견문(聞見之雜)"

과 "번쇄한 암송(記誦之煩)", "화려하게 꾸며진 문장(辭章之靡濫)"과 "공리의 경쟁(功利之馳逐)"에만 치우치게 만들어 참다운 덕성이 길러진 지행합일의 인간을 키우지 못한다고 비판했다. 그 이유는 공부의 출발점과 근거를 자신 속에서 찾지 못하고 다만 외형적인 정보나 지식의 축적에만 치우쳤기 때문인데, 이러한 "시작에서 극히 작은 차이가 끝에 가서는 엄청난 오류를 일으키는" 잘못된 공부의 관행을 인간 가능성에 대한 깊은 믿음으로 치유하기를 원한 것이다.

오늘날의 교육도 이와 크게 다르지 않다. 토익 시험 준비가 대학에서의 주된 공부가 되었고, 교육은 점점 비싸져서 교육에서의 아름다운 이야기는 점점 아득한 먼 신화가 되어 간다. 지식 교육은 폭발적으로 증가하고 있지만 그것이 사람들로 하여금 사람과 사물 사이의 관계 속에서 스스로 느끼고, 판단하고, 선택할 수 있는 자발성을 기르는 교육이 아니라 단지 잡다한 지식들을 마구잡이로 외우게 하는 암기 교육이 되어 버렸다. 그 결과로 우리는 교육을 통해서 선하고 도덕적이며, 공동체에 대한 책임성 있는 인간을 키워내어서 아름다운 세상을 이루어낼 수 있다는 믿음을 잃어버렸다.

이러한 상황에서 몇 년 전부터 우리나라에서도 주목 받고 있는 프랑스의 포스트모던 정치사상가 랑시에르(J. Rancière)의 "무지한 스승(le maître ignorant)" 이야기는 많은 시사를 준다. 왜냐하면 "지적 해방에 대한 다섯 가지 교훈"이라는 부제와 더불어 묶여진 『무지한 스승』에서의 그의 관점은 유교 전통에서 양명의 주희 비판과 마찬가지로 급진적으로 인간 누구나 갖추고 있는 보편적·내재적 인식 능력과 일상의 힘에 근거한 인간 교육의 혁명을 지시하고 있기 때문이다. 랑시에르는 1818년 나폴레옹 전쟁 시기의 프랑스 교육자 조제프 자코토가 네덜란드어를 조금도 모르는 상태에서 어떻게 프랑스어를 모르는 네덜란드 학생들에게 프랑스 문학을 가르치게 되었는지를 전하는 서술을 주의깊게 관찰한다.[19] 당시 강사 자코트는 학생들과 더불어 서로 언어 소통이 되지 않는 상황에서 프랑스어를 가르쳐야 하는 경우가 되자 매우 특이한 방식을 도입했다. 즉 프랑스어-네덜란드어 대역판으로 출판된 책을 구해서 학생들 스스로 네덜란드어 번역문을 통해서 프랑스어 텍스트를 익히게 했다고 한다. 이렇게 임시 방편으로 학생들이 스스로 대조하면서 익히게 하여 제1장의 반 정도에 이른 직후에는 학생들에게 그 익힌 것을 쉼없이 되풀이하게 하고, 나머지는 이야기할 수 있을 만큼 읽으라고 지시했다. 그런 방식으로 공부한 학생들에게 그들이 읽은 내용 전부를 프랑스어로 써보라고 하자 결과는 너무도 놀라웠다고 한다. 프랑스어를 생판 모르던 젊은 이들이 쓴 프랑스어 작문은 많은 프랑스인조차 맞닥뜨리는 난관에서 벗어나 있었기 때문이다. 그래서 그는 그때까지 선생이 해야 할 가장 중요한 일은 학생들을 더 잘 이해시키기 위해서 "설명"해야 하는 일이라고 생각했지만, 이 우연한 실험 후 그것은 잘못된 생각임을 절감했다고 한다. 즉 오히려 학생들의 무능력이란 설명자 교사가 지어낸 허구이고 교사가 구성해 낸 필요물이라는 것을 깨달았다. 그에 따르면 "설명은 교육학이 만든 신화"이다. " '이해하다'라는 슬로건이 바로 모든 악의 근원"이고, 여기서 학생들이 설명의 도움 없이도 프랑스어를 말하고 쓰게 된 것은 교사가 그러한 학생들의 "바보 만들기(abrutissement)"를 멈춘 때문이라고 한다. 즉 전통적으로 "지능의 세계에 세워진 위계에 복종"하게 하는 일을 하지 않은 것이다.[20] 자코토는 "어린이는(학생들은) 먼저 말하는 존재"라는 것을 강조한다. 그러므로 모든 인간은 평등하게 이미 자신의 모국어를 습득한 존재이고, 그렇게 스스로가 할 수 있는 존재라는 것을 교사가 인식하는 것이 제일의 관건이고, 거기서 학생들이 모국어를 배울 때 썼던 지능과 하려고 하는 의지가 바로 이 평등의 방법, "해방하는 스승의 방법"이라는 것이다.[21]

여기서 랑시에르가 소개하는 자코토의 실험 이야기가 무엇을 말하려는 지가 분명히 드러난다. 그것은 양명이 자신의 심즉리의 발견에 근거해서 그 마음의 의지의 힘에 특히 주목하면서, 각자가 직접 실천하고 행위하며 배우는 지행합일의 공부법으로 인간 지성을 해방시키고자 한 것과 같다. 자코토는 그렇게 학생 개개인이 이미 가지고 있는 배움의 능력에 근거할 때 해방의 교육이 가능함을 드러내고자 한 것이다. 그는 말하기를, "학생을 해방한다면, 다시 말해서 학생이 그의 고유한 지능을 쓰도록 강제한다면, 우리는 우리가 모르는 것을 가르칠 수 있다"고 했다. 또한 "해방하지 않고 가르치는 자는 바보를 만든다"고 하였다.[22] 자코토는 이런 자신의 방식을 "인간 정신의 진정한 힘을 깨닫는" 것에 근거한 "역량의 고리"의 방식이며, 세계가 시작되면서 함께 존재해 왔던 "보편적 가르침"이라고 명명한다.[23] 그러면서 그것을 단순히 "인민을 지도하기 위한 방법"이 아니라 "빈자들에게 알려야 할 혜택"이라고 표현하는데, 이것은 길 위의 모든 사람들을 이미 성인(聖人)으로 보는 양명이 자신의 만가성인설(滿街聖人說)의 확신에 근거해서 주희가 『대학』 해석에서 『대학고본』의 친민(親民, 인민을 사랑하는)을 신민(新民, 인민을 교육하는)으로 바꾼 것에 반대한 입장과 상통한다. 양명은 그러한 자신의 공부법은 "너무나 즐겁고, 자유로운 것이며, 단순하고 쉬운" 공부법이라고 강조했다.[24]

랑시에르는 여기서 더 나아가서 이러한 자코토의 급진적인 해방 의식에 근거해서 소위 현대 "진보주의자들"의 사회개혁 의식도 세차게 비판한다. 그에 따르면 진보주의자들은 사회를 개혁하는 핵심적인 방식으로 교육을 들고, 공교육 체계를 잘 정비해야 한다고 강조한다. 그들은 그래서 대학이 필요하고 대학 공부가 필요하다고 하지만 진보주의자들의 그런 선한 의지는 자칫하면 상황을 더욱 악화시킬 우려가 있다고 지적한다. 왜냐하면 보수주의자들만이 아니라 진보주의자들도 인민의 진정한 능력을 믿지 못하는 설명자, 다시 말하면 "불평등의 옹호자"가 되고, 그러한 "진보론자들의 고리"는 오히려 제도화된 교육을 통해 불평등을 제도적으로 더 고착시키고 영구화시킬 수 있기 때문이라고 보았던 것이다.[25] 그래서 그는 공교육을 "진보의 세속적 권력이자 불평등을 차츰차츰 평등하게 만드는 수단, 다시 말해 평등을 무한적 불평등하게 만드는 수단"이라고 급진적으로 비판한다.[26]

그는 지적하기를,

> 즉 사회를 통째로 애 취급하기, 다시 말해 사회를 구성하는 개인들을 일반적으로 아이 수준으로 떨어뜨리는 것이다. 사람들은 나중에 그것을 '평생 교육', 다시 말해서 설명하는 제도와 사회의 공외연성이라고 부를 것이다.[27]

라고 하였다. 이것으로써 랑시에르는 오늘날처럼 교육과 평생교육이 또 하나의 막강한 신화가 된 사회를 근본적으로 비판적 시각으로 분석한다. 오늘 한국 사회에서도 교육학자, 평생교육 옹호론자, 진보주의 정치가들이 이러한 지적을 경청해야 할 것이다.[28] 오늘날 우리 사회에서도 교육이 어떤 것보다도 강력하고 보편적인 생명 억압의 기제가 된 것을 부인하기 어렵기 때문이다. 이러한 맥락에서 영성을 우리 교육에 다시 관계시키고 받아들이고자 한다는 것은 바로 여기서 양명이나 랑시에르가 지적해 준 것처럼 무엇보다도 먼저 모든 인간에 대한 선험적인(초월적인/영적인) 평등성을 받아들이는 일이라고 생각한다. 랑시에르는 말하기를, "자코토는 진보 아래 평등이 지워져 버리고, 지도 아래 해방이 지워지는 것을 생각한 단 한 사람이었다"고 자코토의 급진적 평등사상을 평가했다. 또한 "진보의 표상 및 제도화를 평등의 지적·도덕적 모험에 대한 포기로 지각하고, 공교육을 해방에 대한 애도 작업으로 지각한 유일한 평등주의자였다"라고 지적했다.[29] 이제 21세기 인류 문명의 상황에서는 일찍이 이반 일리치도 간파한 대로 종교가와 정치가와 대학과 학교의 관계자들이 이러한 급진적인 언술 속에 들어 있는 인간 이해의 진실을 정직하게 목도하여야 한다. 그리고 어떻게 하면 오늘 다시 과도하게 교육 계획의 위험 앞에 놓여 있는 현대인들을 학교와 제도교육의 올무로부터 해방시킬 수 있을까를 진지하게 생각해 보아야 한다.[30]

4. 큰 배움의 이상 : 지극한 선(善)에 머물다(止於至善)

오늘 우리 교육을 돌아볼 때 가장 주목되는 점 중의 하나는 그것이 극심한 정도로 수단화되어 있고, 과정과 목표 사이의 간극이 커서 교육으로 인한 피로와 소진이 심하다는 것이다. 이것은 교육이 삶으로부터 많이 유리되어 있는 것을 말하기도 하고 교육의 궁극적인 목적이 무엇인가에 대한 물음이 사라진 것을 뜻하기도 하다. 또한 우리 인생에서 더불어 사는 일과 윤리와 선(善)에 대한 관심과 책임이 실종된 것을 지시하는 것이라 할 수 있다.

앞에서 주목한 퇴계 선생의 성학의 길은 이러한 난점을 치유할 열쇠로 '경(敬, 스스로 삼가고 경계함)'을 제시했다고 읽을 수 있다. 그의 「성학십도(聖學十圖)」의 마지막 두 장인 '경재잠도(敬齋箴圖)'와 '숙흥야매잠도(夙興夜寐箴圖)'는 바로 우리의 공부가 어떻게 온몸과 마음을 다해서 밤낮으로, 일생 동안 간단없이 경에 잠기는 공부가 되어야 하는지를 밝혀준다. 경(敬)이란 오늘날 일상의 언어에서 간단히 공경심을 말하는 것으로 쓰이지만 퇴계 선생이 가르치는 경의 의미는 한없이 포괄적이고 깊고도 높다.[31] 그는 우리 삶과 학문의 길에서 경을 지키는 자세를 "상제를 마주 모신 듯이 하고 마음을 가라앉히고(潛心以居, 對越上帝)", 행동할 때는 "땅을 골라 밟기를 말을 달릴 때 개미 둑을 피하듯이 하며(擇地而蹈, 折旋蟻封)", "문을 나설 때는 큰 손님을 뵙는 듯이 하고(出文如賓)", "일을 할 때는 제사를 지내는 것 같이하라(承事如祭)" 하였다. 또한 "입 다물기를 병마개 막듯이 하고(守口如瓶)", "성을 지키듯이 뜻을 지키라(防意如城)"고 했다. 그는 이러한 일을 할 때 여러 가지 일로 마음을 나누지 말고 "마음을 오로지 하나로 하여 만 가지 변화를 살펴보라"고 주문하는데, 그의 "주일무적(主一無適, 전일로 하여 옮기지 않는 것)"을 말하는 것이다.[32] 이렇게 퇴계가 가르치는 경(敬)이란 오늘 우리 주관성의 시대에서는 매우 낯설고 소원하며, 현대 주체성의 시대에서는 상상도 할 수 없을 정도로 진지하게 세계(物)의 초월성을 인정하는 것이다. 즉 타자에 대한 경외를 바로 하늘의 상제를 섬기듯이 하는 것을 말한다. 그것은 과거를 간단히 무(無)로 돌려 버리고, 미래의 성취를 위해서 현재를 쉽게 수단과 과정으로 환원시키는 현대적 사고와는 달리 바로 현재에 대한 더할 수 없는 집중 속에서 지금 여기에서 영원(eternity)을 보는 것이다. 또 달리 표현하면 그것은 우리 곁의 늙은 부모와 어려움에 처한 이웃과 말없는 자연이 바로 상제이고, 영원이 현존하는 초월이며, 바로 그 현재가 궁극의 시간이므로 결코 미래의 것을 위해서 그냥 흘려버린다거나 단순한 수단으로 사용할 수 없다는 것을 지적해 준다. 어느 종교적 고백에서도 이와 같은 정도로 초월의 내재화가 이루어진 경우를 쉽게 찾아볼 수 없는데, 특히 그 내재화의 소재가 먼저 자기 주변과 가족과 이웃이고, 공(公)의 영역이며, 그의 수많은 자연을 읊은 시에서 보듯이 자연 속에서 체험하고 표현한 것이라면 퇴계 경의 심학을 통해 드러난 유교영성은 오늘 우리 시대와 교육을 위해서 좋은 기여가 될 수 있음을 확연히 알 수 있다.[33]

퇴계 선생은 이런 경의 마음가짐과 태도를 무슨 일을 하든 어느 때이건 지킬 수 있도록 하기 위해서 그것을 마음의 "거룩한 곳(靈臺)"에 깊이 새기고,

항상 "하나님(上帝) 앞에 마주 앉아 있는 듯이 하며, 걸음걸이는 마치 말 달리는 사람이 그 말발굽 아래의 개미 둑 사이를 잘 피해 가듯이" 그렇게 조심하면서 온 마음을 다해서 살아가라고 했다.[34] 오늘의 세속 사회에서 이보다 더 극진한 종교적 영성을 어디에서 찾을 수 있겠는가 묻게 되는데, 왜 우리 교육이 이렇게 객관과 세계와 타자와 하찮은 미물에게라도 깊은 공경과 예(禮)를 다하는 경의 마음을 교육의 목표로 삼지 않는지 돌아볼 일이다. 그런 맥락에서 우리 교육에서 또 하나의 강력한 교육 주제로 부각되고 있는 평생교육이 지금까지의 한국 교육과 대학의 실제처럼 또 하나의 스펙 쌓기를 위한 과정으로 전락해서는 안 될 것이다. 오히려 퇴계가 말한 "거경대학(居敬大學)"의 의미를 잘 살펴서[35] 우리의 평생교육은 분명하게 그런 정신과 인격의 사람들을 길러 내는 일을 목표로 삼는다는 것을 명시해야 할 것이다. 그리하여 그 일을 연구하는 평생교육학이 하나의 잡다한 방법론학이 되지 말고 진정으로 인간의 평생교육과 배움의 의미가 무엇인지를 탐구하는 학문이 되기를 소망한다.

그런 의미에서 오늘의 포스트모던 시대의 평생교육학이 퇴계를 비롯한 신유교 전통이 그렇게 지고한 종교심과 신앙심을 인간 누구나의 보편적인 공경심(敬)과 공감(仁)의 일로 삼아서 하나의 '보편종교(common religion)'와 '시민종교(civic religion)'의 의미로 드러낸 일을 잘 참조할 수 있다. 거기서 그들이 그랬던 것처럼 인간 보편성(仁/性/敬/誠)의 깊은 영성적 차원과 의미를 간파하고서 그것을 갈고 닦는 일을 공부의 목표로 삼는 학문이 되어야 할 것이다. 그런 의미에서 퇴계 심학 등의 유교 심학이 바로 오늘의 평생교육학의 선취가 될 수 있고, 오늘 동아시아 전통에서 포스트모던 평생교육학을 구축하려는 노력은 그러한 전통의 공부법을 깊게 탐구하는 일과 뗄 수 없는 관계에 있다고 하겠다.[36] 또한 이것은 단순히 교육학의 한 분과로서의 평생교육학뿐 아니라 우리 대학교육 자체가 다시 회복하고 지향해야 하는 일일 것이다.

『대학』은 큰 학문의 세 번째 강령으로서 '지어지선(止於至善, 지극한 선에 머무르는 것)'을 말하면서 그것을 모든 공부가 도달해야 하는 지향점으로 제시하였다. 그렇다면 여기서 『대학』이 우리 공부와 학문의 최고 이상으로 말한 선(善), 그중에서도 최고 선이 무엇인가 라는 질문이 생기는데, 일찍이 『맹자』는 "선이 무엇인가"라는 질문에 "가히 하고자 하는 것(원할만한 것)"을 선이라 했고,[37] 우리 입이 고기를 좋아하는 것같이 우리 마음을 공통으로 기쁘게 하는 것이 있으며 그것이 이치(理)나 의(義)라고 했다.[38] 즉 아무리 악인이라도 그가 진정으로 원하고 기뻐하는 것은 선이고, 서로 사랑하는 것(仁)이며, 의로움(義)이라는 것이다. 오늘날 대학교육이 온통 직업훈련의 장으로 바뀌었고, 경제가 모든 것 중의 모든 것이 되어서 무소불위의 힘을 발휘하고 있으며, 교육은 철저히 녹을 얻기 위한 수단을 가르치는 공리주의의 도구가 되었지만 여기에 비해서 맹자는 선비가 하는 일이란 "뜻을 고상하게 하는 일(尙志)"이라고 대답했다.[39] 그러므로 큰 배움의 일이란 한 사람에게, 한 나라와 공동체에게 뜻을 고상하게 하는 일을 가르치는 일이라는 지적이겠다.

이와 관련해서 앞에서 우리가 지금까지 말한 인간 속의 인간성의 씨앗을 '씨올'이라는 언어로 참으로 고유하게 제시해 준 한국의 함석헌 선생의 이야기를 들어 보면 그는 인간이 그것을 가지면 살고 갖지 못하면 죽는 '뜻'의 한자어 '지(志)'는 바로 선비(士)의 마음(心)을 말하는 것이라고 지적해 주었다. 또한 거기서의 선비란 그 한자어 '사(士)'가 지시하는 대로 열(十)에서 하나(一)를 보고 다시 하나에서 열을 보는 사람이라고 하는데, 그것은 참된 대학과 학자의 일은 어떻게 세상의 만물이 궁극적으로 하나에로 모아지고, 그 하나는 어떻게 다시 세상의 만물을 통해서 다양하게 현현되는지를 깊이 통찰하는 사람이라는 의미로 해석할 수 있다.[40] 그래서 바로 대학 공부와 대학교육은 학생들로 하여금 이 통찰의 큰 마음을 길러주는 것이라고 하겠다.

　앞의 양명에게로 다시 돌아가서 살펴보면 그는 『대학』의 '지선(至善, 최고
선)'을 주희와는 다른 관점으로 천착하는 것을 알 수 있다. 주희는 명명덕과
신민(新民)의 각각에 대해서 지선을 말하고 그것을 인욕(人慾)과 관계시켜서
설명했지만, 양명에 따르면 지선은 바로 우리 마음의 본체를 말하는 것이
고, 그 본체에 대한 자각 속에서 명명덕과 친민(親民)의 덕을 온전히 하나로
이루어내는 것이다(「大學文」: 144). 그에 의하면 자신의 명덕을 밝힌다고 하면
서 거기에만 몰두하며 백성을 사랑하는 일에 소홀히 하는 것은 지선에 머무
는 것이 아니다. 반대로 자신의 덕을 밝히는 일을 소홀히 하면서 백성을 사
랑하는 일에만 몰두하는 것도 역시 마찬가지라고 한다. 그러므로 지선이란
바로 수신과 치국, 지와 행, 개인적 공부와 사회적 책임, 지적 공부와 몸으로
의 실행, 명명덕과 친민이 온전히 하나로 이루어지는 것을 말하며, 그것을
이루는 사람이 바로 '대인(大人)'이라는 것이다.

　양명은 이러한 지선이 바로 우리 마음속에 내재하는 것을 강조한다. 이것
은 곧 우리의 교육과 배움, 또한 삶에 있어서도 과정과 목표, 오늘과 내일을
너무 과격하게 인위적으로 나누는 방식을 지양하도록 한다. 바람직한 교육
이란 오늘 여기의 삶과 공동체에 주목하면서 거기서 살고 있는 사람들의 본
래적인 힘과 능력이 조화롭게 쓰일 수 있는 기회를 제공하는 것, 거기서 각
자의 인간성의 능력이 어느 한쪽으로 치우쳐지지 않고 바르게 커 나가도록
하는 일이다. 그래서 인간의 지적인 능력과 도덕적인 능력, 신체의 건강과
마음의 건강이 고루 키워지고, 자신의 마음과 개성을 지극한 곳에까지 키우
면서도 그 능력을 사회와 공동체를 위해서 사용할 줄 아는 도덕심을 가진
사람, 양명의 이야기대로 하면 천지의 만물과 한몸과 한 형제자매를 이루는
'큰 사람(大人)'을 키우는 일이다. 이 일이야말로 오늘 우리 시대 한국적 포스

트모던의 평생교육학이 지향해야 할 이상이고, 오늘의 대학교육이 나아가야 할 지표가 되어야 하겠다.

맺는 말

앞에서 우리가 다루었던 랑시에르는 "평등은 도달해야 할 목표가 아니라 하나의 출발점, 모든 정황 속에서 유지해야 할 하나의 가정이었다"라고 밝히면서 우리 정치와 교육이 어떤 토대와 근거 위해서 시작해야 하는지를 지시하였다. 또한 "평등은 주어지거나 요구되는 것이 아니라, 실천되고 입증되는 것이다"[41]라는 말로 그 일에서의 과정과 목표가 어떻게 서로 상관되고 연결되는지를 밝혀주었다. 이러한 모든 이야기는 우리가 지향하는 큰 배움과 큰 공동체는 바로 존재 개개인에 대한 선험적 존엄성과 가능성에 대한 믿음이 없이는 이루어질 수 없는 일이고, 또한 그 일이 우리의 날마다의 인간성의 실천 속에서 현현되지 않고서는 바랄 수 없는 이상임을 드러내준다. 진정한 영성은 그래서 "개체에서 전체를 보는 것"이고, "인간이 반드시 죽는다 할지라도 죽기 위해서 태어난 것이 아니라 시작하기 위해서 태어났다는 사실을 항상 상기시켜주는 행위의 내재적 능력"에 대한 믿음이라는 것을 지시해 준다.[42] 나는 인간의 이러한 능력에 대한 믿음이 참된 영성이라고 믿고, 동아시아의 전통은 그것을 잘 전해주고 있는 바, 오늘의 대학교육이 이러한 지혜를 잘 숙지해야 한다고 여긴다. 오늘 우리 시대의 비인간성은 이러한 믿음을 더욱 요청하지만 그것을 만나기가 쉽지 않다. 그러나 그럼에도 불구하고 우리 시대 속에서 다시 "믿음이 있으면 반드시 보답이 있고, 등불이 켜지면 반드시 사람들이 모인다"는 말을 들으니 그것이 좋은 위로가 되고 있다.[43]

내가 믿는 이것, 한국 생물(生物) 여성정치와 교육의 근거
- 한나 아렌트의 탄생성(natality)과 정하곡의 생리(生理)를 중심으로

시작하는 말

2014년 4월 16일 팽목항 앞 진도 앞바다에서 일어났던 세월호 참사를 범사회적으로 성찰하는 가운데 한국의 한 원로 사회학자는 다음과 같은 인상적인 언급을 했다. 그가 읽은 CNN의 한 기고문에 의하면 부와 권력은 사람을 행복하게 할 수 없는데, 그것은 부와 권력이 인간을 인간답게 하는 '공감력'을 훼손시키기 때문이고, 그것이 최근 뇌과학자들(두뇌신경학)의 실험에 의해서도 증명되었다고 한다. 그러면서 특히 뚜렷한 예로서 다시 잘 알려진 나치 전범 예루살렘의 아이히만을 든다. 한나 아렌트에 의해서 "악의 평범성(the banality of evil)"이라는 개념으로 정리된 아이히만의 사고 없음이 바로 공감력의 부재이고, 역지감지(易地感之)할 수 있는 능력의 부재였으며, 그렇기 때문에 그는 그렇게 '정상적으로' 자신의 살인 직업을 수행할 수 있었다고 설명한다.[1]

이 설명은 그렇게 새로운 것이 아니다. 그럼에도 불구하고 이 성찰은 오늘 우리가 직면한 문제 상황의 핵심 구조를 다시 잘 밝혀주고 있다. 세월호 사태만이 아니다. 지금 우리 삶과 사회적 삶의 정황은 어느 지경까지 떨어질지 가늠할 수 없을 정도로 비인간적으로 추락을 거듭하고 있다. 지금까지의 인간에 대한 기본적인 기대와 상식, 믿음이 여지없이 깨지고 있고, 국가에 대해 가졌던 최소한의 신뢰마저 배신당한 느낌이다. 멀쩡하게 수학여행을 떠난 그렇게 많은 학생들이 어쩌면 국가에 의해서 수장당했을지도 모른다는 괴담이 떠돌고 있고, 그 와중에서 하루가 멀다 하고 들려오는 나라밖의 상황이나 군대에서의 야만으로 인한 청년들의 죽음, 여학생들까지 가담해 다반사가 되어 가는 학교 폭력, 이미 고통을 겪은 노동자들의 삶을 더욱 처참하게 무너뜨리는 노동자 손해배상 가압류, 이제 청소년 남학생들이 주된 타깃이 된다는 인간 파괴적 성매매, 이러한 국내적 상황에 더해서 후쿠시마 원전 사태나 팔레스타인, 이라크, 우즈베키스탄 등 매우 긴급하게 들려오는 지구의 사실적 종말에 대한 경고가 심각하다. 2015년을 메탄가스 배출량의 정점으로 삼고 매년 3%씩 감소시켜 가지 않으면 지구 온도가 2040년대에 섭씨 4도 상승하여 세계 인구 90억 명 중 거의 대부분이 죽게 될 것이라는 전망도 나오고 있다.[2]

어디서부터 다시 시작해야 하는 것일까? 왜 상황이 이러한데도 우리의 행동력은 거의 정지된 느낌이고, 그런 사태에 대해 작동하는 우리 감수성과 공감력은 점점 더 떨어져만 가는 것일까? 회복과 개선이 가능하기나 한 것일까? 인간 문명이 총체적으로 "절체절명의 순간"을 맞이하고 있고, "앉아서 기다리면 떼죽음뿐"이라고 하지만,[3] 거기에 반응하는(reaction) 우리 실천과 행위는 느릴 뿐이다. 그런데도 한국 정부는 이러한 모든 상황에 전혀 관심 없다는 듯이 이미 뛰어난 기업국가가 된 한국을 더 많은 규제 완화와 성장 중심의 경제로 더욱 추동시키고자 한다. 여기에 대중들은 쉽게 현혹되고 한껏 더 벌어지는 빈부의 격차로 지금보다 더한 비인간성이 팽배할 것임은 불 보듯 훤하다. 일찍이 한나 아렌트는 19세기 서구 제국주의의 "팽창을 위한 팽

창"의 경제적 약탈을 "돈이 너무 많은 사람들의 이윤 추구 동기와 너무 가난한 사람들의 도박 본능에 호소하는 소수의 자본주의자들이 연출하는 광경"[4]으로 묘사했는데, 오늘날 대한민국에서 그 서술이 그대로 적용되고 있다.

우리가 대면하고 있는 현실이 바로 이러하다. 모두가 돈과 자아에의 노예성인 부르주아 노예성에 사로잡혀 있다.[5] 이러한 상황에서는 남아나는 것이 없는데, 인간은 말할 것도 없고 산천, 강, 들판과 역사, 미래의 시간까지 시간과 공간의 찬탈이 끝없이 이어져서 모든 존재가 이용되고 조작되고 수단화될 뿐이다. 거기서 사람들은 수단과 목적의 한없는 쳇바퀴 속에서 고통받고, 인격적 존귀함이나 의미 있음, 선함과 즐거움을 잃어버리거나 잊어버린 채 노예처럼 일만 한다. 앞에서 들었던 신문 분석도 자연과학적 증거까지 들면서 이야기한 것처럼, 부와 권력이 삶의 목적이 된 사람에게는 존재는 한갓 이용 가치가 되므로 그 존재들과의 하나 됨을 경험하기 어려워 불행해진다. 온 산하와 거기에 사는 생명들이 이렇게 망가뜨려지고 폭력을 당하는 것은 그 일을 행하는 사람들 스스로가 자신들을 귀하게 여기지 못하기 때문이다. 그렇게 스스로가 불행해진 사람들이 어떻게 타인과 세계를 존엄과 생명과 거룩으로 받아들일 수 있겠는가? 또한 지금까지 자신들의 삶에서 종교와 정치와 문화, 교육 등을 통해서 온통 도구와 사용가치로만 취급받아 온 사람들이 어떻게 타인과 세계를 존엄과 생명으로 알아차릴 수 있겠는가? 이렇게 해서 우리 시대의 문제는 다시 한편으로 '거룩(聖)'과 '존숭(敬)', '참됨(誠)'을 알아보는 종교와 신학의 문제이고, 세계 존재의 거룩함의 차원을 회복시키는 구원의 일과 관계되며, 특히 거룩의 기원으로부터 철저히 소외되어서 오직 인간 자원으로밖에 여겨지지 않는 현대 인간의 자아의 개념을 새롭게 하는 일이라는 것을 알 수 있다. 플라톤은 "(아무리) 단순한 사용물조차도 그것의 척도는 신(神)이다"라는 말로 이미 오래전에 공리주의 극복의 열쇠를

종교철학적 물음으로 던져 주었다.[6]

하지만 우리도 잘 알다시피 종교도, 특히 오늘날 한국 사회에서의 개신교의 정황을 살펴보면 오히려 그 교회도 오늘 우리 정황의 한 원인 제공자라는 것을 부인할 수 없다. 한국 사회가 처음 기독교의 복음을 만났을 때는 예수의 새로운 성속(聖俗) 이야기는 큰 해방과 구원의 목소리가 되었다. 하지만 오늘날은 그 소리가 오히려 강한 배타의 원리가 되어서 너무 많은 영역들을 속(俗)과 속된 영역으로 배제하고 배척하고 있다. 그 속된 것으로 배제되는 영역에 자연과 교회 바깥과 이웃종교와 많은 경우 여전히 여성과 평신도도 포함되므로 오늘 훨씬 더 포괄적이고 보편적으로 존재의 거룩함을 회복하는 일이 요청되는 때에 지금까지의 구원 이야기는 제대로 역할을 감당하지 못하는 것을 본다. 그래서 그 구원의 소리는 변화해야 하며, 나는 그 변화의 가능성을 특히 동아시아 유교 전통과의 대화에서 보았다. 동아시아 농경문화의 토양에서 자라서 하늘과 땅 사이의 만물이 '살아 있음(易)'을 강조하고, 바로 이 세계 속에서 지극히 세간적(世間的)으로 존재의 궁극적 의미를 실현하려는 유교영성의 성인지도(聖人之道)의 가르침이 오늘 거룩의 영역을 좀 더 넓게 보편적으로 확장하는 일이 요청되는 상황에서 좋은 대안과 새로움을 줄 수 있다고 본 것이다. 성직자 그룹을 따로 두지 않았고, 역사에서 비록 적장자 그룹의 경색이 있었지만 인간 누구나가 이루고 사는 가족의 삶을 거룩의 공동체로 가꾸려 하였으며, 또한 주체의 자유와 가능성을 인정하지만 동시에 이 세계 타자들과의 관계의 도를 무엇보다도 중시하면서 그들과의 하나 됨(平天下)을 추구해온 유교적 도가 보편적인 거룩의 탈각으로 심하게 고통 받고 있는 우리 시대에 많은 시사점을 제공하는 것으로 보였다. 나는 이것을 "성(聖)의 평범성의 확대"라고 해석해 왔다.[7]

이러한 유교 전통에서 특히 한국 사람들의 정서를 가장 잘 대변해 준다고 여겨지는 맹자는 천하(天下)의 근본은 나라(國)에 있고, 나라의 근본은 가정(家)에 있으며, 가정의 근본은 자신(身)에게 있다라는 말을 "인간 보편의 말(人有恒言)"이라고 하면서[8] 그 천하의 출발점이 되는 주체(身)의 핵심을 다시 '마음(心)'으로 파악했다. 후대에 더 생생하게 "곡식의 씨앗(穀種)"으로 간파된 그 인간의 마음을 맹자가 또 다시 '인의예지(仁義禮智)'라는 네 가지 씨앗을 싹틔우는 생명 원리로 제시해 주었는데, 이 이야기는 지금까지 한국 사람들에게는 그가 어떤 종교 그룹에 속하는가에 상관없이 보편적인 인간 이해와 사회 이해의 틀로서 역할해 왔다. 나는 오늘과 같이 삶이 총체적으로 흔들릴 때는 이렇게 사람들이 널리 말하고, 보편으로 인정하고, 그것에 기대어 살아왔던 삶의 원칙들을 재성찰하는 일이 긴요하다고 생각한다. 그것들이 우리를 다시 밑동으로부터 돌아보게 하고, 거기서 우리를 다시 보편적으로 묶어줄 수 있다고 보기 때문이다. 그래서 이렇게 오늘 주체와 가정과 나라와 천하가 총체적으로 심하게 문제가 된 상황을 맞이하여 맹자가 일찍이 그 전체 문제점의 출발로 삼았던 네 가지의 생명 원리(仁義禮智)를 다시 살펴보고자 하는 것이다. 그것이 무엇이기에 그는 거기로부터 천하의 안녕이 달려있다고 보았고, 그 네 가지의 덕목 속에 천지의 생명을 살릴 수 있는 어떤 근거가 있다고 보았는지, 우리 시대를 위해서도 그 보편의 원리로 다시 진단하고 검토하면서 변화의 실마리를 찾을 수 있겠는가를 알아보고자 한다.

이 일을 하는 데 20세기 서구 여성 정치철학자 한나 아렌트를 많이 언급할 것이다. 맹자의 언어들이 다시 21세기의 현실적인 언어들로 풀어질 수 있는지를 보기 위해서이다. 또한 18세기 조선 성리학자 하곡 정제두(霞谷 鄭齊斗, 1649~1736)의 언어도 힘이 닿는 대로 같이 초대하고자 한다. 이런 일들을 통해서 구하고자 하는 바는 21세기 한국의 여성신학자와 교육철학자로서 '한국 생물(生物) 여성정치'의 근거를 찾고, 그것에 기대어 우리 시대를 위한 나름의 대안을 찾고자 하기 때문이다.[9] 우연일지도 모르지만 세월호 참화의 반(反)생명을 가장 깊이 겪고 있는 경기도 안산에서 정하곡이 그의 대표적 생명서인 『학변(學辯)』과 『존언(存言)』을 써냈다고 하는 일이 나에게는 의미심장하게 다가왔다.[10] 그 반생명의 아픔과 고통을 넘어서서 안산에서 새 생명의 샘물이 터져 나오기를 소망하는 마음이 간절하다.[11]

1. 인(仁), 아렌트의 탄생성(natality)과 하곡의 생리(生理)

한 편의 연극을 보았다. 〈몇 가지 방식의 대화들〉이라는, 극단 크리에이티브 VaQi의 공연이었다. 그런데 그 연극의 주인공은 지금까지 한 번도 연극을 해 본 적이 없고, 초등학교도 나오지 않았으며, 어릴 때 고아가 되어서 일생을 남의 집 일을 하면서 힘들게 살아오신 74세의 노인 할머니(아주머니)이다. 그분은 이름으로 사랑 '애(愛)' 자와 착할 '순(順)' 자를 얻은 1941년생 이애순 할머니이다. 열 살 때 6·25전쟁으로 언니를 잃고, 뒤이어서 어머니 아버지를 잃고서 서울 홍은동과 홍제동에서 거의 일생을 살아오신 아주머니는 그러나 지금은 "행복한 시절"로 살고 있다고 한다. 여전히 일주일에 한두 번 남의 집 일을 보아 주러 다니고, 1년 전부터 동네 복지관에서 요가도 배우고, 등산 동호회에서 한 달에 한 번씩 등산도 다니고, 2남 1녀 중에서 매우 "자상한" 사위와 "친구 같은" 딸과 카톡도 하고, "작은아들이 잘해서" 행복하다고 한다.[12]

그런 할머니가 자신의 삶에서 제일 신나게 서술하는 일은 어떻게 혼자서, 학교도 다닌 적이 없는 자신이 "남의 집 살면서 그 집 애들 공부하는 거 보고" 한글을 "한 자 한 자" 깨우쳐 나갔는지를 이야기하는 일이다. 그녀는 밝히기를, ㄱ, ㄴ, ㄷ만 가지고는 글자가 안 되어 ㅏ, ㅑ, ㅓ 등을 거기에 붙이니까 글자가 되는 것을 알았다고 한다. 그러나 지금도 받침을 많이 틀리고, 여전히 더 많은 글자를 배워야 하지만 "내가 하고 싶은 마음이 있어 가지고" 그렇게 글자를 깨쳐 나갔다고 한다. 그녀는 열 살부터 남의 집 살이를 했지만 따뜻한 마음으로 아이들을 잘 봐 주었던 것 같다. 스물다섯 살에 동네 사람의 소개로 나이가 훨씬 많은 남편을 만나서 아이들 셋을 낳고 살았다. 하지만 아이들이 중학교에 갈 나이가 되어서 학교에 보내야 하지만 남편이 그것을 원치 않아서 그때부터 발 벗고 나서서 온갖 장사와 배달 일과 남의 집 일 등을 하면서 혼자 벌이로 아이들을 학교에 보냈다고 한다. 그렇게 모진 삶을 살게 한 남편이지만 그녀는 세상을 떠나고 없는 남편에 대해서 말하기를, 그래도 자신에게 "가족을 만들어 주어서" 고맙고, 죽을 때 그렇게 "길게 고생시키지 않아서" 고맙다고 한다. 남의 집에 가서 일을 할 때도 그녀는 비질과 청소와 빨래를 정성을 다해서 하고, 남의 집 자식이지만 밥을 정성스럽게 차려 주고 "사랑해"를 말한다. 그래서 사람들은 그녀와 한 번 인연을 맺으면 쉽게 보내지 않는다. 그녀의 착하고 성실한 마음씨, 그녀의 능동성과 자발성·공감력·명랑성을 좋아하기 때문이다.

나는 바로 그런 그녀의 마음씨와 인격을 '인(仁)'이라고 부르는 데 주저하지 않겠다. 유교 전통은 사람은 누구나 태어나면서 그런 마음의 씨앗을 가지고 태어나고, 그래서 그러한 마음씨는 나중에 후천적인 공부를 통해서 얻게 되는 것보다는 '탄생'과 더불어, 인간 마음속의 선한 씨앗으로 놓인 것이고, 이애순 할머니가 "하고 싶은 마음"이라고 표현한 대로 매우 능동적이고 자발적이라는 것을 강조한다. 그녀는 바로 그 마음을 가지고 타인과 세상과 관계하면서 살아왔다. 그 가운데 자녀들을 '낳았고(生)', 그들을 '길러내고 살려냈으며(生)', 자신이 모르는 것을 알고자 하는 마음으로 대상에게 다가가서(親) 그들을 품어 안으면서 하나가 되었다(仁). 즉 '공감력(sympathy)'이며, 선천적 '양지(良知)'이고, 이 마음을 통해서 그녀 주변의 세상을 생겨나게 하는 심즉리(心卽理)의 창발력과 창조력이고, 남도 자신과 하나로 볼 수 있는, 그들을 배려하고 보살피고 사랑할 줄 아는 착한 인간성(仁)인 것이다.

한나 아렌트는 그 인간의 선천적인 능력을 "탄생성(natality)"이라고 이름 지었다. 그것은 모든 인간이 그 탄생과 더불어 갖추게 되는 그의 고유한 행위력이고, 그의 탄생이 아니었다면 이 세상이 몰랐을 전적 "새로움(newness)"을 불러올 수 있는 능력이며, 고난에도 불구하고 그것을 넘어서 "새로 시작할 수 있는 힘"이다. 그래서 아렌트는 그 인간 탄생성과 창발력을 어거스틴의 말을 빌려서 "새로운 시작이 있기 위해서 인간은 창조되었다. 이 시작은 각자의 새로운 탄생에 의해서 보장된다. 참으로 모든 사람이다"라는 말로 어떻게 인간이 능동성과 창조력을 가진 존재인가를 뚜렷이 표현했다.[13]

어떤 인간 존재도 의식을 가지고 이 세상에 살고 있는 한 자신이 '태어났다는 사실(the fact of natality)'은 부인할 수 없다. 인간은 바로 그 가장 단순한 태어났다는 사실로 인해서 특별히 어떤 신적 존재에 의해서 선택되었다거나, 죄의 사함을 받았다거나, 업적을 많이 쌓았거나, 학벌이나 가문·재산이 좋고 많다거나, 남성이거나 하는 인위적이고 이차적인 이유와 근거에서가 아니라, 바로 모두에게 지극히 보편적으로, 가장 일차적으로 해당되는 '태어남'에 근거해서 그는 귀한 존재이고, 존엄한 존재이다. 새로 시작할 수 있는 능력이며, 창조력을 갖춘 존재라고 아렌트의 탄생성의 원리는 밝혀준다. 그런 의미에서 그것은 지금까지 서구 전통에서의 어떤 신학적·인간학적 성찰보다도 더 급진적으로 종전까지의 전통을 전복한 것이라고 할 수 있다. 나는 여기서 더 나아가서 그것을 유교 전통이 오랜 시간 동안 '인(仁)'이니 '덕(德)', '성(性)'이나 '성(誠)', '양지(良知)'나 '사단(四端)', '심즉리(心卽理)' 등의 언어로 표현해 온 인간 본래의 보편적 선함과 창조력을 말한 것과 매우 잘 연결되고, 크게 다르지 않다고 본다. 위에서 지적했듯이 인은 곡식의 씨앗과 같은 마음을 싹틔우는 생명의 원리로서, 거기서 만물을 창조하고 탄생시키는 "하늘과 땅의 창조하는 원리와 마음(天地生物之理/心)"으로 작동한다고 말해왔다. 그것은 인간 마음의 "낳고 기르고 사랑하는 원리(生之性, 愛之理)"가 되어서, 반생명과 죽임과 죽음의 원리와 온갖 종류의 결정론과 생명의 도구화에 저항하면서 존재를 다시 확보한다. 아렌트가 19세기 부르주아 제국주의로부터 파생된 20세기 전체주의에 대항할 수 있는 원리로 드러내고자 한 것이 바로 이 탄생성의 원리이다. 그것은 인간에게 보편적으로 내재한, 새로 시작할 수 있는 힘에 대한 깊은 신뢰를 말하는 것이다.

18세기 조선의 성리학자 하곡 정제두는 이 인간 마음의 살아 있는, 살리는 능동성과 창발력을 "생리(生理)"라는 고유한 언어로 표현해 주었다. 그는 임진왜란과 병자호란 이후 17세기 후반의 조선 성리학의 풍토에서 모든 학문적 경직과 정치적 소용돌이와 개인적 불행에도 불구하고 인간 마음속의 생명을 살리는 생리를 발견했고, 그것이 우리 마음의 선험적인 밝은 인식력(良知)이라는 것을 파악했다.[14] 그는 40대에 쓴 작품 『존언』에서 다음과 같이 분명하게 당시 조선 사회에서 이단으로 치부되던 양명의 사고에서 얻은 인간 마음의 선한 능동성을 자신의 언어로 표현해 주었다.

한 덩어리 생기(生氣)의 원(元)과 한 점의 영소(靈昭)한 정(精)은 그 한 개의 생리(生理, 즉 정신과 생기가 한 몸의 생리)란 것이 심장(方寸)에다 집을 짓고 중극(中極)에서 뭉친 것이다(團圓). 그것은 신장(腎)에 뿌리를 내리고 얼굴에 꽃을 피우며 그것이 확충(擴充)되면 한 몸에 가득차고 하늘과 땅(天地)에 가득하다. 그 영통(靈通)함은 헤아릴 수 없고 묘용(妙用)은 끝을 다할 수 없으므로, 만 가지의 이치를 주재(主宰)할 수 있으니 참으로 이른바 육허(六虛)에 두루 흐르고(周流) 변동하여 한군데 머물지 않는다. 그 체(體)로서는 진실로 순수(純粹)하게 본래 타고난 마음의 원칙이 있지 않는 것이 없었으니, 이것이 살아 있는 몸의 생명 근원(生身命根)이며 이른바 본성(本性)이다. 이 가운데 다만 생리로만 말하면 "타고난 것이 성(性)이다"라고 하며 동시에 "천지의 큰 덕이 '생(生)'이다"라는 것이다. 오직 그 본래 타고난 마음의 원칙이 있기 때문에『맹자』의 "본성은 선하다"이며『중용』의 "하늘이 명하는 것이 성(性)이다"고 한다. 도(道)로서는 사실상 하나이다. 모든 일과 모든 이치가 모두 여기에서 나온 것이다. "사람이면 모두 요순(堯舜)이 될 수 있다"고 하는 것은 이 때문이다. 노씨(老氏)가 "죽지 않는다"와 석씨(釋氏)가 "멸(滅)하지 않는다"는 것도 모두 이 때문이다.[15]

여기에 나타난 하곡의 언어는 매우 생생하고 분명하다. 그는 두 번의 큰 재난 이후 점점 더 마른 나뭇가지와 식은 재처럼 경직되어 가는 조선 성리학의 정신 풍토에서 전심으로 인(仁)을 구하는(求仁) 삶을 살아가던 중 생명과 신변에 대한 심각한 위험에도 불구하고 명나라 양명의 인간 존엄과 만인 평등에 대한 영성을 이어받아서, 여기서 드러난 것처럼 인간 존엄의 근거를 보다 웅장하게 범생명론적으로 펼쳤다. 그는 양명이『전습록』에서 "어린아이가 어머니 배 속에 있을 때에는 다만 순수한 기(氣)일 뿐이니 무엇을 알 수 있겠는가?"라고 한 말을 들어서 "이 한 점의 순수한 기(氣)는 오직 생리(生理)이며, 이것이 리(理)의 체이고 신(神)의 주재자(主)이다"라고 밝혔다.[16] 아렌트가 인간의 탄생성을 그의 새로 시작할 수 있는 힘으로 본 것처럼 하곡은 인간 한 몸의 정신생기(精神生氣)로서의 생리를 다시 천지의 낳고 살리는 인(仁)과 연결한다. 그는 인을 "생설리의 수(主)이며 빌생시키는 주체(仁者, 生理之主, 能發生者也)"로 보았고,[17] 인간의 불쌍히 여기는 마음(측은지심)을 "인간의 생도(人之生道)"라고도 하고, 또 "생신(生神)"이나 "인간 마음의 신(神)(人心之神)"으로도 표현한다.[18] 그는 또한 맹자의 호연지기(浩然之氣) 이야기를 특히 좋아하였는데, 맹자가 의를 쌓는 것(集義)과 밤에 잠을 잘 자는 것(夜氣擴充) 등과 더불어 이야기한 호연지기를 기르는 공부가, 착하고 선한 말을 하면서 욕심을 부리지 않고 바르게 사는 일과 우리 몸의 건강이 결코 둘이 아님을 잘 드러내 준다고 보았다.[19] 오늘 사람들이 제일 많이 관심을 기울이고 시간과 돈을 쓰면서 건강을 지키고 오래 살기 위해서 노력하는데, 앞의 이애순 할머니는 자신의 건강에 대해서 다음과 같이 말한다. 맹자나 하곡의 인간 몸과 마음에 대한 이야기처럼 그녀의 인과 측은지심과 더불어 깊이 연결되어 있는 것을 살필 수 있다.

> 건강 비결은 몰라. 그냥 나는 나대로 살아갔으니까. 건강 비결 같은 거 없어. … 사람들이 건강하다 그러다 보면 건강한 거 같은데 건강이란 건 자기도 몰라. 지금 현재로서는 아침에 자고 일어나면 찌부둑하지 않고 벌떡 일어나는 거. 왜냐하믄은 잠을 잘 자잖아. 그리고 아침에 자고 일어나서 한 10~15분 있다가 난 화장실을 가 대변을 봐. 아침에만, 낮에 잘 안보고 아침에만. 내가 아침 새벽에 일어나자마자, 내가 11시쯤 자면 딱 다섯 시간 여섯 시간 자고 일어나. 일어나 중간에 깨지도 않고. 그게 건강하다고 해. 그러니까 건강하구나 그러고 있지.[20]

하곡이 300여 년 전에 인간 모두의 마음 안에 일점으로서 있다고 한 생명을 낳고 살리고 만물을 새롭게 하는 영, 측은·수오·사양·시비의 사단(四端)의 고유한 덕과 우리 인식력(理性/良知)이 되어서 참된 인간이 되고자 하는 소망을 갖게 하는 힘, 더불어서 우리 몸을 건강하고 아름답게 하는 "생명의 근원(生身命根)"이라고 한 우리 마음의 생리가 이애순 아주머니의 몸과 마음 속에 잘 체현된 것을 본다. 나는 이것을 '천지의 낳고 살리는 창조의 영(天地

生物之心)'이 그녀의 몸에서 성육신한 것으로 보고자 한다.[21]

나는 오늘날 인간에 대한 실천력 있는 신뢰(信)를 회복하는 일이 무엇보다도 시급하고 긴요한 일이라고 생각한다. 거기서의 신뢰의 근거는 '탄생했다'는 참으로 보편적인 '존재의 사실(sui generis)'에 기초해 있으므로 모두를 포괄할 수 있고, 실천적으로 작동할 수 있다. 오늘 우리 시대는 그렇게 다시 그러한 존재의 원리에 근거해서 인간의 성성(聖性)을 드러내는 일이 중요하고 긴요하다. 만물을 싹틔우는 생명의 원리(仁)가 인간 자체이고(仁者人也, 仁也者人也), 이 세상이 살 만한 세상이 되기 위해서 인간의 측은지심과 차마 못하는 마음(不忍之心)과 인간성이 어떤 종교나 정치의 구호를 넘어서 마지막 보루이며, 그래서 그것은 인간 마음의 네 가지 덕 중에서 가장 으뜸이 되고 만물의 생명원리가 됨을 말하는 것이다. 앞에서 먼저 살펴본 이애순 할머니의 경우에서도 드러났듯이 그것은 인간 누구나의 선험적인 보편적 선함이고, 그 아주머니의 인(仁) 덕분에 지난 한국 현대사의 격동의 시간과 오늘도 모든 재난적 상황에도 불구하고 그녀의 삶뿐 아니라 그녀 가족과 이웃의 삶, 그들을 구성원으로 해서 이루어지는 한국 사회와 국가의 삶이 지속되어 나간다. 그런 의미에서 그녀의 삶을 그렇게 "존경"스러운 삶으로 의미화해 준 이경성 연출의 질문,

아줌마는 평생 가족을 지키기 위해 일을 하셨고 남의 것에 욕심내지 않고 선하게 살아오셨다. … (오늘) '재난적' 상황에서 아줌마가 평생을 걸쳐 삶을 지속하기 위해 유지해야 했던 일상의 리듬감과 온도는 지금 현재 내 삶과 그 주변 세계를 돌아보게 하였다. … 이 모든 우울과 분노를 뒤로 하고 이야기하자면 우리 시대의 '선함', 선한 삶은 무엇이고 어떻게 그것이 이 구조 안에서 가능해질 것인가? 이 총체적 난국에서 내 머릿속을 맴도는 질문들이다.[22]

라고 한 것은 매우 타당하고 적실하다. 바로 우리 시대 만물을 낳고 살리는 천지생물지심인 인(仁)에 대한 젊은 세대의 질문인 것이다.

2. 의(義), 아렌트의 자유(freedom)와 하곡의 진리(眞理)

위의 이애순 할머니가 참으로 명랑하고, 꺼리지 않고 자신의 삶에 대해서 말하지만 한 가지 머뭇거리고 '부끄러워'하는 것이 있다. 자기 혼자 벌어서 자식들을 가르치느라고 그들 모두를 '대학'에 보내지 못했다는 것이다. 그에 반해 그들이 그래도 모두 고등학교를 나왔고, 특히 작은 아들은 안정된 우체국 직장도 마다하고 나와서 스스로 '전문대학'을 졸업했고, 큰아들은 상고를 졸업할 때 "전교 8등"이었기 때문에 좋은 직장에 갈 수 있었다는 이야기는 그녀가 많이 자랑스러워한다. 여기에서도 드러나듯이 사람은 누구나 '부끄러워하는(羞惡之心)' 마음을 가지고 있다. 물론 여기서 할머니의 부끄러움은 우리 사회의 학벌주의가 만들어 놓은, 오히려 극복해야 하는 좋지 않은 허심일 뿐이라고 반박할 수 있지만, 좀 더 근본적으로 생각해 보면 다르게 이야기할 수 있다. 즉 여기서 할머니가 부끄러워하는 마음은 꼭 대학이라는 배움 기관의 절대 단위 때문이라기보다 더 근본적으로는 인간은 '배워야' 하는 존재라는 것, 즉 스스로 모든 것을 알고 할 수 있는 존재가 아니라 '다른 사람들'을 통해서 얻고 알아야 할 지식과 경험들이 있다는 것이며, 그것을 충실히 하지 않았을 때는 자기 속에 갇히는 것이고, 타자의 시간과 존재를 인정하지 않는 것이기 때문에 자연스럽게 부끄러운 마음이 든다는 것이다. 전통적 유교의 개념으로 하면 타인의 존재에 대한 인정과 존숭, 자신을 삼가고 비우는 겸손, 남에게 마땅히 돌아가야 하는 것을 빼앗지 않는 마땅함, 자신이 탄생하기 전의 시간과 과거가 있다는 것에 대한 존중이며, 그것은 곧 '의(義)'를 말하는 것이다.

맹자는 그 의를 "인간의 길(人路)"이라고 하고, "경장(敬長, 오래된 것/웃어른을 존숭하는 것)"이라고 했다. 플라톤의 『국가론』에 따르면 사람들이 함께 사는 바람직한 사회를 만들기 위해서는 정의는 금싸라기보다도 귀하고, 그것은 사회를 썩지 않게 하는 '방부제'와 같은 역할을 한다. 그러면 오늘 한국 사회가 한없이 부패하고 불의하다고 했을 때 그것은 무엇을 말하는 것인가? 맹자의 이야기에 따라 살펴보면 오늘 사람들은 점점 더 부끄러움을 모른다는 이야기이다. 부끄러움을 모른다는 것은 타인과 세계를 인정하지 않는다는 것이고, 자신이 천지의 영인 인(仁)의 씨앗을 받아서 태어난 귀한 존재이지만 다른 사람도 그와 같은 정도로 귀하다는 것을 인정하지 않고 존중하지 않는 일이다. 일베 회원들이 세월호 참사를 당해 단식하며 저항하는 유족들 앞에 나가서 피자와 치맥 파티로 그들을 조롱한 것은 극단적 예이다. 전통적인 상식에서 인간 도리는 상갓집에 가서는 배불리 먹지도 않았고, 곡을 하고 나서는 노래를 부르지도 않는다고 하는데, 그런 이야기는 그들에겐 웃음거리일 뿐이다.

현대의 사람들은 세상일을 쉽게 자기가 생각하고 싶은 대로 자기에게 편리한 대로 재단하고, 평가하고, 의견(opinion)을 내고, 조작한다. 옛 퇴계의 언어로 하면 "인물위기(認物爲己)", 세상을 자기 자신으로 착각하는 것이고, 아렌트의 말로 하면 "세계소외(worldlessness)"이다. 즉 타자와 세계와 과거의 사실과 객관을 온통 주관과 자기 욕심과 오늘과 현재의 이득을 위해서 조작하고, 왜곡하고, 존중하지 않는 것을 말한다. 오늘 한국 사회에 정의가 없다고 하는 근거로 나는 맨 먼저 과거의 '사실적 진리들(factual truths)'을 자신의 권력 유지와 이익과 미래를 위해서 힘과 권력으로 왜곡하고 거짓으로 조작하는 일을 들고자 한다. 맹자가 오래된 것을 존숭함(敬長)을 정의라고 했고, 사회가 바르게 유지되는데 방부제와 같은 역할을 하는 것으로 보았다면, 그것은 바로 과거의 사실을 있는 그대로 인정하고 존중하는 것, 자신들의 이익이나 의도를 위해서 과거의 있었던 일을 왜곡하거나 조작하지 않고 사실 그대로 드러나게 해주어서 사람들의 판단력을 흐리지 않게 하는 일이 정의이고, 그것이야말로 한 사회를 유지하고 살 만한 세상으로 만드는 데 기초가 되고 토대가 되는 일임을 밝혀준 것이다. 그래서 공자도 "정치는 바로잡는 일"이라고 했다(政者正也). 그것은 참된 권력이란 왜곡된 것을 바로잡아 줄 수 있는 힘, 사람들이 자기 마음대로, 자신의 사적인 의도대로 왜곡하고 거짓으로 칠했던 것을 다시 공평한(至公無私) 잣대로 밝혀 주고 바로잡아 주는 일이라는 의미이다.

한나 아렌트는 그녀의 논문 「진리와 정치(Truth and Politics)」에서 어떻게 불의한 사회에서 '정치'와 '사실적 진리'가 적대적으로 충돌하는지, 자유 사회에서 인정된다 하더라도 그것이 어떻게 '의견(opinion)'이라는 이름으로 왜곡되고, 감추어지고, 일파만파로 패러디화되는지를 잘 밝혀 주었다. 그녀에 따르면 그렇게 거짓과 의견과의 경계 허물기를 통해서 사실적 진리를 사라지게 할 수는 있지만, 그 결과는 인간 사회에서 거짓말이 진리로 수용되고 진리가 거짓으로 폄하되는 일보다 더 심각하게, "실재를 읽어 내고 거기서 의미를 찾아내는 사람들의 감각과 능력이 훼손되어 간다"는 것이다. 그렇게 되면 용서나 약속과 같은 인간 고유의 행위는 말할 것도 없고, 어떤 인간적인 행위나 그것을 통해서 미래를 구상해 낼 수 있는 능력, 다시 말하면 우리 사고력과 우리 삶을 계속할 수 있는 근원적인 생명력이 고갈될 수밖에 없음을 말한다.[23] 그것은 인간 삶의 부인할 수 없는 조건인 과거를 마치 현재의 일부분인 것처럼 마구 다루면서 그 존재의 완고성과 토대성을 오늘의 이익을 위한 거짓으로 훼손하는 일이고, 그럴 때 우리 존재의 미래도 함께 날아가 버리는 것을 가르쳐준다. 즉 거짓의 횡행은 인간 공동 삶의 토대를 부수어 버리는 처사이고, 그래서 공론영역에서 말과 행위의 진실성과 위대성을 보장하는 바른 정치야말로 인간 세계의 "생명줄(lifeblood)"이다.[24] 세월호 참사와 그 처리 등을 볼 때 오늘 우리 사회의 생명줄이 끊어지고 있는 것을 볼 수 있다.

양명이 설파한 우리 마음의 생생한 생명력(心即理)와 선험적 인식력(良知)을 우리 마음의 생리로 파악한 정하곡은 거기서 더 나아가서 그 생리 중의 "진리(眞理)"를 구별해 낸다. 그것은 우리 주체(마음)가 그 고유한 선험성과 창발력에도 불구하고 한편으로 인정하고 기대야 하는 세계(타자)와 그 다양성과 더불어 같이 살아 가야 하는 우리 삶의 존재 조건에서 나오는 피할 수 없는 일이다. 하지만 양명과 마찬가지로 이미 인간 속에서 압도적으로 천래(天來)의 거룩(易, 神, 生理)을 만난 하곡은 삶에서 조화와 평화를 깨는 악의 원인을 다시 과격하게 형이상학적 이원론적으로 파악하지는 않았다. 그럼에도 이미 양명학에서 "임정종욕(任情縱欲之患)"의 위험성을 본[25] 그는 다음과 같은 분명한 구별을 통해서 우리의 의(義)를 요청한다.

리(理), 성(性)은 생리일 뿐이다. 대개 생신(生神)을 리라 하고 성이라 하지만 그 성이 본래 스스로 있는 참된 본체가 성이고 리이다. 그러므로 생신 가운데서도 참된 것(眞)이 있고 망령된 것(妄)이 있음을 분별하여 그 참된 본체를 얻어 주장하는 것이 성을 높이는(尊性) 공부이다. 그러므로 모든 리 가운데서 생리(生理)를 주장하고 생리 가운데서 진리(眞理)를 택하여야 리가 될 수 있는 것이다.[26]

이것은 우리 삶에서의 공부와 배움의 문제를 드러낸 것이다. 특히 우리 마음속의 의지의 순화 문제(誠意/正心)이고, 나 자신의 생의(生意)를 어떻게 타인의 것과 잘 조화시키느냐는 물음이다. 하곡은 그래서 우리가 마음의 생리로 낳고 또 낳고, 살리고 또 살릴 수 있는(生生之謂易) 창조력의 존재이지만, 그 마음이 때때로 사사로운 욕망에 치우치고, 무엇이 공평한 것인지를 잘못 판단하는 현실(情)로 우리 마음에 덮인 "심포(心包)"와 "기막(氣膜)"을 지적하며 그 생리 가운데서도 "진실한 본체(眞實之理/眞體)"와 "참된 본성(性之本體)"을 구별할 것을 요청한다.

> 생리의 체(體)는 본래 리를 말한다. 비록 그렇더라도 하나의 활발한 생리가 있고 그 한 개의 활발한 생리의 전체가 생생한 것은 반드시 진실한 리(理)-체(體)-(眞實之理)가 있기 때문이다. 무극의 극이면서도 이토록 충막하여 지극히 순수하고 순일한 체가 되는 것은 리(理)의 진체(眞體)가 있기 때문이다. … 인심(人心)의 신(神)은 하나의 살아 있는 활체(活體)의 생리이며 전체가 측달(惻怛)한 것이기 때문에, 반드시 진성하고 측달하고 순수하고 지선하면서도 지극히 은미하고 고요하며 지극히 순일한 체가 있으니 성(性)의 본체(本體)이다.[27]

하곡은 이러한 물음들과 관련해서 의(義)란 "다스리는 제제의 마땅함이며 리(理)의 재재(義者, 帝制之宜, 理之裁制也)"라고 하면서[28] 특히 신독(愼獨, being alert at alone)을 중시했다. 그는 천지의 만물을 자리 잡게 하고 기르고 육성하는 일도 중화(中和) 위에서 되는 일이라고 하면서, 그 중화를 얻기 위해 마음을 바르게 하고(正心), 사사로운 뜻(私意)을 잘 밝히는 신독 공부가 특히 중요함을 말하였다. 그래서 그는 정치의 기강은 바로 정심과 신독에서 나온다고 한 것이다.[29] 이렇게 하곡이 우리 존재의 선한 생명력과 그 창조력(生理)을 크게 드러내면서도 다시 그 생리 중의 진리를 구별하고, 그 생리의 본체와 의도를 잘 조절하고 가꾸는 일을 강조한 것처럼, 서구의 아렌트는 앞에서 이야기한 인간 탄생성의 핵심인 자유를 서구 정신사에서 새롭게 해석하는 일을 통해서 유사한 생각을 드러낸다.[30] 즉 그녀에 따르면 탄생성의 핵심인 자유란 진정한 의미에서 사적 의지의 문제가 아니라 오히려 그 개인적 의지보다 더 보편적인 "원리들(principles)", 다시 말하면 결코 어느 한 개인이나 개별 그룹의 동기(motives)나 목표(goal)가 아니라 몽테스키외 등에 의해서 "덕목(virtue)"이라고 불리는 더 근본적이고 포괄적인 삶의 원칙들 앞에 그 사적 의도를 내려놓는 능력이다.[31] 그는 서구의 역사에서 자유의 문제가 철저히 개인의 내적 의지의 문제로 환원된 것을 비판했고, 근대사회에서 '자유(freedom)'와 '주권(sovereignty)'을 일치시켜 이해한 것을 매우 유해한 일로 보았다. 나는 이러한 아렌트의 자유에 대한 해석이 유교 전통의 사기종인(舍己從人)의 덕목에 아주 잘 맞닿아 있다고 본다. 아렌트는 인간 삶의 또 다른 피할 수 없는 조건인 다원성(plurality)을 충분히 인정하면서 그 다원성을 조화롭게 치리할 수 있는 정치를 매우 강조하며, "정치의 희망(the promise of politics)"을 말했다.[32] 하지만 그녀는 그러한 정치의 위대함에도 불구하고 그것이 인간이 의지로 변화시킬 수 없는 사물들에 의해서 제한받는 것을 알았다.[33] 이와 유사하게 하곡도 그의 개인적 삶뿐 아니라 당시 기사환국(己巳換局, 1689년, 숙종 15년) 등의 극심한 폭력적 상황에도 불구하고 인간 마음의 생리를 밝혔지만, 그 가운데서도 다시 그 핵심인 '진리'에 집중함으로써 의를 강조했다.

맹자는 의를 경장(敬長), 오래된 것에 대한 존숭이라고 했다. 몽테스키외는 덕이란 "공평에 대한 사랑(the love of equality)"에서 나오고, 공경(honor, 敬)이란 인간 조건의 다원성과 긴히 연결되어서 "다름에 대한 사랑(the love of distinction)"에서 나오는 것이라고 했다.[34] 오늘 한국 사회에서 정의가 짓밟히고, 존숭의 마음이 없다는 것은 타자가 안중에 없다는 것이고, 특히 그 타자 중에서 나의 존재 이전의 존재, 과거의 사실, 부모와 나이 든 세대, 오래된 자연 등에 대한 존중과 자리가 없는 것을 말한다. 오늘 우리의 삶에서는 더 많은 부와 권력의 축적을 위한 시간을 벌기 위해 부모가 아프면 멀리 요양소로 보내고, 과거의 사실들은 몇몇 힘 있는 그룹의 정치적 사리사용으로 조작되고, 자연은 사실적 종말이 말해질 정도로 훼손되어 간다. 그 과거의 사실과 많이 관계되는 '배움'이나 '공부'는 본래의 뜻을 잃고 심하게 뒤틀려서 많이 배운 사람일수록 더 이기적이 되고, 그것이 한갓 돈벌이 수단으로 전락해서 더 이상 존중받지 못한다. 오늘로부터 그렇게 멀지 않은 함석헌 선생의 어린 시절에는 글이 씌어 있는 종이로 코를 풀거나 밑을 닦는 것을 엄하게 경계하는 글과 배움에 대한 존숭이 남아 있었다고 한다. 하지만 오늘은 교과서를 조작하는 일조차 특별하지 않은 일이 되었다.[35] 배움에 대한 큰 존중을 가지고 있는 이애순 할머니는 비록 학교는 다니지 못했지만 비굴하지 않고 떳떳하며, 친절하고 따뜻하다. 그녀는 나이로 권위를 부리지 않고 오히려 젊은 사람들과 어울리는 것을 좋아하고, 앎에 대한 열정으로 혼자서 힘들게 깨우친 문해력으로 아침마다 성경도 읽으면서 나름대로 세상의 기원과 인간 삶의 이치들을 알아 가는 것에 대해서 즐거워한다.[36] 이애순 할머니의 이런 호연지기와 세계에 대한 존중은 그녀가 다른 사람과 더불어 "조화 속에서 행위할 수 있는(acting in concert)" 의(義, 正義)를 살고 있다는 것을 지시한다. 그와 반대인 우리 시대 사람들의 불의와 독재자들을 아렌트는 몽테스키외의 생각을 빌려 다음과 같이 서술했다.

덕이란 힘을 나누는 데서의 공평함에 대한 사랑이고, 두려움은 무기력에서 오는 권력에의 의지이며, 지배하거나 지배받고자 하는 욕구이다. 그러나 이 두려움에서 파생된 권력에의 목마름은 결코 채워질 수가 없는데, 두려움과 상호 불신은 '조화 속에서 서로 같이함(acting in concert)'을 불가능하게 만들어서 그 독재자들은 점점 더 무기력해지기 때문이다. 독재자와 참주들은 인간의 함께함을 파괴한다. 서로에게서 서로를 소외시킴으로써 그들은 인간의 다원성을 파괴한다. 그들은 '나는 항상 홀로이고, 내 친구와 동료의 도움을 고려할 수 없는, 의지할 곳 없는 사람'이라는 근본 경험에 근거해 있다.[37]

3. 예(禮), 아렌트의 권위(authority)와 하곡의 경학(經學)

이상에서 살펴본 수오지심의 '의(義)' 자(字)를 풀어 보면 '자아(我)'를 순한 양(羊)으로 만드는 일을 가리키는 것이라고 한다. 즉 더불어 사는 인간적 공동 삶을 이루기 위해서는 스스로를 양같이 순화시키는 일이 긴요하고 그렇게 타자에게 순하게 대하는 일이야말로 의라는 것이다. 그런데 이처럼 인간성 속에는 서로에게 늑대가 아닌 양으로 살 수 있는 능력, 타자성과 다원성을 인정하면서 그렇지 않을 경우 부끄러워하는 마음이 있다고 하는데 왜 오늘날은 불의가 판을 치고 인간 공동 삶이 의롭게 유지되지 못하는 것일까? 왜 타자에 대한 인정과 공경심으로 자신을 삼가면서 함께함을 지속하지 못하고, 혼자서 모든 것을 독식하고 군림하면서 고독과 두려움과 불신으로 자신과 공동체를 파괴하는가? 앞의 이애순 할머니는 "나한테 가족이란 건 중요한 것", "나에게 제일 소중한 것은 자식"이라고 말한다.[38] 그렇게 소중한 자식들이 중등교육을 받을 나이가 되었지만 남편이 그것을 허하지 않자 그녀는 그때부터 모든 힘을 쏟아서 온갖 종류의 노동으로 돈을 벌어 자식들 공부시키는 일에 몰두했다. 그녀는 그 일을 위해서 자신을 철저히 삼가고, 바로 자신이 가장 소중하게 생각하고 그녀에게 가장 큰 "기쁨(樂)"이 되는 자식들을 위해서 자신을 내어주며 헌신했다. 그렇게 그녀가 30년 이상을 자신을 버리고, 삼가고, 흔들리지 않고 인간다운 삶을 유지하고 지속할 수 있었던 근거는 여기서는 바로 자식과 가족이라는, 그녀에게는 한편으로 '궁극(the ultimate)'이 되고 태극이 되는 '경(敬)'의 대상이 있었기 때문이다. 또한 그녀에게 무조건의 경의 대상인 자식이 그녀의 현재에 락(樂)을 선사했기 때문이다. 그녀는 비록 우리가 일반적으로 종교나 신앙이라고 부르는 것을 가지고 있지 않았다 해도 나름으로 일종의 신앙생활을 한 것이고, 그것이 그녀에게는 가족과 자식이라는 매우 세간적(世間的)인 대상과 관계한 경우이지만 오히려 여느 형식적인 종교보다도 역할을 잘한 경우라고 할 수 있다. 다시 말하면 우리의 의를 싹틔우기 위해서는, 그리고 삶에서 지속적으로 그러한 능력을 발휘할 수 있도록 하기 위해서는 공경과 사양의 대상이 요청된다는 것이고, 유교 전통에서는 보통 부모를 말하지만 이애순 할머니의 경우에는 부모보다는 자식이 그 역할을 했다.

부모를 일찍 여의었기 때문이기도 하지만, 오늘날 많은 한국 사람의 경우에도 부모가 생존함에도 불구하고 오히려 자식이 그 역할을 하는 경우가 빈번하다. 이것은 앞의 의(義) 이해에 따르면 오히려 경장으로서의 의가 사라진 경우이므로 비판받을 만하지만, 현실적으로 한국 사람들을 그래도 끝까지 인간적인 삶으로 붙드는 것이 자식인 경우가 다반사인 것은 한편으로 인간의 생의지(生意)에서 자식이라는 주제가 가지는 절실성과 보편성이 그만큼 크다는 것을 지시하는 것이라고 볼 수 있다. 비록 우리 사회의 비인간성이 그만큼 심각하다는 증거이기도 하지만 이렇게 해서 여기서의 우리의 문제는 삶에서의 궁극의 의미를 묻는 종교와 신앙(禮/信)의 물음이고, 우리 몸과 마음을 습관들이는 교육과 문화(樂)의 일이며, 그 일에서의 권위와 전통에 관한 물음이라는 것을 알 수 있다.

오늘 세속화 시대에 성(聖)과 속(俗)을 과격하게 실체론적으로 이분하는 종교의 방식은 더 이상 보편성과 진정성을 얻지 못한다. 거기서의 궁극자는 점점 더 외면당한다. 오늘 한국 사회에서 기독교 신앙도 더욱 더 자아와 부의 확장을 위한 하수인이 되어 감으로써 그 신앙을 통해 타자와 세계와 궁극에 대한 공경심과 사양심을 일깨우는 일은 더 어렵게 되었다. 오히려 그 반대의 현상을 불러오는 것이 오늘 한국 교회의 현실이다. 그렇다면 대안이 요청되는데, 오늘 21세기 인간 사회에서 그래도 보편적으로 그 안에서 내가 마음대로 할 수 없는 대상과 권위가 있다는 것을 경험하게 하고, 그와의 관계를 통해서 깨우쳐진 인간성을 계속 수행하게 하며, 거기서 보람과 기쁨을 느끼면서 그것을 담지하여 다음 세대로 전해질 수 있게 하는 마지막까지 남는 인간 공동체가 무엇일까를 묻게 된다. 거기에 대한 답은 '가족공동체'라고 할 수밖에 없다. 그런 의미에서 그 가족공동체 안에서의 관계의 윤리를 세속적인 예절이나 의식의 차원을 넘어서 '제사'와 '예배'의 차원으로까지 승화시켰던 유교적 내재 초월 영성을 다시 돌아볼 필요가 있다. 하지만 한편 우리도 잘 알다시피 오늘 한국 사회에서 이 가족공동체도 얼마나 부패할 수 있는가를 잘 알기 때문에 새로운 성찰이 필요하다.

나는 오늘날 한국 사회에서 벌어지고 있는 가장 위험한 일 중의 하나가 영유아의 보육과 양육을 점점 더 공공 탁아소에 맡기는 일이라고 생각한다. 아주 진보적인 복지법이라고 여겨지면서 그 공공탁아소의 보육 비용을 무상으로 하자 한국의 가족들은 자신의 아기를 앞다투어 집 밖으로 내놓고 있다. 인간의 마음이 인간성으로 채워질 수 있는 가장 기초가 되는 원초적인 시기까지도 긴밀하고 친밀한 인간관계 안에서 유지되는 것이 아니라, 거의 생리적 욕구와 필요만이 가까스로 채워지는 공공시설에 맡겨시면서 아이의 섬세한 인간적인 몸과 마음의 성장이 점점 더 어려워지고 있는 것이다. 영유아의 양육이란 인간성 양육의 초기의 일로서 그 일을 맡은 사람이 거의 모든 것을 떠맡아 안는 전적 책임의 일이다.[39] 그래서 매우 지난하고 힘들다. 따라서 특별한 경우가 아니라면 가족이나 친인척이 아닌 경우 수행하기 어렵고, 그런 맥락에서 인간 문화는 오늘 마음의 모성을 말하는 시대가 되었지만 여전히 몸의 모성을 중시한다. 이러한 고유성 때문에 만약 이 책임을 지금처럼 다른 사람이나 기관에게 맡기는 일이 용이해지고 그것이 관례와 습관이 될 경우 다시 돌이키기가 쉽지 않다는 것이다. 마치 인간 문명이 핵에너지의 유혹에 넘어가서 쉽게 핵에너지를 쓰다가 거기로부터 벗어나는 일이 참으로 어려운 것처럼, 영유아의 양육을 지금 당장의 얼마간의 이로움을 위해서 긴밀하고 친밀한 관계 반경 바깥으로 내모는 일은 무척 위험한 일이라는 지적이다. 그래서 그러한 선택에로 쉽게 내몰리는 '핵가족'의 위기와 '핵에너지'의 위기가 역사적으로 중첩되는 것은 결코 우연이 아니라는 지적이 나오기도 했다.[40]

물론 오늘날 이러한 강조가 모두 천편일률적으로 여성들이, 그리고 몸의 모성만이 아이들을 돌보아야 하고 돌볼 수 있다고 주장하는 것은 아니다. 그리고 그들이 모든 밖의 활동을 접고 경제적 활동을 그만두면서 가정내에서 육아에 몰두해야 한다고 주장하는 것은 더욱 아니다. 그러나 인간의 인간됨의 조건이 '관계성(體)' 속에서 살아가는 것이고, 그 관계성의 도와 예를 배우기 위해서 작은 반경의 긴밀한 인간관계에서의 지속적인 배려와 관심과 사랑이 꼭 필요한 것을 안다면, 현재와 같은 전면적인 공공육아 일변도의 정책은 재고되어야 한다는 것이다. 따라서 정부는 공공 어린이집을 대상으로 무상보육을 천편일률적으로 시행할 것이 아니라 각 가정이 후세대의 양육을 스스로 할 수 있도록 부모들의 양육 휴가와 휴직을 대폭 늘리고, 부모가 스스로 그 일을 할 경우 보육비를 그들에게 직접 지급하며, 지금까지의 가족공동체의 좋은 점들이 공공적으로 계속 활용되고 적용될 수 있도록 최선을 다해야 한다. 오늘 한국 사회에서는 노인들을 모두 요양소로 보내고, 아기들은 모두 공공 탁아소에 보내는 일이 동시에 진행되고 있다. 그러한 우리 사회의 범사회적 불의와 무례로 핵가족도 해체될 날이 머지 않았으며, 이것은 사회의 기반 자체가 무너지는 일이 되는 것을 주목해야 한다. 이렇게 될 때 사람들은 더 이상 삶에서 어떤 추구도 없이 허무와 우울에 빠지기 쉽다. 궁극에 대한 관심은커녕 순간의 불편이나 자기 없음도 참지 못하면서 쉽게 두려움과 불신과 폭력, 조작적 쾌락과 퇴폐, 음란에 빠진다. 오늘날 선진국들이 앞다투어 가족과 사회의 일이 양립될 수 있도록 여성들을 위해서 각종 제도를 고치고, 무엇보다도 아기 양육의 일을 우선으로 해서 모유 먹이는 일, 산모와 양육하는 가정의 건강과 경제 형편을 배려하는 일, 동성 간의 결혼을 포함해서 어떤 형태로든 가족의 형태를 유지시키고자 하고 권장하는 일 등은 모두 같은 이유에서 나오는 개혁이다라고 할 수 있다.[41]

아렌트는 건강한 공동체와 참된 교육을 위한 종교와 권위, 그리고 전통의 "로마적 삼중주(Roman trinity)"를 이야기했다.[42] 그녀에 따르면 권위가 없이 산다는 것, 그리고 권위의 기원이 현재의 힘과 그 힘을 가진 사람을 넘어서 있다는 것을 모르는 것은 성스러운 시원에 대한 믿음도 없이, 또한 전통적인 것이어서 자명한 우리 삶과 행동의 기준도 없이, 그저 모여 살면서 그 삶의 기본적인 문제들에 적나라하게 내몰려 있는 모양이라고 지적한다. 그러므로 권위와 전통과 종교가 없이 산다는 것은 처음부터 완전히 다시 새롭게 시작해야 하는 위험과 부담에 노출된 것을 말하며, 그런 부담과 위험을 완화시켜 주고 이 세계에 우리보다 늦게 도착한, 새로 온 세대들을 도와주고 안내해 주는 일인 교육과 문화가 취약한 삶을 말한다. 그래서 그 전통과 권위에 대한 의식과 믿음의 덕을 전해주고 심어주는 초기 양육에서의 긴밀한 인간적 돌봄과 배려는 매우 중요하다는 것이다. 인간 공동 삶의 지속을 위해서 꼭 긴요한 일이고, 그것은 한마디로 예(禮)의 체화를 돕는 일인 것이다.

그런 맥락에서 아렌트는 교육은 정치와는 달리 "보수적(conservative)"이어야 한다고 했다. 왜냐하면 아이들이 탄생할 때 각자 지니고 태어나는 새로움을 꽃피우기 위해서는 시간이 필요하고, 그 새로움을 꽃피우기 위해서 과거의 세계를 성실히 소개하고 안내하는 교육이 요청되기 때문이다. 이 세계에 기성세대보다 "늦게(beleted)", 새로 온 아이들은 마치 진주조개 잡이가 바닷속에 들어가서 진주를 찾듯이, 과거에 일어났던 끊임없는 새로워짐의 역사인 전통의 바닷속에 들어가서 정제된 역사적 사실들을 찾아내어 그것으로 현재를 이해하고 비판하고, 그것에 견주어서 자신의 새로움을 찾아내어 거기에 다시 고유하게 보태는 일을 할 수 있도록 하기 위해서이다.[43] 그렇기 때문에 그녀는 교육에서의 기성세대의 책임을 특히 강조하면서, 권위란 책임에서 나오는 것이고 권위 없이 교육은 이루어지지 않는다고 강조한다. 현대 교육이 20세기를 어린이의 세기라고 하면서 전통을 가르치지 않고, 아이들의 흥미만을 강조하며 그들을 철저히 자기 세대들만의 세계에 방치하는 것은 대단히 무책임한 일이라고 비판한다. 또한 그녀는 오늘날 '오직 행한 것만을 알 수 있다'는 기치 아래 배움이 온통 활동으로 대치되고, 공부가 놀이로 환원되는 것은 잘못된 것이라고 지적한다. 이러한 아렌트의 현대 교육 비판이 한국 교육의 현실—특히 유치원과 초등학교의 교육—에는 교육이 너무 책과 이론 중심이어서 문제가 되므로 잘 적용되지 않는 측면이 있지만, 크게 보면 철저히 실용과 입시 위주의 교육으로 전락하여 전통과의 씨름을 통한 진정한 사고력을 기르는 교육이 되지 못하는 것을 보면서 시사하는 바가 크다. 객관적이고 단편적인 정보 습득 위주에 머무는 한국 교육에 대한 의미있는 비판이다.[44]

장이 많이 다르지만 17세기 조선의 정하곡도 그 사고의 전개에서 양명의 심즉리와 지행합일의 주체사상을 받아들여 생리(生理)와 진리(眞理)의 창 발력과 직관력을 매우 강조했지만, 다시 말년으로 갈수록 '경학(經學)' 공부의 뜻을 밝히고 전심을 다해 새롭게 전통의 경전들을 이해하고자 했다. 그는 만년에 이르러서 『사서해(四書解)』, 『정성서해(定性書解)』, 『경학집록(經學集錄)』, 『심경집의(心經集議)』 등을 저술하면서 자신이 발견한 인간 정신의 원리에 입각해서 그 도야를 위해서 전통의 경전들이 어떤 가르침을 주는지를 깊이 있게 탐구하였다. 그의 『존언』이나 『학변』이라는 저술의 이름 자체와 말년의 심도 깊은 경학에의 천착에서, 양명학이라는 전통의 바다에서 건져 올린 진주에 조선의 성리학자로서의 자신만의 새로움을 보탠 것이 잘 드러난다.[45] 그의 일생의 탐구는 참된 인간성의 추구를 통한 세상의 평화였고 그 일에서 주체의 창조성에 대한 웅대한 믿음과 동시에 전통과 권위에 대한 깊은 존숭, 본래적 사실성이 훼손되지 않은 경전의 회복과 자신만의 고유한 해석, 글공부와 사회적 실천의 하나 됨, 깊이 있는 형이상학과 세상을 위한 경세학의 통합 등을 대안으로 제시하면서 새로운 유교 공부(聖人之道)의 지평을 이어나간 것이다.

한국 사회에서 자연의 학교인 가정적 삶이 점점 더 위기에 빠지고 있다. 정치는 어떻게 하든 알량한 경제적 대가를 구실로 한국 에너지의 마지막 광맥인 여성과 모성을 밖으로 끌어내서 그 생명력을 착취하는 데 혈안이 되어가고 있다. 자아와 돈의 노예성에 사로잡힌 교육은 오늘의 가정적 삶을 파괴하는 주범이 되었다. 또한 사회와 더불어 점점 더 외형에 집착하고, 대형화 되고 기업화되는 기독교회를 포함한 종교도 더 이상 공적 가정과 가족의 역할을 하지 못하고 오히려 또 다른 노동 현장처럼 그 구성원들을 더욱 피곤하게 한다. 이러한 사회에서는 성공과 당당함, 자기과시와 액션, 시작만이 강조된다. 자기 겸양과 겸손, 인내와 진지한 사고와 성찰을 통한 문제 제기는 폄하되고, 리액션은 점점 드물어지고 과소평가된다.[46] 한마디로 자기 삼감의 인간적인 예(禮)는 점점 사라지고 인간 함께함이 삭막하고 고독한 사막처럼 변해 가는 것을 말한다.

어린 시절 인간적인 배려와 관심으로 양육을 받지 못하고서는 참된 공경심과 사양지심을 배우기 어렵다. 또한 늙은 할머니나 할아버지가 가족으로부터 소외되고 외롭게 죽어 가는 것을 보는 아이들의 마음속에 참된 권위가 자라는 것을 기대하기 어렵고, 그 권위와의 관계가 없이는 길러지기 어려운 사양지심과 공경감이 매우 드문 것이 된다. 이애순 할머니의 경우 비록 부모가 일찍 돌아가시기는 했지만, 열 살 정도까지 '애순'이란 이름을 준 부모님 슬하에서 받은 배려로 그런 바탕의 힘을 얻지 않았을까 추측해 본다. 그녀는 자신의 딸에게도 말하기를, 아이들이 어렸을 때는 집에서 아이들 잘 돌보고 절약해서 알뜰하게 사는 것이 오히려 더 낫다고 했고, 그렇게 두 외손자를 잘 키운 딸과 사위와 더불어 친구처럼 지낸다고 한다. 작은아들 며느리에게도 같은 가르침을 주었다고 하고, 그렇게 해서 그들의 자녀들이 편안하다. 하지만 그녀에게도 고단한 삶과 권위 없음이 흔적을 남기지 않은 것이 아니어서, 그녀의 또 다른 자녀는 부모에 대한 공경으로부터 멀어졌고, 가족공동체로부터 떨어져나가서 그녀를 매우 가슴 아프게 한다. 나는 오늘날 많은 젊은 세대의 부모들이 자식들을 그렇게 귀한 존재로 여기지만 정작 그들을 위해서 시간을 쓸 수 없고, 함께할 수 없고, 돌볼 수 없어서 야기되는 우울과 절망이 큰 것을 안다. 자신이 귀하게 여기는 대상과 함께하고 거기서 얻는 기쁨과 더불어 편안해지는 것이 아니라 항상 분주하고, 여유가 없고, 집중할 수 없어서 불행을 느끼고, 그런 가운데 타인에 대한 배려나 자신을 기꺼이 사양하는 넓은 마음을 기르기 어렵다는 것이다. 삶의 현재적 기쁨(樂)을 누리는 가운데서 남의 것을 탐내지 않을 수 있는 힘과 통찰이 생기고, 자신을 기꺼이 내려놓을 수 있는 여유가 생긴다. 그런 가운데서 의(義)와 예(禮)가 실천되며, 그것을 통해서 인간의 공동 삶은 지속된다. 하지만 우리 시대의 상황은 그와는 반대로 점점 더 자신이 가장 소중히 여기는 것을 "증진시키는(augment)" 일에서 소외되어 가면서 진정한 삶의 기쁨은 날아가 버리고, 그래서 그러한 일들을 통해서 얻어지는 '권위(authority)'도 점점 남의 이야기가 되어 간다.

4. 지(智), 아렌트의 판단력 확장(the enlargement of the mind)과 하곡의 실심실학(實心實學)

앞의 이애순 할머니는 아침에 성경 읽는 것을 좋아하고, 특히 창세기를 좋아한다고 말한다. 창세기를 읽음으로써 "아, 사람이 이렇게 해서 생겨난 것이구나!" "아, 이렇게 해서 사람 사는 이치가 돼가는 것이구나!"라고 깨닫는다고 한다. 그런데 거기에 덧붙여서 그녀는 창세기가 어렵다고 말한다. 모르는 말들이 너무 많이 나오고, "그리고 그것은 외국 거잖아"라고 지적한다. 이 지적에서 우리는 기독교가 한국 땅에 들어온 이후 그 성경은 지금까지의 어느 종교 경전보다도 더 일상적이고 시대에 맞는 우리 언어로 번역되어서 배움이 짧은 사람들도 큰 어려움 없이 읽고서 세상의 기원 등에 대한 생각도 할 수 있게 했지만, 그러나 이애순 할머니가 슬쩍 지나가면서 지적한 대로 여전히 외국 것으로 느끼게 하는 것을 알 수 있다. 이는 먼저 한국 기독교의 언어가 아직 충분히 토착화되지 않았고 현재화되지 못한 것을 가리킨다. 또한 한국 교회가 그렇게 배타적으로 강조하는 유대 기독교 전통의 세계 기원 이야기(창세기)는 할머니의 눈에도 우리 것이 아닌 외국 것으로 보인다는 것인데, 이 지적은 오늘 다원화 사회에서의 신학자들의 전문적인 고

민이나 성찰과 크게 다르지 않다. 즉 그녀의 눈에도 한국 기독교는 여전히 서구 중심적으로 보였다는 것인데, 나는 바로 이러한 지적에서 지식(知)이 아닌 '지혜(智)'를 만나고, 우리가 궁극적으로 삶과 배움에서 얻고자 하는 '상식(common sense)'과 지혜가 이러한 것이 아닌가 생각한다.

유교 전통이 우리 마음과 인간성의 네 번째 능력으로 꼽는 '지(智)'는 우리가 보통으로 많이 쓰는 단어인 '지(知)'에 날 '일(日)' 자를 더한 것이다. 그것은 지(智)를 얻기 위해서는 단순히 책을 통한 공부나 이성 훈련 등의 머리 공부만으로는 안 되고, 오래된 삶의 경험과 날마다의 몸의 체험과 지속적인 상고와 연마가 필요하다는 지적이라고 하겠다. 지혜는 그런 의미에서 대상에 대한 단순한 지식이나 정보가 아니라 그것으로써 우리 삶의 판단 기준을 얻는 것이고, '시비지심(judging)'이 되어서 무엇이 옳고 그른지를 구별하고 선택할 수 있도록 하는 인생의 나침반이 된다. 플라톤은 『메논』에서 어떻게 하면 덕(德) 있는 사람이 될 수 있을까? 덕은 가르쳐질 수 있는 것인가? 지식과 덕과의 관계는 무엇이고, 지식을 배운다는 것은 어떤 것인가? 등의 질문을 하면서 그 마무리에서 덕을 "신성한 기운의 시여"와 관계시켜 설명했다. 즉 덕은 단순한 지적 교육으로 얻어지는 것도 아니고, 돈과 권력으로 어떻게 해 볼 수 있는 것도 아니며, 인위적으로 억지로 구겨 넣을 수 있는 것이 아닌 어쩌면 하늘의 도움으로나 체현될 수 있는 것이라는 시사라고 생각한다.[47] 나는 이것이 바로 '날 일(日)' 자(字)의 첨가의 의미라고 생각한다. 날 일은 우선은 태양을 가리키면서 곧 우리 생명과 지혜의 더 근본적인 기원은 그렇게 하늘이라는 것을 지시해 준다. 또한 그 근본적인 앎에 근거해서 참된 지혜는 하루아침에 이루어지는 것이 아니라 날마다의 실행과 성찰과 몸의 체험과 관련해서 습득되는 지속적인 삶의 일이라는 것을 가리킨다. 그런 의미에서 그것은 하나의 은총이고, 믿음이며, 몸과 마음의 통합적 체득이기 때문에 우리 삶에서 직면하는 여러 상황에서 무엇이 옳고 그른지를 자연스럽게, 보편적으로, 상식으로 판단할 수 있게 해 준다는 것이다.

그래서 지혜는 지식과는 달리 만인 평등의 근거가 되고 희망이 된다. 누구든지 자신의 마음에서 구해서 실천에서 습득하고, 삶에서 연마할 때 얻을 수 있는 것이다. 이애순 할머니는 비록 학교는 다니지 않았지만 지혜롭다. 그녀는 오랜 기간의 살림과 노동으로 우리 삶을 증진시키고(augment) 확장하는 삶의 지혜들을 많이 알고 있다.[48] 어떻게 하면 쌀을 벌레 생기지 않게 잘 보관하는지, 쌀뜨물을 이용해서 어떻게 피부병을 고칠 수 있는지, 마당 한 구석에 부추를 심어 놓고 매년 돌보지 않아도 새로 나는 부추로 어떻게 식탁을 꾸미고, 쓰레기봉투를 낭비하지 않으면서 쓰레기 처리를 잘 할 수 있는지 등, 그녀는 자신의 살림 지혜와 때때로 생활에서 난감하고 당황스러운 일을 당했을 때 남들이 미처 생각해 내지 못하는 방식으로 일을 잘 처리하는 것에 긍지를 가지고 있다. 정치적 감각에 있어서도 그녀는 해방 후 어린 시절의 혼란스러웠던 정황과 6·25와 윤보선 대통령 시절의 사건들을 편린으로 기억하는데, 박정희 대통령 시절에 대해서 말하기를 고추장 도둑 같은 좀도둑이 없어져서 좋았고, 실업자들이 일이 생겨서 좋았으며, 육영수 여사를 '학여사'라고 하면서 보지는 못했지만 그녀가 어려운 사람들을 많이 살펴서 존경했다고 한다. 박근혜가 좋아서 찍어준 것이 아니라 부모를 모두 나라에 바쳤으니 불쌍해서 그랬고, 그래서 "(박근혜가) 한 번 해 먹어야 해"라고 말한다. 이러한 시각은 보통 우리가 보수와 진보를 천편일률적으로 나누는 방식을 뛰어넘고, 그녀의 이러한 판단은 보수와 진보의 양진영 모두에게 생각거리를 던져 준다.

그러한 그녀의 삶에 대한 재발견인 극단 크리에이티브 VaQi의 연극 〈몇 가지 방식의 대화들〉에서 사람들의 생각에 가장 큰 파문을 던진 것은, 그녀가 꽤 긴 시간(20여 분 동안) 동안 앉은 자세로 무대 바닥을 쓸고 걸레질하면서 두 바퀴나 도는 장면이었다. 2시간이 되지 않는 연극 중에서 20여 분은 긴 시간이었고, 영원히 지속될 것 같은 시간으로 느껴지기도 했다고 한다. 사람들은, '한 바퀴만 돌지', '쓸기만 하지'라고 생각하며 왜 그녀가 그렇게 연극에서 끝날 것 같지 않은 긴 시간 동안 바닥을 쓸고 닦는 일을 계속하는지를 아주 의아해 했다. 나는 그것에 대해서 이렇게 생각해 본다. 즉 일상의 생명을 낳고 살리는 살림의 일은 그렇게 지겹고, 지속되고, 반복적이고 힘들어서 결코 매력적이지 않고 한두 번으로 그치는 일이 아니지만, 바로 그러한 평범하고 지속되는 일들을 통해서 생명이 탄생하고 자라고 돌봄을 받는 것을 가르쳐준다고. 생명 살림(生物)의 일은 그렇게 눈에 잘 두드러지지 않지만 지속적이고 간단없이, 구석구석 성심을 다해서 살피는 일이라는 것을 지시해 주는 의미라는 뜻이다. 그것은 이미 『중용』의 지혜가 하늘의 도인 성(誠)에 대해서 말하면서 "지극한 정성은 쉬는 것이 없으니, 쉬지 않으면 오래고, 오래면 징험이 나타난다(故至誠無息, 不息則久, 久則徵, 『중용』 26장)"고 한 것과 유사하고, "유구함은 물(物)을 이루는 까닭(悠久所以成物也)"이고, "성실함은 만물의 시작과 끝이고, 성실함이 없으면 물이 생기지 않으니 군자는 성실함을 귀히 여긴다(誠者物之終始, 不誠無物, 是故君子誠之爲貴, 『중용』 25장)"고 한 것과 같은 의미라고 여긴다. 이애순 할머니의 일생은 바로 그러한 성실함의 지속의 일이었고, 그래서 거기서 많은 것들이 생겨났고 창조되었으며, 삶이 증진되고 성취되었다. 할머니가 바로 오늘 연극의 주인공이 된 것도, 이번 연극이 창조된 것도 바로 그러한 그녀의 성실과 지속성의 실천 덕분이라고 해석할 수 있다.

인간 행위력과 활동에 대한 큰 믿음을 가지고 그것을 줄기차게 강조해 온 한나 아렌트였지만 그 유명한 예루살렘의 아이히만 사건을 겪으면서 무조건적으로 행위력을 강조하는 것은 큰 오류를 불러올 수 있다는 것을 깨달았다. 즉 자신의 행위를 성찰할 수 있고, 그 의미를 판단할 수 있는 인간 사고력이 매우 중요한 것을 확인하고, 그래서 그녀는 말년이 다가올수록 다시 인간 정신력의 탐구에 집중하였다(vita contemplativa). 하지만 그것은 단순한 서구 전통의 차가운 주지주의로의 회귀가 아니라 참된 인간 판단력은 인간 모두의, 참으로 단순하고 직접적이고, 직관적이며 우리 몸의 감각과 마음의 자연스러운 감정과 매우 밀접히 연결되어 있는 것으로 보았다. 그래서 그녀는 말년의 작품 『정신의 삶(The Life of the Mind)』에서 그 사고력을 특히 칸트의 '판단력 비판'과 밀접히 연결시키면서 참으로 단순하게 우리의 미감, 자신이 무엇을 좋아하고 싫어하는지를 아는 취미(taste), 상대방의 처지를 미루어 헤아릴 수 있는 공감력(sympathy)과 상상력, 그리고 더욱 보편적으로 시대의 보통인들이 삶에서 자연스럽게 얻게 되는 상식(common sense) 등으로 파악했다.[49] 이것은 그녀가 사고력과 판단력을 매우 실천적이고 구체적이며 결코 일상의 삶과 공동체적인 보편과 떨어져 있는 것이 아닌 것으로 파악하고, 그것의 신장과 확장은 일상의 구체적인 삶의 반복과 몸과 마음의 편안함(利)과 즐거움(樂) 등을 통해서 이루어지는 일이라는 것을 간파한 것을 말해준다.[50] 그녀는 아이히만의 어린 시절과 성장 과정을 돌아보면서 그가 당시 제국 시대 말기의 상황에서 가정과 학교, 직업 세계에서 어떻게 혹독한 대우를 받았고, 수단과 도구처럼 취급을 당했는지, 그의 인간적 선호와 감정과 일상의 교류가 어떻게 억눌려졌는지 등을 살펴보았다. 그의 끔찍한 공감력 부재와 상식의 상실, 감정적 메마름 등은 그의 모든 활동력에도 불구하고 바로 그러한 삶의 부재에서 온 것이라는 판단이다.

정하곡의 '실심실학(實心實學)'이 나는 이러한 아렌트의 판단과 매우 잘 연결될 수 있다고 생각한다. 그러나 그의 말년의 경학에의 천착은 결코 그가 생리(生理)와 진리(眞理)가 아닌 물리(物理)에 매달려 있을 뿐이라고 비판한 주희식 이론 중심의 공부로 회귀하는 것이 아니다. 오히려 더욱 더 능동적이고 실천적이며 참되고 구체적인 성과(利)를 가져다 주는 공부를 위한 방법의 심화를 말한다. 그는 이미 『학변』에서 말하기를,

> 성현의 교훈이 비록 천 마디 만 마디의 말이라 하더라도 학문하는 데서는 이 마음의 천리(天理)를 보존하고자 하는 데 불과한 것이다. 이미 마음의 천리를 보존하고자 한다면 자연히 선각에게 물어서 바로잡고 옛 교훈을 상고하여 허다하게 묻고 분변하며 생각하고 찾아내는 공부가 없을 수 없으므로, 이 마음의 천리를 다하기를 구하는 것이다. 그러나 그 취지는 이 마음의 도에 정밀하게 하는 소이가 아닌 것이 없을 뿐이다.

라고 하면서 경학 공부와 구체적인 삶에서 일을 살피는 것이 결코 두 가지 일이 아님을 강조했다.[51] 그는 공자의 제자 안회가 학문을 좋아했다는 것(顏回好學)을 공자가 그의 「학이편」에서 이야기한 '행하고 남은 힘이 있으면 곧 글을 배운다(行有餘力, 則以學文)'의 의미로 해석하는 것을 선호했고,[52] 또한 "성인(聖人)의 도는 다른 것이 아니라 오직 이륜(彛倫)과 명교(名敎)와 예법(禮法)의 일(事)일 뿐이다. 그러므로 학문하는 일도 다른 것이 아니라 역시 오직 나날이 쓰는(日用) 인정(人情)과 사물(事物) 사이에 있을 뿐이다"라고 하면서 아렌트와 유사하게 우리의 생각하는 힘과 판단력이 현실과 일상에서 감정과 공감력과 공경심으로 드러나고, 그러한 실천적이고 기초적인 심력의 단련이 우리 공부임을 천명했다.[53]

이미 34세 때의 「임술유교(壬戌遺敎, 1682)」에서 "실학(實學)"이라는 용어를 쓰면서 학문과 배움이 참된 인격의 성취를 이루는 공부이어야 한다고 강조한 하곡[54]은 다시 42세 무렵에 쓴 「존언」에서 이렇게 밝혔다.

우리 학문은 안에서 구하고 밖에서 구하지 않는다. 이른바 안에서 구한다는 것은 안으로만 살피고 밖의 일을 끊는다는 것이 아니다. 오직 안에서 스스로 만족할 만한 것을 찾는 것이어서 밖에서 득실을 일삼지 않는 것이다. 마음의 시비를 다하고 다시는 남이 내린 시비에 휘둘리지 않는 것이며, 사물이 근본적으로 진실하도록(實於事物之本) 돕는 것이며, 다시는 사물의 현상에 얽매이지 않는 것이다. 내 안에 있을 뿐이다. 어찌 남에게 관여시킬 것인가?[55]

그가 80세 때인 영조 4년(1728)에 왕과 나눈 대화록(『연주(筵奏)』)을 보면 하곡은 당시 파벌 정치의 극심한 혼란과 되풀이되는 야만 속에서 절실하게 노학자의 도움을 요청하는 영조에게 자신의 병과 고령을 들어서 한껏 사양하지만 "실심(實心)으로 실정(實政)을 행하는 것이 제1의(第一義)이고, 긴요한 공부"라고 강조했다.[56] 그는 또한 자신은 "필부(匹夫)"에 불과할 뿐이라고 하면서 자기에게는 "실학(實學)"이 없으니 물러가겠다고 간청하면서도 영조에게 "근본"을 세우는 공부를 말하고, 외우는 공부를 주로 할 것이 아니라 "신독"을 통해서 "중화"를 이루는 공부를 하라고 당부한다. 그리고 그 공부란 따로 특별히 구별된 시간에만 하는 것이 아니라 근본이 선 공부이기 때문에 "하늘의 운행이 쉬지 않고 또한 일월이 늘 밝음과 같이" 그치지 않는 공부라고 하면서,[57] 중화와 탕평의 정치를 펼치는 일에서도 "요순 같은 성인으로도 혼자 하지는 못하였"으므로 "반드시 여러 사람의 착한 것을 널리 모아서 조정 신하들과 더불어" 할 것을 간청했다.[58]

이와 유사하게 한나 아렌트도 우리 정신의 판단력이 공통감으로서의 "상식(common sense)"의 차원을 가지는 것을 강조하면서 우리 삶에서 점점 더 행위자보다는 그 행위를 관람하는 "관객(spectator)"을 중시하는 방향으로 나아간다. 천재와 행위자가 위대한 것을 만들고 아름다운 것을 발견하여 그것을 전달할 만한 것으로 만들지만, 그녀에 따르면 그것을 알아주고, 보아주고, 판단해서 전해주는 다수의 관객이 없이는 결코 그들의 위대성과 의미성이 드러날 수가 없다. 그래서 인간 삶과 역사에서 결국 의미의 열쇠를 쥐고 있는 것은 판단자인 관객이라는 것이 그녀의 성숙한 지혜이다.[59] 또한 거기서의 관객의 의식은 다시 "다른 관객들"의 판단을 염두에 두어야 한다. 이렇게 함으로서 하곡에게도, 아렌트에게도 위대하고 특별한 지식보다는 삶의 토대와 근본이 되는 상식과 중용이 더 중요하고, 다수의 공동체에서 일상의 삶을 통해서 이루어지는 "공통감(덕)"을 기르는 일이 무엇보다도 긴요하다. 그것이 모든 정치와 교육·문화의 제일의 관건인데, 비록 천재나 위대한 행위자는 아니지만 무엇이 인간적인가를 보편적으로 알아볼 수 있는 판단으로 이 세상에서 계속 존재해야 할 것을 사심 없이 구별해 낼 수 있는 다수의 자유인과 상식인, 그들이 이 세상을 유지하는 근간이 됨을 밝힌 것이다.[60]

이애순 할머니는 연극에서 세상의 온갖 소용돌이 속에서 어찌할 줄 모르고 혼동에 빠져 있는 젊은이들이 지친 발걸음으로 자신의 집을 방문하자 "밥 먹자"고 청한다. 여느 때와 다름없이 그녀의 전기밥솥에는 밥이 익어 가고, 밥이 다 되자 그들에게 밥을 퍼 주고 같이 앉아서 서로 물도 따라 주면서 밥을 먹는다. 밥은 하늘이고, 일상이며, 밥은 햇빛이고, 밥은 공동체이다. 밥은 평범이며 지속으로서 구체적인 생명의 토대(利)이다. 그 밥을 그녀는 매일 아이들을 위해서, 가족을 위해서, 이웃을 위해서, 낯선 사람들을 위해서 지으면서 살아왔다. 그녀의 밥 짓는 일에는 우리 삶의 생명 원리인 '인의예지(仁義禮智)'와 '친현락리(親賢樂利)'의 원리가 모두 녹아 있다. 그녀 마음속의 생리로서 탄생과 더불어 하늘로부터 받았고, 삶의 온갖 역경에도 불구하고 잘 간직하고 일구어 왔다. 그래서 그녀는 우리가 기다리는 제2의 그리스도, 여성 그리스도의 모습으로 다가온다.[61]

우리가 먹는 밥, 우리를 양육하는 식량은 땅의 선물이며, 태양의 선물일 뿐 아니라, 수백만 년 동안의 진화의 선물이다. … 밥을 주는 이는 생명을 주는 이다. 또한 실제로 다른 모든 것도 주는 이다. 그러므로 이 세상과 다음 세상에서 행복하기를 누리고 싶은 이들은 특별히 밥을 주려고 애써야만 한다. … 밥은 진실로 생명을 보존하며 밥은 생식의 원천이다. … 사람이 거스르지 말아야 할 규율은 이것이다. 밥을 풍성하게 마련하도록 모든 노력을 아끼지 말라. 그 풍성한 밥은 모두가 함께 나눌 것이라고 세상에 알려라.[62]

5. 세월호 참사와 우리 희망의 근거

지난 세월호 참사를 당해서 갑작스럽게 세상을 떠난 아이들을 꿈에도 못 잊는 가족들과 모성과 부성, 형제자매와 이웃들의 한과 그리움과 애통함을 담아서 〈한겨레신문〉은 2014년 6월부터 '잊지 않겠습니다'라는 제목으로 김기성, 김일우 기자의 소개 글과 박재동 화백의 그림으로 그 아이들 한 명 한 명을 그려냈다. 1면의 오른쪽 한 부분을 채우는 그 기사는 아이들의 특징을 캐리커처식으로 그린 박 화백의 그림 아래 주로 남은 가족 중 한 사람―거의 90% 이상이 그 엄마―의 사무치는 편지가 실리고, 그 아래 기자들이 아이가 살아생전 어떤 아이였는지, 어떤 특징을 가졌고, 무슨 꿈을 꾸고 살았으며, 가족들과 친구들과는 어떻게 지냈고, 취미와 특기가 무엇이고, 어떤 마음씨의 사람이었는지 등을 짧지만 생생한 언어로 소개한다.

나는 이 기사를 주의 깊게 읽으면서 우리 사회에 지금과 같이 끔찍함, 비인간성, 거짓, 교만, 자기도취, 욕심, 부패 등이 만연함에도 불구하고 그것을 넘을 수 있는 희망의 근거를 보았다. 그런 비인간성이 마지막 언어가 아니라는 것, 그 모든 악덕에도 불구하고 한국이라는 국가는 미래를 가질 수 있다는 것, 어쩌면 거기서 더 나아가서 지구 삶의 새로워짐과 앞으로의 나아감을 위해서 다른 길을 제시해 줄 수 있을지도 모르겠다는 생각을 조심스럽게 했다. 그곳에 주인공으로 등장한 아이들과 가족들의 삶은 아주 평범한, 아니 어쩌면 많은 경우 한국인 평균의 삶보다 못할 수 있지만, 거기 그 짧은 글 속에 나타난 그들의 일상은 참으로 지극한 인간성의 보고였다. 그들의 이야기는 전적으로 애틋한 부모 사랑과 자식 사랑, 미래에 대한 선한 꿈, 소박한 삶의 기쁨과 아름다움, 자기희생과 공손함과 겸손, 약자에 대한 배려 의식과 하나 됨의 즐거움 등으로 가득 채워져 있었다. 어떻게 그렇게 하나같이 엄마와 딸 사이가 좋은지, 아이들이 어려운 환경에서 자라면서 엄마 아빠를 위해 바리스타, 피부미용사와 한의사가 되고 싶어하고, 몸 약한 엄마 인스턴트식품 먹는다고 요리사가 되어서 부모를 잘 보살펴 드리고 기쁘게 해 드리겠다는 이야기가 다반사였다. 가족들의 화목을 위해서 노력하던 아이들, 힘들게 일하는 부모에게 조금이나마 힘을 덜어 주기 위해서 자신의 욕구를 내세우지 않으면서 서로 참고 살아가던 이야기, 같이 여행 다니던 일, 야근이나 자율학습 때문에 늦게 집에 돌아오는 가족들이 서로 격려하던 이야기, 선생님과 친구들과 함께 어떻게 재미있는 학교생활을 했는지, 개인적 어려움과 한계를 서로 보듬고 아파하던 이야기, 특별히 같이 나누어 먹던 음식들, 기억에 남는 각별한 경험들, 더 어려운 사람들을 도와주려는 뜻에서 나온 미래 희망과 실질적인 직업 선택 등…. 나는 그 정도로 우리 시대에 많은 사람들이, 온갖 비인간성에도 불구하고 인간성을 잃지 않고 있었고, 선한 마음으로 살아가고 있었다는 것을 보면서 바로 그런 씨알의 마음이 있는 한 우리 사회는 결코 희망이 없지 않다고 생각했다. 보통 사람들의 마음 밭이 그와 같은 정도로 가꾸어져 있는 것은 쉽지 않은 일이라는 점에서 한국인들의 오랜 종교와 문화 전통의 힘을 생각했다.

하지만 이런 보통 사람들, 세월호 가족들이 지금 매우 힘들고 아프다. 자발적인 생래의 생명력을 가지고 인간성을 키우며 꿋꿋하게 살아왔지만 삶의 역경이 너무 클 경우 거기서 생명과 삶은 잘 피어나지 못하고 죽음을 생각하고, 병들고, 죽고, 왜곡되는 것이 자명하다. 이애순 할머니의 경우도 아픔이 없지 않아서 그녀와 몇몇 자녀들은 혹독한 삶의 시간들을 견디고 이겨내 지금은 행복과 감사를 말하지만, 어떤 자녀는 사고와 감정의 극심한 메마름을 보여 준다. 연극 중에 자꾸 흐르는 그녀의 눈물은 많은 것을 이야기해 준다. 그러나 앞에서 살펴보았듯이 이들이야말로 가장 자연스러운 인간성의 담지자들이고, 수행자들이며, 전달자이기 때문에 이들의 존재는 앞으로 우리 삶과 사회의 지속을 위해서 필수불가결하다. 그들은 스스로를 주장하지 않으면서 인간성의 씨앗인 측은지심과 수오지심, 사양지심과 시비지심을 매일 일상에서 지속적으로 실천해 왔고, 그래서 인간이란 어떤 존재이며, 어떤 삶이 진정으로 인간에게 기쁨과 보람을 가져다주고, 그래서 인간 사회가 추구해야 하는 삶이 어떤 삶인지를 잘 알려준다.[63]

여기에 더해서 이번 〈한겨레신문〉의 '잊지 않겠습니다' 세월호 가족 이야기에서 또 한 가지 특별한 것을 발견했다. 그것은 그들의 '죽음'에 관한 생각인데, 이들은 모두 자기 자녀들이 그냥 죽었다고 생각하지 않는다는 것이다. 비록 몸은 죽었지만 그들은 그 아이들을 여전히 대화의 상대, 가족과 함께하는 존재, 하늘에서 친구들과 선생님들과 잘 지내면서 다시 만날 날을 기약하고 있는 존재, 이 땅의 가족들이 이 슬픔을 잘 견디며 꿋꿋하게 살아갈 것을 바라고 도와주는 존재로 보고 있는 것을 보았다. 즉 이들에게 몸의 마지막은 모든 것의 마지막이 아니고, 육체적 죽음이 모든 것의 끝이 아니며, 삶과 생명과 가족과 인간다움이 여전히 지속되는 것으로 알고 살아간다는 것이다. 그런 의미에서 그것은 어떤 종교의 삶과 죽음에 대한 이야기보다도 더 구체적이고 현실적으로 삶과 죽음을 넘어서 있는 것을 보여준다. 죽음이 그들에게 궁극적인 가로막힘이 아니고 사멸성은 인간의 또 다른 조건이지만, 탄생성과 사멸성은 여전히 같이 간다는 것을 그들은 알고 있고 그것을 살아 내고 있음을 볼 수 있었다. 말하는 방식과 생각의 형식은 다르지만 그들 모두는 하나같이 몸의 죽음이 마지막의 언어가 아니고 다시 만날 수 있다고, 꿈에 놀러 오라고, 다음 생에서 다시 보자고, 잘 기다리고 있으라는 이야기를 하면서 그 죽음까지도 받아들인다. 참으로 평범하지만, 인생에서 거의가 관객들이지만, 그들은 삶과 죽음 모두를 초탈, 아니 기꺼이 껴안고 길고 짧게 사는 것에 그렇게 연연하지 않으면서 자신들의 진솔한 인간성을 잘 보여준다.

맺는 말

이제 한국 사회와 정치와 종교가 이들을 돕는 데 더욱 적극적으로 나서야 한다는 것을 강조하면서 이 글을 마무리짓고자 한다. 이들이 계속 밥을 먹을 수 있도록, 이들의 밥솥에서 밥 짓는 냄새가 끊이지 않고, 이들의 가족적 삶이 계속되어 갈 수 있도록 살피고 배려해야 한다. 예전 예수의 생존 시절에 귀신 들려 괴로워하는 자신의 딸을 살리기 위해서 예수와 논쟁하다가 '개들도 주인의 상 아래 떨어지는 부스러기를 얻어먹는다'는 이야기로 예수조차도 승복하게 한 이방 여인 수로보니게(가나안) 여인(막 7:24-30, 마태 15:21-28), 열두 해 동안 앓아 오던 혈루병을 고치기 위해서 아무도 몰래 예수의 옷자락에 손을 대었다가 그것을 감지한 예수에 의해서 온전히 받아들여진 혈루증 걸린 여인의 이야기(마 9:18-26, 막 5:25-34, 눅 8:40-56)처럼 오늘날 많은 여인들이 아이를 잃고, 아이를 잃어버릴 위기에 내던져져 있고, 더 이상 밥을 하지 못하고 밥상을 차리지 못하면서 죽을 것같이 절실한 마음과 괴로운 마음으로 고통받고 있다. 그런 이들을 무조건적으로 받아들이고, 그들이 지금까지 한국 사회를 유지하는 근간이었고 앞으로도 다르지 않다는 것을 다시 깨달으면서 이들을 살리는 데 힘을 쏟아야 한다는 것이다. 이를 위해서 구체적으로 다음과 같은 네 가지의 실행 안건을 제안하고자 하는데, 그것을 우리 공동 삶의 근거와 지지대인 인의예지를 회복하고 기를 수 있는 기초로 보기 때문이다.

첫째, 그들의 탄생성의 인권을 무조건 인정해야 한다는 것이다. 이것은 조건 없이 성(聖)의 평범성을 확대하는 일로서, 지금까지 그들을 착취하고 차별하고 소외시켰던 악을 떠나서 그들 속의 인간성의 씨앗(仁)을 거룩의 존재론적 근거로 조건없이 받아들여야 한다는 요구이다. 둘째, 우리 사회의 의(義)를 회복하는 차원에서 부모와 노인 세대의 돌봄과 배려를 최우선으로 하고, 죽어 가는 그들의 고독을 내버려 두지 말아야 한다는 것이다. 한 공동체의 생존을 위해서 방부제와 같은 역할을 하는 의의 실천을, 늙고 힘없는 세대에 대한 배려로부터 시작하자는 말이다. 셋째, 영유아 돌봄을 가족과, 적어도 가족과 같은 공동체의 품으로 다시 돌려보내는 일이다. 오늘의 방기되는 육아를 국가가 다양한 형태의 가족공동체를 배양하는 일을 통해서 개선할 수 있다. 가족은 자연의 학교라는 점을 명심해서 가족의 해체를 막을 수 있는 대안을 제시하고, 각 종교 그룹들과 사회 공동체와 국가가 가족의 건강과 유지를 위해서 노력을 기울이자는 것이다. 넷째, 밥을 잘 먹이는 사회가 되도록 해야 한다는 것이다. 아침밥을 먹고 갈 수 없게 하는 학교 과정, 먹을 수 없는 밥을 주는 학교 급식, 저녁 밥상 공동체를 허용하지 않는 직업생활, 밥도 못 먹게 하는 최저 임금, 농민을 무시하는 농업 정책, 수입 농산물로 죽어가는 밥상 등, 이런 상황에 이의를 제기하고 누구든지 건강한 밥상에 마주 앉을 수 있도록 하는 정치·교육·종교가 되도록 하자는 것이다.

— 제2부 —

다른 기독교

The Other Confucianism,
The Other Christianity

한국 천지생물지심(天地生物之心)의 영성과 기독교 영성의 미래

1. 인류 삶의 변화된 상황과 종교 간의 대화

이 글을 쓴 시점은 제30회 런던 올림픽이 개막(2012.7.27)되어서 세계 205 개국에서 온 스포츠 선수들이 정상의 자리를 위해 진한 땀을 흘리고 있던 때였다. 세계 올림픽이 국가 간 국력 과시의 장이 되었고, 글로벌 기업들의 홍보 전장으로 변해 버렸다는 비판이 드세지만 '하나의 삶(Live As One)'과 '세 대에게 영감을(Inspire a Generation)'이라는 슬로건을 내건 당시 대회는 205개국 선수단 모두가 여성을 출전시키는 첫 대회로 기록되었다고 한다. 그러하니 인류 문명사에서 중요한 쾌거였지만, 그러나 거기서 더 나아가 출전한 여성 들의 면면을 살펴보면 긍정적으로 바라볼 수만은 없었다. 당시 대회에서 처 음으로 정식 종목으로 채택된 여자 복싱 경기에 출전한 미국 선수 퀸 언더 우드(Queen Underwood)의 이야기는 우리를 깊은 탄식에 빠뜨렸다. 자신의 언 니와 더불어 어린 시절 지속적으로 아버지에게 성학대를 당한 경험을 이야 기하는 그녀는 그 깊고 무서운 터널을 지나면서 받았던 상처를 치유하기 위 해 권투를 시작했다고 한다.[1] 어떻게 그러한 일이 일어날 수 있는가? 친아버 지에 의해서, 아직 어린아이였는데, 한두 번도 아니고 수년간이나 한 평범한 가정에서 아이가 홀로 그러한 일을 겪어 왔다는 이야기를 듣고 큰 고통을 느꼈다. 그런데 그것은 비단 서구 미국만의 일이 아니다. 한국에서도 당시 한 초등학생이 동네 어른에게 성폭행을 당하고 살해된 뉴스가 전해졌다. 무너진 핵가족에서 보살펴 줄 어른이 없는 가운데 거리로 내몰린 아이가 평소 신뢰하던 이웃 어른에게 비참하게 죽임을 당한 것이다.

오늘날 전 지구의 인류는 공통적으로 근대 산업문명의 폐해와 한계를 혹독하게 겪고 있다. 모두가 하나이며 다음 세대를 위하여라고 외치면서 최첨단 과학과 예술의 올림픽을 열고 있지만, 지구 어머니 자체와 거기서의 도반 생명들은 기후 환경 등의 변화로 큰 고통을 받고 있다. 탈민족주의를 외치면서 경제적 이익을 좇아 전 세계를 돌아다니는 신자유주의 경제제일주의의 횡포는 지구 인류를 크게 병들게 하고 있다. 자본주의와 공산주의는 근대 산업문명이 낳은 쌍둥이라는 지적대로, 오늘의 경제 제일주의의 물질주의는 전 세계적으로 1대 99라는 극심한 빈부 격차를 몰고 와서 가족을 해체시키고 있다. 거기서 노인과 어린이들의 고통이 제일 크고, 젊은이들은 쓰일 곳을 찾지 못하고 있으며, 점점 더 비싸지는 교육과 비인간적 노동으로 인간 존엄성에 대한 생각은 꿈으로밖에 알지 못한다.

그럼에도 인류 각 지역 문명의 토대를 이루어 온 종교는 오늘의 이러한 상황에 대해서 제대로 역할을 하고 있지 못하며, 오히려 서로 갈등하고 있다. 하지만 지구 문명의 회복과 재건이 종교 간의 대화와 평화 없이는 불가능하다는 인식에서 세계 종교 간 대화와 협력, 그리고 이해를 촉진시키는 일은 그야말로 어느 정치나 경제의 일 못지않게 중요하다는 것이 전 세계적으로 점점 더 뚜렷해지고 있다. 그런 의미에서 일찍이 한국에서 그 일을 선구적이고 독창적으로 수행한 변선환 선생님의 업적은 귀하다. 그는 동아시아의 기독교 신학자로서 키에르케고르, 칼 바르트, 마이켈슨(Carl Michalson)

등을 거치면서 어느 누구보다도 기독교적 유위(有爲) 신앙의 정수를 깊게 체화했지만, 거기에 머물지 않고 그에 강력하게 대면해 있는 인류 정신의 또 다른 보고, 무위(無爲)의 불교와 대화하면서 자신만의 고유한 '종교해방신학 (Korean liberation theology of religions)'을 전개하였다. 그에게 있어서 한국인과 아시아인으로서의 신앙적 주체성은 매우 중요한 문제였고, 그래서 그는 인도 신학자 피에리스(Aloysius Pieris)와 더불어 이제는 서구적 기독교가 "아시아 종교성이라는 요단강"과 "아시아의 빈곤이라는 골고다"에서 세례를 받아야 한다고 주창하였다.[2]

그는 갔고 또 시간이 흘렀다. 오늘날 지구촌 인류의 삶은 그가 살았던 시기와 또 다른 정황을 보여주고 있다. 그는 아시아 종교성의 핵심을 주로 불교에서 보았다. 그리고 20세기 실존주의적 기독론의 극진한 표현을 스위스 바젤의 신학자 후리츠 부리(Fritz Buri)의 "무제약적 책임적 실존의 자아의식 (die Unbedingtheit des personalen Verantwortlichseins)"에서 보면서 그것을 불교적 무(無)의식과 연결시킴으로써 아시아적 불교와 서구 기독교의 대화를 심화시켰다. 하지만 오늘 우리는 그가 살았던 시기보다 더 포괄적이고 보편적으로 우리 삶의 토대와 근거(지구, 국가 공동체, 가족, 신체적 몸 등)가 흔들리고 무너지는 상황을 마주하면서 그의 개인적·실존론적 시도는 그것이 기독교적 자아든 불교적 자아든 세계 소외(world alienation)의 무시간적 게토에 빠질 염려가 있는 것을 본다.[3] 즉 서구 전체주의 비판가 한나 아렌트의 개념으로도 매우 친숙해진 이 개념을 통해서 인류는 근대 산업문명이 과도하게 자아와 개인과 사적 영역에 대해서 집중하면서 타자와 세계와 공동체에 대한 의식과 관심을 잃고서 오는 삶의 위기로 더 크게 고통 받고 있는 것을 알 수 있다는 것이다.

거기에 대한 대안으로서 나는 한국 신유교(Neo-Confucianism) 전통과의 대화를 생각한다. 한국 기독교 신학의 역사에서 유교 전통과의 대화는 피할 수 없는 것이었다. 그런 맥락에서 변선환 선생도 그의 선배 신학자 윤성범 선생의 유교와의 대화를 귀히 여겨서 그의 유고를 손수 정리해서 사후 전집으로 발간될 수 있도록 하였다. 그러나 그럼에도 불구하고 변 선생의 의식에는 유교의 종교성에 대한 의식은 그렇게 크지 않았던 것 같다.[4] 그 이유는 당시 여느 다른 한국인 또는 아시아인에게서와 마찬가지로 유교적 가치는 당연한 보편이어서, 그것이 어떤 종교성이나 초월(聖)로서 의식되거나 부각되지 않았기 때문인 것으로 보인다. 당시 모든 사람들에게 '가족'이라는 가치는 삶의 당연한 기본적인 토대였고, '나이'와 '전통'은 힘든 무게로 느껴지기도 했지만 당연해서 아직 비판과 숙고의 대상이 아닌 자연스러운 존경의 대상이었다. '공적 세계(公)'는 우선적으로 우리가 예우를 갖추고 대해야 하는 삶의 토대와 권위였다. 가족과 이웃의 공동체는 항상 옆에 있어 온 가운데 특히 남성들에게 여성들의 모든 일상적 살림살이는 자신들을 위해서 언제나 거기 있어 온 대상이었고, 어머니와 모성은 그냥 당연한 여성들의 일상적 보편이었던 것이다.

하지만 오늘날 상황은 크게 변했다. 모두가 한 목소리로 현재 세계에서 진행되는 공적 세계의 위기와 함몰에 대해서 말한다. 또한 가족의 해체가 급속도로 진행되고 있으며 전통적인 모성과 일상적 가족의 삶은 하나의 신화가 되어가고 있다. 민족과 국가 공동체의 이념과 역할이 퇴색되면서 오늘날 일자리를 찾아서 세계를 떠도는 다국적 이주민들의 삶은 탈민족과 세계화가 어떻게 세계 민중들의 삶을 오히려 더 직접적인 폭력과 착취에 노출시키는지를 보게 한다. 세계 인류가 공통적으로 겪고 있는 이 같은 상황 앞에서 나는 유교와 기독교의 대화를 통해서 기독교 영성의 미래를 생각해 보고자 한다. 지금까지 유교는 대개 종교로 여겨지지도 않았고, 대부분 동아시아 낙후성의 주범으로 온갖 비난을 받아 왔다. 앞에서 지적한 대로 유교는 오륜(五倫) 등의 평범한 일상에 대한 이야기로 여겨져서 초월에 대한 이야기(God-talk)의 자리에서는 주목받지 못했다. 하지만 그 유교는 근래의 김상준의 연구가 잘 지적했듯이 '천하의 모든 일은 공(公)의 실현을 위해 나아간다(天下爲公, 『예기』)'[5]는 구절이 일러주는 대로 그 안에 깊은 공공성과 다원성에 대한 의미를 담지하고 있다. 또한 낮은 것을 배워서 높은 데 도달한다는 가르침은 오늘날 인류가 탈세속적(postsecular) 세계화 시대에서 이제 세속적으로 인간적 삶의 보편성을 회복해야 하는 과제 앞에 놓인 것을 생각할 때 하나의 세속적 종교(a secular religiosity)로 역할할 수 있는 것으로 보인다.[6] 변선환 선생님도 직접적으로 논하지는 않으셨지만 자신의 신학적 자전 「나의 신학수업」에서 북한에서 남한으로 넘어오면서 영영 헤어진 어머니에 대한 체험을 자기 의식의 기초로 토로했고, 누구보다도 첨예하게 실향과 가족해체의 고통을 감내하며 살았기 때문에 그의 특수한 신학적 물음도 더 깊은 곳에서는 이 물음과 맞닿아 있을 것이라고 생각한다. 이것으로써 유교적 물음은 그를 포함해서 모든 인간의 보편적인 물음이고, 오늘 우리의 정황은 바로 그렇게 삶에서의 보편적인 기초와 토대가 문제가 되었음을 밝히고 있다고 하겠다.

2. 천지생물지심의 생명관과 삶의 다원성, 그리고 공동 인간성

오늘 전 세계를 휩쓸고 있는 실리주의와 공리주의, 경제제일주의는 경제라고 하는 하나의 원리에 의해서 삶의 다른 모든 차원이 무시되고 억압되는 것을 말한다. 나는 그것이 더 근본적으로는 서구적 근대 문명의 물질주의와 깊이 관계되어 있고, 그 문명의 토대가 되는 기독교 절대주의와 거기서 실체론적으로 굳어진 기독론과 밀접히 연관되어 있다고 본다. 일찍이 아렌트는 그와 같은 서구적 실체론의 세계관이 정치적으로 표현된 20세기의 전체주의(Totalitarianism)를 잘 분석해 주었다.[7] 그것은 하나의 민족이나 나라, 한 종교적 세계관과 한 사람의 이익과 독점에 의해서 다른 모든 존재의 다양성과 자발성이 손상되고, 마침내는 모든 존재가 존재하기를 쉬고 그칠 때까지 독점을 지속하려는 속성을 말한다. 그와 같이 존재의 다원성과 자기 충족성이 한없이 손상되고, 삶이 목적과 수단의 영원한 순환고리에서 벗어나지 못하게 되는 상황에 대해서 아렌트는 플라톤의 언어를 빌려서 "단순한 사용물조차 그것의 척도는 신(神)이다(the god is the measure (even) of mere use objects)"라고 한 의미를 다시 상기시켜 주었다.[8] 즉 아무리 하찮은 존재라도 인간은 그 처분의 권한을 가지고 있지 않다는 것이다.

여기서 나는 아렌트의 견해에 많은 부분 공감하면서 동아시아 전통의 유교적·역학적(易學的) 세계관과 인간관을 대비시켜보고자 한다. 유교적, 또는 역학적 세계관과 인간관은 유대교나 기독교, 불교 등의 예언자 종교나 신비종교와는 달리 '현인종교(wisdom religion)'의 지혜 전통에 속한다. 그러므로 훨씬 더 보편적인(common) 인간성에 호소하는 것이고, 그런 의미에서 오늘 유교적 세계관을 말하는 것은 지금의 민족국가로서의 중국적 세계관을 말하는 것이 아니다. 한국 여성신학자로서 우리 시대의 물음을 위해서 유교와 대화하려는 이유는 바로 그 유교의 '보편성(commonality)'과 '인간주의(humanism)' 때문이라는 것을 밝힌다. 오늘날 우리는 지금까지 인간 삶에서 상식(common sense)이라고 생각해오던 인간성이나 가족, 모성 등의 해체를 급격히 겪고 있으며, 사실 지금까지 인산의 개별적인 종교 활동이라는 것도 이 보편적 토대가 있었기 때문에 가능한 것이었는데, 바로 그 토대와 근거가 무너지고 있다는 것이다. 앞에서 밝힌 대로 오늘 서구 근대 문명의 폐해가 적나라하고, 그래서 그 유신론적 종교의 한계 속에서 인간 존엄과 다원성의 근거를 탈세속적이거나 선험의 방식으로가 아니라 보편(聖/생명)과 다원성(性/정의)과 이곳과 수행(誠/평화)의 인간성 속에서 찾고자 한다면, 그것이 오늘 포스트모던 사회에서 지향하는 새로운 종교적 탐색이며, 나는 유교 전통이야말로 그것을 위한 좋은 근원이 된다고 생각한다.[9]

인(仁)은 공자가 평생을 통하여 주장해 온 중심 사상인데, 『논어』 전편에서 58장에 걸쳐 108자나 등장한다고 한다. "인자인야(仁者人也, 『중용』 20장)"라고 한 공자에 이어서 맹자는 "인야자인야(仁也者人也, 『맹자』 「盡心 下」 16)"라고 하면서 인이 한마디로 인간 자체를 지칭하는 것임을 강조했다. 이 인에 대한 이해를 여러 가지 각도에서 시도할 수 있지만, 나는 여기서 우선적으로 인간 존재와 삶의 다원성(multiplicity)을 지시하는 말로 이해하고자 한다. 한국의 유학자 이기동에 따르면 인이라는 글자는 '엄마가 배 속에서 아기를 배고 있는 모습', 또는 '사람과 사람이 서로 껴안고 있는 모습', 아니면 '한 사람이 다른 사람을 부축하고 모습' 등의 형상화라고 하는데,[10] 여기서 그 윤리실천적인 의미보다 먼저 다원성과 복수성이 인간성 자체이고, 인간(人)이 인간인 이유와 근거는 바로 같이함과 공동성, '관계맺음(ノ+乀 = 人 또는 仁)'에 있음을 밝히는 일에 집중하고자 한다. 이러한 이해에 따르면 그동안 유아독존적인 주체성(subjectivity)과 개인성(individual)을 향한 근대 인류의 모든 시도는 사실 잘못된 것이다. 그것은 인간 존재의 근본적 조건에 상치되는 것으로서, 아렌트의 지적도 있듯이 결국 고독한 자아의 전체주의적 파국과 온갖 종류의 종말론으로 치달을 수밖에 없다. 그녀는 특히 20세기에 나치주의나 스탈린주의로 표현된 전체주의를 인간 삶의 다원성(plurality)과 자발성(spontaneity)에 대한 "전적 테러(a total terror)"로 규정하였다.[11] 그러면서 거기서 사람들은 철저히 원자화(atomization)되고, 그 고독과 고립 속에서 "정신적 사회적 홈리스

(spiritual and social homelessness)"되었기 때문에 그들을 그와 같은 정도로 전체주의적으로 지배할 수 있었다고 한다. "오직 고립된 개인들만이 완전히 지배할 수 있다(Only isolated individuals can be dominated totally)"고 그녀는 지적한다.[12]

아렌트에 따르면 플라톤이나 어거스틴에게서 이미 나타나는 그러한 서구 사상사의 전체주의적 특성은 결국 정치와 공적 영역을 파괴했고, 자유(freedom)의 개념을 왜곡시켰다. 그녀에 의하면 다원성은 정치의 필요불가결한 조건이기도 하면서 동시에 정치의 자기 목적이기도 하다.[13] 정치의 의미란 한마디로 "자유(freedom)"인데,[14] 인간의 자유란 결코 자기 혼자만의 내면적 의지(willing) 등의 문제가 아니다. 타인과의 관계 속에서 행위(acting)와 관련되어 있으면서 오히려 자기 안의 동기나 목적에서 자유로우면서 밖에서 요구하는 "원리들(principles)"의 요청에 따라 새로운 것을 시작할 수 있는 능력이다.[15] 자유는 그렇게 인간과 현실의 다원성으로 인해서 생기는 세계의 사이(間)에서 "새로 시작하는 힘(the great capacity of men to start something new)"이기 때문에 타자의 존재가 요청되는 공적 영역이 아니고는 드러나지 않는다고 강조한다.

여기서 나는 아렌트의 사고가 동아시아적 유교 사고에 매우 근접해 있음을 본다. 그녀는 자신이 말하는 원리들이란 명예나 영광, 덕 등 개인 자아의 개별적인 의지나 동기들보다도 훨씬 더 객관적이고, 보편적(universal)이며, 밖에서부터 우리의 행동을 유발하는 삶의 가치들과 관계되는 "수행적 성격(the performing action)"을 가지는 것이라고 밝혔다.[16] 그런데 그것은 예를 들어 공자가 인간성의 핵심을 공동 인간성(仁)으로 보고서 그것을 '극기복례(克己復禮)', 즉 자기를 이기고 예(禮)로 돌아감으로 풀이한 것과 매우 잘 상통한다. 아렌트는 서구적 자유 개념의 한계를 보았고, 그리하여 좀 더 정치적이고 공동체적으로 인간 삶의 조건을 새롭게 탐색하였으며, 그 근저에서 서구 기독교 신관이 내포하고 있는 생명과 세상, 다원성과 활동적 삶(vita activa)에 대한 혐오의 정서를 보았다. 그래서 그녀는 자신의 어거스틴 탐색을 우리가 이웃사랑을 위해서 "왜 이 세상을 사막으로 만들어야 하느냐?(Why should we make a desert out of this world?)"라는 질문으로 대응했는데,[17] 오늘 기독교 영성의 미래를 위해서 우리의 유교 전통과의 대화를 의미 있게 만드는 질문이라고 생각한다. 바로 우리가 도덕적이고 윤리적이 되기 위해서 이 세상을 등지는 것이 아니라 그 안에서 공적 인간으로 살아가면서 이루어나가는 일임을 지적하는 것이다.

한국의 퇴계 선생도 그의 「성학십도(聖學十圖)」 '서명도(西銘圖)'와 '인설도 (仁說圖)'에서 인간의 일이란 "인을 구하는(求仁)" 일이며, 그 인을 구하는 일은 "성인(聖人)됨을 추구하여 자신을 성장시키는 일생의 여정(成聖)"이라고 밝혔다.[18] 유교 성학 공부, 즉 궁극점인 만물과의 일체를 이루는 공부는 진실로 인을 구하는 측은의 공부와 보살핌과 배려의 공부를 통해서 이루어지는 것임을 밝힌 것이다. 그는 이어서 그러한 구인성성(求仁成聖)의 일에서 "공(公)은 인을 체득하는 방법이니, 자기를 극복하여 예로 돌아가면 인이 된다고 말하는 것과 같다(公者, 所以體仁, 猶言克己復禮爲仁也.)"[19]라고 하면서 "대개 공적이면 어질게 되고, 어질게 되면 사랑하게 된다(蓋公則仁, 仁則愛)"는 인의 체득 방식을 더욱 구체적으로 밝혔다. 이것은 인간성을 체득하고 다듬는 방법과 길은 혼자서, 또는 단순히 자신의 내면(psyche)에 빠져 들거나 하는 일이 아니라, 다른 사람과의 관계 안에서, 삶의 다원성의 인정을 통해서, 거기서 스스로를 공적 인간으로 드러내면서 가능해지는 일이라는 것을 밝힌 것이다. 이것으로써 인간성이란 바로 그렇게 '관계성(仁)'이라는 것을 확연히 보여준다. 이것은 근대 서구의 전체주의적 주관주의나 자아 중심주의와는 달리 우리를 세우고, 공(公)을 확립하는 일을 관건으로 보면서, 타자와 세계가 오히려 나의 인간됨의 필수불가결한 근거와 토대가 됨을 밝히는 것이다.

아렌트는 자신의 전체주의 비판에서 전체주의는 삶에서의 "예측불가능성(unpredictability)"과 "개연성(the plausibilities of the world)"을 참지 못하고, 생명의 능동성과 자발성을 용납하지 않으면서 현실(reality)과 삶(life), 자연(nature)과 역사(history) 전체를 하나의 이데올로기로 지배하려는 기도라고 밝혀주었다. 이것은 매우 반(反)생명적인 사고이고, 자신의 목적에 대한 "초의식(ideological supersense)"에 사로잡혀서 모든 현실성과 현실 속의 다양함과 변화를 무시하는 사고이다. 그것은 결국에는 자신과 자기편까지도 삶의 정지와 철저한 무(無)(the nihilistic banality of homo homini lupus)로 몰고 가는 태도이다.[20] 이러한 막강한 배제와 망각, 또한 생명을 "단순한 하나의 물건(a mere thing)", "절대적 잉여(absolutely superfluous)"인 죽음의 상태로 내모는 전체주의와는 크게 대비되는 사고가 퇴계 선생이 주희가 『중용』의 언어로 "천지가 만물을 낳고 살리는 마음(天地生物之心)"이라고 한 것을 받아서 "천지에 있어서는 한없이 넓은 만물을 낳는 마음(在天地則快然生物之心)"이라고 했고, "사람에게 있어서는 따뜻하고, 사람을 사랑하고, 만물을 이롭게 하는 마음(在人則溫然愛人利物之心)"이라고 설명한 인(仁)의 사고인 것이다.[21] 퇴계 선생은 인간이 그러한 천지생물지심(天地生物之心)을 "자신의 마음으로 삼아서(而人之所得以爲心)" 태어난 것이라고 하는데, 나는 그러한 "낳고 살리는 따뜻한 사랑의 원리이고, 인의 본체(所謂 生之性, 愛之理, 仁之體也, 「第7 仁說圖」)"가 되는 그 마음을 한국 여성들이 자신들이 오랜 종교 전통과 역사에서 잘 가꾸어온 생명과 살림의 영성이라고 해석하였다. 그리고 그것으로부터 한국 여성신학의 창조적 영성을 바로 '천지생물지심(天地生物之心)의 영성'이라고 표현하였다.[22]

여기에서도 잘 드러나듯이 동아시아의 유교 전통은 매우 생명 지향적이다. 참으로 유기체적이며, 세내간적(世內間的)인 방식으로 초월과 궁극을 이야기한다.[23] 이러한 사고의 기초가 되는 『주역』은 "(생명을) 낳고 살리고, 또 낳는 것이 역(生生之謂易, 「계사전 上」5장)"이라고 했고, "천지의 큰 덕은 (생명을) 낳고 살리는 것(天地之大德曰生, 「계사전 下」1장)"이라고 했다. 그 천지의 큰 덕을 인간이 자신의 마음으로 얻어서 만물을 낳고 기르고 보살피는 존재(仁)가 됨을 말하는 유교적 인간관(人間觀) 또는 인관(仁觀)은 그러므로 그 자체가 동시에 우주관이 되고 신관이 됨을 알 수 있다.[24] 나는 인류 근대 문명이 이러한 유기체론적인 신유교적 생명관과 인간관·우주관과 더욱 대화함으로써 그의 반생명적 세계 치리와 유물론을 많이 극복할 수 있다고 생각한다. 야스퍼스의 제자이며 아렌트의 가까운 지인이었던 한스 자너(H. Saner)에 따르면, 서구 철학적 종교적 성찰에서는 인간의 탄생 문제는 거의 무시되었고, 대신에 죽음이 핵심 테마였다. 그는 그러한 서구 전통을 "탄생의 망각"의 전통이라고 명명하였다.[25] 아렌트 자신도 어거스틴이 기독교로 개종한 가장 결정적인 동기는 "죽음에 대한 공포(fear of death)"였다고 지적하며,[26] 이러한 전통은 하이데거에서 그 정점을 이룬다고 분석하였다.[27]

나는 이러한 서구 전통의 배경에 있는 기독교 영성의 초월신관과 실체론적 세계관을 신유교 내재신관과 생명 유기체적·역동적 사고와 밀접히 만나게 한다면 오늘 생명 경시와 공동체 파괴의 인류 문명적 난제를 푸는 데 좋은 기여를 할 수 있을 것이라고 생각한다. 그것은 바로 우리 삶과 일상과 만물의 영역을 '거룩(聖)'의 영역으로 화하게 하는 일이고, '성(聖)의 평범성의 확대'라고 말할 수 있다.[28] 그것은 전통적인 기독교의 하나님(God)이나 신(神)이라는 이름 대신에 좀 더 보편적(universal)이고, 내재신적(panentheistic)이고, 세속적인(secular)방식으로 성(聖, the sacred)이라는 이름으로 초월을 표현하고자 한 것이다. 왜냐하면 여기서 오늘날의 동서 기독교 신학이 한결같이 확보하고자 노력하는 생명의 다원성(multipliticy)과 공동체성(conviviality of the creation)을 더 잘 확보할 수 있다고 보기 때문이다.[29]

　지나간 20세기에 이미 한국의 함석헌 선생은 이러한 한국 유교의 인(仁)사상의 전통 속에서 그 인을 우리 각자의, 특히 민중 속의 인격적 씨앗(seed)으로 이해하면서, 유영모 선생에 이어서 그 인의 정신을 자신의 씨을 사상으로 더욱 확장하였다. 그는 인을 단순히 사람들의 "착함"이라고도 푸는데, 특히 자신의 『뜻으로 본 한국역사』에서 한국인들이 그 이름을 짓는데 많이 쓰는 낱말인 인(仁), 의(義), 예(禮), 지(智), 신(信), 순(順), 순(淳), 화(和), 덕(德), 명(明), 양(良), 숙(淑) 등이 모두 착함을 좋아하는 한국인들의 국민적 이상을 드러내주는 일이라고 지적하였다.[30] 그렇게 사람의 알맹이와 씨앗(桃仁)·알짬이고, 동물에서 하면 활동하는 생명력이며, 사람이 된 본 바탈인 인이야말로 민족을 살리고 세계를 살리는 일에서 "일루의 희망"이 된다고 지적한 그의 사상은[31] 멀리는 『주역』에서 "백성이 모두 사용하는 것을 일러서 신(神)이라고 한다(民咸用之 謂之神, 「계사전 上」11장)"고 한 의미와 매우 잘 상통하고 있다.[32] 이것을 통해서 그가 오늘 세계 인류 문명이 모두 긴요하게 요청하는 새로운 궁극과 초월의 모습을 매우 보편적이고 세속적인 방식으로 잘 확보하고 있는 것이라고 이해하고자 한다. 그는 신과 초월을 인이라고 하는 뛰어난 보편성으로 제시하여 현대 인류 문명에게 "새 시대의 새 종교"를 제안한 것이다. 그런 의미에서 나는 함석헌 선생을 뛰어난 "인(仁)의 사도"라고 명명했고, 그 사고 안에서 여성주의적 측면을 보고자 한다.

3. 천지생물지심의 수행과 정의(正義)

　아렌트 사고의 전개를 보면 그녀는 『전체주의의 기원』 이후 스스로의 삶까지도 포함해서 생명적인 흔적을 지우고자 하는 서구 정신의 전체주의 대신에 새롭게 '탄생성(natality)'이라는 개념에 주목하였고, 나는 그것이 지금까지 우리가 살펴본 유교 역학적 천지생물지리/심의 인(仁)과 유사하게 연결될 수 있는 것을 본다. 아렌트의 탄생성의 개념은 원래 어거스틴에게서 연원한 것인데, 어거스틴이 그의 『신국론(Civitas Dei)』에서 "인간 창조의 목적은 시작을 가능하게 하기 위해서였다(that a beginning be made man was created)"고 한 언명을 그녀는 자신의 「이데올로기와 테러(Ideology and Terror)」에서 그 마지막 말로 제시하였다. 반복적으로 이 개념에 돌아오는 아렌트는 특히 서구 철학 전통과 새로운 인간 삶의 조건에 대한 진지한 성찰인 『인간의 조건(1963)』에서 이 인간의 탄생성을 "한 아기가 우리에게 태어났도다(A child has been born unto us)"라는 신약성서적 언어로 집약하면서 세계 인간적 삶의 토대와 희망적 근거로 제시한다.[33]

아렌트는 이 탄생성 안에서 인간 개별성과 보편성의 두 측면을 모두 보았다. 인간은 누구나 태어나고 죽는다는 보편성을 가졌지만, 지금 여기서 새로 태어나는 인간은 어느 누구도 지금껏 살았고, 현재 살고 있으며, 앞으로 살게 될 다른 사람들과 동일하지 않은 방식으로 동등하다고 밝힌다. 그래서 모든 사람은 그 탄생과 더불어 이 세상에 지금껏 이 세상이 알지 못했던 방식의 "새로움(newness)"의 씨앗을 가지고 오는 것이라고 한다.[34] 이것이 바로 세상이 새로워질 수 있는 근거이며, 인간이 그렇게 자신이 가지고 있는 새로움을 자신만의 고유한 방식으로 드러내는 행위(action)와 정치의 존재로 살아갈 수 있는 근거가 된다.[35]

하지만 그렇게 자신만의 고유성을 드러내는 행위가 가능해지기 위해서는 그것이 펼쳐질 수 있는 공적 영역이 먼저 마련되어 있어야 하고, 또한 그 새로움이 충실히 영글 수 있을 때까지 누군가의 보호와 배려와 안내가 먼저 있어야 한다. 즉 탄생성이란 말은 이미 그 안에 '누군가에 의한 탄생(be bom by)'이라는 조건과 한계성을 내포하고 있고, 그러므로 자기 자신은 알지 못하고 기억하지 못하는 시작점과 시간들이 있었다는 것을 지적하는 일이 되는 것이다. 그래서 탄생성이란 한없는 가능성과 고유성에도 불구하고 현재의 타자뿐 아니라 과거의 타자에 의해서도 구성되는 삶의 다원성을 지시한다.[36] 그래서 아렌트는 아이가 새롭게 태어나서 이 세상에 온 것을 이미 꽉 짜이고 정돈된 세계에 "늦게(belated)" 온 것이라는 표현도 쓰면서 이 세대 간의 "시간적 지연(timelag)"과 긴밀히 연결되어 있는 "권위(authority)"와 "전통(tradition)"에 대해서 말한다. 그리고 과거에 연결됨(re-ligare, to be tied back)이라는 말에서 연원된 것이라는 "종교(religion)"와 더불어 종교, 권위, 전통의 "로마적 삼중주(Roman trinity)"를 다시 제안한다.[37] 즉 그녀에 따르면 참된 권위란 늦게 온 자가 자신의 길을 찾아가고 시작할 수 있도록 터를 놓아 주고 보살펴주는, 그를 "증대시키는(augment)" 일과 관련한 수고와 책임에서 나온다. 또한 늦게 온 자는 그러한 과거에 일어났던 새로워짐의 역사를 모아놓은 전통의 토대 없이는 모든 것을 새로 시작해야하는 위험과 수고로 그 일을 감당하기 어렵다. 이와 더불어 그 새로 온 자의 시원적 존엄성을 초월적으로 지시해 주는 종교가 없이는 권위와 전통이 잘 지켜지지 않기 때문에 종교와 전통과 권위는 서로가 긴밀히 연결되어서 인간 삶과 세대와 공동체가 지속되고 새로워지기 위해서 필수적인 기반과 조건이 된다고 본다.[38] 이렇게 해서 "공적 영역은 동시에 하나의 영적 영역이기도 하다(this public space is also a spiritual realm)"[39]라고 선언하는 그녀는 누구보다도 급진적으로 서구 전통의 삶을 비판하고 새로운 공동체적 삶을 찾아 나서지만(the promise of politics) 동시에 시원(宗)의 성스러움과 전통과 권위에 대한 존숭의 마음을 갖지 않고는 그 일이 이루어지지 않는다고 지시한다. 여기서 나는 그러한 그녀의 사고가 유교 전통의 가르침과 잘 맞닿아 있다고 생각하는데, 즉 그녀의 사고에서도 전통의 것으로 현재의 부조리를 바로잡는 '이고격금(以古格今)'과 현재의 것으로 전통을 새롭게 하는 '이금격고(以今格古)'의 지혜가 잘 어우러져 있다고 보기 때문이다. 그것은 오늘 우리의 정의 논의를 위해서도 꼭 필요하다.[40]

아렌트가 인간 존엄과 세계 신뢰의 새로운 근거를 탄생성이라는 뛰어난 내재적 보편성으로 의미 깊게 제시한 것처럼 맹자는 세상 모든 사람들의 발모양새가 모두 서로 같기 때문에 신발을 만드는 사람이 수치는 정확히 모를지언정 삼태기를 만들지는 않을 것이라고 비유하면서 그렇게 인간 마음(心)에도 보편적으로 모든 사람들이 좋아하는 것이 있다고 지적했다. 그리고 그것을 리(理)와 의(義)라고 밝혔다. 그에 따르면 인(仁/理)은 "사람의 마음(人心)"이고, 의는 "사람의 길(人路)"이다(『맹자』, 「告子 上」7). 그의 유명한 양지(良知, 생각하지 않고도 아는 것)와 양능(良能, 배우지 않고도 능한 것)을 말하는 「진심장」에서는 이 인을 "친친(親親, 어버이를 친애함)"으로, 의를 "경장(敬長, 웃어른을 공경함)"으로 밝히면서 이것이야말로 세상 모든 사람들에게 "보편적인 것(無他, 達之天下也)"이라고 지시했다.[41] 하지만 우리 시대에 이렇게 의(義)라는 것을, 다시 말하면 인간 사이의 다원성의 삶을 지속하기 위해서 누구나 지켜야 하는 공적인 원리를 맹자의 경장처럼 웃어른, 나이, 전통 등의 오래된 것(長)에 대한 존중의 일로 제시하는 일은 자칫 오해를 불러일으킬 수 있다. 특히 오늘의 범민주적인 정서에서 보면 얼른 수긍하기 어렵다. 더군다나 오랫동안 전통적 권위주의, 나이 차별, 각종 보수주의 등으로 고통받아 온 아시아와 한국에서의 상황은 더욱 좋지 않으며, 서구 근대는 그것을 반민주와 반페미니즘, 반합리성으로 세차게 비판해 왔다.

그렇지만 우리가 한 발 물러서서 여기서 맹자가 말하는 오래된 것을 존숭하라는 경장의 정의론를 다시 살펴보면, 거기에는 오늘 우리 시대가 간과한 더 깊은 차원의 의(義)에 대한 통찰이 들어 있는 것을 알게 된다. 즉 그가 주창하는 경장의 의는 바로 인간 삶이 지속 가능하기 위해서는 현재와 미래의 타자와 다원성에 대한 고려뿐 아니라 과거의 타자와 다원성에 대한 존중과 감사가 있어야 한다는 의미이다. 그것은 오늘의 현재를 있게 하기 위해서 수고한 과거의 시간과 타자에 대한 보상과 인정이며, 그러한 토대와 시작점으로 부터의 배움과 근거가 없이는 현재의 우리 삶이 가능하지도 않았으며, 또한 앞으로도 계속될 수 없음을 가르치는 지혜라고 할 수 있다. 그런 뜻에서 경장의 의는 오늘날 통상적으로 평등이나 공평과 단순하게 등가화되는 정의(正義) 이해보다 훨씬 더 깊이 있게 성찰된 정의 이해라고 생각한다. 오늘 우리 사회에서 정의로운 사회를 위해 중요하게 논의되는 과거사 진상의 문제라든가, 일본 위안부 논의 등이 바로 그러한 정의의 실천임을 부인할 수 없을 것이다.

동아시아의 유교 전통이 말하는 경장으로서의 정의의 의미는 오늘날 경제 제일주의의 실리주의와 눈앞의 이익만을 쫓으면서 모든 이웃과 타자를 자기 목적의 수단으로 환원해 버리는 경쟁 제일주의 사회에서 많은 것을 줄수 있다. 오늘 일반적으로 '공평함(fairness)'이나 평등의 의미로 많이 이해하는 서구적 정의는 자칫하면 외부적인 능력 평등주의로 전락할 수 있다. 더군다나 우리 시대에는 그 능력에 신체와 젊음, 건강 등이 많이 연결되어서, 능력이 더 많은 사람이 더 많은 것을 가지는 것은 정의롭고 공평한 일이라고 생각되고 있기 때문이다(신자유주의). 맹자의 경장으로서의 의(義)의 의미는 참된 인간적인 의는 그러한 능력의 평등주의가 되어서는 안 되고, 오히려 그 능력과 젊음과 건강에 있어서는 약자이지만 그 약한 것을 보듬어 주고 보살펴 주는 것, 많은 경우 그 약자가 된 까닭이 먼저 난 자로서 현재 세대가 누리고 있는 것을 낳고 키우기 위해서 자기 것을 희생했기 때문이라는 사실을 알아주는 일이라고 가르친다. 즉 어떤 형태의 것이든 오늘이 있기 위한 토대가 된 것에 경의를 표하고, 그래서 그것이 지금은 비록 낡고 약해 보이지만 바로 그 약하고 오래된 것이 우리 삶의 토대가 되었음을 인정하고서 동시에 그 오래된 것과 약한 것을 인간적으로 돌보는 것이 진정한 인간적 의라는 것이다. 그것이 자연과 동물의 세계와는 다른 인간 세계의 의이고, 그럴 때만이 인간의 문화와 삶이 지속된다는 지혜이다. 오늘날 서구 연원의 신자유주의 경제와 실리주의적 경쟁 원리를 뛰어넘는 대안적 정의로 받아들여져야 할 것이다. 여기서 오래된 것(老)의 범주안에 인간에 대해서 우리의 '생태 자연'도 들어갈 수 있고, 정신에 대한 '몸'도 들어갈 수 있다.

오늘 우리 사회의 정의 논의에서 일반적으로 내세워지는 평등 개념이 그 안에 많은 허구를 담고 있다는 것을 경제학자 장하준 교수도 이미 잘 지적해 주었다. 앞에서도 언급한 능력 평등주의의 비인간성과 불의를 말한다. 전 세계가 이미 혹독하게 경험한 신자유주의 정치 · 경제 · 교육의 원리 속에서 신자유주의자들은 각자, 각 나라가 자신의 능력대로 평등하고 자유롭게 기회를 얻어서 활동할 수 있게 하는 것이 진정한 정의이고, 평등이며, 민주주의라고 주장한다. 하지만 그에 따르면 세계 경제 대국들과 다국적 기업들이 그렇게 대국이 되고 강자가 되기까지는 자신들은 온갖 국가적 보호와 특혜, 불의도 저지르면서 그 자리에 온 것이다. 이제 강자가 되어서는 자신들이 올라왔던 사다리는 걷어 치우고 아직 사다리 밑에 있는 약자들에게는 정의와 평등의 "평평한" 운동장에서 각자의 능력에 따라 자유롭게 경기를 하자고 외치고, 그렇게 해야만 선진국들처럼 될 수 있다는 설교하는데, 그것은 "역사적 위선"에 무지한 것이거나 그것을 감추는 사악한 태도라는 것이다. 마치 권투경기로는 중량급 선수가 경량급의 선수와 싸우는 것이나 마찬가지로 급수가 전혀 다른 팀들을 동일한 룰 속에 싸우게 한다고 해서 그

게임이 결코 공정한 것이 아닌 것과 같은 이치인데, 그래서 그런 사람들은 "나쁜 사마리아인들"일 뿐이라고 갈파한다.[42] 정의와 평등, 자유의 근사한 이름이 얼마나 심하게 왜곡될 수 있는지를 잘 보여주고 있다.

맹자는 "천하에 늙은이를 잘 봉양하는 자가 있으면 어진이(仁人)들은 그곳을 자신의 돌아갈 곳으로 삼는다(天下有善養老, 則仁人以爲己歸矣,『맹자』「盡心 上」, 22)고 했다. 이제 나이가 들어 쇠약해져서 (물리적인) 힘이 없다고 해서 젊은이들과 후대들이 그들을 소홀히 하지 않는 나라(부모가 편안한 나라, 則父母其安樂之矣)『중용』15장), 동물세계의 약육강식의 원리와는 다르게 오히려 힘이 없기 때문에 더 보살펴주고 배려해 주는 세계, 이러한 경장(敬長)의 의가 살아 있는 곳이야말로 인간적인 문화가 꽃 필 가능성이 있음을 보고 뜻을 가진 사람들이 모여든다는 것이다. 내리사랑은 배우지 않고도 잘 할 수 있다. 그러나 이렇게 힘없는 윗세대를 향한 배려와 사랑은 배우고 습관 들이지 않으면 할 수 없고, 여기에서야말로 자신을 제어하는 방식을 가장 직접적이고 구체적이며 자연스럽게 습득할 수 있다는 지혜를 가르쳐주는 것이라고 하겠다.

4. 천지생물지심의 모성과 평화를 이루는 기초공동체로서의 가족

인류 근대 문명의 과도한 자아 집중과 물질주의가 불러온 세계 무의미성의 증가 앞에서 그 무한대로 증가하는 수단과 목적의 악순환 고리를 끊을 수 있는 기제로서 인간 내면의 지극한 보편성으로서의 인(仁)과 의(義), 그리고 한나 아렌트의 개념으로 탄생성에 대해서 살펴보았다. 그것은 타자와 자기 밖의 다원성과 차이에 대한 감각과 성찰의 씨앗으로서 우리는 그것을 특히 내재적 초월(immanent transcendence)의 한 양태로서 파악하였다. 그런데 문제는 이 새롭게 발견된 인간 존엄과 세계 신뢰의 근거가 어떻게 지속적으로 확보되는가 하는 문제이고, 그것은 다시 말하면 바로 그 인간적 씨앗을 어떻게 확장시키고 신장시켜서 실천성 있는 행위력으로 만드는가 하는 물음이다. 그것은 다시 정치의 이야기이기도 하고, 교육과 문화의 문제가 되며, 종교 간의 대화의 물음으로 보면 자속과 대속의 관계 물음이고, 더 축소해서는 그리스도론과 부활의 문제, 유교적 개념으로는 이 모든 것이 포괄되는 '평천하(平天下)'에 이르는 길에 대한 물음, 즉 오늘 우리의 맥락에서는 '평화'에 이르는 길에 대한 물음이라고 할 수 있다.

아렌트는 프랑스 혁명과 미국 혁명(미국 독립운동)의 의미를 탐색하고, 거기서 직접 민주주의적인 요소를 많이 내포하고 있는 평의회(counsil) 정치제도 등을 제안하였으며,[43] 미국 진보주의 교육을 비판하는 등[44] 다각도로 20세기 인류 문명의 새로운 구성과 방향 제시를 위해서 노력하였다. 하지만 나는 여기서 그녀의 성찰이 주목하지 못한 또 하나의 방식을 제안하면서 유교 전통의 페미니스트로서 역할을 수행하려고 한다. 즉 가족과 모성(motherhood)에 대한 강조이다. 이것은 언뜻 보기에는 지금까지 우리가 주목한 그녀의 공적 영역에 대한 강조와 어긋나는 것 같지만 그렇게 단순한 물음이 아니고, 그러므로 다시 한 번 두 관계를 성찰하는 일이 중요하다. 그녀는 인간 조건의 탄생성과 더불어 '사멸성(motality)'에 주목하면서 그 사멸성을 넘어설 수 있는 장으로서 정치적·공적 영역을 내세웠다. 하지만 그러면서도 동시에 "(노예처럼) 자기 자신의 사적 영역을 갖지 못하고 사는 것은 더 이상 인간이 아님을 의미한다"고 했고,[45] "공론영역 소멸의 마지막 단계는 필연적으로 사적 영역의 제거라는 위험을 수반하는 것이 두 관계의 본질"이라고 지적하면서 두 영역의 필연적인 관계를 다시 밝혔다.[46] 나는 오늘 세계 문명의 위기는 오히려 그녀 자신도 지적한 대로 인간이 한편으로 지켜야 하고 간직해야 하는 "사적 영역의 신성함(the sacredness of this privacy)"[47]이 모두 까발려지고 지켜지지 않아서 야기되는 측면이 농후하다고 생각한다. 작금의 공적 영역의 붕괴는 바로 근대 세계의 주인공들인 다중의 사적인 삶이 충실히 보장되지 못하는 데서 연유하는 것이 많다고 보는데, 유교적 수신제가치국평천하(修身齊家治國平天下)의 지시가 결코 그 보편성을 잃지 않았음을 보여주는 것이다.

일찍이 맹자는 극심한 약육강식의 전국(戰國)시대에 크게 유행하던 양주(楊朱)와 묵적(墨翟)의 사상을 반박하면서 인의(仁義)의 도를 자신의 대안으로 제시했다. 그의 경고에 따르면 "내 몸의 터럭 하나를 뽑아 천하를 이롭게 할 수 있어도 나는 그렇게 하지 않는다"고 하는 양주의 위아(爲我) 사상이나 "(부모나 형제, 친척을 타인과 구별하지 않고) 겸하여 사랑할 것"을 주장하는 묵적의 겸애(兼愛) 사상은 결국 사람들이 서로를 잡아먹는 비인간의 세상을 불러온다.[48] 그는 양주의 위아사상을 '무군(無君)', 즉 군주(국가)를 인정하지 않는 사상으로 파악하였는데, 오늘 우리의 언어로 하면 공적 영역의 일을 인정하지 않는 것, 자신을 포함하여 인간의 삶을 철저히 사적 영역의 일과 존재로 환원시키는 태도로서 심지어는 나라의 최고의 공직자들까지도 그 공직을 자신의 사적 이익을 채우는 기회로 삼는 모습을 말한다고 할 수 있다. '무부(無父)', 즉 부모가 없는 것으로 묘사되는 묵적의 겸애사상은 종종 유가의 좁다란 가족주의를 넘어서는 기독교적 범애(汎愛)사상으로 유비되어 평가되기도 하지만, 나는 오늘날 동서양의 인간적 삶이 공통적으로 바로 이 무부의 위험을 지적한 맹자의 지혜를 놓치는 데서 오는 위기라고 생각한다. 무부의 행태란 결국 가족과 가정의 해체를 불러와서 인간으로 하여금 가장 직접적이고 체험적으로 인간의 기초적인 덕의 능력인 인(仁)과 의(義)를 배우고 익히는 기회를 차단하는 것이기 때문이다.

유교 전통은 인간의 인간성(仁)이 가장 기초적으로 길러지는 곳을 가정이라고 보았고, 그중에서도 특히 부모와 자식 간의 관계, 형제와 자매 간의 관계에서 이루어지는 것으로 보았다. 맹자가 인을 친친(親親)으로, 『중용』이 인간관계의 시작을 부부로 본 것도 그 의미라 할 수 있다(君子之道 造端乎夫婦, 『중용』12장). 『논어』「학이(學而)」편에는 다음과 같은 이야기가 있다; "유자가 말하기를, 그 사람됨이 효제(孝弟)하면서 윗사람을 범하기를 좋아하는 자가 적고, 윗사람을 범하기를 좋아하지 않으면서 난 일으키는 것을 좋아하는 자는 없다." "군자는 근본에 힘쓸 것이니, 근본이 서면 도가 생길 것이다. 효제는 인을 행하는 근본인 것이다(君子務本, 本立而道生, 孝弟也者, 其爲仁之本與.)". 플라톤은 국가론에서 한 국가를 지켜내는 방부제와 같은 역할을 하는 정의를 일인일사(一人一事)로 보면서 한 공동체의 삶에서 모두가 각자 자신이 할 일이 있고, 자기 몫의 지분(땅이나 명예나 일이나 가족 등)이 있어서 그것을 강제로 힘으로 빼앗기지 않을 권리가 보장되어 있는 곳, 그곳이 정의로운 국가이고 이상국가라고 했다. 하지만 우리 현실의 삶에서 이 보장의 마지막 근거가 어디 일 수 있겠는가 하는 물음이 강하게 제기된다. 여기서 맹자는 유교 전통 속에서 모든 인간 마음속에 바로 하늘의 씨앗으로서 보존된 친친의 인과 경장의 의를 그 근거와 토대로 제안한 것이다. 나는 이것을 그가 인간이 자기 몫이 아닌 것을 차지하고 빼앗고 싶은 욕망을 제어할 수 있는 마지막 보루로서 친부모형제보다 더한 것이 없고, '나이(齒, 長)'라고 하는 것을 어떤 인위적인 제한보다 자연스럽고 보편적인 구별이라고 생각해서 그러한 장유(長幼)를 지키는 것을 정의의 출발점으로 삼은 것이라고 해석하고자 한다.

인간도 한편으로 필연성의 동물이므로 남의 몫을 탐낸다. 또한 자아의 확장은 모든 생명체가 가지는 기본 욕구이지만 인간 삶은 조건적으로 공동체적 삶이므로 이 욕구를 잘 조절하고 순화시키는 일이야말로 공동체적 삶이 지속되기 위한 기본 요건이 되는데, 어린 시절부터 부모를 친애하고 윗사람을 공경해서 그것을 몸과 마음의 습관으로 삼는 일보다 더 지속적이고 믿을 만한 자기제어-정의 실현의 길--의 방식이 어디 있겠는가 라는 생각인 것이다. 오늘날과 같은 개인주의와 자기중심성과 주체성 강조의 시대에, 그래서 타자가 쉽게 무시되고, 권위들이 서지 못하며, 작은 의미에서라도 자아의 욕망과 요구가 제한되는 것을 참지 못하는 때에, 우리가 어디에 가서, 어떤 관계를 통해서 이 자아를 제한하고 욕구를 조절하는 법을 계속 배울 수 있겠는가 라는 질문이다. 그래도 마지막 남은 관계가 부모와의 관계이고, 가족 간의 관계 속에서 맺어진 윗세대에 대한 공경과 의무를 통해서가 아니겠는가 라고 생각한다. 유교 전통은 이렇게 공동체가 지속되기를 원한다면 누구도 피할 수 없는 요청인 공적 능력이란 바로 위로 향하는 예에서 반복적인 실천과 연습을 통해서, 그것이 하나의 인간적인 능력으로 자리 잡기 위해서는 가까운 삶의 반경 속에서, 지속적인 실행과 실천을 통해서 이루어지는 것이라고 지적한 것이다.

오늘날 급속도로 해체되어 가는 가족적 삶을 대신할 어떤 다른 대안적 공동체의 삶도 아직 제시되고 있지 않다. 그렇다면 지금까지와 같은 가족적 삶의 친밀성과 책임성 밖의 어디에서 인간이 그 인간적 삶을 계속해 나가는 데 필수적인 인(仁)과 의(義)를 배울 수 있겠는가 묻고 싶다. 오늘 우리 주변에서 맹자가 예언한 것과 같이 사람들이 서로를 잡아먹는 시대의 증거들이 점점 더 늘어나고 있다. 1%의 부자가 99%의 사람들을 잡아먹는 사회, 미래의 성공을 위해서 아이 잡는 교육을 강요하던 엄마를 죽인 중학생 아들, 아버지가 자신의 친딸을 성폭행하는 시대, 믿었던 이웃과 선생과 친족에 의해서 벌어지는 유아 성폭행 등, 이렇게 인간이 인간을 잡아먹은 세계의 뒤편에는 거의 대부분 경우 바로 무부모(無父母), 즉 가족의 해체가 있음을 본다.

이러한 유교의 가족 중시 사상은 시간의 경과 속에서 많이 타락하기도 하였고, 특히 여성 억압적인 이데올로기로 변질되었다. 그럼에도 불구하고 인간의 기본적인 성품을 이루는 인간성이 바로 이러한 가족적인 관계에서 기초가 놓이는 것이라면, 이 관계의 구성방식과 형태는 시간의 변화와 함께 많이 달라질 수 있음을 인정하고, 또한 그렇게 되어야 함에도 불구하고 그 기본정신을 담지하는 것은 우리 시대를 위해서도 긴요하다고 본다. 더 이상 혈연에 의한 가족만이 아닌 인간적 약속에 의한 가족과 동성에 의해 이루어진 가족도 이제 가능해졌으며, 또한 몸의 자궁이 아닌 마음의 자궁과 체험으로서의 모성을 더욱 강조하면서 우리 삶에서의 다양한 어머니 되어 주기를 더욱 가치 있게 여긴다면 우리 삶의 많은 부분에서 큰 변화가 있으리라는 것을 기대할 수 있다.[49]

하지만 이상에서 말한 모든 대안적 적용에도 불구하고 오늘 우리 시대에서 가족을 구성하고 모성(motherhood)을 사는 일은 여간 어려운 일이 아니다. 특히 오늘과 같은 페미니즘 주체성의 시대에 모성을 강조하는 일은 강한 반감을 불러일으킬 수 있다. 그렇지만 나는 우리 인간 신뢰의 근거를 레즈비언 정치철학자이자 사회운동가인 버틀러(J. Butler)가 아렌트의 행위이론과 많이 상통하는 입장에서 주체성의 정치가 아닌 "수행성의 정치(the performative)"로 확보하려고 했고,[50] 그럼에도 불구하고 그 수행성의 정치가 다시 또 하나의 규범이론으로 그칠 염려가 있다는 비판을 받은 것을 생각해 볼 때,[51] 그 수행성이 하나의 규범이 아닌 진정한 행위의 능력으로 되기 위해서는 특히 어린 시절에 모성의 보살핌에 의해서 확고한 행위력으로 성장될 수 있어야 한다는 입장이다. 즉 앞선 세대의 모성의 수행력이 먼저 뒷받침되지 않고서는 인간적 수행력은 진정한 인간적 행위력, 정의의 판단과 선택, 믿음과 실천으로 전개되기 어렵다는 점을 강조하는 것이다.

근래에 들어서 미국의 정치 사상가 파커 J. 파머(Parker J. Palmer)가 미국 민주주의 정치를 진정으로 다시 작동시키기 위해서 '마음의 습관(the habit of heart)'을 다시 파고들었는데, 이 마음이야말로 바로 위에서 밝힌 가족적 삶과 모성을 필요로 하는 것이다. 하지만 파머는 이 부분에 대해서는 거의 언급하지 않았다. 그는 자신의 한국어판 서문에서 "나는 아테네 사람도 아니고 그리스 사람도 아니다. 나는 세계의 시민이다"라고 한 소크라테스의 말을 다시 인용하면서 오늘 세계 문명의 보편적인 주제인 민주주의가 "큰 돈의 힘과 부의 과두제"에 의해서 꺾이고 거기서 상처받은 대중들이 소비주의와 냉소주의, 정치에서 자기와 다른 의견을 가진 상대방을 악마화하는 것 등에 빠져 지내면서 더 이상 사적으로는 민주주의를 믿지 않는 상태에 처했다고 밝혔다.[52] 이들의 상처받은 마음, "비통한" 마음을 치유하기 위해서 그는 대중매체에 대한 저항, 교회와 같은 자발적 결사체에 대한 관심, 카페 등의 만남의 장, 사이버 공간에서의 토론장, 즉 언어와 예술·종교·교육을 이야기하지만 정작 그 모든 것의 토대가 되는 가족공동체, 거기서의 모성의 역할에 대해서는 아무런 이야기도 하지 않는다. 하지만 나는 이 부분에 대한 주목 없이 그가 이야기하는 비통한 마음의 치유와 민주주의 정치는 활성화되지 않을 것이라고 본다. 그런 의미에서 우리 시대는 여전히 일정 기간 모성에 의한 대속이 요청된다.

이것을 오늘 우리 논의의 장인 신학, 특히 여성신학의 장으로 옮겨보면 이 이야기는 전통 기독교의 역사적 예수 한 인물에 대한 형이상학적인 집중에서 벗어나서 만인 그리스도성, 만인 모성의 그리스도성과 사제성을 주창하는 의미이기도 하다. 그것은 '아래로부터의 기독론'과 '복수론적(複數論的) 기독론'의 좋은 예가 된다고 생각하고, 여기에서 유교 전통과 대화하는 한국여성신학 기독론의 고유성을 볼 수 있다고 여겼다.[53] 유교는 기독교나 불교와는 달리 성직자 그룹을 따로 두지 않았고, 각 가정에서 적장자가 일종의 성직의 역할을 맡았다. 물론 그 적장자 전통이 다시 왜곡의 근거가 되기는 했지만, 오늘 페미니즘의 시대에 그러한 대안을 다시 찾아 실행한다면 서구 기독교와 한국 기독교의 왜곡을 많이 치유할 수 있다. 이것은 또 하나의 새로운 세계 문명과 한국 교회를 위한 평화론인 것이다.

이제 모성(motherhood)과 관련한 논의를 좀 더 진행시켜보면, 우리가 인간 삶의 실제(fact)와 현실(reality), 역사(history)에 좀 더 정직하게 마주서 보면 인간을 포함하여 만물의 탄생과 성장, 열매 맺음이 있기 위해서는 그 드러나지 않는 뒷면에 무엇인가 누군가의 보살핌과 그 일을 위한 자기 포기, 내어 줌이 있었다는 사실과 마주한다. 이 사실과 현실을 받아들인다면 어느 경우도 여성적 모성의 원리와 의미를 폄하할 수 없을 것이다. 그러므로 지금까지 근대 페미니즘이 그 주체성과 자기 정체성의 원리로 모성과 삶에서의 대속성의 차원을 부정했다면 그것은 자기기만적인 일이 될 수밖에 없는 것이다. 그래서 최근에는 국내외에 이 모성에 대한 검토가 새롭게 이루어지고 있는데, 예를 들어 북구의 여성신학자 크리스타 그렌홈(Crista Grenholm)은 이 모성의 주제를 전통 기독교 신학의 핵심 주제인 죄론과 구속론과 연결시켜서 기독교 신학의 궁극 지향인 사랑(love)을 알기 위해서는 이 주제에 대한 천착이 필수적임을 강조했다. 그녀는 "모성에 대한 성찰은 (신학에서) 근본적인 문제이다(Reflection on motherhood is a radical business)"라고 주창하면서,[54] 지금까지 페미니즘과 여성신학자들이 혐오해 왔던 "타율성(heteronomy)"이나 "연약함(vulnerability)"이란 예를 들어 임신한 여성들이 자신의 몸, 그 안에 살고 있는 태아의 존재에 끊임없이 주목하면서 거기에 종속된 삶을 사는 것과 같다고 지적한다. 그리고 그녀는 언제든지 상처받을 수 있는 약함의 상태에 있다는 것을 받아들이지 않을 수 없는 것처럼, 그렇게 종속성이란 우리 삶에서 "보편적인 삶의 조건이고 피할 수 없는 현상(a general life condition and an unavoidable phenomenon)"임을 숙고해야 한다고 밝힌다.[55] 그녀는 모성은 우리 인간 주체의 개념에 도전해 오고, 그것은 우리가 무엇인가 조정하고 조절할 수 없는 부분의 한 존재임을 포괄적으로 지시해 준다고 말하며, 그래서 "기독교 신앙의 중심 개념(a central concept in Christian faith)"이라고 지적한다.[56] 이렇게 기독교 실천의 핵심을 위해서 모성을 재천착한 그녀의 연구는 "21세기 교회를 위해서 긴급하게 요청되는 획기적 신학 작업(a landmark theological work urgently needed by the twenty-first-century church)"이라는 평가를 받았는데, 나는 여기서 인류의 여러 문명 가운데서 이 모성의 도를 어느 곳에서보다도 진정성 있게 실천하였고, 그것을 여러 지극한 예들로 승화시켰으며, 오늘 21세기 세계화 시대의 척박한 인간 조건에서도 "보이지 않는 가슴"으로서 이 사회의 공적 삶을 떠받치고 있는 유교 전통의 한국 여성들을 생각했다. 그런 의미에서 최근 서구 남성 실천신학자가 한국 여성들의 살림의 개념을 가지고 신학의 새로운 지평을 열고자 했고, 거기서 한국적 여성영성이 주목받는 것을 보면서 그것이 결코 우연이 아니라고 생각했다.[57] 국내에서도 여러 방면으로 이러한 신학적 입장이 더욱 활발히 전개되고 강조되기를 기대해 본다.[58]

나는 한국 여성 신학의 평화론은 바로 이렇게 모성과 건강한 가족주의와 긴밀히 연결된 평화론이어야 한다고 본다. 이러한 사고를 더 근원적으로 찾아가 보면 앞에서 우리의 생명 논의에서 밝혔듯이 유교 역(易)의 전통과 맞닿아 있다. 『역경』은 남성적 건도(乾道)의 일을 시작(施)의 일로 보았고, 여성적 곤도는 낳고(生) 이루는(成) 일로 보면서 우주적 두 원리로 제시했다. 암말(牝馬)의 덕처럼 땅의 도로서 낮게 자신을 드러내지 않고 감추고서, 그러나 일이 이루어질 때까지 쉬지 않고 지속적으로 노력하여서 기필코 일을 이루어 내는 곤도의 영성은 삶에 이로움(利)을 가져다주는 일로 보았다(牝馬之類,

行地無疆, 柔順利貞, 君子修行.『주역』卷第二 坤). 한국적 성(誠)의 영성, 한국 여성들의 살림과 생명 살림의 노력이 그 뛰어난 예가 된다고 생각하며 그것이 우리 시대의 평화를 이루는 근거가 되고, 그래서 다시 우리의 인간 신뢰와 세계 사랑, 세계 평화의 그루터기가 됨을 말하고자 한다.

맺는 말

한국인의 심성을 가장 잘 표현하고 있다고 평가받는 맹자는 고대 성인 왕(聖人王) 순 임금의 인격을 한마디로 '사기종인(舍己從人, 나를 버리고 타자와 함께 한다)'의 인격이라고 표현했다. 그는 "선을 남과 함께하여 자신을 버리고 남을 따르며, 다른 사람들에게서 취하여서 선을 행하는 것을 기뻐하셨다(『맹자』「공손추 上」, 8)"고 한다. 신사임당의 아들 율곡은 그의『성학집요(聖學輯要)』「위정편(爲政篇)」에서 이러한 맹자의 선여인동(善與人同)을 강조했다. 그러면서 사람에게서 남이 선을 행하도록 도와주는 일보다 더 큰 일이 없다고 한 것을 계속 언급하면서 인간 삶에서의 공적 영역과 공을 세우는 일의 중요성, 그 일을 위해서는 누군가는 자신을 버려야 한다는 점과 그 버리는 일의 위대함을 밝혔다. 나는 이러한 유교 전통의 공적 자아의 일이 한국 여성들의 살림살이에 그대로 녹아 있으며, 그들의 모성과 가족을 위한 희생과 염려가 결코 공적 의미가 없는 것이 아니라 오히려 더 근본적인 공적 안녕의 토대가 됨을 말하고자 한다.

그런데 이렇게 자기를 버리고 남을 따르며, 다른 사람과 더불어 선을 행하는 일을 제일의 가치로 삼는 일은 어쩌면 오늘 우리 시대에는 포스트모던 신학자 카푸토(John D. Caputo)가 지적한 대로 거의 "불가능한 일(impossibility)"일 인지도 모르겠다. 그러나 그가 오늘의 탈세속화 사회에서의 종교는 바로 그

불가능한 것이 가능해지도록 하는 노력과 같은 것이라고 보았다면, 바로 이러한 사기종인과 선여인동의 노력은 오늘 우리 시대의 진정한 종교라고 볼 수 있다. 카푸토는 그래서 다시 자신의 전통 어거스틴의 고백과 추구에 접목하여서 "내가 나의 신을 사랑한다고 했을 때, 나는 무엇을 진정으로 사랑하는 것인가?"라는 물음을 반복적으로 진지하게 물어야 한다고 촉구했다.[59] 그보다 앞서서 한국의 함석헌은 그의 「인간혁명의 철학」에서 "유교야말로 현실에 잘 이용된 종교다"라는 말을 하면서, 미래의 종교는 "노력의 종교"가 되어야 함을 말하였고,[60] 21세기 인류 문명에서 민족과 가족과 경제의 세 가지 문제가 제일 난제가 될 것임을 지적하면서 그 대안을 밝혀줄 씨을의 종교론을 전개하였다. 그것은 아주 보편적이고 참으로 민중적이면서도 고원하게 인류가 갈 길을 밝혀준 것이다.

『주역』 「계사전」은 "이어주고 계속하는 일은 선하고, 그것을 이루고 완성하는 일은 (우리의) 운명이다(繼之者善也, 成之者性也)"라고 했다. 여기서 성(性)은 우리의 인간됨이고, 몸이며, 여성이고, 모성이라고 할 수 있다. 지금 세계 문명이 흔들리고 있는 때에 바로 그 몸과 모성과 우리 안의 거룩으로 다시 세계를 살 만한 세상으로 만드는 일에 우리 모두가 초대되었고, 그것이 종교 간의 대화를 통한 기독교 영성의 미래를 탐색하는 일이라고 생각한다. 한국 여성신학은 천지생물지심으로 그 일에 힘을 쏟으면서 생명과 정의, 평화의 세계가 더욱 가까워지기를 희망한다.

인(仁)의 사도 함석헌의 삶과 사상

시작하는 말

이 글은 2008년 서울에서 세계철학자대회가 열렸을 때 현대 한국이 낳은 대표적 한국 사상가 두 사람(유영모, 함석헌) 중 한 사람으로 소개된 함석헌(咸錫憲, 1901~1989)의 삶과 사상을 유교와 기독교의 대화의 관점에서 탐구하는 것이다. 일반적으로 함석헌은 한국 개신교 사상가로 알려져 있고, 주로 도교와 많이 관계한 것으로 인식되지만, 본 연구에 따르면 그는 매우 유교적인 사상가이다. 특히 그가 스승 유영모(柳永模, 1890~1981)로부터 이어받아서 전개시킨 씨올 사상은 바로 유교적 인(仁) 사상의 현대적 해석과 적용으로 이해될 수 있다. 그러므로 이러한 함석헌 사상의 유교적 뿌리는 더욱 밝혀져야 한다고 생각한다. 따라서 이 글에서 함석헌 사상의 전모를 그의 전기적 삶과의 관계 속에서 크게 '인(仁)'과 '의(義)', 그리고 '성(誠)'이라고 하는 유교의 대표적인 세 개념의 틀과 더불어 살펴보면서 어떻게 그의 삶과 사상이 유교적 영향 아래서 형성되고 전개된 것인지를 드러내고자 한다.

평안북도 용천의 바닷가에서 태어나서 유교 신분제 사회에서 겪은 경험, 당시 개신교의 유입과 더불어 변화된 삶의 환경, 그의 평양고보 학창시절과 일본 유학시절, 그리고 오산학교 교사시절과 해방 후 박정희 정권 하에서의 민주화 운동에서의 그의 역할과 그가 기성의 기독교와 관계 맺으면서 드러낸 사상적 갈등 등 그의 모든 면모가 바로 유교적 초월 이해와 정치와 실천의 사상을 그 근원적 뿌리로 지니고 있음을 본다. 이러한 탐구의 결과로서 그의 사상과 존재는 동아시아의 유교 전통이 한 뿌리가 되어서 세계 동서의 두 사상 전통이 뛰어나게 연결된 한국적 열매이고, 그런 의미에서 유교 전통을 만나지 못한 인도의 간디보다도 더 다면적이고 역동적으로 동서의 전통과 현대, 종교와 과학 등의 두 축을 잘 연결시키고 응축시킨 결과라는 것을 제시하고자 한다. 그런 의미에서 그가 제안한 "노력"과 "자속"의 특징을 갖는 새로운 미래 종교는 다가오는 세대를 위해 큰 의미를 지닐 것이다.

나는 박정희 시대의 마지막에 대학을 다니면서 원효로 4가에 잠깐 살았는데, 그때 집에서 그리 멀지 않은 곳에 함석헌 선생이 살고 계셨다. 한두 번 버스 정류장 근처에서 그 모습을 뵌 것도 같고, 당시 신문 매체 등을 통해서 그가 한국의 대표적인 민주인사란 것을 알았지만 본격적으로 함석헌 사상을 만난 것은 시간이 한참 흘러 내가 학생들을 가르치면서 그의 『뜻으로 본 한국역사』를 접하면서이다. 나 자신도 오래전에 테이아르 드 샤르뎅 사상의 세례를 받았고, 특히 양명학이나 한국의 신유교, 마하트마 간디의 종교사상, 톨스토이 사상의 전개 등에 한마음으로 같이 하고 있었으므로 함석헌의 역사 이해와 세계 이해, 그리고 그분의 종교 이해 등은 그대로 너무 좋았고, 더 이상 어떤 첨가나 비판이 필요 없지 않은가 생각하기도 했다. 그러면서 내가 생각하는 그는 매우 강하고, 의젓하고, 항상 자신의 입장과 판단을 분명하게 내릴 수 있고, 크게 망설이지 않고 용기 있는 행위를 취하실 수 있는 강한 분이었지만, 이번 글을 준비하면서는 그의 또 다른 모습들을 엿볼 수 있었다. 특히 그의 어린 시절의 내러티브와 부모님 삶에 대한 이야기들에서는 좀 더 친밀하게 그의 인격적 뿌리에 대해 생각해 볼 수 있었다.

본인의 이번 글을 위해서 핵심적으로 참고한 노명식 교수의『함석헌 다시 읽기』에 따르면 함석헌은 자서전을 쓰지 않았다. 그러면서 선생 스스로가 자랑스러운 자서전이나 회고록은커녕 부끄러운 고백론조차도 자신은 쓸 수 없다고 하면서 직접 한 말, "내가 뭐라고 내 소리를 할까? 무슨 자랑이라고? … 고백, 뉘우침을 쓰는 자격은 여간한 자격이 아니다. … 잘한 것, 잘못한 것을 가릴 것 없이 있는 그대로를 말하여야지, … 고백하는 것은, 고백을 해도 하는 자기 인격에도 아무 손해가 없고 듣는 사람에게도 아무 나쁜 영향이 없을 만큼, 고백하는 이 자신이 인격적으로 높은 경지에 이른 후에야 되는 일이다"라고 한 것을 길게 인용하였다.[1] 이 말에서도 잘 드러나듯이 함석헌은 내가 밖에서 생각했던 것보다 '부끄러워하는 마음(羞惡之心)'이 훨씬 강했던 것 같고, 그렇게 늠름하고 용기 있는 선구자의 모습과는 달리 '사양지심(辭讓之心)'도 많았으며, 항상 칼날같이 무엇이 옳고 그른가를 지체 없이 나누어 판단하며 나가는 것보다는 그저 "하나님의 발길에 채여서" 지금까지 해 오던 방식대로 한 걸음 한 걸음씩 걸어가는 것("죽을 때까지 이 걸음으로") 이외에는 다른 방도를 갖지 못한, 지극히 소박하고 소심한 범부의 모습도 가진 것으로 보인다. 그는 자신의 자(字)나 호(號)를 생각할 때 일본사람들이 '바보새'라고 하는 신천옹(信天翁)이 잘 들어맞는다고도 했고,[2] 자신의 생애에 대한 판단으로서 "동발목"이나 '나는 실패의 사람'이라는 표현을 쓰기도 했다.[3] 이러한 모든 모습이 그의 인격에서의 유교적 뿌리를 근원적으로 보여주는 것이라고 이해한다. 나는 군이 그의 사상의 핵심인 '씨 올 (仁/性)' 사상과 그가 그토록 강조하는 '생각(理)'에 대한 성찰을 들지 않더라도 그의 삶과 사고의 깊은 토대는 한 편으로는 유교라는 것을 의심할 수 없었다.[4]

　하지만 이 글은 함석헌의 삶과 사상에 대한 세밀한 문헌학적 분석이라기보다는 매우 현상학적인 관찰임을 밝힌다. 이번 연구에서 이미 국내외에 나

와 있는 그에 대한 심도 깊은 연구물들을 많이 섭렵하지 못했고, 2~30여 권
으로 나와 있는 그의 저작물들을 모두 세밀히 천착하지 못했다. 그래서 그
의 사고의 뿌리를 캔다는 것은 너무 과한 일이 아닌가 하는 생각도 들지만,
그럼에도 불구하고 그의『뜻으로 본 한국역사』는 이미 오래전부터 내가 가
장 사랑하는 책 중 하나가 되어 왔고, 몇 해전 세상을 뜬 역사학자 노명식 교
수의『함석헌 다시 읽기』는 함석헌 전 사고의 흐름에 대한 충실한 안내자가
되었으므로 주로 이 두 책에 수록된 함석헌의 말과 글들을 중심으로 해서
본 과제를 담당해 보고자 한다. 나는 이 글이 지금까지 나름대로 주력해 온
대로 또 하나의 유교와 기독교의 대화라고 생각하고, 오늘 한국 땅에서 유
교와 기독교의 두 영역에서 서로 만남 없이 학문하고 있는 동학들에게 소박
한 만남의 계기를 마련해 주고자 하는 마음으로 썼다. 우리 시대가 낳은 함
석헌 사상 속에 어떻게 깊이 있고 넓은 지평에서 동서와 고금의 인류 사상
과 전통이 만났는지를 보여주고 싶었기 때문이다.

1. 함석헌 사상의 유교적 뿌리 : 어린 시절과 성장기의 가족적 삶

오천 여 년 한민족의 역사를 한마디로 "고난"의 역사로 보는 함석헌 선생
이 유교 전통에 대해서 그렇게 긍정적으로 언급하지 않는 것은 잘 이해할
만하다. 그는 한민족의 출발을 만주 지역 등의 서북으로 보지만 그러면서도
유교가 단지 중국의 중원으로부터 유래된 외래 것만은 아니라는 것을 잘 보
지 못한 것 같다. 주지하다시피 그가 샤머니즘이나 유교, 불교 등의 우리 전
통 종교들에 대해서 가하는 비판의 핵심은 그것이 자주적이지 못하고, 심각
성이 덜하며, 그래서 우리 민족의 최대 난점은 제 종교를 가지지 못한 것이
라고 한다.[5] 선생은 고구려가 일어나기 전의 한사군을 설명하는 가운데 유

교를 받아들인 의미를 말하면서 그것이 우리의 "문화민족으로서의 양심의 터를 잡는데 좋은 교사노릇을 한 것"은 부인할 수 없다고 한다.[6] 하지만 김부식을 말하고 한국 유교문명의 꽃으로 꼽는 율곡 선생까지도 시대가 요구하는 "예언자"가 되지 못했고, 종교적·역사적 사고를 철저히 하지 못하고 "갑작스런 퇴장"을 하게 되었다고 평한다.[7] 그는 우리나라 불교뿐 아니라 유교의 핵심 오류도 "자기를 잃어버리고 찾으려 하지 않은 것"이고, 왜 유교면 유교지 중국 제도까지 배워야 하느냐고 반문한다. 외래로부터 받아들인 불교나 유교가 "나를 잃어버린 죄"를 치유하지 못했다고 평가한다. "우리나라 역사에서는 이 자아를 잃어버렸다는 일, 자기를 찾으려 하지 않았다는 이 일이 백 가지 병, 백 가지 폐해의 근본 원인이 된다"는 것이 함석헌 선생의 시각이고,[8] "인생은 목적운동"이고 "생명의 근본 원리는 스스로 함"이라고 했다면 자기를 찾는다는 것은 바로 한 개인에게나 민족에게서 삶의 "이상(理想)"과 "뜻"을 찾고 가지는 일을 가장 중시한다는 의미인데, 그러므로 세계 여러 종교에 대한 그의 평가는 바로 이 뜻의 일을 수행하는 데 어떠한 역할을 했는가와 깊이 관련되어 있다.

함석헌 사상의 유교적 뿌리는 그의 유교에 대한 구체적인 언급에서보다는 그의 어린 시절의 삶의 내러티브, 부모님들에 대한 이야기, 또한 그가 의식적이든 무의식적이든 자신의 사상을 나타내기 위해서 쓰고 있는 언어와 개념들에서 더 확실히 찾을 수 있다고 본다. 평안북도 용천군의 외진 바닷가에서 태어난 함석헌 선생은 서당에 가기 전에 집에서 『천자문』을 뗐다고 하고, 서당에서 『명심보감』을 배웠고, 그 서당이 덕일학교(德一學校)라는 신식 기독교 학교로 개편되면서 아침에 찬송 기도하고, 하나님을 믿어야하고, 비로소 우리나라가 있는 것을 알았다고 한다.[9] 이렇게 보면 그가 "자유" 의식을 가지는 데 있어서 기독교가 어린 소학교 시절부터 중심적인 역할을 한 것을 알 수 있지만, 그는 말하기를 그 삼천재(三遷齋) 서당이 사립 기독교 소학교로 변했다 하더라도 예로부터 전해오는 전통은 없어질 수 없었다고 한다. 그중에서도 그가 "참 좋다"고 생각한 것은 글이 씌어 있는 종이로 코를 풀거나 밑을 닦는 것을 엄하게 경계하면서 어린 시절에 일종의 신성한 권위의 존재를 가르쳐준 것이고, 또한 당시 글자를 쓰기 시작했으면 반드시 마무리해야 함을 가르쳐주는 '반자불성(半字不成)하는 것은 사람이 아니다'라는 가르침은 그의 마음속에 가장 깊이 새겨진 것이 되었다고 한다. 거기서부터 그는 인생을 마무리하는 것의 의미, 또한 일생을 "마무름"하기 위해서는 "전체의 의미"에 대한 자각, 곧 "믿음"이 있어야 함을 배웠다고 풀어낸다.[10] 이것은 나중에 그가 인류의 "미래의 종교는 노력의 종교일 것이다"라고 언명하고,[11] 남강 이승훈 선생이나 안창호 선생 인격의 핵을 참과 성실, 책임 완수 등으로 강조하는 일이 모두 유교『중용』의 성(誠)의 개념과 연관된 유교적 뿌리에 근거한 사고라는 것을 알게 한다.[12]

함석헌 선생은 「나의 어머니」라는 글에서 자신의 어머니 김형도(金亨道) 여사는 50이 될 때까지 글자는 한 자도 몰랐지만 그 어머니를 생각하면 맨 먼저 느끼는 것은 "끊임없이 올라가자는' 뜻의 사람이었다"고 한다.[13] 평북 용천의 가난한 소작농의 외아들과 결혼해서 7남매를 낳아 2남3녀를 키우는 동안 "물아랫놈들"이라는 멸시를 받는 감탕물 먹는 바닷가에서 살았지만, 그녀는 "인간다운 의식"을 가지고 끊임없이 올라오려 한 "보통이 아닌" 사람이었다고 한다. 어려서부터 교회 안에서 자란 그와는 달리 자신의 부모는 당시 온 동리가 다 믿는데도 교회에 가시지 않았다고 하는데, 그것은 "두 분이 다 그저 남 따라 무엇을 하기에는 너무도 자주적이었고 이성적(理性的)이었"기 때문이라고 한다. 특히 그의 어머니가 "이성의 사람"이었기 때문에 "그 미신 많던 시절에 우리 집에는 귀신 사귄 것이 아무것도 없었다"고 함석헌 선생은 회고한다.[14] 나중에 함 선생이 동경 유학에서 돌아와 보니 부모님이 기독교 신자가 되어 있었지만 그것은 누가 권해서라든가 복을 받기 위해서가 아니라 "스스로 생각해서, 사람으로서 마땅히 할 것을 하기 위해서" 한 일이었다고 적고 있다.[15] 이렇듯 함석헌 선생의 부모님은 나름대로 유교적 덕목을 잘 체현하고 사셨던 분들인 것 같다. 선생은 자신의 부모님은 "공(公)에 대한 의식을 뚜렷이 가지고 사셨던 분들"이라고 쓰고 있다. 소작농 출신의 한의사였던 아버지는 "어려서부터 양심이 아주 날카로운 분"으로서 말년에는 명의로 소문이 나서 돈을 많이 모을 수도 있었지만 그것은 사람의 본분이 아니기 때문에 그렇게 하면 못쓴다고 한 분이었고, 어머니는 본래 아주 인자해서 그는 한 번도 억울한 꾸중을 듣거나 매를 맞거나 한 일이 없었다고 한다. 다만 7, 8살 때인가 맏아들의 특권의식으로 원래 자기 것이라고 생각했던 채마 넝쿨의 오이를 바로 밑의 여동생이 따 먹자 횡포를 부리는 그에게 "얘, 그건 사람이 아니냐?"라고 "부드럽고 미는 듯하면서도 단연한 목소리로" 말씀하시는 소리를 듣고 부끄러웠다고 적고 있다. 함석헌 선생은 '그건 사람이 아니냐?'라고 하셨던 어머니의 그 음성이 자신에게 늘 살아 있어서 바로 그 어머니가 자신의 자유와 평등, 씨ᄋᆞᆯ사상의 "밑바닥의 반석"을 놓아준 것이라고 고백하고 있다.[16] 자신이 감옥에 가 있었을 때는 추운 감옥에서 고생하는 아들을 생각해서 본인도 밖에 나가 밤을 새워 보았다는 어머니는 1947년 2월 26일 그가 삼팔선을 넘어 남쪽으로 향하는 길을 나서던 날, "내 생각은 말고 어서 가거라!" 하였다고 한다.[17]

함석헌 선생이 이렇게 어머니가 자식을 살리기 위해서 죽음보다도 더한 고통을 참은 삶을 통해서 인(仁)의 뿌리를 경험한 것처럼 그는 아버지에 대한 유사한 기억도 털어놓는다. 1923년 9월 1일 관동대지진이 일어났을 때 함석헌 선생은 여러가지 진한 실존적 경험을 겪는다. 관동대지진으로 수백

만의 이재민과 십만여 명의 사망자, 또한 끔찍한 조선인 학살 사건이 일어
나자 고향에서 아들의 생사 여부를 애타게 기다리던 아버지는 아들이 살아
있다는 소식을 듣자 평소의 그 모습에서는 전혀 상상이 되지 않는 간절한
편지를 보냈다고 한다. 자신의 아버지야말로 전형적인 "유교식의 군자"로
서 인자한 분이긴 했지만 평소 자식에 대한 사랑을 말로 표현하지 않았는데
그런 아버지가 "네가 돌아오면 석헌아, 하고 쓸어안을 터이니…" 라는 표현
을 쓰면서 간절한 마음을 드러내는 편지를 보내자 함석헌 선생은 어떻게 그
렇게 겉과 속의 차이가 나는지 매우 놀랐다고 한다. 그러면서 사람들은 동
경 대지진에서 땅에서 불길이 치솟는 것을 경험했지만 자신은 "도덕주의의
지각이 터지고 혼이 지심(地心)에서 폭발돼 나오는 인애(仁愛)의 불길에 내 몸
이 타 버렸다"고 고백한다.[18] 함석헌 선생은 당시 지진이 나자 평소의 보통
일본인들이 어처구니없게 미쳐서 "조선놈 사냥"을 자행하는 것을 보고 정말
놀라운 것은 땅이 흔들린 것이 아니라 인간성이 흔들린 것이었다고 말한다.
일본 민중이 그렇게 변하는 것을 보고 그것은 자신이 "아버지에게서 본 것
과는 너무도 대조되는 불길"이었고, 그래서 그때 젊은 마음(24세)에도 그들
을 "미워한다기보다는 업신여기고 싶었다"고 고백한다.[19]

　이처럼 함석헌 선생은 자신이 어린 시절부터 어떻게 부모님을 비롯해서
가까운 삶의 반경 속에서 '인간성(仁)'의 깊은 체험을 하였는지를 들려주고
있다. 이것을 필자는 그가 후에 더욱 전개시킬 생명 사상이나 씨올 사상 등
의 뿌리가 유교적으로 놓여진 것으로 이해하고자 한다. 하지만 그것이 꼭
좁은 의미에서만의 유교적 뿌리라기보다는 여기서도 보듯이 유교가 다른
종교 전통보다도 훨씬 더 보편적으로 인간성의 기본적인 뿌리와 관계하는
전통임을 보게 한 일이라고 생각한다.

2. 인(仁)과 씨올 사상 : 함석헌의 종교

함석헌 선생은 1970년 고희에 이르는 나이에 『씨올의 소리』를 창간하면서 "나는 씨올에 미쳤습니다"라고 하였다.[20] 물론 이 '씨올'이라는 단어는 맨처음 그의 스승 유영모 선생이 『대학』의 '민(民)'을 해석하면서 쓰신 단어였다고 밝히지만, 앞에서도 보았듯이 함석헌은 "나는 씨올 사상을 부르짖고, 스스로 타고난 민주주의자라 하기도 합니다마는, 그 밑바닥의 반석을 어머니가 놓아주셨다고 합니다"라고 말한다.[21] 그는 앞에서 이야기한 1923년의 관동 대지진 사건에서 당시 동경 시내 우에노 공원의 "시즈노비 못가(不忍池畔)에서 언제 덮칠지 모르는 하늘까지 닿은 불길을 피해서 밤새 피신해 있으면서 동시에 자신의 마음에도 밤새도록 일어나는 억만 가지 선과 악의 불길과 씨름했다"고 했다. 그러면서 이튿날 아침 하늘 위에 먼동이 터오자 그 지옥에서 놓여난 느낌과 함께 "터진 땅 밑에서 무슨 새싹이 삐죽이 올라오는 것 같음을 느끼며" 그의 양심은 아무도 알아 듣지 못하는 작은 노래를 부르며 피난민 사이를 빠져나왔다고 고백한다.[22]

주희의 『맹자집주』에 따르면 "인자인야(仁者人也)"라고 한 『중용』에 이어서 "인야자인야(仁也者人也)"라고 한 맹자는 "인(仁)은 인간의 마음(人心)이고, 義는 인간의 길(人路)"이라고 하였는데, 이 맹자의 말에 대해서 정자(程子)는 인간의 마음은 "곡식의 씨앗(穀種)"과 같고, 거기서 인은 그 씨앗을 싹틔우는 힘, 씨앗 안에 내재되어 있는 "살리는 성질과 원리(生之性/生之理)"라고 설명하였다.[23] 알다시피 이러한 이해의 맥락에서 조선의 성리학자 퇴계 선생은 그의 「성학십도(聖學十圖)」 '인설도(仁說圖)' 첫머리를 "인이란 천지가 만물을 낳는 마음이요, 사람이 그것을 얻어서 마음으로 삼은 것이다"라고 한 주희의 말로 열고 있다.[24] 이렇게 유교 내지 신유교의 인간 이해는 인간의 삶(생명)을 우선적으로 '마음(정신)'의 일로 파악하고 거기서 그 마음의 본체를 "(생명을) 살리는(生) 인(仁)의 일로 본 것을 잘 알 수 있다. 함석헌 선생 스스로도 분명히 밝히기도 했지만 그의 씨울 사상과 생명관은 이러한 (신)유교적 이해와 매우 잘 상통한다. 그는 자신의 『뜻으로 본 한국역사』의 첫머리를 "사람의 살림은 뿌리가 있어야 한다"를 말로 시작했다. 그는 이 말은 인간의 삶을 나무에 비유해서 한 말이라고 지적하는데, 그러나 그것이 단순한 비유만이 아닌 것은 그의 뛰어난 범우주론적 진화론적 생명관이 나무와 짐승과 인간을 모두 한뿌리에서 출현한 생명으로 이해하기 때문이다.[25] 그러면서 "근본은 한 가지 바탈, 날자는 것이다" 라고 밝힌다. 이렇게 함석헌 선생 스스로가 '한' 혹은 '한', '얼' 혹은 '알로 표현하는 생명의 뿌리는 땅에서 나온 것, 난 것(나무)과 기는 것(김/짐승)과 나는 것(정신/자유)을 모두 포괄하는 우주적 생명의 근본으로 이해된다. 그는 이렇게 말한다.

> 공자의 생각으로 하면 '인'은 곧 우주 인생의 근본이다. 노자가 말하는 '도' 나 '자연'도 이것일 것이요, 인도에서 말하는 '브라아만' '아트만' 및 기독교에서 말하는 '아가페' '로고스'도 이것일 것이다. 그것을 유교식으로 말한 것이 '인'이다. '인'은 식물에 있어서 하면 씨요, 알짬이요, 동물에서 하면 활동하는 생명력이요, 사람에게 하면 그 정신적 바탈이다. 그래 복숭아 씨를 '도인(桃仁)'이라 하고, 팔다리 못 쓰는 것을 '불인(不仁)'하다 하고, 맹자가 '인'을 설명하면 '인'은 '인야(人也)'라 한다. '인'은 사람의 본 바탈이다.[26]

『중용』의 유명한 첫 세 구절인 "하늘이 명한 것을 싱(性)이라 하고, 그 성(性)을 따르는 것을 도(道)라 하며, 그 도(道)를 잘 닦는 일을 가르침(敎)이라고 한다(天命之謂性, 率性之謂道, 修道之謂敎)"에도 잘 드러나는 유교적 우주적 생명의 뿌리 또는 중심(中)인 성(性)이나 인(仁, 열)은 '살려는(生) 의지(忄)'나 '차마 못하는 마음' 또는 '측은지심' 등의 기적(氣的)인 생명력으로 표현된다. 하지만 동시에 그것은 그 생명력이 지향하는 목표나 이성적 원리(理), 또는 정신(知/思) 등으로 파악된다. 특히 고전 유교에 비해서 신유교의 성리학의 이해는 그러하다. 함석헌 선생의 씨올 사상도 이 두 측면을 모두 지니고 있는 것을 여러 가지로 알 수 있다. 그는 말하기를, "그럼 뿌리가 뭐냐? 생각함이다"라고 하였다. 즉 그가 씨올 들에게 그렇게 힘껏 "생각하는 백성이라야 산다"라고 외친 근거는 그 씨올의 본성을 '생각함'과 '이해함(理)'으로 보았기 때문이고, 그가 뜻으로 한민족의 역사를 전체적으로 해석하여 보여주려고 한 이유는 "인생이 가장 튼튼함을 느끼는 때는 저가 우주사에 대한 분명한 이해를 가지는 때다"라고 생각했기 때문이다.[27] 함석헌 선생은 뜻이란 무엇인가 하는 물음에 뜻이란 "여럿인 가운데서 될수록 하나인 것을 찾아보자는 마음, 변하는 가운데서 될수록 변하지 않는 것을 보자는 마음, 정신이 어지러운 가운데서 될수록 무슨 차례를 찾아보자는 마음, 하나를 찾는 마음"이라고 설명한다.[28] 이 설명을 듣고 있으면 유교의 그 치열한 격물(格物)의 공부법이 생각난다. 대상(物)을 탐구하여 그 본체(理)에 이르려는 탐구 정신, 사물의 본질(뜻)을 파악하기 위해서 다양하게 드러나 보이는 겉모습들을 가지 치고 정리하여 핵심과 방향과 목표를 사고해 내는 일, 지성(至誠)의 공부와 성찰을 통해서 "우주의 근본에 도덕적인 질서를 느끼므로" 자신의 삶을 그 질서에 따라 살도록 노력하고, 인생과 우주의 뜻(命)을 이루려고 노력하는 일 등을 말한다.

여기서 (신)유교의 생명관과 우주론과 공부론에서 기(氣)와 리(理)의 차원이 함께 있고, 학문(과학)의 공부법과 도덕의 실천이 함께 가듯이 함 선생의 삶과 사고에도 이 두 차원이 항상 같이 있다. 그의 『뜻으로 본 한국역사』 넷째 판의 서문에도 나와 있듯이, 그가 한국 역사에서 뜻을 찾고자 고통에 찬

성찰을 계속하고 있을 때 자신에게는 버리지 못할 세 가지 것이 있었다고 하는데, "첫째는 민족이요, 둘째는 신앙이요, 셋째는 과학"이라고 한다.[29] 함 선생이 자신은 비록 대학을 다니지 않았다고 하지만 그의 우주관이 당시 한국 지식인으로서 매우 드물게 당대의 과학적 진화론을 뛰어나게 섭렵한 것도[30] 이러한 유교적 격물의 주지주의가 바탕이 되었다고 생각한다. 그는 그 서문에서 직접 공자의 술이부작(述而不作)의 말을 들어서 자신의 한국 역사의 탐구가 철학이 아니라 과학이고, 단순한 상상이나 창작이 아니라 "있는 그대로를 그려낸 것뿐"이라고 강조했다. 즉 "사실(事實)"에 뿌리를 박고 거기서 전체 역사를 관통하는 뜻(理, 또는 命)을 찾은 것이라고 밝히는 것이다.

그는 "사람은 정신이다"라고 말한다. 또한 "생(生)은 명(命)"인 것을 지적한다.[31] 따라서 그 명과 까닭을 알게 되면 삶에서 "힘"을 얻게 된다고 강조한다. "까닭이 곧 힘"이고, "생명의 근본 원리는 스스로 함"으로 보기 때문이다.[32] 그래서 그는 "살고 싶거든 할 일을 발견해 내어라"라고 주창하는데,[33] 이는 조선의 성리학자들이 구인성성(求仁成聖)의 공부 방법론과 지향점을 가지고 자신의 삶의 과제를 천지가 마음의 씨앗으로 놓아준 인(仁)을 구해서 그것을 만물로 확장해서 초월(聖)을 완성하는 과정으로 이해한 것과 매우 상통하는 것을 본다. 이렇게 해서 인간 인격의 최고 상태인 자유(自由)를 "제(自)가 곧 까닭(由)"인 지경으로 풀어내는 함 선생은 그러나 거기서의 뜻과 까닭을 유교 도학자의 이법적(理法的) 이해보다 훨씬 더 인격적으로 풀어 낸다. 즉 그는 바로 생의 명을 "하나님"의 명령으로 이해하여 "생(生)은 명(命)이다. 하나님이 명령하는 것이 삶이다"라고 밝히는 것이다.[34] 그래서 함석헌 선생에게 인(仁)은 믿음과 매우 밀접히 연결되어 있다. 그는 우리 민족의 고난의 역사를 꿰뚫고 있는 가장 큰 폐해를 "숙명관"으로 보았다. 그에 따르면 숙명관은 "압박된 자의 철학"이고, "생명의 갇힘"이며, "종살이하는 놈의 신앙"이다.[35] 스스로 하지 않은 인의 일의 결과를 미리 알고자 또는 "자포자기는 하면서도 그 고난을 벗어 버리자는 원은 없을 수 없어서" 역사상 유사종교들이 많이 생겨났고, 유교나 불교도 그 폐해를 고쳐주지 못했다고 본다.

함석헌 선생의 씨울 사상이 전통적 유교의 인(仁) 사상보다 더 강력한 민중(民)과 민주주의 사상으로 전개될 수 있었던 것은 바로 이러한 인격적 천(天)이해의 결과라고 본다. 그는 한민족의 역사에서 3·1운동이야말로 민중이 비로소 "사상적"으로 자각해서 "씨울의 역사"를 시작한 사건으로 이해한다. 당시 관립 평양고보에 다니던 함 선생 개인에게뿐 아니라 전 민족적으로 이 사건은 "자주(自主)하는 민의 역사"가 시작된 것으로 보는데, 물론 "민중이 살았노라는 표시뿐이지 아직 완전히 깨어 힘을 가진 것은 아니"므로 성공하지는 못했지만 그 운동은 바로 "하나님이 말없는 민중에서 명을 내리신" 씨울의 역사가 시작되는 사건으로 이해하는 것이다.[36]

나는 함석헌 선생이 동경 유학을 가서 "사범학교"를 택한 것도 그의 사상의 유교적 뿌리와 매우 상관되어 있다고 생각한다. 그는 의학이나 문학, 철학을 거쳐 당시 진학을 위해서 마지막까지 포기하기 어려웠던 전공이 서양 미술이라고 고백하지만, 그럼에도 불구하고 "우리나라 형편을 보아 시급한 것은 교육"이라고 생각해서 사범학교를 택했다고 밝히고 있다.[37] 가장 구체적으로 인의 씨울을 싹틔우고 키우는 일이 교육이라고 생각했기 때문이며, 이는 꼭 『논어』나 『대학』, 『중용』 등의 유명한 첫 구절을 들지 않더라도 유교가 교육(敎/學)을 자기정체성의 핵심을 이루는 일로 이해해 온 영향이라고 생각한다. 하지만 동시에 "교육이야말로 하나님의 발길질"이라고 서술하는 함석헌에게 교육은 결코 종교와 믿음의 일과 떨어져서 될 일이 아니었다. 그래서 그는 인과 그 알맹이를 키우는 교육을 말하면서도 "민족을 살리는 길은 믿음을 일으키는 데 있다"라고 하면서 진정한 교육은 바로 그 인과 씨알에 대한 "신앙"과 "믿음"의 일임을 밝힌다.[38] 함 선생은 자신이 버리지 못하는 "세 가지(민족, 신앙, 과학)"를 가지고 "교육과 종교와 농촌"을 하나로 연결하기 위해서 무진 애를 썼다고 한다. 그가 1928년부터 10년간 오산학교에서의 혼신을 다한 교원 생활 후 다시 평양 교외 송산에서 농사학원을 맡은 일도 모두 같은 맥락이다.[39] 그는 비록 나라가 일본에 합병되어서 교육이 그들 손으로 넘어갔지만 "선한 것이 마지막에 이기고 마는 것은 이 때문입니다"라고 하면서 교육에 대한 믿음을 놓지 않았고,[40] 남강(南崗) · 도산(島山) · 고당(古堂)의 세 민족적 스승을 말하면서는 공자가 "가르치지 않고 싸우는 것은 백성을 버리는 것"이라고 하신 말씀을 들어서 시작하였다.[41] 함석헌 선생은 8.15해방의 의미를 "도둑같이 온 해방"이라고 하면서 민중의 자발성과 주체성의 측면에서 아쉬워하기도 했지만 거의 모두가 죽은 줄로 알았던 "씨올의 불사성(不死性)"이 드러난 사건이라고 강조하였다.[42]

그러나 무엇보다도 함석헌 씨올 사상이 유교적 인(仁) 사상으로부터 깊이 연원함을 분명하게 드러내주는 것은 그가 "일루의 희망"이라는 서술을 통해서 한국 민족 역사의 세계사적 의미를 지시해 주는 일이라고 본다. 그에 따르면 우리의 역사가 도무지 희망이 없을 것 같고, 고난의 연속이고, "갈보이었던 계집"의 역사처럼 자기 자신을 잃고 제 스스로도 자신을 업신여기는 역사였지만, 그럼에도 불구하고 우리에게 세계사가 지시하는 역사적 사명이 남아 있는데, 그것은 바로 수천 년의 고난의 역사 속에서 "민족적 성격"으로 영근 "착함"을 통해서라는 것이다.[43] 그 착함이란 맹자가 전국시대 제(齊)나라의 선왕(宣王)에게 왕도정치의 술로서 가르쳐준 "차마 못하는 마음(不忍之心)"과 같은 것이라고 지적한다. 함석헌 선생에 의하면, 그것은 우리 조상이 흥안령을 넘기 전부터 가슴 속 깊이 간수하고 길러온 마음의 바탕이고, 그 후 수천 년의 역사 속에서 "민족적 성격"으로 자리 잡았다. 비록 이러한 아름다운 천성이 오랜 고난 속에서 많이 상한 점도 없지 않지만, 지난 수천 년 동안 한 번도 남을 침략한 일이 없고, 박해를 받지 않는 한 다른 민족을 배척한 일도 없는 역사 속에서 그것은 쉬이 사라지지 않는다는 것이다. 그리하여 앞으로 세계사에서 한국 민족이 하려고만 한다면 그것으로써 큰 사명을 감당할 수 있는데, 즉 "세계의 불의를 담당함으로써 인류의 역사를 도덕적으로 한층 높이 올리는 일"이라고 선언한다.[44]

함석헌 선생은 지금 비참 속에 빠져 있는 한국인들이 오히려 반대의 성질을 가지고 있는 것이 아니냐 하고 의심받기도 하지만, 결코 자신의 착함에 대한 믿음을 잃어버려서는 안 된다고 강조한다. 그리고 삼국시대 이후 지난 천 오백여년의 시간은 그 앞의 무수한 시간에 비해서 그렇게 긴 시간이 아니라고 역설한다. 그래서 그에게서 착함과 인(仁)의 문제는 다시 믿음과 신앙과 역설의 문제가 되는데, 이는 일찍이 맹자가 "진정한 위대함(大舜)"으로 칭송한 순 임금의 인격적 특성이 "자신을 버리고 남을 따름(舍己從人)"이고, "남과 더불어 선을 행함(善與人同)"이 되어서 한없이 주체성이 모자라고 어리석은 것처럼 보이지만 그의 진정한 위대함이란 바로 그렇게 자신을 버리고 남과 함께 하는 데 있다는 것을 지적하는 의미와 유사한 경우라고 하겠다.[45] 조선의 율곡은 그의 『성학집요(聖學輯要)』에서 그러한 순 임금의 사기종인의 덕을 논하면서 그렇게 자기를 버리고 남을 따르는 일이란 다른 것이 아니라 "천하의 눈을 내 눈으로 삼는다면 보지 못하는 것이 없고, 천하의 귀를 내 귀로 삼는다면 듣지 못하는 것이 없으며, 천하의 마음을 내 마음으로 삼으면 생각하지 못할 것이 없을 것이니, 이것이 성스런 임금과 현명한 군주가 천하의 사람들을 고무시키면서도 마음과 힘을 들이지 않는 이유입니다"라고 풀이했다.[46] 여기서 나는 함 선생이 그의 「씨알의 설움」(1959)이라는 글 속에서 "기도는 하나님 들으라고 하지만, 또 제가 들으라고 하는 소리다. 제가 듣지 못하면 하나님도 못 듣는다. 하나님의 귀가 내 귀 안에 와 있다. 내 귀 아니고는 하나님은 못 듣는다"라고 하면서 하나님과 씨ᄋᆞᆯ과 나와 타인이 모두 한 가지로 연결되어 있음을 드러내 준 것과 유사한 의미를 본다. 이러한 맥락에서 오늘날 21세기 IT와 SNS의 시대에 한류의 물결이 전 세계에 흐르고 있고, 한국이 IT 강국이 되어서 세계 어느 곳에서보다도 집단지성의 활동이 두드러지고 있는 것을 보면 나는 이러한 현상들이 함석헌 선생이 인(仁)과 착함을 통해서 앞으로 한민족이 역할을 할 것이라고 하신 예언의 의미와 결코 무관하지 않다고 생각한다. 인과 착함이란 자신을 더욱 더 관계성 속에 두는 일이며, 우리로 생각하고 그 관계를 위해서 스스로를 포기하는 일과 밀접히 연관되기 때문이다. 즉 오늘날의 언어로 이야기하면 집단지성이고 환대의 덕목이며, 접속의 일이기 때문이다. 이렇게 해서 나는 한국인의 정서를 가장 잘 표현해 주고 있다는 맹자, 그 맹자가 가장 큰 인물로 존숭한 동이족 출신의 순 임금, 그의 덕을 다시 극진히 찬양한 율곡, 그리고 자신은 "씨ᄋᆞᆯ에 미쳤고", "죽어도 씨ᄋᆞᆯ은 못 놓겠다"는 함석헌 선생이 모두 서로 깊이 연결되어 있음을 보고자 한다.

3. 의(義)와 대속(代贖) : 함석헌의 정치

함석헌 선생의 씨ᄋᆞᆯ 사상이 어린 시절 가까운 삶의 반경에서의 유교적 인의 경험과 깊이 연관되어 있듯이, 한국 현대를 대표하는 기독교 사상가로서의 그의 '대속/칭의' 이해는 유교적 인(仁)과 의(義) 의식에 깊이 닿아 있음을 볼 수 있다. 유교적 환경의 부정적 영향으로 말해야 할지 모르겠지만 함석헌 선생은 자신의 출생지와 성장지와 관련해서 그의 의 의식과 관련한 중요한 이야기를 하고 있다. 그가 태어나고 자란 평안북도 용천군의 황해 바닷가는 그에 따르면 "한국의 '이방 갈릴리'", 스블론, 납달리와 같이 여러 백년을 두고 버림을 받아 왔고, 상놈이라는 차별 대우가 특히 자신이 났던 마을은 더 심해서 "바닷가 감탕물 먹는 놈"이라고 해서 "머리도 못 들고 살았"다고 한다. 그러나 그는 말하기를 "그 불행이 오히려 복"이 되어서 밑바닥인 만큼 오히려 망국의 혼란 속에도 그곳에는 평화가 있었고, 모두가 다 상놈이기 때문에 "계급 싸움"이 없었다고 한다. 그는 어린 시절에 양반·상놈이란 말은 들었지만 양반도 상놈도 보지 못했고, "이리해서 나는 타고난 민주주의자가 됐습니다"라고 고백한다.[47]

선생의 의(義) 의식은 이렇게 긍정적이든 부정적이든 유교적 뿌리를 가지고 있는 것을 알 수 있다. 여기에 더하여 그렇게 오랫동안 천대받고 소외되어 왔던 고향에 기독교가 들어오면서 큰 빛이 들어왔다고 밝힌다. 선생은 그것을 통해서 하나님과 민족에 대한 의식을 갖게 되면서 하나님을 믿어야 하고, 우리나라가 있는 것을 알게 되었다고 한다. 그는 당시 망국 시기에 고향 마을의 장로파 교회와 개신교 덕일학교에서 받은 교육으로 "하나님을 섬기는 것, 민족과 국가를 사랑하는 것밖에 다른 것을 생각할 수 없었"다고 하는데,[48] 여기서 알 수 있는 것은 함석헌 선생의 의(義) 의식은 기독교의 유입과 더불어 본격적으로 일깨워지기 시작했다는 것이다. 함 선생은 나중에 오산학교에서 유영모 선생으로 배운 '참'이나 '삶'이라는 말을 잊지 못하게 되면서 "그때부터 나는 '나'를 문제 삼게 되었다"고 밝힌다.[49]

이때 함 선생은 기독교의 진수를 "죄에서의 해방"으로 파악했다. 그는 전통의 무속이나 불교나 유교가 일깨우는 의에 대한 의식은 한계가 있다고 보았으며, '나'를 문제 삼게 하는 기독교, 불의에 대한 자각을 '죄'로 의식하게 하는 기독교, 양심이나 덕성의 문제가 아니고 오히려 "감사한 것은 … 약한 마음을 주신 점"이라는[50] 고백을 가능하게 하는 믿음의 기독교야말로 "직(直)

히 사람의 영혼에 투입하여 힘줄과 골절을 쪼개"서 유일하게 "자유로움"과 "사망에서 뛰어나와 생명의 문"으로 들어가게 한다고 설파하였다. 그는 여기서 "왜 믿음으로 인하여 죄를 이기게 되느냐 하는 데는 이유가 없다"라고 까지 하면서 "오직 예수 그리스도"를 강조하고,[51] 기독교는 바로 "성한 사람에게는 쓸데가 없고, 의인은 부르지 않습니다"라고 하면서 기독교의 의(義) 의식이 그 역설성으로 인해서 얼마나 첨예한 의 의식을 불러일으키는지를 밝힌다.[52] 그래서 그는 이러한 진수를 가지는 기독교야말로 "세계의 모든 불의가 다 여기 모여" 있는 조선에 "유일한" 구원의 길이 되며, 그것은 "유교의 찌꺼기, 불교의 마른 뼈다귀, 동양 문명의 썩은 주검, 서양 문명의 살무사"를 모두 치유할 수 있다고 강조한다.[53]

그러나 선생의 이러한 기독교 이해와 그리스도 이해는 유사한 시기에 쓰여진 또 다른 글 「무교회신앙에 대하여」(1936)에서 이미 균열을 일으키고 있음을 볼 수 있다. 그는 이 글에서 아직 '그리스도론' 자체에 대한 의문은 제기하지 않지만 바로 교회로 인해서 그리스도가 배제되는 당시 기독교의 모습을 보면서 "교회주의는 현실주의다"라고 비판하며 교회나 성직 제도의 교권주의에 강하게 도전한다. 그는 인류는 그리스도가 오기 전에는 중개자가 필요했지만 그가 온 후에는 그러한 "인간적 대표자나 중개자"는 필요 없다고 선언하며, 현실 교회가 다시 그러한 교권적 중개자가 되고자 한다면 그것은 "역사의 역전이요 우리 생명의 약탈"이라고 선포한다.[54] 그에 의하면 예수가 스스로 "육탄"이 되어서 맞섰던 세력은 불신자가 아닌 유대교 교권자였고, 이 사실을 아는 일이야말로 "신앙의 진리를 깨닫는 데 가장 긴요한 일"이라고 한다. 그는 그리스도가 옴으로써 아버지인 하나님을 알게 된 때는 "사람마다 사제"가 되고 권위가 필요없게 되었으며, 이렇게 해서 함석헌 선생은 이미 그 때에 서구 신학에서 한참 후에나 전개되는 신중심주의 그리스도론을 제시하고 있는 것을 알 수 있다. 그는 말하기를, "저는 신(神) 절대 중심주의자다. … 저는 하나님의 절대 통치 아래 성립되는 신앙의 데모크라시를 주장한다. … 예수로 인하여 모든 사람이 다 같이 자녀요 다 같이 사제요, 1수(一首)의 가치가 99t의 가치에 비하여 경(輕)치 않다는 『성서』의 데모크라시는 천래(天來)의 복음이다"라고 역설한다.[55]

함석헌 선생의 이러한 신 중심적 그리스도론은 그러나 이후 더 급진적으로 해체된다. 무교회 신앙인으로서 예수의 그리스도 됨에 근거해서 성서적 데모크라시의 의를 칭송했던 그는 1940년대로 들어서면서 우치무라 무교회 신앙의 배타적인 복음주의적 그리스도론을 비판적으로 성찰하기 시작한다. 이즈음에 그는 성서조선 사건으로 감옥에 있으면서 여러 불교 경전과 『노자』를 읽었고, 또한 해방 후 그리고 6·25전쟁 중 『바가바드기타』를 읽는 등 서구 비정통 신앙인들에 대한 독서와 더불어 인도 종교 전통과의 조우는 "종교는 하나"라는 생각을 분명히 하게 했다고 고백한다.[56] 이제 그에게 문제가 된 것은 "역사적 인간인 예수"를 어떻게 이해하느냐 하는 것이고, 그와 더불어 "대속(代贖)은 어떻게 이루어지는 것이냐"하는 것이었다.[57] 그는 여기서 자신과 같은 "사색형의 인간"에게는 대속이 결코 그냥 믿어지지 않는다고 고백한다. 그의 생각에는 대속은 "인격의 자주가 없던 노예시대"에 한 말로 이해되고, 인격은 결코 대신해 줄 수 없는 것이기 때문에 진정으로 자유한 인격에게는 대속은 고마운 일이 아니라 오히려 "모욕"으로 들린다는 것이다.[58]

이러한 사색은 그가 매우 강력하게 역사적 예수의 유일회적 그리스도성으로부터 벗어나는 과정을 드러내주고 있다. 그는 "생각하다 생각하다" 자신이 내린 판단이 있다고 하는데, 기독교 신앙을 통해서 진정으로 인격의 변화가 일어나려면 우리가 믿는 것은 역사적 예수가 아니라 "영원한 그리스도"여야 하고, 그러기 위해서는 그 그리스도는 "예수에게서만 아니라 본질적으로 내 속에도 있다"는 것을 받아들이지 않을 수 없게 한다는 것이다.[59] 그는 "자기중심적인 감정"과 "도덕적으로 높은 경지"를 대비시키고, "모든 체험은 반드시 이성으로 해석"되어야 함을 강조한다. 여기서 우리는 앞에서 그가 역설의 의(義)로서 유일하게 참으로 주창했던 기독교와 믿음에 대한 이해가 이성(理)과 도덕(德·行)에 대한 깊이 있는 성찰로 근본적으로 달라지는 것을 본다. 나는 이것을 선생이 자신의 아버지에 대해서 진실한 유교적 선비로서 "양심의 자연법칙"에 따라, "칠령팔락(七零八落)"하지 않고, "자기가 생각해서", "아무 죄 없는 사람"으로 살았다고[60] 서술하는 것과 같은 맥락의 영향이라고 이해한다. 또한 어느 누구보다도 인간의 의 문제를 자기 성찰의 핵심 관건으로 삼았던 『맹자』를 선생이 특별히 애독하셨다면 이러한 이해가 무리는 아니라고 생각한다.[61] 맹자는 사람이 사는 것보다 더 좋아하는 것이 없고, 죽는 것보다 더 싫어하는 것이 없지만, 만약 그 삶이 인간의 길인 의(義)를 해치고 사는 경우라면 차라리 그 생을 버리고 의를 취하겠다고 했다. 이러한 사생취의(舍生取義)의 정신은 함 선생이 비판한 기독교의 "감정적인" 대속신앙과는 같이 하기 어렵기 때문이다.[62]

선생도 인용했듯이 맹자는 "그 마음을 다하는 자는 성(性)을 알고, 그 성(性)을 알면 하늘을 안다"고 했다(『맹자』「盡心上」1). 또한 그는 우리 입 이 고기를 좋아하는 것 같이 우리 마음을 공통으로 기쁘게 하는 것은 이치(理)와 의(義)라고 했다(『맹자』「告子上」7). 이러한 맹자를 좋아한 함석헌 선생은 "밑에 행함의 불을 피우지 않고 올라가는 믿음의 향내는 없다"라고 했다.[63] 그는 "예수가 하나님의 아들이 된 것은 우리가 다 하나님의 아들이기 때문"이고,[64] "속죄의 근본 뜻은 대신에 있지 않고 '하나됨'에 있다"고 밝힌다.[65] 그는 하나님이 오직 "'착한 맘'이 하나 있을 뿐"인 한국을 "세기의 그리스도"로 뽑으셨다고 말하는데,[66] 이것은 그의 신앙과 믿음의 방향이 점점 더 전통적 역사적 예수 중심의 속죄론을 벗어나서 인(仁)과 씨올, 민중에게로 향하고 있음을 알게 한다. 그러한 자신 신앙에서의 변환을 선생은 1953년 「대선언」과 「흰손」의 두 시로 발표하였고, "이단자가 되기까지"라는 글을 통해서도 분명히 밝혔다. 그의 개인주의적이고, 과거지향적이며, 분리주의적이었던 칭의론이 그리스도성의 보편성에 대한 믿음과 더불어 씨올과 민중과 삶과 전체에 대한 믿음으로 전환되고 있는 것을 밝혀준다.

맹자는 인과 의의 구체적인 내용에 대해서도 보통 서구적 공평(fairness)이나 평등의 개념으로 알고 있는 차원과는 참으로 다른 이야기를 해 주고 있다. 그에 따르면 인의 구체적인 내용은 "친친(親親, 어버이와 친족을 친애함)"이고, 의는 "경장(警長, 윗사람/오래된 것을 공경함)"이다. 그러면서 이것이야말로 천하의 모든 사람들에게 보편적으로 적용되는 법과 도라고 한다(親親, 仁也, 警長, 義也, 無他, 達之天下也, 『맹자』 「진심상」 15). 여기서 나는 이 경장의 의를 기독교의 대속의 의와 서로 대치되는 것으로 해석해 보고자 한다. 오늘날 일반적으로 공평함이나 평등의 의미로 해석되는 서구적 정의는 자칫 외부적인 능력 평등주의로 이해될 수 있다. 더군다나 오늘날은 그 능력에 신체와 젊음, 건강 등이 많이 연결되어서 능력이 더 많은 사람이 더 많은 것을 갖는 것은 정의롭고 공평한 일이라고 생각되고 있는데(신자유주의), 맹자의 경장으로서의 의가 말하는 것은 참된 인간적인 의는 그러한 능력의 평등주의가 되어서는 안 되고 오히려 그 능력과 젊음과 건강에서는 약자이지만 그 약한 것을 보듬어주고 보살펴 주는 것, 많은 경우 그 약자가 된 소이가 먼저 난 자로서 현재 세대가 향유하고 있는 모든 것을 낳고 키우기 위해서 자기 것을 내어주었기 때문이라는 사실을 알아 주는 일이라는 지적이다. 어떤 형태의 것이든 오늘이 있기 위한 토대가 된 것에 경의를 표하고, 그래서 그것이 지금은 비록 낡고 약해 보이지만 바로 그 약하고 오래된 것이 우리 삶의 토대가 되었음을 인정하고 동시에 그 오래된 것과 약한 것을 인간적으로 돌보는 것이 진정한 인간적 의(義)라는 지혜를 말하는 것이라 하겠다.

이러한 유교적 의는 기독교적·종교적 의에 비해서 장기간의 삶의 과정 안에서 실천되는 의를 중시한다. 그것은 생활적 삶을 요구하는 의이고, 일회적이거나 찰나적인 전환으로서의 칭의가 아니라 덕목과 지혜와 현실 삶에서의 행위력으로서의 의를 말함으로써 종교보다는 정치, 정치보다는 교육과 문화, 정치적 혁명보다는 건강한 가족적 삶을 구축하기 위해 노력하는 의(義)의 실천을 말하는 것이다. 나는 함석헌 선생의 기독교적 대속신앙이 변하여서 씨올과 민중과 삶과 전체에 대한 믿음으로 향하는 것이 바로 이러한 유교적·맹자적 의 사상에 영향을 받은 것이라고 본다. 그가 농사와 교육을 놓지 않으려고 노력한 일, 열일곱 살에 부모가 시키는 대로 한 살 아래인 황득순 여사와 결혼했으나 신혼의 시간에도 잠자리에서 같이 운 적이 많았다고 이야기할 정도로 어려움이 많았지만, 그래도 온갖 역경을 견디고 해로하여 1978년 부인의 임종을 맞이한 일, "인정으로 사는 가정에는 법 없다"[67]고 말하는 것, "늙은이를 대학으로 보내고 젊은이를 일터로 보내라"고 한 일,[68] "나라 안에는 늙은이가 있어야 한다"라고 하면서, 젊은이를 가르치는 일을 그렇게 중시하셨지만 젊은이가 아니라 오히려 늙은이가 나라의 "정신적 뼈대"라고 주장하신 일, "목적은 하늘에 있으나 일은 땅에 있다"고 밝힌 일,[69] "하나님을 믿는 것은 손을 묶고 앉는 일이 아니다. 도리어 인간으로서 활동을 힘껏 하기 위해 생사 성패를 하나님께 맡기는 일이다"라고 한 말 등이 모두 이러한 유교적·동양적 의 이해의 표현이라고 생각한다. 이것이 자연과 동물의 세계와는 다른 인간적 세계의 의이고, 그럴 때만이 인간의 문화와 삶이 지속된다는 지혜이고, 이것이 오늘날 서구 연원의 신자유주의 경제와 실리주의적 경쟁 원리를 뛰어넘는 대안의 정의로 받아들여져야 한다는 생각이다. 그것이 진정한 경쟁력이고 강함이며,[70] 자신의 근원을 잊지 않고 시작을 기억하고 그 시작과 오래된 것을 계속 새기면서 보은할 때 인간적 삶이 계속되고 뻗어나갈 수 있다는 가르침이라고 여긴다. 이것을 우리는 함석헌 선생의 기독교 신앙으로부터 배울 수 있다고 본다.

4. 성(誠)과 새 시대의 새 종교 : 함석헌의 교육과 문화

함석헌 선생의 신앙은 그 인격적인 특성으로 인해서 그의 의식 속에 날카롭게 일깨워진 자유(自由, 스스로가 까닭이 됨)와 참에 대한 의식으로 예수의 대속설을 받아들일 수 없었다. 그는 그것을 넘어서 예수가 과거에 그랬던 것처럼 스스로가 하나님과 하나됨을 믿는 믿음으로 나아가면서 그 하나님이 바로 씨올이고, 참과 실제(real)이고, 내 속의 얼이며, 이 땅의 가난한 민중인 것을 알아가게 되었다. 그는 이렇게 말한다.

> 민중이 뭐냐? 씨알이 뭐냐? 곧 나다. 나대로 있는 사람이다. 모든 옷을 벗은 사람, 곧 알사람이다. 알은 실(實), 참, real이다. … 정말 있는 것은, 알은 한 알뿐이다. 그것이 알 혹은 얼이다. 그 한 알이 이 끝에서는 나로 알려져 있고, 저 끝에선 하나님, 하늘, 브라만으로 알려져 있다. … 알사람, 곧 난 대로 있는 나는 한 사람만 있어도 전체다. 그것이 민이다.[71]

이렇게 초월과 궁극의 하나님을 이 세상, 참(실제), 씨올과 나, 민중 등과 급진적으로 등가화시키는 함 선생의 "이단"적 신앙을 나는 우리 유교 전통의 성(誠)의 개념만큼 잘 드러내주는 것이 없다고 생각한다. 잘 아는 대로

『중용』의 핵심 개념인 성(誠)은 이상(言)이 형상화되어 나타난 것(成), 뜻과 이유(言)가 실현된 것(成), 또는 말이나 행위가 실제와 부합되는 참과 정직, 또 다른 의미로는 약속한 것이나 계획한 것(言)을 현재와 현실로 이루어내는(成) 성실성, 또는 품은 뜻(言)을 이루어내고 실현시키기 위해서 끝까지 인내하는 지속성, 이와 더불어 지금 현실과 눈에는 보이지 않지만 진정한 본체와 알맹이(言)가 실현될(成) 때와 날을 믿는 믿음, 그리고 그것을 지금 여기서 눈앞의 실제로 그리고 볼 수 있는 상상력과 창조력 등의 여러 가지로 풀 수 있다. 나는 함석헌 선생의 삶과 신앙, 행위와 언어 속에 이 모든 것이 다 들어 있다고 생각한다. 그가 기독교나 교회의 좁은 울타리를 넘고, 편협한 인간중심주의, 민족주의, 과거와 현재의 속박을 넘어서 한민족의 미래와 세계와 인류의 앞날과 이상을 말할 때 이 성(誠)의 덕이 지극하게 실현되고 실천된 모습을 본다.『중용』 20장은 그 성을 "하늘의 도(天之道)"로 그려 주었고, 그 성을 따르고 실천하는 일을 "인간의 도(人之道)"라고 했다. 또한 21장에는 함석헌 선생도 인용하신 "진실(성실)함으로 말미암아 밝아지는 것을 성(性, 씨울)이라 하고, 밝아짐으로써 진실(성실)해지는 것을 교(敎)라고 한다(自誠明謂之性, 自明誠謂之敎)"라는 구절이 있는데,[72] 이 두 구절로써 선생의 지극히 내재신적인 하나님 이해, 씨알의 인간관, 그의 정치와 교육관을 모두 잘 파악할 수 있다.

함석헌 선생이 속죄의 근본 뜻은 대신에 있지 않고 예수가 아들로서 그러했던 것처럼 "알아주는 맘"으로 하나님과 "하나됨"에 있다고 했다면,[73] 초월과 현실을 하나로 묶는 성이야말로 그 하나됨이라고 할 수 있다. 이 하나됨, 다른 표현으로 하면 참을 지극히 실천하는 모습으로 의사가 되려는 마음을 가지고 어렵게 들어간 관립학교지만 3·1운동에서 있는 힘을 다해서 독립만세를 부르고 나서 "내 양심에, 어제 있는 힘을 다해서 부른 만세를 오늘 다시 한번 배반하고 … 잘못된 것이라 부인할 수가 없어서" 다시 들어가지 않은 일,[74] 일본 경찰의 혹독한 고문에도 교육하는 목적이 무엇이냐는 질문에 "참이 제일이지"라는 각오로 "조선사람을 길러내자는 것"이라고 결코 거짓말을 하지 않은 남강 이승훈을 기리는 일, "오직 지극한 정성이라야만 능히 물건에 움직이지 않고, 오직 지극한 정성이라야만 능히 물건을 움직인다(有至誠不能動於物 有至誠能動物)"는 도산 안창호 선생이 평생 좋아했다는 글귀를 지성(至誠)의 가르침으로 깊이 새긴 일,[75] 점점 더 심해지는 일제의 억압 속에서 일본말로 가르치느니 차라리 교직을 그만두었고, 신사 참배는 물론 창씨개명에도 응하지 않은 일, 무교회도 넘어서 스스로 이단자가 되는 한이 있다 해도 "참에야 어디 딴 끝이 있으리오" 하면서 기독교 교리의 가장 뜨거운 감자인 역사적 예수의 물음을 제기하며 참에 대한 물음을 계속해 나간 일,[76] "… 내게 오는 자 참으로 오라, 영으로 오라, 자유로 오라. 맘을 다, 뜻을 다, 성품을 다, 힘을 다한 사랑으로 오라"는 「흰 손」의 시 구절이 나타내듯이 진정성 없는 값싼 대속 신앙으로 전락한 기독교 신앙에 대해서 두렵고 떨리는 마음으로 깊이 고민하고 성찰한 일,[77] 서슬 퍼랬던 군사 쿠데타의 주역에게 의장이나 대장이라는 명칭도 붙이지 않고 "박정희 님"이라고 부르며 그의 잘못과 거짓과 약속 지키기 않음을 용기 있게 꾸짖었던 일,[78] 이러한 모든 일들이 그의 참을 향한 인내와 지속성의 표현이라고 본다. 잘 알다시피 그는 자신의 삶의 고백을 "죽을 때까지 이 걸음으로"라는 언술로 표현했다. 나는 이것이야말로 그의 하나님 신앙과 삶의 실천이 모두 이 성(誠)(참)의 실천이었음을 드러내 주는 일이라고 생각한다.

함석헌 선생의 사상이 유교적 성의 믿음으로부터 깊은 영향을 받은 것을 가장 잘 드러내는 대목은 그가 교육, 특히 '대학교육'에 지대한 관심을 보였다는 것이다. 그의 대학(大學) 해석은 매우 웅장한 스케일로 자신만의 종교관과 정치관, 교육관, 미래관이 응축적으로 잘 나타나 있는 연구이다. 그는 자신은 대학에 다녀 보지 못해서 "지식을 파들어 가고 숨은 것이라고는 하나 없이 벼룩 똥집까지도 발끈 뒤집어 보여야 속이 시원해 하는" 공부를 해 보지 못했다고 한을 한다. 그러면서 "늙은이 대학"을 하나 해봤으면 한다고 하는데, 그것은 "순전히 알고 싶어서, 죽기 전에 진리를 좀 알고 싶어서" 라는 원을 드러낼 정도로 그는 매우 리(理)의 배움에 열심인 사람인 것을 알 수 있다.[79] 『중용』 20장의 "배우지 않음이 있을지언정 배운다면 능하지 않고서는 그만두지 않으며, 묻지 않음이 있을지언정 묻는다면 알지 못하거든 놓지 말며 …. 남이 한 번에 능하거든(誠) 나는 백 번을 하며, 남이 열 번에 능하거든 나는 천 번을 하여야 한다"는 성(誠)의 공부 방법이 함 선생의 치열한 배움에의 열정과 잘 부합된다. 함 선생은 그러나 여기서 더 나아가서 자신이 수 차례나 경험한 감옥을 "인생대학"으로 지칭하면서 "생각 있으면 잃음이 얻음이요 생각 없으면 얻음이 잃음인데, 감옥이란 곳은 생각을 하는 곳이다. 그러므로 대학이다"라고 말한다.[80] 즉 그는 인간 삶에서 보통 가장 낮고 후미진 곳으로 여겨지는 감옥과 그 반대로 가장 높은 곳으로 여겨지는 대학을 등가화함으로써 어떤 경우에서보다도 더 극진하게 유교적인 하학이상달(下學而上達, 낮은 것을 배워서 높이 오름)과 극고명이도중용(極高明而道中庸, 높고 밝음을 추구하되 평범의 길을 간다)의 가르침을 실천하였고, 그에게서는 그래서 종교와 교육, 형이상학과 윤리, 사상과 정치의 구별이 무색해짐을 알 수 있다. 다시 그의 성(誠)에 대한 믿음의 실천을 말한다. 함석헌 선생은 감옥이야말로 자기가 가는 것이 아니라 "하나님이 보내는" 곳이고, "참을 사랑하라. 그러면 하나님은, 보낼 자를 영광의 수도장으로 보내실 것이다"라고 히 였다.[81] 그가 감옥에 일곱 번이나 간 것은 그가 참을 사랑하고, 그것도 극진하게, 지성으로 사랑하는 과정이었음을 알게 한다.

선생이 이처럼 지극하게 실천한 성(誠)의 믿음은 그의 씨울 사상이 잘 보여주듯이 긍극의 하나님을 우리의 "속알"과 하나로 보는데서 더욱 드러난다. 맹자가 "적자지심(赤子之心)"으로도 표현했고, "덕(德)이라는 속알", "변치 않는 바탈"로서의 "도(道)"와 "성(性)"이 하나임을 밝히는 그는 "큰 것은 하나님이요, 큰 것은 나다. 하나님과 직접 연락된 내가 '한' 곧 큰 것이요, 그 직선을 중축으로 삼으면 온 우주를 돌릴 수 있다"라고 선언한다.[82] 그래서 그에 따르면 "나와 하나님을 맞대주지 못하는 종교"는 "참 종교"가 아니다. 참종교는 "나로 하여금 하나님을 직접 만나게" 하고, 나에게까지 뚫리게 한다. 그러므로 "나의 종교가 종교"이고, "참 종교는 한 사람의 신자를 가질 뿐이다"라고 선포한다.[83] 이렇게 강력하게 초월을 내재화하는 그의 성(誠)의 믿음에 따르면 우리나라에 위대한 예술이 없는 것은 바로 "위대한 종교", 그의 이해에 의하면, "민중으로 하여금 하나님을 직접 만나게" 하는 종교가 없기 때문이다. 그의 판단으로는 불교도 유교도 기독교도 아직 그것을 못했고, 거기에 바로 "씨울의 설움"이 있다고 밝힌다.[84]

그는 "중보(中保) 소리 많이 하는 종교"는 "협잡종교"라고 선포한다.[85] 또한 매우 강력하게 "천지간에 교황이 있다면 너다. 너 자신이다. 부처가 있다면 너다. 너 자신이다. 네가 누구를 보고 절을 하느냐? 네가 절을 하려거든 속으로 하는 것은 얼마든지 좋다마는 그 대강이를 우리 민이 보는 앞에서는 그렇게 쓰지 말라. 우리 마음이 슬프다!'라고 하는데,[86] 지금으로부터 50년도 전(1959)에 함석헌 선생이 이런 엄중한 선포와 경고로 중보자를 넘어서는, 성직 제도를 넘어서는 새로운 미래 종교의 방향을 지시하였지만 오늘 한국 교회와 신학은 오히려 거꾸로 가는 지경에 이르고 있다. 그는 "옷을 팔아 칼을 사라"는 말로 또 다른 시각으로 민중 각자가 전체가 되는 시대, 밖의 중보자를 넘어서고 물질의 힘에 매이는 종살이가 아니라 각자의 생명 안에 내재되어 있는 "생명 그 자체가 힘"인 바탈과 혼의 힘으로 사는 시대를 위한 "돌격"을 요청한다. 그는 말하기를, "내 혼에는 한 없는 힘이 있다. 믿으란 것은 곧 내 몸에서 나와서 나의 근본 바탈을 찾으란 말이다." "'하나님이 나와 함께 계신다' 하는 것은 제 바탈을 찾은 자의 말이다"라고 한다.[87] 칼라일의 "겉옷을 팔라"라는 말은 "곧 내가 가장 소중히 아는 '거짓 나'를 말"하는 것이라고 하면서 "거짓말이 무엇인가? 내 혼을 팔고 속알을 팔아 얻은 빈 허울 아닌가?"라고 반문하며 어떤 다른 외면적인 근거가 아닌, 밖의 힘이나 권위가 아닌, 물질의 힘이 아닌, 속알과 씨올과 생명과 정신과 바탈의 힘에 근거한 삶과 종교와 배움(교육)의 미래를 지시하였다. 그는 "정신이 아무것도 아닌 것 같지만 그것을 찾으면 모든 것이 그 안에 있다. 모든 것이 정신에서 나왔기 때문이다"는 것을 확신으로 강조한다.[88]

함석헌 선생은 그의 『뜻으로 본 한국역사』의 맨 마지막을 "지성의 미래"라는 제목으로 마무리하면서 "덕(德)"이란 무엇이냐? 라고 물었다. 그러면서 답하기를 덕이란 "자기 속에 전체를 체험하는 일"이라는 하였다. 자기 속에서 전체를 체험하는 일, 자기만 내세우는 것이 아니라 이웃과 형제자매와 자신이 하나로 연결되어 있다는 것을 아는 직관, 자기 민족만이 아니라 온 인류가 하나의 가족이라는 것을 보기 때문에 좁은 민족주의를 넘어서는 인류애, 온 생명이 궁극적으로 한뜻으로 향하고 있다는 것을 알고 사랑하기 때문에 그 생명을 낳고 살리고 북돋는 일에 더욱 매진하는 행위력, 남의 고통을 자신의 것으로 느끼고 공감하는 동정심과 상상력, 나와 사회, 개인과 나라, 몸과 정신, 인간과 자연, 우리나라와 이웃나라가 깊이 한몸과 정신이므로 서로 도와주고 한계와 약점과 갈등을 싸매고 보완해야 한다는 것을 아는 공감력과 통찰력, 이러한 모든 것들이 덕이라는 의미이겠다.

서구 현대 여성철학자 한나 아렌트는 특히 18세기 프랑스의 계몽사상가

몽테스키외가 그의 『법의 정신』에서 인간 공동 삶의 가장 이상적인 형태라고 말한 공화정(a republic)에서 인간 행위를 이끄는 원리로 덕(virtue)을 들면서 그것을 "자신이 다른 사람들과 더불어 같이 있을 수 있는 축복에 대해서 자신의 한정된 힘에 대해 즐겁게 대가를 치르는 일(Virtue is happy to pay the price of limited power for the blessing of being together with other men)"이라고 정리한 것을 강조하였다.[89] 함석헌 선생도 말하기를 덕을 현대적으로 나타낸 것이 헌법이라고 하면서 옛날에는 "임금의 덕이 발달하면 헌법"이 되었다고 지적하였다.[90] 덕이란 그렇게 자신 속의 하늘의 씨앗을 인지하지만 자신이 모든 것이 아니며, 깊이 상대적이고, 그래서 옆에 동료가 있고 그와 평등하다는 것에 감사해서 기꺼이 대가(禮, 辭讓之心)를 치르고, 궁극적으로 전체가 하나이고, "하나님"임을 깨닫게 되는 지경까지 우리 인격을 고양시키는 공부로 나가야 한다는 의미로 풀 수 있다. 함석헌 선생이 바로 대학교육을 "한 배움"의 공부로 풀이하고, 그것은 우주의 큰 뜻을 깨닫는 큰 사람(大人)을 키워내는 일이라는 것을 지적하면서 대학교육의 참 의미가 바로 하나님을 깨닫는 공부, 뜻을 깨닫는 공부, 전체가 한 생명으로 하나인 것을 깨닫는 공부라는 것을 강조한 의미와 유사하다고 하겠다. 그런 의미에서 그에게서 교육(한 배움 공부)과 종교는 하나가 되고, 그것은 바로 그의 또 다른 성(誠) 믿음의 표현이다. 그는 유영모 선생의 『대학』 첫 구절 해석을 소개하면서 다음과 같이 말했다.

> 대학은 큰 것을 배움이요, 하나를 배움이다. 참 큰 것은 하나일 것이요, 하나란 하나 둘의 하나가 아니다. 그 이상, 그 이외에 다른 것을 생각할 수 없는 것이 하나다. 이른바 하나님이다. 그러므로 하나는 참이다.[91]

그는 왕양명의 명문인 「대학문(大學文)」을 들어서 대학의 공부가 우리 마음 속의 속알인 인(仁)을 키워서 "천지만물이 하나 됨(天地萬物爲一體)"의 경지를 이루는 일임을 강조하였다.[92] 그러면서 오늘날의 대학교육이 이러한 "전체로서의 종합, 하나 됨"을 잃었고, "대학의 본뜻은 바탈을 찾는 데 있다"는 사실을 저버렸다고 통탄한다.

5. 함석헌의 큰 통합 : 새 종교와 인류 문명의 미래

함석헌 선생이 새 시대의 새 종교를 찾는 것도 이와 맥을 같이 한다. 한국의 6·25전쟁을 세계의 모든 나라, 모든 민족이 하나의 세계를 향해 나가기 위한 "인류의 제단, 유엔의 제단, 민족의 연합의 제단"이 된 일로 보는 그에 따르면[93] 지금 인류가 가장 원하는 것은 "새 종교"이다. 이제 인류는 개인적 성장의 시대를 넘어서 "전체의 시대"로 들기 시작했고,[94] "이제는 도덕을 규정하는 마지막 표준에 민족이 있지 않고 세계가 있"으므로 인류 삶의 걱정은 더 이상 "기술적인 문명"에 있지 않고 "사상"에 있다고 보는 것이 그의 시각이다.[95] 하지만 그는 분명히 밝히기를 "미래의 종교는 노력의 종교일 것이다"라고 했다.[96] 즉 그는 미래의 종교는 지금까지 인류가 서로 다른 문명으로 나뉘어서 각자 일구어 왔던 어느 한 종교, 특히 세계를 모두 정복한 것처럼 보이는 서구 문명의 기독교에 의해서 대신되는 것이 아니라 오히려 "노력의 종교", 동양의 종교, 인(仁)과 의(義)를 성(誠)으로 종합하는 가능성을 보여주는 한민족의 씨올의 종교를 지시하는 것이다. 인류 미래의 새 종교를 그리기 위해서 인류 종교사를 크게 세 단계의 전개로 살피는 그는 인류가 맹목적 의지와 감정의 종교 시대를 거쳐 이지(理智)의 종교시대로 들어섰다고 본다. 그런데 여기서 함석헌 선생이 생각하는 이성(理)은 단순히 서구 근대의 자연과학적 이성만이 아니라 그가 지적하는 대로 오히려 리(理)라는 글자가 본래 지시하는 바 "개개의 현상을 초월하는 힘"이다. 그것은 여기 지금의 시간과 공간과 자아를 초월하고 우주의 본질을 질서(倫)로 아는 힘으로서 앞에서 지적한 신유교적 정신(理) 이해와 매우 유사하다. 함석헌 선생은 그 리(理)를 인간 정신의 상상력과 믿음과 매우 유사하게 해석하기도 한다.[97]

물론 그는 신앙은 "인간 자기 이성으로 되는 것이 아니요, 자기와 그 유한 밖의 세계를 한가지로 성립시키는 영으로써 주어지는 것"이라고 하기도 하고, 신앙(信)과 지(知)의 관계가 "수직적으로 연접"한다고 말하지만,[98] 그는 새 종교가 올 방향도 이 이성의 방향이고, "인간이 발전할 시야"도 "이성적인 데 놓여 있다"고 밝힌다.[99] 즉 그가 미래의 종교와 더불어 말하는 믿음과 영과 인격은 보통 우리가 이해하듯이 이성이나 정신(理)과 대치되는 것이 아니고 매우 정신적(理性的), 즉 이성적인 것임을 알 수 있다. 그래서 그는 "이세 인류는 그 전보다 훨씬 더 분명하고 넓게 제 사는 세계의 테두리와 역사가 나가는 방향을 내다보게 되었다. 정신화 · 영화(靈化)라는 데로 그 지침이 결정적으로 놓여 있다"라고 하였고, "앞날의 종교는 점점 더 정신적으로 영적으로 되어 갈 것이다"라고 하면서 다음과 같이 미래의 종교를 밝힌다.

> 미래의 인간은 결과보다 노력의 과정, 그것을 존중하고 법열보다는 참을 찾는다. … 무서워서 믿는 것도 아니요, 상을 위해 믿는 것도 아니다. 믿는 것이 본분이어서, 인생의 본면목이어서 믿을 뿐이다. 고로 믿음은 곧 그대로 생활인 것이다[100]

나는 여기서 함 선생의 종교 이해에서 조선 신유교 전통의 영향을 결정적으로 본다. 인간에게 "본분"으로 놓여 있는 성품(性)과 정신(理)을 모든 생활 삶의 때(中庸)를 통해서 갈고 닦아서 만물과 하나 됨을 통찰하는 영적 · 정신적 경지에 도달하는 노력이 바로 조선 성리학 전통의 삶과 학문(道學 또는 性理學)이기 때문이다. 이것이 함 선생이 서술하는 미래의 종교와 매우 상통함을 본다. 또한 오늘 포스트모던 시대의 서양학자들도, 예를 들어 퇴계 선생의 성학(聖學之道, To become a sage)과 경(敬)의 삶을 동서의 인류 모두가 참으로 보편적으로, 인간적으로, 어떤 특수한 역사 종교나 민족적 구분에 관계없이 다시 정신적이고 영적인 추구를 위해서 필요한 귀한 가르침으로 보고 있다면,[101] 그것은 함석헌 선생이 제안한 리(理)와 신앙이 함께 연결되고, 한없이 정치적이고 교육적이지만 영적이고 정신적이고, 온 세계를 영(靈)과 정신을 향한 "한 개 산 생명운동"으로 보는 "생명사관(生命史觀)"의 종교 이해는 오늘 현대적인 의미에서 그런 역할을 담당할 수 있다고 보기 때문이다. 즉 함석헌 선생의 새 시대 새 종교는 그렇게 '큰 하나 됨(大同)'을 꿈꾸는 신유교의 전통 속에서 배태된 한국적 제안으로 볼 수 있다는 것이다. 그것은 앞으로 하나와 전체로 거듭나야 하는 과제를 앞두고 있는 미래의 인류를 위해서 하나의 "보편종교"로서 좋은 역할을 할 수 있다. 김조년 선생은 「함석헌의 그리스도 이해(1)」에서 함 선생이 자신을 "보편종교"라고 한 것을 지적하고, 그는 "'과학적으로 사고하고 종교적으로 직관하고 시적으로 표현한 독특한 삶을 살았다'라고 하였는데, 나는 그러한 서술이 바로 퇴계를 비롯한 조선 성리학적 도학자들의 삶에 대한 서술을 위해서도 손색이 없는 것을 본다.[102]

함석헌 선생은 그러나 "동양" 성인(聖人)의 천지화육(天地化育)의 가르침은 충분히 "미래를 가지지 못했고" 그래서 "엄정한 의미의 역사철학을 가지지 못했다"고 기독교와 비교하고,[103] 기독교가 "불교, 유교를 다시 깨워 새 생기를 주는 것도 저의 책임이다"라고 하였다.[104] 그러나 한편에서는 "예로부터 우리나라의 산 힘은 늘 선비에게 있었습니다. … 쭈그러지고 찌그러진 이조 시대에서도 그 역사의 알짬은 그들에게 유지되어서 사ㆍ생육신, 실학 산림

파, 3·1운동, 4·19, 광주학생사건, 신의주학생사건 … 그 모두가 다 선비의 일인데, 그 모두가 하늘 땅 꿰뚫는 정신의 발로가 아닌 것 없습니다. 참입니다. 밝음입니다. 곧게입니다. 날쌤입니다"라고 하였다.[105] 또한 그는 그가 제일 중시하는 뜻, 그것을 가지면 살고 갖지 못하면 죽는다고 하고, 하나님과 등가화하고, 생명의 가장 핵이고 알맹이라고 보는 뜻의 한자어 '지(志)'를 설명하기를, 그것은 "선비의 마음(士心)"이라고 지시했다. 이와 더불어 선비란 그 한자어 사(士)가 지시하는 대로 열(十)에서 하나(一)를 보고, 하나에서 열을 보는 사람이라고 하는데, 그것은 곧 "하나 됨(統一)을 보는 마음의 사람"이라는 것이다.[106]

이렇게 본다면 선비야말로 참으로 종교인이며, 하나에서 열을 보고 열에서 하나를 보는 믿음과 상상과 창조력의 사람이고, 통일과 대동과 큰 하나됨을 마음에 품고 사는 사람이다. 나는 그런 의미에서 함석헌 선생이야말로 한국이 나은 참 선비, 유교적인 언어로 하면 '진유(眞儒)'라고 생각한다. 그는 설명을 덧붙이기를, 선비란 단지 유교적 전통의 개념만이 아니라 "본래 우리나라의 처음부터 있는 종교의 사람을 가리킨 것"이라고 했다.[107] 그래서 그는 큰 것을 배우는 대학을 풀면서,

> 대학은 한배 옮이다. 한배란 태백(太白)이다. 백두산을 한배뫼, 단군 할아버지를 한배님이라 한다. 한배는 조상이다. … 한배 옮은 조상의 뜻대로 함, 하나님의 뜻대로 함이다. 우리 겨레는 한 사람이다. 우리는 큰 사람을 목적하는 살림을 하는 사람이다

라고 하였다.[108] 다시 한 번 그의 한민족을 향한 큰 이상과 사랑을 보여주는 의미이다. 그래서 그의 후손과 후배들인 우리 모두는 그 '선생님(先生님)' 앞

에서 깊이 절을 하고 고개를 숙일 수밖에 없다.

아무리 죄를 지었다는 사람도 그 속의 탕은 흙 속의 진주처럼 여전히 살아 있다. 그 바탕은 결코 상벌로 자라게 할 수 있는 것이 아니다.[109]

부족은 혼에 있다. 시는 상상력이 많아야 한다고 하더구나. 상상력이 무엇이냐? 도덕적으로 하면 동정심이지. 그럼 동정심이 무어냐. sympathy지. 같이 아파하는 거지. 하나 됨, 우주정신의 바탈 대로인 씨알의 마음으로 하나 됨 없이 어떻게 노래를 부르고 그림을 그리겠느냐?[110]

맺는 말

함석헌 선생은 그의 간디 자서전 번역의 서언에서 간디라는 혼을 인류가 쏘아 올리기 위해서 "인도 5천 년의 종교 문명과 유럽 5백 년의 과학 발달과 아시아, 아프리카의 짓눌려 고민하는 20억 넘는 유색 인종"이 필요했다고 적고 있다. 그런데 나는 함석헌 선생이야말로 여기서 더 나아가서 간디가 갖지 못했던 5천 년 동아시아 유교 문명의 전통이 더해지고, 아시아에서 깊이 있게 토착화된 한국적 기독교 문명이 같이 협력하여 낳은 씨올이라는 것을 말하고자 한다. 그래서 그가 제안한 미래 종교야말로 더 인류 공통적이고 보편적인 방향 제시가 될 수 있다고 생각한다. 김경재 선생은 "오늘날 21세기에 들어서서 헤브라이즘 전통을 물려받은 아가페적 기독교 영성과 동아시아 고등종교들로서 훈련받은 지혜와 무위의 초탈적 영성이 창조적으로 만나면 어떤 음색과 형태를 드러내는 영성 체험이 될 것인가 궁금해한다"고 하면서 바로 함석헌 선생의 시세계야말로 "가장 적절한 사례"를 제시한 것으로 보인다고 하였다.[111] 이 글에서 살펴보지 못한, 함석헌 선생님에게서 발견할 수 있는 노자와 장자, 불교의 영향까지도 같이 생각하여서 한 지적이라고 보인다.

함석헌 선생의 삶과 사고에서는 인(仁)과 의(義)가 성(誠)이 그의 인격으로 하나가 되었다. 그의 종교와 정치와 교육은 한 배움 안에 모두 녹아 있다. 그는 진정한 '통유(通儒)'였다. 그는 그런 찬란하고 높고 깊은 통찰력과 비전으로 참 믿음은 스스로 믿음이고, 참 종교는 정치와 교육과 농사와 문화와 예술과 나누어질 수 없음을 가르쳐주었다. "사랑은 개체에서 전체를 보는 일이다"[112]라고 그는 선포한다.

왕양명의 양지(良知)와 함석헌의 씨올, 생물권 정치학 시대를 위한 존재 사건

1. 왕양명과 함석헌 비교 연구의 근거와 시발점

이 글은 역사적으로나 내용 면에서 서로 연결점이 보여지는 두 사상가, 중국 명나라의 왕양명과 한국 현대의 함석헌을 비교 연구하려는 것이다. 특히 그들 삶과 사상의 고유한 출발점과 토대가 공통된 의미를 갖는 것을 보면서 그 시점을 양명의 '용장대오(龍場大悟, 1508)'와 함석헌의 일본 관동대지진 '시즈노비 못가(1923)'에서의 경험에서 발견하고, 거기서부터 어떻게 이들 삶과 사상이 그 강력한 존재사건의 경험에 근거해서 정치·사회적으로 급진적으로 전개되어 갔는지를 살펴보려는 것이다. 양명에게서는 심즉리와 지행합일의 깨달음은 후에 다시 '양지'의 발견으로 이어졌고, 이런 일련의 전개 속에서 그는 모든 인간 존재의 초월적 근거를 확신했고, 거기에 근거해서 당시의 학문 세계, 정치, 문화, 교육 등의 혁신을 위해서 혼신의 힘을 다했다. 함석헌은 동경 유학에서 돌아와서 당시 일제 식민지 아래 놓여 있던 조선의 역사를 초월적 뜻의 역사로 풀어냈고, 거기서 하느님의 고난의 종의 형상을 읽어 내면서 그 역사의 주체를 '씨올'의 민중으로 드러내고자 했다. 이후 이어지는 그의 모든 정치적 저항운동과 정통 기독교 신학과 교회로부터의 탈(脫)의 행보는 바로 여기·이곳에서의 초월의 현존을 경험하는 일과 깊이 관련되어 있다. 이 글에서는 이것을 성(聖)의 평범성의 확대라는 말로 의미화하고자 했고, 바로 초월적(종교적) 존재 사건의 강한 정치적인 파급력으로 그 의미를 드러내고자 한다.

왕양명(王陽明, 1472~1529)은 중국 명나라의 신유교가로서 행정가와 군인, 교육가와 시인 등으로 매우 역동적인 삶을 살았다. 그는 당시 철저히 관학화되었고, 주희 식의 차가운 사변이론으로 전락한 유교 전통을 또 다시 새롭게 개혁하고자 한 사상가였다. 여기에 대해서 함석헌은 20세기 한국이 낳은 뛰어난 기독교 사상가로서 한국의 간디라는 칭호가 잘 말해주듯이 구한말에 태어나서 3·1운동과 혹독했던 일제의 탄압, 해방 후의 혼란과 6·25, 그후로 이어지는 5·16과 박정희 군사독재를 겪으면서 민족과 나라를 위해서 저술가와 저항운동가, 시인으로 활동했던 사상가이다. 그는 "동서종교사상을 한몸 안에 융섭한 위대한 혼"의 사상가라는 평을 받았다.[1] 지금까지 이 둘 각자에 대한 연구는 많이 이루어져 왔지만 이렇게 이 두 사상가를 함께 연결하여 살펴보는 일은 이제 막 시작되었다.[2]

이 둘의 비교 연구의 타당성을 여러가지로 들 수 있다. 16세기 양명학은 조선 땅에서 불행한 만남으로 시작되긴 했지만, 이후 강화의 정하곡(鄭霞谷, 1649~1736)과 같은 뛰어난 학자를 배출할 정도로 한국 땅에서 나름대로 전개되었다. 그 가운데서 조선조 말의 실학의 발생과 천주교 서학과의 만남에서 양명학이 결정적인 역할을 한 것이 지적되는 것을 보면,[3] 함석헌이 20세기의 시작에서 기독교의 개혁 정신을 받아들였고, 또한 일본 유학에서 큰 영향을 받은 무교회주의자 우찌무라 간조가 일본 양명학의 비조인 나카에 도쥬(中江藤樹, 1608-1648)의 정신과 맞닿아 있다는 지적 등은 두 사람을 연결시킬 수 있는 좋은 근거라고 할 수 있다.[4] 나도 함석헌 사상이 지금까지 주로 노자나 장자 등의 도교와의 관련 속에서만 동양사상적으로 의미 지어져 왔지만, 그러나 그보다 더 근본적으로 그 사상을 형성하는 뿌리는 유교였다고 지적했다. 그가 비록 구체적인 언어로써 그 영향을 의식하고 밝히는 부분은 적지만, 구한말 평안북도 용천에서 대가족의 어진 부모님 밑에서 태어나고 자라면서 받은 유교적 영향은 크고도 깊었으며, 그 삶에 대한 여러 가지 내러티브들이 좋은 증거라고 생각한다. 여기에 더해서 1921년 오산학교로 편입해서 만난 이승훈 선생(李昇薰, 1864-1930)과 특히 유영모 선생(多夕 柳永模, 1890-1981)이 양명학을 매우 친애했다는 것은 잘 알려진 사실이므로 이 둘의 비교 연구는 무리가 아니라고 본다.

지난 2011년 사회학자 송호근은 조선조 유교의 역사와 특히 조선조 말 동학의 등장과 서학의 유입이라는 시간을 "인민의 탄생"이라는 화두로 정리했다.[5] 이 정리에 일면 동의하는 바이지만 나는 그가 파악하는 것보다 훨씬 더 적극적으로 조선 유교가 한국인들의 인간화와 인민의 탄생(민주화)에 기여했다고 보는 입장이다. 즉 유교가 가지고 있는 초월의 강력한 내재화 능력(天命, 理一分數, 性卽理/心卽理, 人物性同異論 등)은 삶의 모든 영역을 성화(聖化)하고 예화(禮化)하고자 하는 기도로 나타났으며, 이 조선조 유교화의 기도가 비록 신분제에 묶이고, 특히 여성들에게는 매우 차별적으로 적용되었다 하더라도 이를 통한 인민층의 확대와 근대 자아의식의 성장을 크게 도모했다고 보는 것을 말한다. 나는 이러한 전개를 특히 유교의 포스트모던적 종교성(a secular religiosity)에 근거한 "성(聖)의 평범성의 확대"라고 파악했는데, 이러한 유교적 기반이 있었음으로 해서 서구 기독교가 유입되었을 때에 크게 번성할 수 있었고, 그와 더불어 근대적 자아의식의 확립이 용이했음을 말하는 것이다. 또한 중세 유교와 근대 기독교의 관계가 송호근 교수도 포함해서 많은 서구식 의식의 학자들이 파악하는 것처럼 그렇게 양자택일적이고 반목적이지

않았다는 것을 말하고자 한다.[6]

내가 양명과 함석헌의 사상을 이해하는 것도 이러한 맥락에서이고, 나는 이 둘의 의미를 한마디로 그들 삶과 사고에서 내보이는 '존재사건의 정치적 함의'라는 말로 정리할 수 있다고 생각한다.[7] 즉 이들을 모두 나름의 종교사상가로 본다는 의미인데, 기독교 사상가인 함석헌뿐 아니라 신유교 사상가인 양명도 나름의 방식으로 일종의 신비적 존재 체험에 근거해서 자신들의 삶과 사고를 전개시켜 나간 사상가로 이해하는 것을 말한다. 즉 이 둘 모두는 심도 깊은 세계 의미 물음(Sinn-Sein Frage)의 추구 가운데서 존재의 핵심과 만남을 체험했고, 이러한 존재 체험이 이후 이어지는 그들 활동의 중요한 근간이 되었다는 것을 말하려는 것이다. 그런 뜻에서 이들에게서 종교와 정치, 존재와 윤리, 사고와 실천 등은 결코 둘로 나누어질 수 없고, 그렇게 그들은 매우 통합적이고 전일적인 삶과 사고의 사상가들이었다는 것이다. 이들 사고와 실천의 급진성과 저항성, 이들 사고의 "근본적인 민중주의적 성향"은 바로 그러한 존재와의 깊이 있는 조우가 밑받침되었고, 근본이 정립된 경우라는 것을 말하는 의미이다.[8]

나는 오늘 우리 시대도 이렇게 근본을 밝혀 주는 사상가들이 긴급히 요청된다고 생각한다. 오늘 우리 시대도 그들의 시대만큼이나 각종 실리주의와 도구주의로 인해서 세상의 모든 것이 도구화되고 수단화되어서 존재의 무의미성의 고리가 한없이 증가되고 있다. 양명과 함석헌이 나름의 경험에서 존재의 내재적 가치를 발견하고, 그 가치에 근거해서 인간 삶과 생명과 우주의 가치를 웅변적으로 대변했다면 그러한 존재 사건이 오늘 우리에게도 긴요하다고 보는 것이다. 이에 이 글은 크게 세 단계로 나누어서 이들 경험과 사상의 전개가 어떻게 이루어졌는지를 살펴보고, 그 과정 속에서 드러나는 통찰과 실천이 오늘 우리에게 어떤 의미를 줄 수 있는지를 말해 보고자 한다. 그 세 단계란 첫 번째, 양명이 용장대오에서 득한 '심즉리(心卽理)'의 체험과 함석헌이 1923년 관동대지진을 겪으면서 동경 '시즈노비 못가'에서 맞이한 생명 체험 등을 중심으로 해서 이들 사고가 출발점으로 삼는 존재 체험에 관한 것이고, 두 번째는 이 존재 체험에 근거해서 그들이 기성의 가치 체계에 도전하고 저항하면서 제시하는 새로운 정치·사회적 대안에 관한 물음이며, 마지막 세 번째 단계로서 이들 삶과 사상의 정점으로서의 종교, 정치, 교육·문화 등의 대통합적 사고와 세계 의미 물음에 대한 나름의 대안 제시에 관한 것이다. 나는 여기서 오늘 우리 시대를 '생물권 정치학(Biosphere Politics)'의 시대라고 이름 지었는데, 이것은 오늘 우리 시대의 문제가 단지 인간만의 문제가 아니라 전(全) 생물권의 우주 생태적 문제라는 의식을 표현한 것이다.[9] 오늘 우리 시대의 위기는 "단지 인식론의 위기가 아니라 존재론의 위기(a crisis of ontology, not just of epistemology)"라는 지적대로,[10] 아무리 하찮은 존재라도 그 존재의 내재적 차원의 의미를 지지해 줄 존재론적 근거가 요청되기 때문에 두 사상가가 만난 존재 사건들이 가지는 우리 시대를 위한 함의를 탐색해 보고자 하는 것이다.

2. 사고의 출발점으로서의 존재 사건
: 왕양명의 심즉리(心卽理)와 함석헌의 인애의 불길

1) 왕양명의 심즉리
15세기 후반 중국 명나라(1368~1644) 후기의 유학자 양명이 씨름한 문제는 그 전(前) 시대의 거대한 사상 체계가 불러온 삶과 사고의 고사(枯死)였다. 어린 시절부터 참된 인격자(聖人)가 되는 것을 삶의 최고 목표로 삼아 온 양명이 그 추구 가운데서 만난 주희에 따르면, 우리의 공부는 한 포기의 풀에도 내재해 있는 세계의 원리에 대한 공부에서부터 시작하여 세계 만물과 만사에 대한 공부가 무르익어서 마침내는 깨달음에 이른다는 것이다. 하지만 양명이 그의 친구와 대나무 밭 앞에서 대나무의 리(理)를 탐구하기 위해 행했던 일화가 잘 말해주듯이, 그는 우리가 그렇게 세상의 만물을 탐구할 수 있을 만큼 힘을 가지고 있지 않음을 알아차렸다. 양명이 보기에 주희의 가르침대로라면 인간(心)과 초월(理) 사이의 심연이 너무 깊어서 이것은 유가 정통의 도(道), 곧 '사람은 누구나 다 배움을 통해서 성인이 될 수 있다(學而至聖人)'는 가르침에도 상치된다.[11]

양명이 이렇게 엄청난 지적인 공부의 무게로 절망하고 있을 때 그는 당시 조정의 막후 세력가였던 환관 유근에 대항한 죄로 유배를 가게 되었고, 그 유배지의 철저한 고독 속에서 공부의 새로운 출발점을 발견했다. 보통 양명의 용장대오(龍場大悟, 1508)라고 일컬어지는 경험 속에서 그는 인간의 삶은 이 세상의 만물에 대한 지식을 모두 습득할 만큼 그렇게 한계가 없는 것이 아니고, 수많은 이론적 지식의 습득만으로는 결코 위대해질 수 없으며, 참된 행위에로 나갈 수 없음을 발견했다. 일반적으로 주희의 성즉리(性卽理)에 대해서 심즉리(心卽理)라고 말하는 양명의 이 명제는 양명이 그토록 찾고자 했던 참된 인격에 도달하는 길이 바로 자신의 내면에 있다는 것을 발견한 것이다. 성인이 되는 일이 어떤 외부적인 조건에 달려 있거나 특히 외물에 대한 이론적 지식을 쌓는 주지주의적 실행과 관계되는 것이 아니라 우리 마음의 일과 긴밀하게 연결되어 있음을 깨달은 것이다. 그가 더 이상 책도 볼 수 없고 생사의 문제도 어찌 해 볼 수 없는 절망적인 상황에서 석관을 앞에 두고서 불현듯 깨달은 사실은 인간은 그 어떤 상황에서도 스스로가 새로 시작할 수 있는 존재라는 것이었다. 그런 의미에서 자신이 지금까지 그토록 밖에서 찾고자 했던 성인의 의미가 이미 자기 안에 내재되어 있다는 것을 발견한 것이다. 그것은 그가 그처럼 찾아 헤매던 리(理)가 바로 자신의 심(心) 속에 내재해 있음을 깨달은 것이고(悟性自足 心卽理), 그리하여 그 심을 닦아 가는 구체적 행동에 의해서 목표에 도달할 수 있다는 발견이다(知行合一).

> 사람들이 공부를 시작하려 한 때에는 토대(출발점)는 가져야 한다. 그렇게 했을 때만이 그것이 해결점으로 인도되고, 비록 그의 노력이 지속되지 않는다 하더라도 그는 마치 키를 가지고 있는 배처럼 확실한 방향을 가질 것이다.[12]

이러한 각성에 근거해서 양명은 이제 성인(聖人)을 아주 간단하게 그의 마음이 인간적인 욕심으로부터 벗어나서 하늘의 뜻(天理)과 하나 된 사람으로 그린다. 그에 따르면 성인 됨이라고 하는 것은 결코 지적이나 도덕적인 능력의 "양"에 좌우되는 것이 아니라 그의 마음의 깨끗함과 관계된다. 그의 유명한 금(金)을 통한 비유로 그는 자신의 인간 이해를 다음과 같이 밝히고 있다.

> 순수한 금이 되는 것은 그것의 양에 좌우되는 것이 아니라 질의 순전도에 달려 있다. 그것과 마찬가지로 성인이 되는 것은 그의 능력이나 재주의 양에 달려 있는 것이 아니라 천리와 온전히 하나가 되는 것에 달려 있다. 그러므로 비록 평범한 사람이라 하더라도 배워서 그의 마음이 온전히 천리와 하나가 되게 한다면 그도 성인이 될 수 있는 것이다. 이것은 마치 한 근짜리 금을 1만근의 금과 비교해 봐도 양에서 차이가 있는 것이지 질에서는 똑같은 것과 같다. 그래서 '모든 사람이 요순이 될 수 있다'라고 말하는 것이다.[13]

이것은 매우 강력한 인간의 가능성과 평등성에 대한 선언이다. 일찍이 맹자가 "만물이 모두 내게 갖추어져 있으니 나 자신을 돌아보아 진실(성실)하면 이보다 더 큰 기쁨이 없다(萬物皆備於我矣, 反身而誠, 樂莫大焉, 『맹자』「盡心上」4)"라고 한 선언과 유사하게 양명은 인간의 마음이 온전히 하늘과 직접적으로 맞닿아 있다는 것을 깨달은 것이다. 즉 '(천)리의 직접성(die Li-Unmitellbarkeit)'의 경험이다. 물론 주희도 인간 인식력의 가능성을 들어서 성인 됨의 길을 모든 사람들에게 열어 두기는 했다. 하지만 그는 인간 존재를 다시 성(性/理)과 기(氣)의 차원으로 나누었고, 그래서 그 모두를 포괄하는 심의 선험적인 창발성과 능동성보다는 오히려 후에 채워져야 하는 지식의 양과 아는 것의 범위에 더 주목하였다. 그래서 그는 "성인되기의 어려움"에 대해서 말했는데,[14] 양명에게는 이러한 답은 충분해 보이지 않았다. 그것은 자칫 인간 존재를 다시 형이상학적 실체론으로 차별화하는 근거가 되기 싶고, 인간 인식을 대상적 사고의 절대 독점에 가두어 두는 계기가 될 수 있다고 보았기 때문이다.

양명에 따르면 효도하는 심과 충성하는 심이 있어서 효의 원리(理)가 있고 충의 원리가 있는 것이지 그 반대가 아니다. 효나 충의 원리가 내 마음 밖의 다른 곳에 실재하는 것이 아니라 내 마음이 부모님을 봉양하는 일에 접하게 되면 거기서 효의 원리가 나오고, 임금을 섬기는 일과 관계되면 거기서부터 충의 원리가 나온다는 것이다.[15] 그러므로 우리 마음이야말로 만물과 만사의 근원이 되고, 뭇 이치가 갖추어져 있어서 온갖 일이 거기서 나온다는 강조인데, "마음 밖에 이치가 없고, 마음 밖에 일이 없다(心外無理, 心外無事)"라는 양명의 새로운 깨달음은 이때부터 그의 모든 삶과 사고의 토대로 작용한다.[16] 양명은 한 번은 곁에 샘이 있는 연못가에 앉아 있다가 자신이 생각하는 인간 심이 어떠한 존재이며, 어떻게 그 마음이 천리와 도로서 무궁무진하게 다양한 일과 사물을 낳는 창조자인지를 생생하게 밝혔다. 즉 그는 인간의 마음이란 아무리 넓다 하더라도 근원이 없는 호수와 같은 존재가 아니라 비록 작지만 끝없이 마르지 않는 근원을 가지고 있는 샘물과 같은 존재라고 가르쳤다.[17] 여기서 그는 우리 마음의 "생의(生意, 생명 의지)"에 대해서 말하는데, 그것은 마르지 않는 샘물과 같이 우리 마음에서 무궁무진하게 끝없이 흘러나오는 생명 의지, 낳고 살리는 생명의 힘(生物之理)과 창조력, 이데올로기처럼 죽어 있는, 또는 죽이는 리가 아니라 살아 있어서 낳고, 살리고, 창조하는 "생리(生理)"를 말하는 것이다. 양명의 이러한 역동적인 심 이해는 그가 나중에 그 심의 본체로서의 양지(良知)에 대한 의식을 뚜렷이 한 후 그것을 우주적 역(易)과 일치시키는 사고에서 더욱 웅장하게 전개된다. 즉『역경(易經)』의 "하늘과 땅의 큰 덕은 생(生)이라고 한다(天地之大德曰生)"라든가, "낳고 살리는 것을 일러 역이라고 한다(生生之謂易)" 등의 비전을 강조한 것을 말한다.[18]

2) 함석헌의 인애(仁愛)의 불길

함석헌의 경우에 양명이 용장에서 겪은 것과 같은 극적인 존재사건의 순간을 뚜렷하게 지적하기가 쉬워 보이지 않는다. 하지만 그가 1923년 일본 대지진 사건을 계기로 겪었던 일련의 경험들이 이와 유사한 존재의 뿌리에 대한 경험이 되지 않는가 생각한다. 즉 그가 나중에 "씨올" 사상으로 깊게 전개하게 되는 민중과 인민의 발견과 관계되는 생명의 뿌리(仁)에 대한 경험을 말한다. 그는 1973년에 쓴 「내가 겪은 관동대진재」라는 글에서 그가 어떻게 "신기하게 생각을 아니하려도 아니 할 수가 없다"로 할 정도로 동경 우에노 공원의 시노비즈 못 가(不忍池畔)에서 밤새도록 떨면서 신기하게도 방향을 바꾼 바람과 물 펌프의 도움으로 아슬아슬하게 목숨을 건지게 되었는지를 적고 있다.[19] 그는 그렇게 자신이 목숨을 건진 사건을 "그 사람들이 산

것은 나 하나 살리기 위해서요, 나를 살려준 것은 증거할 것이 있어서 하신 일 같이만 뵌다"고 고백한다.[20] 하지만 그 사건은 그렇게 자신의 목숨을 건 진 것이 전부가 아니었다. 그는 자신이 50년 만에 처음으로 밝히는 이야기 라고 하면서 당시 그 화마 속에서, 언제 덮칠지 모르는 화마의 습격에 떨면 서도, 자신 속에도 바로 그 실제의 화마처럼 커다란 "리바이던"의 본능과 충 동의 불길이 잠자고 있는 것을 보았다고 한다. 그는 말하기를, "정말 무서운 것은 하늘에도 있지 않고 땅에도 있지 않다. 지진도 불도 아니다. 내 마음이 었다"라고 하면서 "스스로도 부끄럽고 두렵지만 할 수 없었다. 저 사람의 손 에 반지가 있고 팔목에 시계가 있는 것도 뵈고 저 여자 얼굴이 예쁘고 그 보 드라운 살갗이 뵈는 것이 사실이다. … 왜 이럴까, 나 스스로 반문하지만 … 붙는 불을 몽둥이로 때리면 점점 더 뛰어 번져 나가듯 그것을 쓸어 버리려 하면 할수록 더 펄펄 일어나고 섞이고 끓고 고여 돌아갔다. 그것이 지진보 다 더 무서운 지진이요 불길보다 사나운 불길이었다" 라고 고백한다.[21] 하지 만 거기서 바로 그 고통의 시간을 뒤로 하고서 새벽이 동터오면서 그는 깊 은 새 생명의 탄생을 경험했다고 밝힌다. 즉 그러한 죽음과 죽임의 껍데기 속에 내재되어 있는 생명의 "새싹"을 경험한 것이다. 그는 자신의 그 경험을 다음과 같이 언술한다.

예수께서 음행하다 잡힌 여인과 고소하는 바리새인을 놓고 말없이 땅에 글씨를 쓰고는 지우고 지우고는 또 쓰셨다. 하지만 (요8:3-11) 그때 무슨 글자 를 쓰셨는지 모르지만, 나는 시노비즈 이케가의 그 밤에 밤새도록 내 마음 밑 바닥 모래 위에 백팔번뇌의 가지가지 글자를 쓰고는 또 지웠다. 이튿날 아침 먼동이 환난의 하늘 위에 훤히 터올 때 친구들의 손을 잡고 내 하숙으로 가자 일으키며 나는 지옥에서 놓여나오는 느낌이 있었다. 내 양심은 남은 듣지도 못할 가는 소리로 노래를 불렀다. 나는 터진 땅 밑에서 무슨 새싹이 삐죽이 올라오는 것 같음을 느끼며 피난민 사이를 빠져나갔다. 아무도 이런 이야기를 아는 사람은 없다. 50년간 어디서도 누구보다도 해 본 일이 없다. 오늘이 처음이다.[22]

이것은 그가 자신 안에서 직시한 선악의 깊은 갈등 가운데서도 마침내 우리 존재의 더 깊은 근원인 선의 뿌리, 존재의 근거, 인간성과 생명의 근원을 체험한 것이라고 할 수 있다. 함석헌은 평북 용천군에서 "물 아랫놈들"이라는 멸시를 받는 바닷가에서 살았지만 선한 부모님 밑에서 특히 "인간다운 의식"을 가지고 "끊임없이 올라가자는" "보통이 아닌" 사람이었던 어머니와 "어려서부터 양심이 아주 날카로운 분"이었던 아버지의 양육을 받고 자랐다. 이와 더불어 고향에 일찍 들어온 장로파 개신교의 덕일학교를 다녔고, 그 후 오산학교 시절의 교육을 통해서 기독교의 "죄에서의 해방"을 받아들였지만, 그는 이 긴박한 상황에서 자신 속에 더 큰 욕망의 불길이 타고 있는 것을 직시했다. 하지만 그 무서운 고뇌 속에서 그 고뇌를 뚫고 올라오는 인간성의 새싹을 보았던 것이다. 그래서 그 순간에 마치 지옥에서 빠져나온 것 같은 안도감을 느끼며, 아무도 알아듣지 못하는 소리로 "노래를" 부르며 그곳을 벗어나왔다고 고백한다. 나는 이러한 함석헌의 체험이 앞에서 우리가 서술한 양명의 용장대오와 유비될 수 있다고 생각한다. 물론 양명의 경우처럼 그렇게 극적인 것은 아니었다 할지라도 나라를 잃은 백성으로서 몇 년 전에 3·1운동을 뼈아프게 겪었고, 이후 오산학교에서 '생각하는 인생'을 시작했지만, 마치 "전쟁 포로에 잡혀 가는" 심정으로 일본 유학을 와 있던 그가 마치 양명이 용장대오의 심즉리의 체험을 통해서 모든 부정적인 상황에도 불구하고 인간 존재의 본래적인 선함과 인간 누구나의 마음 안에 놓여 있는 거룩(理)의 씨앗을 보았듯이, 함석헌도 이와 유사한 경험을 한 것이다. 그것은 인간성의 씨앗에 대한 신비한 경험이었고, 모든 생명의 핵이 되는 인(仁)의 씨앗에 대한 경험이었다. 함석헌은 이 시노즈비 못 가에서의 경험에 더해서 관동대지진 사건과 관련한 또 다른 경험도 서술하는데, 즉 그때까지 아주 고루하고 "감상적인 데는 하나도 없는" 건조한 "유교식의 군자"로만 알았던 아버지가 자식의 생사를 확인하고서 답하는 모습을 보면서 평소에 내심 부정적으로 생각했던 아버지의 사랑이 얼마나 큰지를 체험한 것을 말한다.

> 사랑이 지극하신 줄 모른 것 아니지만 평소에 말에는 아니 나타내시는데 그렇게까지 애절하게 하셨을까, 겉과 속의 차이가 너무 심한 데 놀랐기 때문이다. 그때 우리나라에서는 동경 지방의 땅이 쭉 갈라지고 속에서 불길이 치솟아 나온 걸로 알았다고 했지만, 나야말로 정말 도덕주의의 지각(地殼)이 터지고 혼이 지심(地心)에서 폭발해 나오는 인애(仁愛)의 불길에 내 몸이 타 버렸다.[23]

함석헌은 자신의 아버지에게서 발견한 이러한 인애의 불길과는 대조적으로 당시 지진이 나자 평소의 일본인들이 어처구니없이 미쳐서 "조선놈 사냥"을 자행하면서 조선인들을 집단으로 죽이고, 임신한 여자까지 찔러 죽이는 것을 보고서 "땅이 흔들린 것이 놀라운 것이 아니라, 흔들린 인간성이 정말 놀랍다"고 하였다. 하지만 그 가운데서도 "이것도 지진으로 인해 터져 올라온 불길임에는 틀림이 없는데, 내가 아버지에게서 본 것과는 너무도 대조되는 불길이다"라고 고백한다. 이렇게 함석헌은 20대의 초반에, 그래도 오산중학교라는 사립학교를 다녀서 "원수의 나라를 내지, 원수의 말을 국어라고, 시키는 대로 하며 입을 헤벌리고 걸어다니"는 "멍청이"는 가까스로 면한 상태였지만, 마치 "전쟁 포로에 잡혀 가는 일"로 여겨진 일본 유학을 가서 아직 들어갈 학교도 정해지지 않은 상태에서 하나의 근본적인 경험을 한 것이다.[24] 그것은 양명에게서와 마찬가지로 앞으로 펼쳐질 그의 삶과 사상에서 근본적인 토대가 되는 존재 사건을 겪은 것이라고 할 수 있다.

3. 존재 사건의 정치적 함의
: 현실에 저항하는 양명의 격물(格物)과 함석헌의 의(義)

1) 왕양명의 저항, 다른 격물(格物)
이 세계 내에서 존재의 성스런 뿌리를 경험한 이들에게 세계는 더 이상 속된 곳이 아니다. 이 세계 자체가 도가 실현되는 곳이고, 인간은 이미 자신 안에 선의 뿌리를 지니고 있으므로 이제 남은 것은 그러한 통찰에 근거해서 행하고, 의(義)를 실천해 내는 일뿐이다. 양명이 심즉리를 경험하고서 주창한 또 하나의 정리가 '지행합일(知行合一)'인 것은 그런 의미라 할 수 있다. 그에 따르면 참된 지(知)란 이미 그 안에 행위력까지 가지고 있는 것이다. 그렇지 못할 경우 그 지는 지가 아니고 단지 허위의식일 뿐이다. "행(위)은 지식의 완성이고(行是知之成)", "지는 행을 지향한다(知是行的主意)"고 강조한다. 그러므로 "행위를 포함하지 않는 지식은 지라고 부를 수 없다(不行不足謂之知)"고 하는데, 그에 따르면 당시의 극심한 지적·도덕적 타락이란 바로 이렇게 지와 행을 나누어서 추구한 결과이고, 그래서 사람들은 행동할 수 있을 때까지 더 배워야 한다고 하면서 온갖 지적 공부에 몰두하지만 결국은 삶의 종당에 가서도 행하는 인간이 되지 못한다는 것이다. 그래서 결국 알게 되지도 못하는 것이라고 비판하는데, 오늘 우리 시대에도 그대로 적용되는 이러한 비판의 근거인 지행합일의 존재론적 근거를 양명은 다음과 같이 밝힌다.

> 사물의 원리들이란 마음 바깥에 있는 것이 아니다. … 마음이 하나이고, 그것이 모든 것이다. 그것이 전체 동정의 측면에서 이야기하면 인(仁)으로 불리고, 무엇이 옳은 것인가 하는 것을 얻는 측면에서 말하면 의(義)라고 하고, 조리(條理)라는 측면에서 말하자면 리(理)라고 할 수 있다. 이렇게 인이나 의는 마음 밖에서 찾지 말아야 하는 것인데, 리만은 마음 밖에서 찾아야 하는 것인가? 사람들이 리가 마음 밖에 있다고 하기 때문에 지와 행이 갈라지게 되었다. 성인의 지행합일의 가르침은 진리를 마음 안에서 찾는 것이다. 왜 그것을 의심하느냐?[25]

양명이 이렇게 지와 행의 본질적인 하나 됨을 주장하는 이유는 바로 그 둘(知, 行)의 '하나 되어야 함'을 주장하기 위해서이다. 즉 그것은 행을 위한 것이고, 양명에게서 지가 가치 있는 이유는 바로 행 때문이다. 그는 말하기를, "너는 내 가르침의 근본 목적을 잘 이해해야 한다. 사람들은 오늘날 배움에 있어서 지와 행을 서로 다른 두 가지 일로 나눈다. 그래서 생각이 일어났을 때, 그것이 옳지 않는 것인데도 그 생각이 아직 행동으로 옮겨지지 않았다고 해서 멈추지 않는다. 내가 지행의 하나 됨을 주장하는 이유는 사람들이 생각이 일어났을 때 그것은 이미 행동이라는 것을 알게 하기 위함이다"[26]라고 하였다. 여기서 분명히 드러나듯이 양명에게 있어서 지의 궁극적인 목적은 행에 있다. 그는 행이란 지의 완성이라고 보았으며, 그리하여 그에게 있어서 궁극적으로 배움과 공부란 지와 행이 하나가 되는 경지에 도달하는 일이다. 만약에 우리의 공부가 이런 뜻을 가진 공부라면 그 공부는 방법과 과정에 있어서도 마찬가지라는 것이 그가 강조하는 점이다. 즉 여기서 지행합일은 공부의 목표를 나타내기도 하고, 방법을 나타내기도 하는 입언종지(立言宗旨)가 되는 것이다. 지행합일의 참다운 삶에 도달하기 위해서는 지행합일의 방법밖에는 없다는 것이다.

양명에 따르면 당시의 정통 공부법이라고 여겨지던 주희의 방법은 바로 이러한 지행합일의 공부법에 반하는 것이었다. 그것은 인간 선함의 가능성이 인간 지적 능력의 크고 작음에 따라 좌우된다고 보았으므로 그 주안점을 우선적으로 지적인 경(經) 공부에 두었다. 주희의 유명한 격물(格物) 해석을 말한다. 하지만 양명은 그 안에 들어 있는 커다란 맹점을 보고서 자신이 경험한 존재 사건에 근거해서 그러한 주희의 격물 해석에 도전하고 저항했다. 그에 따르면 주희의 격물 이해는 원래 하나였던 지와 행을 둘로 나누는 것이고, 그래서 그 공부의 목표에서 점점 더 멀어지게 한다. 양명에 따르면 『대학』이 가르쳐주는 성학(聖學)의 길인 8조목(格物, 致知, 誠意, 正心, 修身, 齊家, 治國, 平天下)의 격물은 주희가 가르쳐준 대로 수많은 외물에 대한 탐구를 통한 지식의 확충이 아니라 그 외물들이 바로 내 뜻(意)이 다가가서 존재에로 불리는 일들이므로 먼저 그 사물을 촉발하는 내 뜻을 고치는 공부, 내 마음을 바르게 하고(正心), 내 뜻을 사적 욕망으로부터 벗어나게 하여 성실히 하는 공부(誠意)가 되어야 한다. 그래서 그는 주희가 송대 이전의 『대학고본』을 새롭게 편하면서 성의 장 앞에 격물 장을 두는 것에 반대하고, 원래의 고본으로 돌아갈 것을 주장하면서 8조목의 모든 가르침이란 한 가지로 뜻을 성실히 추구하는 데(誠意) 있으며, 이것이 바로 격물의 진정한 의미라고 결론짓는다.[27] 부모님을 잘 섬기는 일은 그 부모님 섬기는 일에 관해 기록해 놓은 수많은 책들을 읽음으로써 가능해지는 것이 아니라, 부모님 섬기는 일에 마음이 닿자마자(知 또는 意) 거기에 어떤 사심도 끼어들지 않게 해서 즉각적으로 행동으로 옮기는 일(行)을 통해서 이루어지는 것이라는 의미이다. 그리하여 그는 격물(格物)의 '물(物)' 자(字)를 물건의 물(物)이 아닌 인간관계의 '사(事)'로 먼저 해석할 것을 주장하면서[28] 당시의 학자들이 그렇게 중시하는 사서(四書)와 오경(五經)도 비신화화하여 이해하였다. 그는 "사서와 오경도 다만 이 마음의 본체에 대해서 해석한 것에 불과하다(蓋四書五經不過說這心體)"라고 하면서 공부란 바로 마음의 심체에서 하는 것이 그 요령이라고 강조한다.[29]

양명의 이러한 급진적인 전통 해체와 개혁의 요구는 단지 경전 이해에서만 나타나지 않는다. 그는 당시 매우 경직되어 있었고, 이론적 논쟁에 휘둘려서 그 본래적 의미를 상실한 예(禮) 수행과 관련해서도 매우 급진적인 이해를 내놓는다. 그에 따르면 예와 리(理)의 서로 다른 두 단어는 원래 같은 뜻이다. 여러 상이한 예칙들은 리가 서로 다르게 표현된 것에 불과하고, 그 리란 다시 우리 마음의 본성과 다르지 않기 때문에 만약 우리가 그 예들을 마음에서 이해하지 않고 단지 옛 규례들을 맹목적으로 따르는 것에 불과하다면 그것은 진정한 리를 따르지 않는 것이라고 일갈한다.[30] 이렇게 급진적으로 전개되는 양명의 전통과 권위에 대한 해체 요구는 공자 자신에게로도 향해져서 그는 주희와의 격물 해석과 관련된 논쟁에서 다음과 같은 인상 깊은 말을 한다.

> 무릇 학문은 마음에서 얻는 것을 귀하게 여깁니다. 마음에서 구하여 그르다면 비록 그 말이 공자에게서 나왔다 하더라도 감히 옳다고 여기지 않습니다. 그런데 하물며 공자에 미치지 못하는 사람은 어떻겠습니까? 마음에서 구하여 옳다면 비록 그 말이 평범한 사람에게서 나왔다고 하더라도 감히 그르다고 할 수 없습니다. 하물며 공자에게서 나온 것은 어떻겠습니까?[31]

우리 모두의 마음속에 공자가 거하고 있다고 강조하는 양명에게서 정통과 이단을 가르는 시금석은 더 이상 어떤 외형적인 권위나 객관적인 이론이 아니다. 오직 우리로 하여금 참된 행위에로 이끄는 능력이 시금석이 된다. 그래서 그는 제자들에게 만약 자신들이 옳고 다른 사람들이 틀렸다고 생각 하면 오히려 더욱 힘써서 자신들의 말을 실천에 옮기고 더욱 겸손해져야 한 다고 강조한다.[32] 그는 이렇게 말하였다;

무릇 도는 공적이고 천하에 속하는 것이고, 학문도 역시 공적이고 천하에 속하는 것입니다. 그것들은 주자나 공자라 할지라도 사사로이 차지할 수 없 습니다. 그것들은 모두에게 열려있고 그러므로 그들에 대해서 논의하는 올 바른 길은 공개적으로 논의하는 것입니다.[33]

그가 체험한 심즉리의 존재사건이 어떠한 정치적 함의를 갖는지를 잘 보 여주는 말이라고 하겠다.

2) 함석헌의 의(義), 다른 구원(代贖과 自贖)

양명이 자신의 심즉리의 체험에 입각해서 당시 넘볼 수 없는 권위였던 주 희의 격물 해석에 이의를 제기하고, 심지어는 공자조차도 그에게 절대적인 권위가 될 수 없음을 밝히면서 그때의 지적·도덕적 타락과 정치적 부패의 근본을 치유하려고 한 것처럼, 함석헌은 1923년 관동대지진과 거기서의 일 련의 체험 이후 자신의 진로를 위해서 중요한 결정을 하고, 특히 그의 기독 교 신앙에 있어서 큰 전환이 마련되는 것을 알 수 있다.

그가 관동대지진을 겪은 후 학교와 전공을 선택하는 과정에서 동경고등 사범학교를 선택한 것도 이즈음의 경험들과 관련이 깊다고 생각한다. 그의 또 다른 삶의 내러티브인「하나님의 발길에 채여서 I」에 보면 그는 이 사건

속에서 "인간이란 어떤 것인지를 보았고, 종교도 도덕도 어떤 것인지 눈앞에 똑바로 나타났습니다"라고 하였다.[34] 고향에서 기독교를 접한 어린 시절부터 "하나님을 섬기는 것, 민족과 국가를 사랑하는 것밖에 다른 것을 생각할 수 없었다"고[35] 생각하던 그가 전쟁에 끌려가는 것과 같은 심정으로 일본 유학을 와서 그러한 참상을 겪었고, 또한 거기서의 특별한 섭리를 체험한 후 신학이나 철학 등의 이론적 탐색을 선택하지 않았으며, 소질도 있었고 무척 하고도 싶어 했던 미술도 마다하고 '사범학교'를 선택한 것은 그저 된 일이 아니라고 생각한다. 그것은 양명이 심즉리를 경험하고서 지행합일의 행과 실천에 몰두한 것과 같이 그렇게 그가 "우리나라 형편을 살펴볼 때 교육이 가장 시급하다는 생각에 교육으로 결정했습니다"라고 한 대로 이제 참으로 중요한 것은 현장이고 현실이며, 그 실천적 귀결로서 평범한 사람들(씨ᄋᆞᆯ)의 교육이라는 깨달음을 반영한 것이라고 본다. 그는 나중에 1928년 졸업한 후 한국으로 돌아가서 오산학교의 교원으로 10년을 재직할 때 쓴 글에서 "교육이야말로 하나님의 발길질입니다. 절대입니다"라고 갈파하였다.[36]

나는 그가 오산학교에 들어가서도 다른 과목의 교사가 아니라 바로 역사 교사가 된 것도 같은 맥락에서 이해해 볼 수 있다고 생각한다. 그도 스스로 밝히기도 했지만 당시 역사 교사가 된다는 것은 가장 힘없고 나라를 빼앗기기까지 한 조선의 역사에서 무엇인가 의미 있고 긍정적인 것을 찾아내어서 학생들에게 전달해 주어야 하는 것이므로 참으로 어렵고 난감한 일이었을 것이다. 그것은 가장 약하고 그래서 '속된 영역(俗)'에서 '거룩(聖)'을 찾아내야 하는 일이었으므로 나름의 존재 사건을 겪지 않고서는 인위적으로 할 수 있는 일이 아니었다. 그런 의미에서 함석헌이 비참한 민족의 역사가 "수난의 여왕"으로 "세계적 사명"을 가지고 있다고 밝혀준 것은 예사의 일이 아니라고 본다.[37] 그는 말하기를, "나는 내 머리와 가슴과 씨름을 하지 않으면 안

되었다. 파리한 염소 모양으로 나는 씹는 것이 일이었다"라고 자신이 어떻게 스스로 조선역사의 의미를 찾아내고자 애썼는지를 밝히고 있다.[38]

이에 더해서 나는 함석헌이 체험한 일련의 존재 사건의 정치적 함의가 가장 잘 드러나는 일이 그가 행한 기독교 전통 해체적인 신앙 이해와 구원 이해라고 생각한다. 그는 자신이 1924년 동경고등사범의 학생으로 입학한 해에 한 반 위인 김교신(金敎臣, 1901-1945)을 통해서 우치무라 간초의 무교회주의 예배와 만났다. 무교회주의는 이미 당시 기성의 기독교와는 다른 또 하나의 급진적 개혁체였지만 함석헌은 거기에 가서도 우치무라의 그리스도 이해와는 함께 갈 수 없었다는 것을 다음과 같이 밝히고 있다.

> 전에는 문제없는 것 같던 것들이 문제가 됐습니다. … 그 하나는 나도 자주(自主)하는 인격을 가지는 이상 어떻게 역사적 인간이 예수를 신앙의 대상으로 삼고 "주여!" 할 수 있느냐 하는 것입니다. 그 담은 자유의지를 가지는 도덕 인간에게 대속(代贖)은 어떻게 이루어지는 것이냐 하는 점입니다. … 깊은 체험보다는 감정의 도취인 것같이 뵈는 것이 있었습니다. 사실과 상징과는 혼동하는 것이 있다고 보였습니다. … 체험은 이성 이상이지만, 모든 체험은 반드시 이성으로 해석돼야 합니다. … 사람은 이 세계에서는 행동하는 도덕인간인데, 이성에 의한 해석으로 파악되지 않고는 실천될 수 없기 때문입니다. 해석을 거부하는 신비주의는 모두 미신에 떨어져 버리고 맙니다.[39]

"차라리 선생을 배반할 수는 있어도 나는 나 자신을 배반할 수는 없었습니다"라고 할 정도로, 스승에게서 배웠지만 그를 넘어서 갔던 함석헌의 기독교 전통 신앙에 대한 물음은 그 후 점점 더 급진적으로 전개되어서, 그가 귀국해서 조선 역사의 의미를 탐색해 갈 때는 더욱 심화되었고("나는 언제까지나 남의 종교를 믿고 있을 수는 없었다"),[40] 또한 1940년대로 들어서면서 감옥을 오가면서 여러 불교 경전과 『노자』, 『바가바드기타』, 『장자』 등을 읽으면서 그는 더욱 더 모든 종교들 속에 내재해 있는 보편성에 대해서 생각하게 되었다. 1959년에 썼던 「이단자가 되기까지」라는 글에서 보수적 장로교 정통 신앙의 훈련을 받고 자란 그가 어떻게 무교회주의를 배웠고, 그 무교회주의도 포기하지 못했던 정통 기독론의 배타주의적 대속론을 그가 어떻게 넘어서는지를 밝히고 있다. 양명에게서 이단이란 더 이상 이론의 문제가 아니고 실천의 문제였던 것처럼 함석헌에게서도 유사한 의식이 보인다.

> 나는 지금 종교는 하나다 하는 생각이다. 그래서 그 기분을 발표한 것이 「대선언」이요, 「휜손」이요, 그 이후의 글들이다. … 이단이니 정통이니 하는 생각은 케케묵은 생각이다. 허공에 길이 따로 있을까? 끝없이 나아감, 한없이 올라감이 곧 길이지. 상대적인 존재인 이상 어차피 어느 한 길을 갈 터이요, 그것은 무한한 길의 한 길밖에 아니 될 것이다. … 이단은 없다. 누구를 이단이라고 하는 맘이 바로 이단람 유일의 이단일 것이다.[41]

나는 「인(仁)의 사도 함석헌 사상의 유교적 뿌리에 대하여」라는 글에서 이렇게 함석헌의 기독교와 믿음과 대속에 대한 이해가 배타적인 역사적 예수 중심의 속죄론을 벗어나서 더욱 더 인간의 보편성에 주목하는 일과, 또한 인간 내재의 자발성에 연결시키는 일에서 뿌리 깊은 유교적 영향력을 보았다. 함석헌이 자신의 아버지에 대해서 진실한 유교적 선비로서 "양심의 자연법칙"에 따라, "칠령팔락(七零八落)하지 않고", "자기가 생각해서", "아무 죄 없는 사람"으로 살았다고[42] 서술하는 것과 같은 맥락의 영향이고, 또한 어느 누구보다도 인간 의(義)의 문제를 자기 성찰의 핵심 관건으로 삼았던 맹자의 사생취의(捨生取義)와 같은 정신이 함석헌이 비판한 "감정적인" 기독교의 값싼 대속 신앙과는 같이 하기 어려웠을 것으로 보는 의미에서였다.[43]

4. 정점의 큰 통합 : 양명의 양지(良知)와 함석헌의 씨올

1) 양명의 양지

앞에서 살펴본 대로 양명은 시대의 행위 없음의 병을 고치기 위해서 각자가 본래 가지고 있는 선한 행위력(心卽理)에 주목하고서 우리가 추구하는 공부란 오직 그 행위 능력을 갈고 닦는 일(知行合一)을 통해서 이루어진다고 제시하였다. 하지만 그럼에도 불구하고 행위하지 않는 사람들, 알면서도 행하지 않는 사람들을 어떻게 이해할 수 있을까 하는 물음이 제기되는데, 즉 그의 심즉리와 지행합일의 언어가 세계의 악의 현실 앞에서 너무 나이브하거나, 아니면 자신의 이야기도 주희의 경우처럼 다시 선과 악, 리와 기의 이원론에 빠질 위험에 직면해 있는 것을 보게 된다. 이런 상황에서 군인이자 정치가인 그에게 점점 더 압박해 오는 정치적 딜레마와 더불어 특히 여러 변방 지방에서 근무하면서 경험하는 민중들의 비참과 고통 앞에서 양명은 깊은 무력감을 느꼈다고 한다. 아무리 자신이 세상의 모든 사람들이 이미 차별 없이 성인이 될 가능성을 지니고 있고, 그래서 그에 대한 믿음과 확신이 공부의 두뇌처가 된다고 주창해도 여전히 공부는 소수 엘리트들의 독점과 이론과 화려한 문장과 글쓰기와 과거시험이라는 외부의 견고한 벽에 좌초되는 것을 보면서 한없이 절망하고 있었다고 한다.[44]

이러한 고통스러운 처지에서 그러나 양명은 다시 한 번 존재의 근원에 대한 통찰을 얻는다. 그가 1521년경 50살이 되는 무렵부터 가르치기 시작한 "백 번의 죽음과 천 번의 고난(百死千難)"을 통해서 얻게 되었다는 우리 마음의 선한 지각력인 양지(良知, the innate knowledge of the good)에 대한 통찰을 말한다. 양지란 그가 심즉리로서 경험한 우리 마음의 선한 직관력이다. 그것은 우리 마음속에 놓여 있는 천리(天理)로서, 무엇이 옳고 그른지를 선험적으로 판단하는 선한 인식력과 판단력이다. 양명은 이미 오래전에 맹자가 인간의 본성에서 선천적인 선한 능력으로서 양지와 양능을 말한 것을 알고 있었지만, 그러나 이즈음에 마치 신의 계시처럼 그 말이 자신의 입술에 새롭게 놓이는 것을 경험하면서 그때까지의 모든 의심과 절망·낙담을 극복하였다고 한다. 그래서 그는 이제 이 양지를 인간 존재와 정신의 핵으로 파악하면서 더 이상 인간 가능성에 대해서 의심하거나 절망하지 않고, 이 정신의 직관력을 키우는 일에 몰두하게 된다. 그는 이렇게 말하였다.

마음(心)은 몸의 주재이다. 그리고 그 마음의 텅 비어 있으면서도 밝게 깨닫는 것이 본연의 양지이다. 그 텅 비어 있으면서도 밝게 깨달은 양지가 감응하여 움직이는 것이 뜻(意)이다. 앎(知)이 있은 연후에야 뜻이 있는 것이다. 앎이 없으면 뜻도 없는 것이다. (그러니) 앎이란 뜻의 본체가 아니겠는가?[45]

네가 가지고 있는 양지야말로 너 자신의 준칙이 되는 것이다. 만일 네 뜻에 품고 있는 일이 옳으면, 그것이 옳다고 알고, 그르면 그르다고 앎으로써 조금도 속여 넘길 수가 없는 것이다. 그것을 속이려들지 말고, 다만 하나하나 그것에 따라서 행동하면 선은 곧 보존되고 악은 곧 제거될 것이다. 이러한 경지가 되면 얼마나 안전 되고 또한 기쁘겠느냐? 이것이 바로 격물의 참된 묘결이 앎에 이르는(致知) 참된 효과인 것이다.[46]

양명이 이렇게 인간 존재의 핵으로서 인간의 선한 직관력과 판단력에 주목한다는 것은 많은 의미를 함축한다. 그것은 자아(心)가 다시 온전히 세계와의 관계성 속에 들어가는 것을 말하고, 그래서 그 이전의 심즉리나 지행합일의 언어가 자칫 빠져들기 쉬웠던 자기 폐쇄적 주관주의를 극복하는 것을 말한다. 또한 양지를 세계와 관계하는 인간 인식 능력 중에서도 특히 기초가 되고 출발점이 되는 '감각/직관(sense)' 능력으로서 이해했다는 것은 인간의 마음을 그 이전의 심즉리의 언어보다 훨씬 더 보편적이고, 몸적이며, 범우주적인 방식으로 이해한 것이라고 볼 수 있다. 여기서 인간 정신의 핵으로서 생명의 힘으로서의 양지는 인간적인 선악의 구분도 넘어서서 마치 항해사의 컴퍼스와 나침반과 같이, 또한 역(易)과 같이 모든 상황과 처지에 따라서 무엇이 옳고 그른지를 판단할 수 있는 "시금석"과 "지남침", 그리고 불가에서의 "심인(心印)"이 되게 하는 일이다. 양명은 이 양지의 참뜻을 깨닫게 되면 다소 나쁜 생각에 빠져든다 하더라도 곧 이를 깨닫고 스스로 깨우치게 되므로, 이것은 마치 "영단 한 알(靈丹一粒)"과 같아서 쇠를 금으로 바꿀 수 있는 것과 같다고 말한다.[47] 그것은 공자가 우리 모두의 마음속에 살고 있는 모습이다(箇箇人心有中尼).

  양명은 1518년에 강서(江西), 복건(福建), 호남(湖南), 광동(廣東)에 접하는 지역에서 군사적으로 많은 일을 하였으며, 동시에 그곳에 초등학교를 설치한다거나 향약을 만들어서 민생의 안정을 도모하고자 노력하였다. 그가 유백송 등의 선생들에게 아이들을 잘 가르치기 위한 지침으로 준 글을 보면 배움에 있어서 양명이 무엇을 중시하였는가가 잘 드러난다. 그것은 아이들의 자발성이며, 자유로운 분위기이고, 도덕적 실천을 중시하며 그것을 몸으로 실행하는 것이었다. 양명은 당시 아이들의 교육에서도 주로 행해졌던 암기와 암송(記誦), 조작적인 글쓰기(詞章), 또한 지극히 경직되고 형식화되어 있던 교실 분위기를 세차게 비난하면서 아이들이 도덕적으로 타락하고 공부를 싫어하며 몸도 튼튼하게 되지 못하는 이유란 바로 그러한 아이들의 자유스러운 본성에 맞지 않는 공부법때문이라고 보았다.[48] 즉 아이들의 가장 자연스러운 기초인 몸과 감각과 도덕적인 판단력 신장 교육에 주목하지 않은 때문이라는 것이다. 이렇게 양명은 양지의 발견을 통해서 인간 가능성의 보편적인 근거에 주목했고, 아동교육에 대한 깊은 관심으로 보편적인 인간 신뢰를 표현하였으며, 평범한 보통사람들이 행할 수 있는 교육 방식, 누구에게나 적용될 수 있는 배움의 길을 제시하고자 했다. 그것이 그가 아동교육에 대해서 관심하는 뜻이다.[49]

양명이 돌아가기 몇 년 전에 지은 유명한 「발본색원론(拔本塞源論)」에 보면 그는 어떻게 인류 역사상에 타락이 들어오고, 맨 처음 세상의 모든 사람들이 서로를 형제자매로 보며 자신의 천성에 맡겨진 일을 하면서 가장 가까운 사람들로부터 시작하여 덕을 행하고 살던 모습에서 도둑으로 변하고, 이기주의에 빠지게 되며, 기만과 출세·권력에 급급하게 되고 싸움을 벌이는 타락으로 빠지게 되는가를 감동적으로 그리고 있다. 그에 의하면 그 모든 것의 이유는 바로 "단순하고 간결한" 성인지도(聖人之道)의 가르침을 복잡하고 비싸고 한없이 주지주의적인 가르침으로 만들어 버렸기 때문이다.[50] 이렇게 성인(聖人)의 공부가 변해 버리자 사람들은 자신이 하는 일에 만족을 못하고, 혼자서 모든 일을 하고 온갖 세력을 가지겠다고 다투고, 많이 아는 것은 자신의 거짓을 감추는 데 써먹게 되고, 조금 배운 것을 가지고도 무엇이든지 할 수 있다고 생각하게 되었고, 급기야는 성공과 이익만을 추구하는 나쁜 버릇이 사람들의 골수에까지 차게 되어 본성처럼 되었다고 한다.[51] 양명에게 치양지란 우리가 본래부터 가지고 있는 가장 보편적인 인간성의 근거에 집중하는 것이고, 그 자연스러운 바탕에 집중하는 것만이 진정으로 행동하고 실천할 수 있는 인간으로 키울 수 있다고 믿은 믿음이다. 그렇게 감각과 직관과 도덕력과 판단력이라는 참으로 보편적인 인간성을 진정으로 보편적인 삶의 반경에서부터 키우는 인간 교육법인 치양지의 방법은, 그래서 당시 도탄에 빠진 사회와 나라를 구하기 위한 "발본색원"의 방법이 된다는 것이 그의 확신이고 비전이었다. 양명은 이「발본색원」 명문의 마지막 글을 다음과 같이 맺음으로써 자신의 깊은 믿음, 인간에 대한 신뢰, "가장 쉽고, 간단하고, 알기 쉽고, 따르기 쉽다"는 자신의 공부법에 대한 신뢰를 인상 깊게 드러낸다.

> 다행스럽게도 사람의 마음속에는 천리(天理)가 있어서 결코 멸해질 수가 없으며, 양지의 밝음이 있어서 영원히 비추지 않을 때가 없다. 그러므로 그들이 발본색원의 이야기를 듣고 그중에서는 반드시 안타까워하고 비통해 하는 사람들이 있어서 마치 멈출 수 없는 강이나 하천처럼 분연히 일어날 것이다. 더 이상 지체하지 않고 일어나는 이 영웅·지사들 외에 내가 누구를 더 바랄 것인가?[52]

이러한 양명의 지행합일적 치양지의 공부법은 궁극적으로 만물일체의 대동사회를 이상으로 삼는 교육법이다. 양명은 죽기 2년 전인 1527년, 앞에서 소개한 「발본색원」의 글과 함께 그의 사상의 정수가 들어 있다고 이야기되는 「대학문(大學問)」을 지었고, 거기서 그는 이러한 정신의 소유자를 "대인 (大人, the great man)"으로 표현했다. 대인이란 그에 의하면 "하늘과 땅과 우주의 만물을 한몸으로, 이 세상 모두를 한가족으로, 이 땅 전체를 한 나라로 파악하는 사람(大人者以天地萬物爲一體者也)"이다. 그는 만물일체의 실현을 통해서 자신의 자아를 참되게 실현하도록 노력하는 사람으로서 "만약 자신의 아버지와의 관계에서 충분히 인(仁)을 실천하였다고 하여도 남과의 관계에서 아직 그것이 충분치 않다고 보면 자신의 인이 아직 충분히 확충되지 않는 것으로 여기고, … 또한 자신의 가족은 배부르고 따뜻하지만 옆에서 삶의 필수품과 즐거움을 박탈당한 채 궁핍한 사람들을 본다면 결코 그들에게는 인과 의를 요구하고, 예의를 지키며 인간관계에서 성실할 것을 요구할 수 없다는 것을 안다. … 그래서 그는 다시 법과 정부를 세우고, 예와 음악과 교육을 정비하면서 그들에게 필요한 것을 공급해 주고, 자신과 남을 온전하게 하려고 노력하며 그 일들을 통해서 자신을 완성해 나가는 사람"이라는 것이다.[53]

이것은 대단히 웅장한 이상이고 비전이다. 양명 자신이 천고의 고통과 비난을 감수하면서도 굴하지 않고 싸우며 추구해 온 이상이었고, 모든 사람들이 그가 어떤 일을 하면서 살든지, 어떤 지적 능력과 신분적 위치를 점하고 있든지 간에 거기에 상관없이 이룰 수 있고, 그래서 그것을 향해 자신의 삶을 방향 지어야 하는 이상으로 제시한 것이다. 모두가 각자 자신의 할 일이 있고, 그래서 남과 서로 다투거나 시기하지 않으면서 자신의 일을 최상의 일로 알며 한몸이 되어서 살아가는 사회, 이러한 이상사회에 대한 꿈을 그는 바로 자신이 발견한 인간 누구나의 마음 안에 놓여 있는 신적인 뿌리(良知)의 확충을 통해서 실현 가능하다고 보았다. 그래서 그는 마지막 임지로 떠나기 전에 제자들과 했던 '사구교(四句敎)'의 가르침에서 왕기(王幾)의 초월도 인정하지만 전덕홍(錢德洪)의 만인을 위한 교육의 방법을 더 선호했는지도 모른다. 그는 소수의 엘리트들이나 도달할 수 있는 한 번의 각의 체험보다도, 만인을 위한 보편적이고 점진적인 교육의 길이 자신의 치양지의 본뜻에 더 가깝다고 생각한 것 같다.[54] 이런 인간 보편성에 대한 양명의 고백은 그래서 아래와 같은 자유로움과 확신의 극치가 되고, 사람들의 비난이나 절망어린 비판에도 불구하고 자신의 길을 가는 의연함으로 나타난다. 그가

1529년 임종에서 마지막 남긴 말은 "내 속에 빛이 있는데 내가 무슨 말을 더하랴!(此心光明亦復何言)"였고, 다음의 인용들은 양명의 본마음과 그의 공부의 참된 의도를 잘 드러내주는 감동 깊은 말들이다.

> 나는 이제 양지를 믿게 되었다. 나에게서 옳은 것은 옳은 것이고, 그른 것은 그른 것이어서 다시는 약간이라도 덮어 감추려 들지 않게 되었다. 나는 이제 솔직하고 과감한 광자(狂者)와 같은 심경을 지니게 되었으니, 천하의 모든 사람들이 나의 행동과 말이 일치하지 않는다고 하더라도 상관하지 않는다.[55]

> 옳고 그름을 가리는 마음은 생각하지 않아도 알고, 배우지 않아도 능한 것으로 이른바 양지이다. 양지가 사람 마음에 있는 것은 성인과 어리석은 자의 차이가 없으며, 천하고금이 모두 같다. 세상의 군자들이 오직 이 양지를 확충하는 데에만 힘쓴다면, 스스로 옳고 그른 판단을 공평하게 할 수 있고, 좋아하고 싫어하는 것을 함께할 수 있으며, 남을 자기처럼 여기고 나라를 자기 집안처럼 여기어, 천지만물이 한몸이 될 수 있다. 천하가 다스려지지 않기를 구할지라도 할 수 없을 것이다.[56]

2) 함석헌의 씨울

나는 양명의 이와 같은 비전과 이상이 400여 년을 지나서 한국의 함석헌에게 아주 친밀하게 전달되었다고 생각한다. 함석천은 자신의 스승 유영모가 『대학』의 처음 구절을 "한 배움 길은 밝은 속을 밝힘에 있으며, 씨울 어뵘에 있으며, 된 데 머무름에 있나리라(大學之道在明明德 在親民在止於至善)"라고 옮겼다고 소개하면서 자신의 방식으로 대학(大學)을 "한 배움", "큰 것을 배움", "하나를 배움"으로 풀이하였다.[57] 여기에서 양명의 양지와 치양지의 사상이 함석헌의 사상과 참으로 긴밀하게 연결될 수 있음을 보게 된다. 특히 그가 삶의 후반기로 갈수록 더욱 의식하고 다듬고 집중한 씨ᄋᆞᆯ사상과, 그 씨ᄋᆞᆯ을 온전히 기르기 위해 시도한 모든 활동─종교, 농업, 교육, 정치, 사회문화─의 비전 속에서 잘 녹아 있다고 본다.

물론 함석헌은 그가 일본 유학을 떠나기 전에, 다시 말하면 우리가 앞에서 살펴본 관동대지진의 경험 전에 "그때 이미 씨ᄋᆞᆯ로서의 ᄋᆞᆯ갱이는 넣어 주심을 받은 것 있었노라고 믿고 있다"고 했다.[58] 하지만 양명이 맹자의 양지 개념을 이미 알고 있었지만 그 뚜렷한 의식을 통해서 새로 양지를 발견한 것처럼, 그렇게 인간 속의 생명의 씨앗(仁/性)을 특히 "씨ᄋᆞᆯ"로서 뚜렷이 의식한 것은 나중의 일이었다고 여긴다. 함석헌은 오산학교에서 10년 동안 교사로 있다가 1938년 일제가 모든 학교에서 일본어만을 사용할 것을 강요하자 더 이상 학교에 남아 있을 수 없다고 판단하고 사임했다. 또한 창씨를 거부하고 더 근본적으로 씨ᄋᆞᆯ의 삶을 사는 농사꾼을 기르는 농사학원을 맡기도 하고, 1942년 『성서조선』 필화사건으로 서대문 형무소에 수감되었다가 나온 후에는 자신 스스로가 더욱 철저히 농사꾼이 되어야겠다고 결심한다.[59] 그의 『뜻으로 본 한국역사』에 보면 그는 한국인들의 인격적 특성으로 인(仁)의 "착함", '차마 못하는 마음(不忍之心)'을 들었는데,[60] 한국인들이 이름을 짓는 데 많이 쓰는 낱말인 인(仁), 의(義), 예(禮), 지(智), 신(信), 순(順), 순(淳), 화(和), 덕(德), 명(明), 량(良), 숙(淑) 등이 모두 착함을 좋아하는 한국인들의 국민적 이상을 드러내주는 일이고,[61] 비록 그 이상이 당시에 볼 때 오랜 고난 속에서(단지 당시의 일제의 고난뿐 아니라) 많이 상한 점도 없지 않시만 결코 쉬이 사라지지 않는 것이라고 안심시켰다. 그래서 그는 그 인간성의 씨앗을 민족을 살리고 세계를 살리는 일에서 "일루의 희망"이라고 지적했다.[62]

이러한 사람의 '알맹이'와 '씨앗(桃仁)', '알짬'이고, 동물에서 하면 '활동하는 생명력'이고, 사람에게 하면 사람 된 본 바탈이 된다고 하는 인(仁)을 함석헌은 점점 더 '씨올'로 보았고, 1970년에는 비록 70대의 노년에 접어들었지만 『씨올의 소리』라는 잡지까지 내게 되었다. 1973년에 쓰인 「내가 맞은 8·15」라는 글에서 그는 그 씨올에 대한 믿음을 다음과 같이 표현한다.

8·15는 실패람 실패다. 일제 밑에 종살이하던 민중은 해방의 이름은 얻었으나 실제로는 없다. 주인이 바뀌었을 뿐이지 자유는 여전히 없다. 그러나 실패면서도 얻은 것이 있다. 첫째, 씨올의 불사성(不死性)이 드러난 것이다. 일제 말년에 그 정치가 강요하는 대로 모든 것을 내놓는 것을 보고 우리는 모두 거의 죽은 줄로 알았다. 그들은 그 말을 내놓고 글을 내놓고 모든 고유한 풍속을 내놓고 심지어 제 성까지도 내놨다. 그러나 해방이 한 번 올 때 그들은 마치 흐린 물결 속에서 올라오는 바위처럼 그 본래의 모습을 가지고 일어섰다. 마치 일제 36년은 없었던 것 같았다. 그래 그들 스스로 제 속에 죽지 않는 생명이 있는 것을 알게 됐다. 이것이 큰 소득이다. 그렇기 때문에 아직 남북으로 갈라져 있어 완전한 자유를 얻지 못한 상태에 있으면서도 비관하지 않고 낙망하지 않을 수 있게 된다.[63]

… 나는 결코 그것(수십 년 서로 다른 체제 밑에 있어 온 것)을 두려워할 것 없다고 한다. 민중은 마치 물 같은 것이다. 지극히 유약해서 칼로 자르면 아무 저항 못하고 잘리는 듯하다. 그러나 칼을 뽑는 순간 곧 다시 하나가 된다. 몇 천백 년을 있어도 그 본성은 변함이 없다. 그것이 이번 해방으로 증명이 됐다. 오늘의 민중은 옛날의 민중이 아니다. 민중은 제도나 이데올로기보다 강하다. 제도나 이데올로기는 민중을 선하게 못하는 대신 근본적으로 타락도 시키지 못한다. … 정치는 힘에 살지만 민중은 믿음에 산다. 믿음은 모든 상처를

썩어 낫게 한다. 정치는 재생하는 법이 없지만 씨올은 부활한다. … 나는 지금도 그들을 믿고 의심하지 않는다. … 비판으로 민중 속에 들어가지는 못한다. 민중을 믿지 않고는 전체를 알 수 없는 것이 마치 신을 믿지 않고는 신을 알 수 없는 것과 마찬가지다.[64]

이러한 함석헌의 씨올과 민중과 전체에 대한 믿음은 그의 칭의론이 점점 더 그리스도성의 보편성에 대한 믿음으로 전환되는 것과 밀접히 관련되어 있다. 앞에서도 지적했듯이 그가 1953년 「대선언」과 「흰손」의 두 시로 자신의 신앙이 무교회주의의 복음주의도 넘어서서 "이단자"라는 칭호도 불사하면서 좀 더 보편적이고 우주적인 그리스도론으로 향하는 것을 널리 공표했다. 그는 예수가 "나를 믿으라" 한 말을 "떡을 받아들이듯이 좋아서" 그대로 받을 수 없다고 했다. 자신은 바울이 싸우다가 믿은 것처럼 "싸움으로 믿"는데, 즉 자신을 믿으라고 하는 예수에게 대어 들어서 예수가 "나는 하나님의 아들이다"라고 했다면 그 말은 "예수가 하나님의 아들이 된 것은 우리가 다 하나님의 아들이기 때문이라고 이해하고, 우리 육의 흙 속에 잠자고 있는 아들의 씨를 불러내어 광명 속에 피게 하기 위하여서"라는 의미로 이해한다고 밝힌다.[65] 그는 "속죄의 근본 뜻은 대신에 있지 않고 '하나됨'에 있습니다"라고 하였다.[66] 또한 "진리는 제 스스로 맘속에 찾는 것입니다"라고 쓰고 있다.[67] 그에 따르면 "나와 하나님을 맞대 주지 못하는 종교는 참 종교가 아니다."[68] 그러므로 "나로 하여금 하나님을 직접 만나게 하라"고 외치면서 우리나라에서 불교도 유교도 기독교도 민중으로 하여금 하나님을 직접 만나게 하지 못했다고 일갈한다. 거기에 "씨올의 설움"이 있다고 하는데, 이렇게 함석헌이 급진적으로 하나님과 인간, 민중과 씨올의 직설과 하나됨을 외치는 근거는 그의 다음과 같은 씨올 이해였다.

민중이 뭐냐? 씨올이 뭐냐? 곧 나다. 나대로 있는 사람이다. 모든 옷을 벗은 사람, 곧 올사람이다. 올은 실(實), 참, real이다. 임금도, 대통령도, 장관도, 학자도, 목사도 ··· 죄수도 다 올은 아니다. 실재(實在)는 아니다. ··· 정말 있는 것은, 올은 한 올뿐이다. 그것이 올 혹은 얼이다. 그 한 올이 이 끝에서는 나로 알려져 있고, 저 끝에선 하나님, 하늘, 브라만으로 알려져 있다. ··· 올사람, 곧 난 대로 있는 나는 한 사람만 있어도 전체다. 그것이 민(民)이다.[69]

함석헌이 씨올에 집중했다는 것은 많은 의미를 함축한다. 그것은 "물은 바다로 가는 것이라면 역사는 씨올로 간다"라고[70] 할 정도로 세계 삶의 기본과 토대를 민(民)으로 발견한 것의 의미이고, 1958년 "6·25 싸움이 주는 역사적 교훈"을 상고하는 일로 "생각하는 백성이라야 산다"라고 외쳤고, 그것을 다시 1972년 "생각하는 씨올이라야 산다"라고 한 데서도 잘 드러나듯이 함석헌은 씨올의 핵심과 일을 "생각하는 일(理)"로 본 것을 말해 준다. 이것은 양명이 존재와 생명의 핵을 양지(선한 사고력)로 본 것과 잘 상통한다. 아무리 천한 상황(예를 들면 감옥)에서도, 또는 어떤 외형적인 지위(임금이나 대통령)에도 좌우되지 않고 인간과 존재의 핵을 '생각(知/理)할 수 있는 능력'으로 파악한 함석헌은 그것은 "물질 속에 와 있는 정신"이고 "유한 속에 있는 무한"이며, "시간 속에 와 있는 영원"이라고 강조한다. 그 정신의 핵을 깨달을 때 스스로의 몸도 잘 지킬 수 있다고 역설한다.

이렇게 인간 정신 속의 신의 씨앗, 낮고 낮은 씨올 속의 생각하는 힘을 그가 그토록 소망했던 민족의 독립과 자주, 민주화와 문화의 창달의 길로 발견한 함석헌은 그 씨올을 기르는 일에 매진한다. 일찍부터 자신과 나라의 장래를 위해서 "교육·종교·농촌"의 셋을 하나로 붙여서 생각해 왔다고 하는 그는 '군자유삼락(君子有三樂)'이라는 맹자의 말과 관련해서 이 세상이 타락하기 전까지 "신성(神聖)이라는 것이 셋이 있었습니다"라고 한다. 그 세 가지란 바로 "가정의 신성, 노동의 신성, 그리고 교육의 신성"이라는 것인데,[71] 참으로 깊은 혜안이라고 생각된다. 여기서 거론된 가정과 노동, 교육은 보통 신성한 영역이라고 여겨지는 종교나 정신, 철학이나 정치에 비해서 한없이 속되고 이차적이고, 중요하지 않다고 생각되어 온 영역이다. 그러나 바로 그러한 일과 영역을 가장 신성한 영역으로 보고서 거기에 몰두했다는 것은 그가 얼마나 급진적으로 초월을 내면화하는지는 잘 알 수 있게 한다. 그는 결코 성직자가 되지 않았다. 또한 그는 체제로서의 학교 교사로도 오래 머물러 있지 않았다. 그러면서도 일생을 자신과 민족의 나아감과 됨, 올라감을 위해서 학생이면서 동시에 교사로서 살았다. 그런 의미에서 함석헌의 사상은 최소한적 종교(minimal religion) 또는 세속적 종교(a secular religion)로 이름 지어지는 유교적 실천과 너무도 잘 연결된다.[72] 그런 맥락에서 나는 함석헌이야말로 한국이 낳은 '진유(眞儒)'이고, 또한 그의 정신이 이러한 끊임없는 발걸음, "죽을 때까지 이 걸음으로" 가면서 점점 더 좁다란 인간 중심주의와 민족 중심주의도 넘어서서 온 세계의 인류, 온 우주의 생명을 포괄하는 진정한 '통유(通儒)'가 되었다고 이해한다.[73]

그가 1961년부터 퀘이커 모임에 참석하기 시작해서 사람들은 다시 그를 퀘이커교도로 묶으려고 하지만, 그가 스스로 "나는 퀘이커가 되자고 이 세상에 온 것은 아닙니다. 퀘이커만 아니라 무엇이 되자고 온 것도 아닙니다. 종교가 나 위해 있지 내가 종교 위해 있는 것 아닙니다. '내가 길이요, 진리요, 생명입니다'"[74]라고 밝혔다. 따라서 나는 함석헌을 그렇게 한정된 규정으로 묶을 수 없다고 생각한다. 오히려 이즈음 그가 5·16의 의미를 평가하는 글(「5·16을 어떻게 볼 것인가」, 1961.6)에서 그 참 의미를 엿볼 수 있다고 여긴다. 즉 함석헌은 당시 한국 사회가 5·16 등으로 겪는 혼란은 더 큰 "세계 역사의 흐름"의 차원에서 이해해야지 단순히 국내적으로 군인의 총칼로 진정시킬 수 없다고 일갈하였다. 그에 따르면 당시의 혼란은 이제 인류의 삶은 "민족"이 더 이상 도덕의 마지막 표준이 될 수 없고, 지금까지 당연시되던 "소유권"의 신성에 대한 물음이 강하게 제기되며, 또한 이날까지 인류 삶의 토대였던 "가정"이 크게 흔들리게 되면서 야기된 문제라고 한다.[75] 그러므로 이러한 "인류 사회의 캠프를 버텨 오던 세 기둥"의 문제를 푸는 일에 진정한 혁명의 성공 여부가 달려 있다고 보았다. 나는 여기서도 잘 나타나듯이 함석헌은 이즈음에 이미 좁은 민족주의도 벗어나고 있었으므로 퀘이커와의 연결을 그러한 민족주의를 넘어서서 더 넓게 세계와 연결하는 의미로 해석할 수 있다고 생각한다.

'민족주의', '소유권', '가족'의 문제는 50여 년이 지난 21세기 오늘 우리 시대에는 모두가 보편적으로 느끼는, 인류 삶과 미래를 위한 가장 중요한 문제가 되었다. 함석헌은 이렇게 선각자적으로 동아시아의 작고 가난한 변방에서 일어난 사건 속에서 이미 그러한 세계사적인 의미를 간파했는데, 그럴수록 그는 씨ᄋᆞᆯ 한 사람 한 사람의 교육을 중시했다. 그는 "국민을 될수록 넓은 눈을 가지도록, 높은 이상을 가지도록, 깊은 신앙을 가지도록 길러야 할 것이다. 분명히 잊지 말 것, 민중을 기르는 일이다. 호랑이 넋을 길러야 한다"고 강조한다.[76] 그가 중시하는 교육이란 단순히 겉옷의 치장으로서의 교육이 아니라 그 내면의 혼속에 생명의 힘을 기르는 것을 말하고, "몸에서 나와서 나의 근본 바탈을 찾으란" 의미의 교육이며, 그러한 교육은 "'하나님이 나와 같이 계신다' 하는 것은 제 바탈을 찾은 자의 말"이라는 것을 깨닫는 교육이라고 밝힌다.[77] 그는 "생명 그 자체가 힘"이라고 강조하는데, 이러한 통찰은 양명과 한국의 정하곡이 양지를 천지만물의 낳고 살리는 우주적 "생리(生理)"와 "생의(生意)"의 놀라운 힘으로 파악한 것과 매우 잘 상통한다.

이렇게 궁극의 하나님을 우리 안의 살리는 힘, 얼과 "속을"로 보는 함석헌은 왕양명의 유명한 「대학문(大學問)」의 앞부분을 "한 사람"이라는 제목으로 한글로 풀어내면서 나름의 해석을 붙였다. 원래 『예기(禮記)』의 「예운편(禮運篇)」에 나오는 이야기임을 다시 지적하면서 양명이 거기서의 성인(聖人)을 대인(大人)으로 바꾼 것을 다시 "한 사람"이라고 옮기고자 하는데, 그 이유는 "우리말에 큰보다는 한이 더 좋아서 … 크다면 나이 들고 몸이 큰 것을 말하지만, 한은 그 속으로 마음으로 큰 것을 의미"하기 때문이라고 밝힌다.[78] 이 양명의 "옛글"에 대한 해석에서 우선 눈에 띄는 것은 그도 양명처럼 대인이 이렇게 우주를 한몸으로 만들 수 있는 것이 무슨 "제 사사 생각으로 해서 되는 일이 아니"고, "본시가 그렇다. 우주가 하나의 산 한몸이다. 그것을 그렇게 만드는 본질적인 것이 인(仁)이다"라는 것을 강조한 것이다.[79] 그러면서 함석헌은 오늘 문명의 제일 큰 걱정이 "세계의 원자화"라고 지적하고, 대신에 "우리나라 옛날의 선비, 온달, 처용, 검도령, 원효, 모든 화랑 하는 사람들이 우주는 하나로 살아 있다는 것을 믿었다"라고 밝힌다.[80] 함석헌이 이렇게 양명의 대인 정신을 크게 환영하며 다시 "옛글 고쳐 씹기"를 하는 이유는 우리가 이제 개인으로서가 아니라 "전체로서 생각하는 단계"로 들어가면서 특히 "동양에서 희망"을 보기 때문이며, 그 동양의 옛글 속에서 "시간을 뚫고 살아 있는 생명"을 특별히 "젊은이에게 읽히자"는 뜻이라고 한다.[81] 그는 여기서도 "생명이란 본래 불효자다. 집 나가는 아들이다. 젊은 세대가 제 말을 버리고 낡은 세대로 돌아오지는 않을 것이다. 역시 아버지가 아들의 말을 배우는 수밖에 없다"라고 하면서 해석의 권위주의, 절대주의, 귀족주의, 고정주의 등을 타파할 것을 강조한다.[82] 그는 2천 년 전 "씨을 중의 으뜸 씨을"이었던 예수가 그랬던 것처럼 그렇게 오늘날 씨을인 우리들도 "전체를 살리기 위해" 옛글들은 새롭게 고쳐 읽고서 "그 때문에 십자가에 달려야 할 것이다"라고 강조한다.[83] 이는 참으로 앞서나간 예수 이해이고, 오늘날 포스트모던적으로 전개된 어떤 다른 예수 이해보다도 앞서 나간 것으로 볼 수 있다. 그의 십자가와 경전과 새 시대에 대한 탁월한 해석이 더불어 간다.

그는 『뜻으로 본 한국역사』의 맨 마지막에서 "덕(德)"이란 무엇이냐 하는 질문에 덕이란 "자기 속에 전체를 체험하는 일"이라고 하였다. 또한 그는 앞으로 인류가 새로운 미래를 개척해 나가는데 요청되는 "새 시대의 종교"와 "미래의 종교"는 "노력의 종교일 것이다"라고 갈파했다.[84] 노력의 종교는 더이상 생각 없이, 대속을 구원의 보증수표처럼 되뇌면서, 그러나 실질의 삶에서는 무신론자로서 물질만을 위해 사는 삶이 아닌 것이다. 오히려 그것은 "이지(理知)의 종교 시대"로 접어든 인류가 특히 동양 종교에게서 깊게 배워서 "노력의 과정 그것을 존중하고", "믿음은 곧 그대로 생활인" 종교를 체화하는 것을 말한다. 생각하는 힘과 실천하는 힘이 하나로 된 종교, 일상에서 보편을 보고, 오늘에서 영원을 보는 통찰인 것이다. 나는 여기에서 다시 함석헌 사상에서의 깊은 신유교적 흔적을 본다. 이성(理)과 신앙이 연결되고, 한없이 정치적이고 교육적이지만 또 한편으로 영적이고 정신적이고, 온 세계를 영(靈)과 정신을 향한 "한 개 산 생명운동"으로 보는 "생명사관(生命史觀)"의 종교 이해는 바로 앞에서 신유교 사상가 양명이 그의 「발본색원론」이나 「대학문」에서 웅장하게 펼친 우주적 큰 하나 됨을 향한 대인의 학문과 다르지 않다.[85] 함석헌은 "유교야말로 현실에 잘 이용된 종교다"라고 했다.[86] 또한 "세계의 통일성을 믿는 사상이 나와야 한다"고 갈파했다.[87] 그 일에서 가장 중요한 일인 '뜻(志)'을 갖는 일에서 그 뜻(志)이란 '선비(士)'의 '마음(心)'이고, 다시 그 선비란 바로 열(十)에서 하나(一)를 보고, 하나에서 열을 보는 사람이라고 지시했다.[88] 그렇다면 그것은 참된 대학과 학자의 일은 바로 우주의 큰 하나 됨을 지시해 주고, 그 일을 위해서 혼신의 힘을 쏟는 사람이라는 것을 밝혀주는 것이다. 또한 바로 이렇게 크게 통합하는 정신, 만물을 하나로 보는 비전에 민감한 그가 자신의 마지막의 희망과 그 희망이 이루어지는 길을 "생각하는 씨울이라야 산다"라고 했다면 그는 오늘날은 바로 모든 씨울들이 그렇게 선비의 마음으로 거듭나는 일을 바랐을 것이다. 그런 의미에서 그는 진정으로 한국이 낳은 참 선비였으며 우리 시대를 위해서 긴요히 요청되는 보편종교의 화신이었다고 이해할 수 있다.[89] 그의 새로운 보편종교에서의 주인공인 씨울에 대한 지칠 줄 모르는 믿음, 그의 사상이 가지는 "근본적인 민중주의적 성향"을 다음과 같이 인용하면서 나는 이 글을 마치고자 한다.

나는 씨울에 미쳤습니다. 죽어도 씨울은 못 놓겠습니다. 나 자신이 씨울인데, … 참 농사꾼은 굶어 죽어도 "종자 갓은 베고 죽는다"고, 우리 마을에서 표본적인 농부였던 우리 할아버지한테 들었습니다. … 나는 이 씨울을 믿습니다. 끝까지 믿으렵니다. 믿어 주지 않아 그렇지 믿어만 주면 틀림없이 제할 것을 하는 것이 씨울입니다. … 씨울을 믿는다는 말은 그대로 내버려 두란 말 아닙니다. 믿기 때문에 가르쳐야 합니다. … 민중이 스스로 제 속에 가지고 있으면서도 자각 못한 것을 깨닫도록 하는 것입니다. … 씨울은 착하지만, 착하기 때문에 잘 속습니다. 그렇기 때문에 속지 않도록 해야 합니다. … 집에는 늙은이가 있어야 합니다. 늙은이는 그 집 양심의 상징입니다. 나라에도 늙은이가 있어야 하는데 우리나라에는 없습니다. …『씨울의 소리』를 해보자는 것은 기르기 위해서입니다. 나라에 늙은이 없으면, 못생긴 우리끼리라도 서로 마음 열고 의논해야 할 것입니다. 그러노라면 우리 다음 세대는 늙은이를 가질 것입니다. 그 밖에 어느 성인이 오신대도 다른 길을 제시하지 않을 것입니다.[90]

맺는 말

　함석헌 선생은 8 · 15와 4 · 19, 5 · 16 등의 정치적 대변혁을 겪고 나서 "혁명"에 대한 자신의 통찰을 여러 차례에 걸쳐서 밝혔다. 나는 이중에서 『생각하는 백성이라야 산다』(1979)로 재출간된 책의 「인간혁명」이라는 글에서 지금까지 양명과 함석헌 존재 사건의 정치적 함의에 대한 지금까지의 숙고를 참으로 잘 요약해 주는 글을 만났다.

> 　민족 개조를 하려면 정치와 종교가 합작을 하지 않으면 안 된다. 자아 개조를 하려면 사람과 하나님이 합작을 하지 않으면 안 된다. 민족의 씨가 나요, 나의 뿌리가 하늘이다. 그러기 때문에 참 종교는 반드시 민족의 혁신을 가져오고, 참 혁명은 반드시 종교의 혁신에까지 이르러야 할 것이다. 혁명의 명은 곧 하늘의 말씀이다. 하늘 말씀이 곧 숨 · 목숨 · 생명이다. 말씀을 새롭게 한다 함은 숨을 고쳐 쉼, 새로 마쉼이다. 혁명이라면 사람 죽이고 불 놓고 정권을 빼앗아 쥐는 것으로만 알지만 그것은 아주 껍데기 끄트머리만 보는 소리고, 그 참뜻을 말하면 혁명이란 숨을 새로 쉬는 일, 즉 종교적 체험을 다시 하는 일이다. 공자의 말대로 하면 하늘이 명(命한 것은 성(性), 곧 바탈이다"[91]

　이 말 속에 잘 드러난 대로 종교와 정치, 교육은 서로 긴밀히 연결되어 있고, 서로 짜여 있어서 어느 하나가 부재하고서는 나머지도 잘 기능하지 못한다. 그 큰 통합의 실재와 방식을 500여 년 전의 양명이 체험했고, 거기서 나오는 정신의 힘이 가지는 파급력과 영향력을 함석헌도 일면 마셨다. 다시 그 함석헌은 또 다른 고유한 방식으로 새로운 숨을 쉬면서 한국 사회를 새롭게 하였고, 오늘날까지도 그 영향력이 계속되면서 이제 세계로 뻗어나가서 참으로 오늘 인류의 보편종교가 필요로 하는 때에 인류의 큰 사표가 되고 있다. 그는 "지금 인류가 가장 원하는 것은 새 종교가 아닐까?"라고 물었다.[92] 또한 "정신이 아무것도 아닌 것 같지만 그것을 찾으면 모든 것이 그 안에 있다. 모든 것이 정신에서 나왔기 때문이다"[93] 라고 했다.

이렇게 그는 큰 사상가였다. 하지만 그런 그도 자신의 부인, 황득순 여사가 1978년 5월 8일 숨지자 "나의 가장 큰 잘못은 그를 내 믿음의 친구로 생각하지 못한 점입니다"라고 고백하였다.[94] 그들의 자녀들이 어머니 황득순 여사에게 "나야 뭐"라는 별명을 지어주었다고 할 정도로 철저히 '자신을 버리면서 남을 따랐고(舍己從人)', "스물에 가까운 큰 가족에 밤낮 손님이 끊이지 않는 집의 맏며느리로서 불평 한 번 없이 섬김으로만 살아온 사람"이라는 말을 들을 정도로 극기복례(克己復禮)의 사람이었던 그녀야말로 그가 그토록 주장하고 강조해 온 씨올 중의 씨올이었을 것인데, 어떻게 그러한 그녀를 함석헌은 잘 알아보지 못했을까를 나는 물어 본다. 그래서 우리는 다시 옷깃을 여미면서 "우리가 우리에게 죄지은 사람을 용서하여 준 것같이 우리의 죄를 용서하여 주옵시고"의 주기도문을 올릴 수밖에 없다. 그러면서 오늘 우리 주변과 삶에서도 아직도 우리에 의해서 하늘의 거룩한 씨올로 발견되지 못하고 있는 존재가 누가, 무엇으로 살고 있는지를 잘 살피고 돌아볼 일이다.

4장

포스트휴먼 시대에서의 인간의 조건
- 유교적 페미니즘과 다른 기독론

시작하는 말

 이 글은 오늘날 인간성의 위기 앞에서 그 극복의 길을 찾고자 하는 유교와 기독교 간의 대화이다. 21세기 인류의 삶이 심각한 비인간화의 위기 앞에 놓인 것을 보고서 무엇이 인간을 여전히 인간 되게 하는가를 묻고 동서의 두 전통이 어떻게 서로 만날 수 있을까를 탐색한다. 오늘 인류 문명의 정황은 뛰어난 과학기술의 발달로 전통적 인간 몸의 조건을 뛰어넘는 '포스트휴먼(posthuman)'의 물음이 제기되고 있지만, 그 비인간화의 정황은 날로 더 깊어져서 급기야는 인류의 삶이 물질적으로 1대 99의 상황으로 나뉘는 결과까지 초래하였다. 이러한 상황 도래의 원인이 특히 서구 기독교 문명의 유일신론과 배타적 예수 그리스도론과 깊게 관련되어 있다고 보고, 그 세속적 표현인 서구 근대성의 주체성의 원리(the principle of sujectivity)가 어떻게 동아시아 유교의 언어로 극복될 수 있을까를 찾으려고 한다.

 이 글은 서구 근대성의 원리란 철저히 존재의 보이는 차원에만 관심을 갖는 '유(有)'의 언어라고 보고, 거기에 대한 대안이 동아시아적 '무(無)'의 사고라고 보았다. 근대 주체성 원리의 과도한 적용은 또 다른 말로 하면 존재의 유의 차원에 대한 과도한 집착인 바, 그러한 서구 근대적 세속주의를 넘어서서 존재의 무의 차원을 다시 고려할 것을 요청한다. 그러나 그 일을 위한 불교적 무의 언어는 그 과격성으로 인해서 오히려 현실에서는 반대의 모습으로 표현되는 것에 유의하면서 유교 전통에서 그 중도의 길을 찾고자 한다. 즉 이 글은 유교의 도를 동아시아의 세간적 내재 영성(immanent spirituality)으로 이해하고 기독교나 불교와는 달리 지극한 일상의 영성, '최소한의 영성(minimal religiosity)'으로서 특히 전통적 여성들의 삶을 통해서 뛰어나게 실천되었다고 보면서 내재적 초월성과 공동체성, 일상의 영성을 강조하는 유교 영성의 도움으로 오늘 인류 문명이 직면한 비인간성의 위기를 어떻게 극복할 수 있을지를 탐색한다. 여기서 유교 전통의 무(無)의 언어를 크게 세 가지로 정리하였는데, 즉 '사기종인(舍己從人)', '극기복례(克己復禮)', '구인성성(求仁成聖)'의 세 가지이다. 이 세 언어는 존재의 눈에 드러나지 않는 무의 차원을 깊이 인식하면서도 동시에 가장 구체적이고 현실적으로 세계의 의미 실현을 추구하는 도리라고 이해하였다. 그런 유교적 무의 언어는 불교적 무의 언어와는 달리 그 중도적 길로서 오늘 서구 근대성의 원리와 훨씬 더 창조적으로 대화할 수 있다고 보고, 여기서 드러난 인간성에 대한 가르침에서 오늘날 근대문명의 비인간성을 치유하고 인간성의 전형을 다시 찾을 수 있는 가능성이 있는지를 탐색한다. 그러면서 그 인간성이야말로 진정한 '포스트 인간성(posthumanity)', 즉 지금까지의 인간성을 넘어서는 또 다른 차원의 인간성으로 보고자 한다.

이러한 유교와의 대화를 통해서 이 글은 전통의 기독교가 그 배타적인 그리스도론을 해체하고 새로운 그리스도론을 정립할 가능성이 있다고 보았고, 그것은 다시 말하면 복수(plurality)의 그리스도론, 여성그리스도론 등을 말하고자 하는데, 유교 전통이 서구 페미니즘과 대화하면서 얻은 유교적 페미니즘(Confucian femimism)과의 대화를 통해서 전통 그리스도론의 한계를 극복해 보고자 하는 것이다. 유교의 입장에서 보면 만약 유교가 자신의 전통적 가부장주의를 극복할 수 있는 가능성으로서 서구적 페미니즘과의 대화를 수행한다면, 그 본래의 세간적 영성이 오늘날의 상황에서 하나의 포스트모던적 영성(postmodern spirituality)으로 귀하게 해석될 수 있으며, 그 보편성과 인간적 속성으로 인해서 앞으로 동서양 인류 모두의 보편적 영성으로 역할할 수 있다고 보는 것이다.

1. 오늘날 포스트휴먼의 상황과 유교 전통

오늘 '포스트 인간(posthuman)'을 말하고, '인간학의 종말(the end of anthropology)'이 거론되는 때에 무엇이 여전히 인간을 인간 되게 하고, 어떤 것이 인간의 인간다움을 구성하는가? 이 질문은 21세기 인류 테크놀로지 문명의 발달로 각종 디지털 주체가 등장하고, 이와 함께 후기 산업 자본주의 사회의 비인간화가 점점 가속화되는 상황에서 자주 떠올리는 질문이다. 하지만 나는 이 질문으로 인류 기계문명에 대한 순진한 적대를 드러내려는 것이 아니다. 오히려 포스트휴먼(posthuman)이라는 언어로 나는 우리의 인간성이 더욱 고유하게 전개된 인간, 그래서 일면 앞으로 인간 삶이 나아갈 방향과 지향을 보여주는 언어로까지 이해하면서 일반적인 기술과학적 차원의 논의를 훨씬 더 넘어서 포괄적으로, 아니면 더 깊고 멀리 포스트휴먼의 의미를 찾아보려고 한다.

오늘 어느 곳에서든지 가상현실을 열어 주는 컴퓨터와 곳곳에 널려 있는 디지털카메라, CCTV 등으로 인해서 인간 조건이 몸의 현재를 간단히 뛰어넘을 수 있다고 생각하기 쉽다. 그러나 아이러니컬하게도 이러한 우리 시대에서만큼 사진기술이나 컴퓨터그래픽 조작 등으로 '인물조작(identity play)'이 용이해진 때도 없다는 지적이 높아지면서 오늘의 시대야말로 어느 때보다도 더욱 우리 자신의 동일성을 증명할 수 있는 몸(body)이 중요하게 되었다.[1] 이것은 우리 인간 존재의 핵심이란 언제나 몸과 정신, 신체와 상징이 연결된 관계성이고, 그 관계성의 올바른 유지만이 인간을 인간되게 하고 인간의 인간성을 확보 내지는 증대할 수 있다는 것을 지시해 준다.[2] 그런 의미에서 오늘의 포스트휴먼 논의가 쉽게 "더 빨리, 더 높이, 더 강하게(Faster, higher, and stronger)"라는 기술과학적 논의가 되어서도 안 되고, 더군다나 그것이 지금까지의 서구 근대적 자아 · 주체(liberal subject)의 왜곡된 자율성과 주관성을 더 강화시키려는 의도로 나가는 것은 "매우 위험하다(lethal)"는 지적에 깊이 동의한다.[3] 나는 포스트휴먼의 논의가 지금까지의 전통적 인간성(仁, humanity)을 한층 더 드러내주고, 더 전개시키는 방향으로 나아가야 한다고 생각한다. "우리는 항상 인간이었고(We were always human)", "또는 아마도 우리는 늘 초인간이었다(Or maybe, we were always posthuman)"라는 두 가지 언술을 동시에 받아들이는 의미에서 "우리는 언제나 그랬던 것처럼, 그렇게 인간, 너무도 인간이다(We are, as we always were, human, all too human)"라는 선언에 동참하는 의미에서이다.[4]

하지만 나는 여기에서 이러한 오늘날의 서구적 포스트휴먼에 대한 논의를 더 따라가기보다는 21세기 우리 시대의 과도한 주체중심주의와 모두가 주체성의 감옥에 갇힌 상황에서 오는 폐해와 오류를 보면서 아시아적 시각에서 나름의 인간론적 논의를 이어가고자 한다. 내가 보기에 자아의 고유성을 몸과 정신, 신체와 상징 중 어느 것으로 보느냐의 물음과 상관없이 서구 근대의식에 의해서 핵심적으로 추동된 인류 근대 문명에서의 자아는 너무 비대해졌다. 그것의 한 치명적인 분출이었던 20세기 서구 전체주의의 이데올로기는 '모든 것이 가능하다(Everything in possible)'라는 것이었고, 그것이 오늘날 세계 인류 삶의 상황을 극한의 불평등과 무한 경쟁주의로 몰고가면서 글로벌 신자유주의 경제 시대에서도 그대로 적용되고 있다고 보기 때문이다. 여기서는 자아에 대한 배타적인 관심과 집중으로 자신과 자기 이익 외의 모든 다른 삶의 요소들은 자기 이익을 위한 수단으로 여겨진다. 이러한 인류 근대 삶의 정황에 대해서 서구 여성 정치철학자 한나 아렌트는 "'세계소외(world alienation)'가 근대의 징표가 되었다"고 지적하면서 우리 시대가 자신 이외에 세계와 타자와 그 아름다움에 대한 감각을 잃어버린 정황을 적나라하게 밝혀주었다. 그것은 자아와 개개인 인간의 전능이라는 망상으로 다수의 인간이 존재해야 할 이유를 말살해 버리는 결과를 초래했고,[5] 여기서 현대 대중의 깊은 고독과 뿌리 뽑힘의 기원을 본다. 나는 오늘 우리 시대 세계 삶의 정황도 가장 핵심적으로 이러한 근대 전체주의적 인간 자아의식과 왜곡된 주체성의 원리로부터 야기되었다고 보고, 인간 존재와 그의 고유성에 대한 새로운 성찰을 통해서 나름대로 그 극복의 실마리를 찾아보고자 한다.

　이 글은 이러한 주체 중심적 근대문명의 밑바탕에 놓인 인간 이해가 다시 서구 기독교 전통의 존재 이해와 구원자 이해(그리스도론)와 밀접히 연관되어 있는 것을 보면서, 거기에 대한 대안으로서 동아시아 유교 전통의 인간 이해와 세계 의미실현 방법은 어떻게 다르며, 그 둘 사이의 대화에서 어떤 대안이 나올 수 있는지를 보고자 하는 것이다. 이 일을 위해서 여기서 먼저 나의 유교 이해를 언급하면, 나는 유교 전통을 하나의 특별한 '종교적(spiritual)' 전통으로 본다. 또한 거기서 '여성들'이야말로 그 유교적 영성을 아주 잘 체현하면서 살아왔다고 보는 입장이다. 왜냐하면 유교영성의 핵심이 이 세상의 세간적(世間的) 삶에서 도를 이루려는 것이라면 유교 전통 사회에서 여성들의 삶이란 바로 이 세상의 온갖 살림살이를 맡아오면서 그 유교적 삶을 살아온 경우라고 보기 때문이다. 그래서 이 글은 그 여성들의 삶과 살림의 원리에서 우리 시대의 주체성의 원리를 새롭게 할 수 있는 가능성이 있는지를 보고자 한다. 근대 기독교 문명의 주체성의 원리가 유교 전통 여성들의 삶의 영성과 대화함으로써 어떻게 다른 차원의 인간성의 원리, '포스트인간(posthuman)'의 존재와 삶의 원리로 거듭날 수 있는지를 보려는 것이다.

2. 서구 근대 문명의 주체성의 원리와 그 부패

일찍이 하이데거는 기술은 모든 것을 이용 가능한 자원으로 바꾸기 위해서 자연과 세계를 "총체적으로 몰아세우는 방식으로(enframing, Gestell)" 도전해 온다고 지적하였다.[6] 이러한 기술문명의 꽃인 인류 근대문명에서 그 기술문명의 주관자인 인간 주관에 의한 시간과 공간의 찬탈은 끝 모르게 이어지고 있다. 이미 하이데거도 지시한 대로 인간 주관에 의한 자연 몰아세우기와 찬탈은 그 화살을 다시 인간 스스로에게로 향하였고, 그리하여 오늘날 신자유주의 세계화 시대에서의 비인간성은 인간 존엄과 고유성에 대한 모든 이야기들을 한갓 헛된 신화로 날려 버리는 정도까지 이르렀다. 그래서 오늘날 인간 문명은 포스트휴먼을 논하고 있지만 그 맞이하고 있는 위기는 단순히 "인식론의 위기가 아니라 존재론의 위기(a crisis of ontology, not quit of epistemology)"라는 지적이 나오게 되었다.[7]

나는 이러한 결과가 서구적 근대 인간 문명의 '주체성의 원리(the principle of subjectivity)'가 한계를 모르고 확대된 결과라고 생각한다. 중세 기독교 교회와 신의 지배에서 벗어나서 자아와 개인과 계산하는 이성을 발견한 인간은 주체가 되었고, 개인이 되었으며, 계산할 수 있고 선택할 수 있는 존재가 되었다. 그러나 이렇게 해서 얻어진 근대 인간의 주체성의 원리는 그 적용에서 한계를 모르고 치닫게 되어서 단순히 중세적 신의 형상을 지운 것뿐 아니라 인간 의식 속에 '영원성(eternity)'에 대한 감각 자체를 지우는 지경까지 갔다. 거기서 인간 삶과 세계의 다원성과 복수성에 대한 의식과 책임은 철저히 자아 한 사람과 일자적 이데올로기 안으로 환원되고 무화된다. 아렌트가 이러한 근대문명의 파국적 현실에서 삶과 세계를 온통 "자연이나 또는 역사(nature or history)"라는 일자적 이데올로기 운동으로 환원시킨 헤겔이나 마르크스, 다윈 등을 지시한 것과 유사하게 한국의 생명철학자 윤노빈은 "마르크시즘은 서양철학의 시작이 어떤 결과를 초래하게 되었는가를 증명하는 상징이 되었다"고 일갈하였다.[8] 이렇게 근대 주체성의 원리는 자아와 개인이 법(law)과 원리(principle)가 되었거나, 또는 그 이념적 법과 원리가 최고의 신이 된 것이라고 할 수 있는데, 그 자아의 무한한 확장으로 현실과 경험에서 자아 이외의 다양성과 생명적 자발성은 무화된다. 그리고 오로지 자아의 목적과 의도만이 초의식(supersence)과 초논리가 되어서 현실과 삶을 전체주의적으로 자신이 원하는 대로 정리하길 원한다.[9] 그런 의미에서 그렇게 자체로서 자신 안에 고유한 가치를 가지고 있는 존재와 시간을 인정하지 않는 서구 근대의 목적주의와 실리주의는 "도덕적으로는 파산했고, 영적으로는 혼동 속에 빠지게 되었으며, 사회적으로는 (극도의) 경쟁주의에 사로잡히게(as morally bankrupt, spiritually dissolute, and socially competitive)" 되었다는 비판이 제기되었다.[10]

나는 이렇게 자아가 신이 되고, 원리가 되고, 법이 되는 서구 근대성이란 또 다르게 살펴보면, '유(有, 있음, 존재)'의 사고를 극단적으로 펼친 결과라고 생각한다. 자아의 핵심도 유라고 파악한 것이고, 그 자아적 유를 시공적으로 무한대로 확대하고자 하는 기도가 그렇다는 것이다. 그러한 유의 주체성의 원리가 앞에서 살핀 것과 같이 오늘 세계의 정황을 총체적인 비인간화의 지경으로 몰고 갔다면 거기로부터의 구원의 희망은 지금까지 우리가 삶과 의식에서 무시했고 잘 돌보지 않던 '무(無)'의 차원을 회복하고 돌아보는 일에서 비롯될 수 있다.[11]

우리가 이러한 무의 차원을 다시 새롭게 돌아보는 일은 여러 가지로 이야기될 수 있다. 먼저 지금까지 서구의 근대 언어가 과격한 세속주의의 언어로 존재의 초월적 차원을 무시한 것이었다면, 그것은 다시 우리 삶에서 종교적 의미 물음과 영원성에 대한 의식을 회복하는 일이라고 할 수 있다. 또한 그것은 자아와 개인에 사로잡힌 시각 대신에 지금까지 자신에게 무였고 존재하지 않던 타자와 이웃·공동체를 돌아보는 일을 말하기도 하고, 몸적 자아와 부와 재산의 확대가 지금까지의 근대 서구 부르주아 문명의 추구였다면 예를 들어 한국 영성가 다석 유영모의 언어대로 "없이 있는", "죽어서 사는 얼(얼나)"의 드러남에 집중하는 것 등을 말할 수 있겠다. 인식적 사고의 대상인 과거와 의지적 소망으로서의 미래에 집중하는 가운데서 끊임없이 사라지는 "없이 있음"의 현재와 지금을 우리 삶에서 다시 회복하는 일이라고도 할 수 있다.[12]

서구 기독교 영성가 피터슨(Eugene H. Peterson)도 오늘 현대인들의 언어생활에서 자아(self)라는 용어가 '영/혼(soul)'이라는 용어를 모두 삼켜 버린 것에 대해서 지적했다. 그에 따르면 자아라는 용어는 인간이 초월적·신적 기원을 가지는 존재라는 차원을 탈각시킨 용어이다. 대신에 마치 자전거나 물펌프의 기계처럼 오직 사용가치의 차원에서만 고려하는 "자원(resource)"으로서의 인간 이해로서 오늘날 소비사회가 어떻게 인간의 존엄을 탈각시키고 있는지를 잘 드러내준다고 한다. 이렇게 초월적 기원으로부터 소외된 자아로서의 인간은 단지 개인일 뿐이며, 여러 차원의 관계성–하나님과의 관계, 이웃과의 관계, 지구와의 관계–을 반향하는 영혼으로서의 존재가 가지는 인격적 존엄성을 잃고서 단지 그 기능이 다할 때까지(dysfunctional) 소비되는 비인격화의 위험에 노출되어 있다.[13]

이렇게 서구신학자 피터슨이 자아와 주체로서의 인간이 아니라 "소울(영/혼)"로서의 인간 이해를 통해서 다시 그 인간의 보이지 않는(無) 존엄의 근거를 지시하지만,[14] 나는 여기에서 더 나아가서 우리 존재를 더욱 더 적극적으로 무(無)의 언어로 지시하는 아시아적 사고에로 눈을 돌리고자 한다. 다시 언급할 필요도 없지만 그렇게 자아와 주체가 궁극적 의미가 된 근대 문명은 서구 기독교 문명이고, 자아와 주체로서의 인간 이해도 바로 그 기독교의 유일신과 인간 중심적 인격신으로서의 초월 이해의 반영이라고 보기 때문이다. 그러나 나는 아시아적 사고 중에서도 과격하고 급진적으로 무와 공(空)에 대해서 말하는 불교보다는 오히려 유교적 대안 속에서 길을 찾고자 한다. 불교와 같은 무에 대한 직접적인 언어는 현실에서는 오히려 유에 대해서 더 큰 집착에 빠질 수 있다고 보기 때문이다. 고려 시대 말기의 불교적 타락이나 불교 전통의 나라에서 여성들의 처지가 오히려 일반적으로 더 열악한 것에서도 그 현상이 잘 드러난다. 서구 근대 세속 사회의 도래와 그 이후시대(post secular)의 서구인들의 종교적 탐색을 잘 분석한 찰스 테일러(Charles Taylor)도 지적한 대로 오늘날 후기 세속 사회에서 불교와 같은 과격한 무의 언어는 자칫하면 오히려 "더 세련된 차원의 자아 이기주의(higher selfishness)"를 위한 방편이 될 수 있다는 것이다.[15] 불교가 서구 사회에서 더 큰 부와 힘을 지향하는 이기적 주체들의 대안 건강법이 되거나, 오늘 사회에서 점점 더 심화되어 가는 사회적 불평등과는 상관없이 영적 건강과 신체적 건강을 연결하는 방식으로 개인적인 만족을 위한 아시아적 대안 영성으로 제시되는 경우가 많은 것이 그 증거이기 때문이다.[16]

불교적 무는 세계와 인간 존재의 몸성을 부정한다. 오늘 기술문명 시대의 포스트 인간 논의도 자칫하면 인간 존재의 신체적 조건성을 제거하기 위한 "인간 잠재력 개발(Human potential movement)" 등의 논의로 빠지기 쉽다.[17] 그것은 극단적으로 가면 인간 개성(individuality)과 개별성(unique identity)의 가장 고치기 어려운 부분인 인간 신체의 조작을 통해 인간 존엄과 개별성을 철저히 죽이는 일로 치닫기 쉽다.[18] 그러한 일을 강행한 나치 전체주의의 테러를 겪고 나서 아렌트는 그래도 인간에게 마지막까지 남는 것은 "언어(the language)"라고 했다.[19] 인공지능(AI, artificial intelligence)과 사이보그 인간학(cyborg anthropology)의 연구를 통해서 인간과 로봇의 차이, 또는 그 통합을 탐색하는 포스트휴먼 연구들이 주목하는 것도 그런 의미에서 존재의 언어력과 대화력(conversation)인 것이 이해가 된다.[20] 이미 지난 1970년대에 서구 문명에 대한 세찬 비판자 이반 일리치(Ivan Illich)도 서구적 산업 기술자본주의가 그 한계를 모르는 성장에 대한 광신으로 이제 인간 삶 전체의 총체적 파국이 염려될 정도로 우리 삶을 피폐화시켰다고 지적하였다. 일리치는 거기에서 성장을 멈추고 자원과 자본 · 도구(tools)의 독점에서 벗어나서 인간과 인간, 인간과 자연, 인간과 기구, 제도 사이의 "공생(conviviality)"을 주창하면서, 마지막으로 인간 언어에 대한 희망, 일상 언어가 정치적 전복에서 수행할 수 있는 중추적 역할 등을 이야기하였다.[21] 그는 "언어처럼, 최근 역사에서 다른 목적으로 사용되었다 하더라도 그 힘을 잃지 않는 도구, 언어처럼 오용된다 하더라도, 그 근본 구조가 전적으로 부패하지 않은 도구", 그중에서도 "일상의 언어"를 통해서 오늘의 비인간적 상황의 도래와 치유의 길을 일관되게 사유하고 말할 수 있는 힘이야말로 파국에 대한 보편적 희망이라고 보았다.[22] 어떤 삶이 인간적인 삶이고, 공생의 기쁜 삶이며, 인간 존엄과 고귀함의 근거가 무엇인지를 기억하고 이야기해 주는 일상적 언어, 그 언어들을 "역사로부터 회복하는 일"만이 재앙을 막을 수 있다고 설파한 것이다.[23]

나 역시도 이러한 관점과 분석에 동의한다. 그러나 나는 서구 기독교 전통의 언어에 대한 믿음을 넘어서 어떻게 동아시아 유교 전통의 언어가 지금까지 위에서 살펴본 대로 서구적 자아 중심의 유(有) 언어의 한계를 넘어서 새롭게 인류의 문명을 치유할 가능성을 가지고 있는지를 살펴보고자 한다. 유교가 제시하는 무(無)와의 관계 맺음과 자아 극복의 방식은 불교의 방식처럼 그렇게 극단적이지 않다. 하지만 그 안에 서구 근대문명의 기독교 방식이 자칫하면 빠져들기 쉬운 자아중심적 유 언어의 오류에서 좀 더 자유로울 수 있는 가능성을 가지고 있다고 보인다. 또한 여기서 나는 특히 그러한 유교 언어들을 유교 전통의 여성들이 실행하며 살아온 예들에 주목하고자 하는데, 그것은 그들의 삶이 더 진정한 의미에서 유교적 무의 언어를 잘 실행하면서 살아온 실천이라고 보기 때문이다. 결국 오늘날 포스트휴먼의 논의 속에서 인간이 여전히 인간일 수 있는 근거를 그녀들이 남긴 삶의 언어와 그 이야기들 속에서 찾을 수 있다고 보려는 것이다.

3. 유교적 무(無) 언어의 세 가지 방식
: 사기종인(舍己從人), 극기복례(克己復禮), 구인성성(求仁成聖)

인간의 언어를 믿는다는 것은 여러 가지 의미를 지닌다. 먼저 가장 보편적으로는 인간이 '관계성'의 존재라는 것을 지시해 준다. 다음으로 물론 우리 언어적 삶도 몸의 삶이기도 하지만 언어를 믿는다는 것은 우리 인간 존재의 신체성보다는 '정신성'에 더 주목하는 것을 말한다. 그것은 현실적 유보다는 상징적 무와 더불어 살 수 있는 능력을 드러내 주기 때문이다. 여기서 더 나아가서 그러나 언어를 믿는다는 것은 인간 정신적 산물의 축적(文化)을 믿는 것이다. 그것을 계속 전달해 주고 전술해 주는 일이 인간적인 귀한 일임을 지적해 주고, 이와 더불어 언어는 이러한 과거 시간의 축적뿐 아니라 미래 시간의 소망과 의도를 선취하는 것이기도 하다는 것을 믿는 일이기 때문이다. 이렇게 언어를 믿는다는 것은 '무엇인가가 있는 것이지 아무것도 아닌 것이 아니다' 라는 것을 받아들이는 일이며, 그런 의미에서 언어가 마지막으로 남는다는 것을 받아들이는 일은 우리의 무(無)에 대한 의식을 일면 조절해 준다. 즉 존재의 무의 차원을 받아들이되, 언어로써 드러나고 나타나는 유(有)는 인정하는 중도의 길을 말한다.

그런데 사실 기독교만큼 이러한 언어 사건을 중시한 전통도 드물다. 궁극자 하나님을 언어 자체로 표현하였고, 그의 창조와 구원의 일을 모두 언어가 사건이 된 일로 그려주었다(창세기 1장, 요한복음 1장 1-5). 그러나 그럼에도 불구하고 여기서 유교적 언어를 살피고자 하는 이유는 그 기독교적 언어 사건이 매우 배타적이고 자아중심적인 이야기로 쓰여 왔기 때문이다. 즉 알다시피 유대교로부터 새롭게 탄생한 기독교의 역사는 바로 한 유대인 남성 예수의 언어 사건만을 배타적으로 유일한 신적 언어 사건으로 세우고자 하는 역사였으며, 그리하여 그 외의 시간들과 공간들은 무시되고 평가절하되었다. 그래서 급기야는 근대 문명의 자아 중심주의와 주체 중심주의, 인간 절대주의와 남성 절대주의를 낳은 것이다. 기독교 전통에서 가장 강력한 무의 언어인 십자가 사건의 이야기도 실체화된 부활 이야기에 밀려서 간단히 힘을 잃었고, 오늘 인류 근대 문명에서 기독교 언어는 가장 강력한 부와 권력과 주체의 유의 언어가 되었다. 그래서 앞의 이반 일리치도 기독교가 "갱생은 명멸한다"는 진실을 보지 못하고 실체화된 부활 언어에 빠져 "최선이 타락하면 최악이 되는(pervesio optima qua lest pessima)"는 모습으로 전락했다고 비판하였다.[24]

유교 언어가 존재의 최고 이상적 실현으로 보는 성인(聖人)의 '성(聖)' 자

(字)는 통하다, 관통하다의 의미와 듣는다의 청(聽)이나 이(耳)와 관계가 깊다고 한다. 즉 '성인은 큰 귀(耳)를 가지고 하늘의 소리를 잘 듣고, 관통하지 않는 것이 없는 사람',[25] 보통으로는 눈에 보이지 않고 귀에 들리지 않는 타인의 고통을 잘 간파하고 들어서(耳) 그것의 치유를 위해서 대화하는(口) 사람의 의미라는 것이다.[26] 그렇다면 유교도 그 핵심 메시지가 언어 사건과 관련된 것이라는 사실을 알 수 있는데, 앞에서 지적한 대로 기독교의 언어 사건이 한 특정한 시점과 영역에서의 언어 사건만을 배타적으로 절대화시키는 경향이 강한 데 반해서, 유교적 언어는 그보다 훨씬 더 열려 있고, 보편화의 길에 있다. 즉 더욱 더 세간적(世間的)인 방식의 언어 사건을 추구한다는 것이다. '인간은 누구나 배움을 통해서 성인이 될 수 있다(學而至聖人)'는 이상과 '만물의 본성은 하늘이 부여한 것(天命之謂性)'이라는 선포, '인(仁)이란 바로 인간을 지칭한다(仁者人也)'는 인식, '세계의 궁극적인 의미 실현은 자아를 닦고 가족을 돌보는 일에서부터 비롯된다(修身齊家治國平天下)'는 지혜, '내면과 외면의 완성을 동시에 추구하는 이상(內聖外王)' 등은 모두 유교 전통 속의 보편적 언어 사건의 내용들이라고 할 수 있다.

이러한 모든 것들은 지극히 세계 내적으로 도를 이루려는 것이기 때문에 유교는 종종 종교가 아니고 초월의 차원을 가지고 있지 않다고 지적 받아 왔다. 하지만 나는 유교의 이러한 세간적 세계 의미 실현의 방식이야말로 오늘날 실질적인 무신론(practical atheism)의 시대, 기독교적 영성을 포함해서 영성은 범람하지만 그것이 모두 다시 자아 중심적 이익을 위한 마술 방망이로 실행되고 있는 상황에서 오히려 참된 인간적인 영성으로 자리 잡을 수 있다고 생각한다. 19세기 말 유교를 급진적으로 개혁해서 동학(東學)으로 내어놓은 최제우도 서구 근대의 서학(西學)에 대해서 비판하기를, 서학이 하늘님에 대해서 끝임없이 말하지만 거기에는 "도무지 하늘님을 위하는 단서는 없고, 다만 자기 몸만을 위하여 빌 뿐"이라고 했다.[27] 이에 반해서 유교적 최소한적 영성은 바로 영성의 실천, 즉 존재의 언어 사건을 삶의 가장 기초적이고 직접적인 영역에서부터 실천하도록 하고, 몸과 가정과 우정과 직업, 정치의 일 등에서부터 이루어지도록 하는 영성이기 때문에 무신론 이후 시대(post-atheism)에 다시 새롭게 영적일 수 있는,[28] 또는 우리의 언어로 하면, 물질과 자아(주체)와 유(有)만을 추구하는 시대에 대안적으로 정신과 세계(타자/이웃)와 무(有)와 관계할 수 있는 언어라고 여겨진다. 오늘 인류에게 구원의 희망을 줄 수 있는 메시지가 "서구의 이성이 존재하지 않는다고 몰아낸 다양한 형태의 무(無, 없음, 텅 빔)에 대한 전적으로 새로운 관계맺음과 경험"이라고 했다면,[29] 기독교나 불교적 무의 체험 외에 그 중도의 길을 가고 있는 유교적 무의 체험을 살피는 일은 의미가 있다.

1) 사기종인(舍己從人)의 길

유교적 무의 특징을 잘 드러내주는 언어로서 나는 먼저 사기종인(舍己從人)을 들고자 한다. 이 사기종인, 즉 '자기를 버리고 남을 따른다'는 언술은 유가에서 동이족 출신의 성인 임금 순 임금(大舜)의 인격적 특징을 잘 대변해주는 언어로 쓰여 왔다. 『중용』 제6장에서 공자는 "묻기를 좋아하며 가까운 곳의 말을 살피기를 좋아하시는 분(好問而好察邇言)"이라고 소개하였고, 맹자는 위대한 순 임금은 "큰 것이 있으니 선을 남과 더불어 행하고, 자신을 버리고 남을 따르며, 다른 사람에게서 취하여서 선을 행하는 것을 기뻐하셨다"고 하였다.[30] 즉 순 임금의 "위대함(大)"과 "큰 지혜(大知)"란 바로 하찮은 일에서라도 나보다 남을 더 낫게 여기고, 그런 남의 의견과 지혜를 잘 경청하여 거기서 배움을 얻고자 하며, 특히 착한 일을 남과 함께 하려는(善與人同) 인격의 특성에서 유래함을 밝히는 것이다. 이것은 유교적 도의 언어가 어느 정도로 자아와 주체를 낮추고 감추면서 대신 상대방과 타자를 존중하고 배려하는지를 드러내주는 언어이다.

여기서 유교적 무의 언어는 나와 자아라고 하는 차원을 결코 무시하지 않는다.[31] 하지만 그 자아는 아무리 임금의 자아라 할지라도 타자와 상대의 주체를 인정하고, 오히려 자신보다 더 낮게 여기고, 그래서 궁극적으로 선(善)이라고 하는 것도 같이 행하고 함께 이루려는 것을 중시한다는 것이다. 공자의 또 다른 언어인 화이부동(和而不同)이나 사절(四絕) 또는 사무(四毋: 毋意, 毋必, 毋固, 毋我)와도 잘 상통하는데,[32] 이렇게 함께함과 관계성을 중시하는 유교의 도는 순 임금이 "갈고, 심고, 질그릇을 굽고, 고기 잡는 일로부터 왕노릇을 하는 일에 이르기까지 다른 사람에게서 취하지 않는 것이 없었다"[33]고 한 것처럼, 지극히 일상적인 생활세계에서 자아를 비우고, 타인을 인정하고, 남과 더불어 함께하는 삶을 배워 나간다. 공자는 『논어』에서 "세 사람이 갈 때에 반드시 내 스승이 거기에 있다"고 했다.[34] 이처럼 지극히 작은 생활세계로부터 비롯되고, 그런 의미에서 가장 가까운 가족 생활의 효(孝)와 제(悌)의 실천으로부터 자기 비움의 길이 시작되는 것으로 보는 유교적 도는 진정으로 낮은 것을 배워 높은 뜻에 이르려고 하는 오늘 우리의 언어로 하면 몸과 정신, 자아와 세계, 사적 삶과 공적 삶, 내재와 초월 등의 영역을 잘 조화하고 연결하려는 중용의 길이라고 할 수 있다.[35] 그런 의미에서 유교적 영성은 참으로 포스트모던적 인간 삶의 길을 지시해 준다고 하겠다.

16세기 조선의 율곡은 이러한 순 임금의 사기종인의 덕을 논하는 자리에서, "천하의 눈을 내 눈으로 삼는다면 보지 못하는 것이 없고, 천하의 귀를 내 귀로 삼는다면 듣지 못하는 것이 없으며, 천하의 마음을 내 마음으로 삼으면 생각하지 못할 것이 없으니, 이것이 성스러운 왕과 현명한 군주가 천하를 고무시키면서도 심력을 수고롭게 하지 않는 까닭이다"라고 설명하였다.[36] 이것은 지혜로운 지도자가 자기 자신의 능력과 힘을 절대화하지 않고 주변과 세계의 다른 사람들과 잘 관계 맺어서 마치 한몸을 이루는 것과 같이 "협력 속에서 함께 해 나갈 때(acting in concert)" 그 지도력이 자연스럽게 번성하고, 그것으로써 천하가 혜택을 얻게 됨을 일컫는 것이다. 나는 이러한 지경의 일이 오늘날은 새로운 과학 기술문명의 도움으로 더욱 더 새롭게 실천될 수 있다고 본다. 즉 오늘날의 소셜 미디어인 페이스북이나 트위터 등을 통해서 세계의 창조적 리더들은 자기 밖의 사람들을 마치 자기의 또 다른 나, 자기 몸 바깥에서 활동하는 나의 또 다른 뇌, 즉 "외뇌"를 가지고 살아가는 것과 같은 의미라고 하겠는데, 다른 말로 하면 집단지성과 다중지성의 삶을 살아가고 있는 것이라고 할 수 있다. 그것을 통해서 세계는 더욱 활기차지고, 다양한 생명의 꽃이 활짝 필 수 있음을 말하는 것이다. 이것은 앞장에서 서술한 서구적 근대 자아 전체주의가 인간과 세계의 삶에 대한 총체적인 테러를 통해서 현실과 삶의 모든 다양성과 생명적 자발성을 죽이고 모든 생명을 "단순한 한 물건(a mere thing)", 또는 "언제든지 대체가능한(absolutely superfluous)" 존재로 만들어 버리는 방식과는 정반대의 지경을 말한다.[37] 그런 의미에서 유교적 사기종인의 언어를 포스트모던적 생명의 언어, 무(無)의 언어라고 부르고자 한다.

  2) 극기복례(克己復禮)

  다음의 유교적 무의 언어로 극기복례(克己復禮)를 들고자 한다. 이 말은 화이부동(和而不同)과 네 가지가 없음(毋四)을 말하는 공자가 어떻게 수많은 서로 다른 주체들이 모여서 그럼에도 불구하고 화합하면서 인간다운 삶을 살아갈 수 있을까에 대해서 좀 더 적극적으로 자신의 생각을 밝히는 말이라고 할 수 있다. 극기복례라는 말은 공자가 그의 유명한 제자 안연에게 '인간다움', '인(仁)'이란 무엇인가를 설명하는 가운데서 나오는 표현이다. 즉 공자는, "자기를 극복하고 예(禮)로 돌아가는 것이 인이다. 하루 자기를 극복하고 예로 돌아가면 천하가 모두 인에 귀의하게 된다. 인은 나로부터 비롯되는 것이니 어찌 남에게서 말미암을 것이냐?"라고 가르치셨다.[38]

　이러한 분명한 설명으로 공자는 사람다운 삶은 각자가 스스로를 절제하고 제어하면서 공동으로 따라야 하는 도리에 의해서 이루어진다는 것을 밝혀 주었다. 물론 그는 인간이 스스로의 내적 능력(意)으로 자아를 다스릴 수 있는 힘이 있다는 것을 부정하지 않았다. 그러나 그러한 주체의 인정에도 불구하고 그 주체들을 넘어서서 좀 더 일관성 있게, 좀 더 보편적이고 지속적으로, 불편부당하게 사람들을 엮고 화합하게 할 수 있는 토대와 근거를 요청한 것이다. 그런 의미에서 아렌트는 일찍이 자유란 타자의 존재가 요청되는 공론영역(the public spher)이 아니고서는 경험될 수 없고, 공론영역의 정치적 자유가 없이는 신장될 수 없다고 하였다. 이것은 공자를 비롯한 유가의 자아 부정과 극복이 오륜이나 아홉 가지 달덕 등 사람들 사이에서 이루어지는 구체적인 예의 실행과 더불어 진행됨을 가르치는 의미와 잘 상통한다. 유교적 무(無)의 길은 그런 의미에서 서구 기독교적 의미보다도 더욱 더 적극적으로 존재의 상대성과 상관성을 인정하는 방식이다. "네가 원하지 않으면 남에게 베풀지 마라(己所不欲 勿施於人)"의 황금률로 인간의 인간다움(仁)을 설명하는 이야기라든가,[39] "인간다운 사람은 말을 참고 삼가야 한다(仁者其言也訒)"라고 밝힌 가르침,[40] 또한 지극한 긍정의 언어로서는 인간다움을 "수기안인(修己安人)"으로 표현하여 바로 가까이 있는 상대방을 화평하게 해 주는 일로부터 시작하여 온 나라를 편안하게 하는 일이야말로 성인이 목표로 삼아야 하는 일이라고 지시한 것 등은 모두 유교적 무 언어가 어떻게 뛰어난 "상호적 주체"의 언어를 지향하는지를 잘 밝혀준다.[41]

맹자는 이러한 상호 주체적 자기 비움의 언어를 의(義)라고 하는 더욱 적극적인 언어로 표현해 주었고, 그것은 인간이 "자기 목숨을 버릴지언정 버려서는 안 되는(舍生取義)" 인간적 덕목의 기초라고 지시해 주었다. 그것을 "사람의 길(人路)"이라고 지적하면서,[42] 그 구체적인 내용은 바로 "경장(敬長)", 옛 것을 공경하고 웃어른을 섬기는 일이라고 밝혀 주었다.[43] 그런데 여기서 맹자가 자기를 극복하고 자아 중심주의를 해체하는 길이 오래된 것(長)을 존숭하고 나이 듦(長)을 귀하게 여기는 일이라고 했다면, 이것은 오늘 21세기 현대를 살아가는 사람들에게 큰 의미를 지니는 일이지만 동시에 매우 걸려 넘어지는 이야기도 된다. 왜냐하면 오늘날의 성장주의와 진보 맹신주의의 사회에서 제일 중요한 가치는 젊음이며 새로움이고, 날마다 더 새로워지고 더 젊어져서 무한대로 자아와 주체의 삶을 연장하는 것이기 때문이다. 그에 반해서 맹자의 경장의 가르침은 소외되고 무시되는 나이 듦과 오래된 것을 삶의 기반이고, 기원이라고 지적하는 가르침이므로 그것은 매우 듣기 거북하고 따르기 힘든 일이 될 수 있다. 그렇다면 오늘날 이러한 유교적 의를 실천하는 일이야말로 제일 "불가능한 일(impossibility)"이 되어서,[44] 오늘까지도 서구 기독교에서 신앙을 따르는 일, 즉 믿음의 일을 여전히 내세와 저세상과 복의 언어로 표시하는 기독교적 언어를 따르는 일보다 훨씬 더 어려운 일이라고 말하지 않을 수 없다. 그런데 오늘날 세속화(a secular age)를 넘어서 다시 탈세속화(postsecular)를 말하면서 존 D. 카푸토(John D. Caputo)와 같은 서구 종교가가 우리 시대에 믿음과 종교라고 하는 것은 다름 아니라 바로 그 "불가능한 것, 즉 신을 열정적으로 사랑하는 사람들을 위한 것"이라고 했다면, 유교적 예와 인의(人義)의 길은 결코 종교가 아닌 세속의 일만이 아닌 것이다. 그것은 오히려 오늘 우리 시대에 더욱 진정성 있게 영적일 수 있는 가능성, 즉 진정한 주체의 자발적 참여와 "위험을 무릅 쓰는" 책임이 요구되는 "순수한 자아의 영성(the spirituality of authentic self)"이 실천되는 모습이라고 할 수 있다.[45] 맹자가 이렇게 가족과 같은 친밀한 관계의 삶을 소중히 여기는 일(親親)과 자신의 기원과 토대와 타인의 수고를 삶의 조건으로 공경하고 은혜를 갚는 일(敬長)이야말로 "세상 모든 사람들에게 보편적인 가치(無他達之天下也)"라고 했다면 나는 여기서 앞으로 인류의 종교가 어떤 모습으로 거듭나야 하며, 무엇이 인간을 인간으로 하여금 여전히 인간적이게 할는지가 잘 드러난다고 본다. 즉 최소주의 종교로서의 유교적 영성의 포스트모던적 의미를 말하는 것이며, 앞으로 인류의 미래 종교가 바로 이러한 유교적 영성으로부터 배울 것이 많다고 보는 것이다.

3) 구인성성(求仁成聖)

유교적 무(無)의 언어로서 본 연구에서 마지막으로 살펴보려고 하는 것은 특히 한국의 퇴계 선생이 주목한 구인성성(求仁成聖)이다. 공자가 자기를 비우고 예로 돌아가는 일(극기복례)을 인(仁)이라고 했다면 퇴계는 『성학십도』에서 어떻게 하면 참된 인간성의 경지, 성인의 경지에 도달할 수 있을까를 고민하며 일생 동안 찾고 추구한 길에서 다시 그 인에 주목하였다. 그렇게 자신을 비우고 더 큰 도리를 따르고, "사람을 사랑하고(愛人)", 특히 매 순간에 깨어 있는 공경심(主敬)을 가지고서 인을 극진히 실행하는 공부야말로 우리를 참된 위대함(聖)에 이르도록 한다는 깨달음인 것이다. 그는 이렇게 말했다.

대개 성학(聖學)은 인(仁)을 구하는데 있습니다. 모름지기 이 뜻을 깊이 체득하여야 바야흐로 천지만물과 더불어 일체가 되는 것이 참으로 여기서 말한 경지와 같다는 것을 알 수 있게 됩니다. 그래야 인을 행하는 공부가 비로소 친절하고 맛이 있어서 허황되고 아득하게 자신과 상관없게 될 염려가 없고, 또 세상을 자기로 여기는 병통도 없게 되어서 마음의 덕이 온전해질 것입니다. 그러므로 정자는 이르기를, '『서명』의 뜻은 극히 완전하니 이것은 인의 체(體)이다'라고 했고, 또 이르기를, '다 채워서 확충한 때에 성인이 된다'고 하였습니다.[46]

여기서 퇴계는 당시 사람들이 많이 빠져 있던 "인물위기지병(認物爲己之炳)"에 대해서 언급한다. 그것은 자아가 주관주의에 깊이 빠져서 세상과 다른 사람들을 온통 자기로 착각하는 병, 무엇이든지 자기 좋을 대로 세계를 재단하는 자아 중심주의, 즉 주체 전체주의를 말하는 것이다. 앞에서 진단한 우리 시대의 병도 이와 유사하다고 하겠는데, 퇴계는 바로 이러한 병을 고치는 길이 우리 마음(心) 속에 "살리는 생명의 이치(生之性)"와 "사랑의 원리(愛之理)"로서 차별 없이 놓여 있는 인(仁)의 정신을 잘 다듬고 기르는 일이라고 했다.[47] 송나라 주희의 인에 대한 이해에 깊이 동감하면서 그것을 자신의 『성학십도』에 다시 옮겨 놓는 퇴계는 그리하여 유도의 길을 가는 학자는 누구나 "인을 구하고 찾는 일에 몰두해야(所以必使学者汲汲於求仁)" 한다고 강조했다. 주희는 또한 이 인간적 마음을 『역경』과 『중용』의 언어인 "천지가 만물을 낳고 살리는 마음과 원칙(天地生物之心/理)"이라고 파악했다.[48] 이것은 매우 역동적인 우주적 언어이고, 동시에 깊은 심정(情)의 언어이며, 또한 지극한 도덕의 언어가 된다. 그래서 이 마음을 잘 깨닫고 보존하면 그 마음이 "만 가지 선의 원천이 되고, 백 가지 행위의 근본(衆善之源 百行之本)"이 된다고 역설한 것이다.[49] 그런 의미에서 보면 유교의 언어는 서구 기독교의 언어에서 흔히 존재론적 이원론의 시각에서 파악되는 우주와 인간, 정신과 물질, 이성과 감정, 존재와 도덕 등의 영역을 큰 우주적 영성 안에서 함께 통합한다.

오늘 인류문명의 반생명적, 반생태적 위기 앞에서 이러한 유교적 생태 영성과 생명 역학은 중요한 의미를 갖는다는 것을 다시 부연할 필요가 없다. "하늘과 땅의 큰 덕과 일은 낳고 살리는 일(天地之大德日生)"이고, "낳고 낳고, 살리고 살리는 일이 역의 일이다(生生之謂易)"이라는 선언이 바로 그러한 유교영성의 토대인 것이다.[50]

퇴계는 이 큰 생명의 영(生之理, 生物之心, 利物之心)을 그렇게 깊이 체현할 수 있게 되는 과정에서 오늘 우리 주체성의 시대에서는 많이 낯설고 소원한 "공경(敬)"의 마음을 강조하였다. 그의 이 공경심에 대한 깊은 성찰인 '경재잠(敬齋箴)'은 한 인간의 마음이 어느 정도로 객관과 세계와 타자와 하찮은 미물에게라도 깊은 공경과 예의 마음을 다할 수 있는지를 잘 보여주고 있다. 그것은 밖에 나가서 사람들을 대할 때는 모두 "큰 손님을 대하듯이 하고", "일을 처리할 때는 제사를 모시듯이 하며", 언어의 생활에 있어서는 "입을 지키기를 병마개를 막듯 하고 성문 지키듯이 하며", 잠시도 소홀히 하거나 경솔히 하지 말고 매사의 일에서 "마음을 둘로 나누지 말고 … 마음을 전일하게 하여 만 가지 변화를 살피라"는 것이다.[51] 퇴계는 이런 경의 마음가짐과 태도를 무슨 일을 하건 어느 때이거나 지킬 수 있도록 하기 위해서 그것을 마음의 "거룩한 곳(영대)에 깊이 새기고", 항상 "하나님(상제) 앞에 마주 앉아 있는 듯이 하며, 걸음걸이는 마치 말 달리는 사람이 그 말발굽 아래의 개미 둑 사이를 잘 피해 가듯이" 그렇게 조심하고 온 마음을 다해서 살아 가라고 했다.[52] 나는 오늘의 세속 사회에서 이보다 더 극진한 종교의 마음을 어디에서 찾을 수 있는가 묻고 싶고, 그러한 지고의 종교심과 신앙심을 인간 누구나의 보편적 공경심(敬)과 마음(仁)의 일로 삼았다는데 유교 종교성의 보편적 의미가 있고, 퇴계 등의 한국 유교 전통이 이룩한 깊은 성취가 있다고 생각한다.[53]

그런데 나는 여기서 이러한 정신이 나오기까지 그 토대와 기초가 평범한 여성들의 가정 살림과 모성적 돌봄으로 마련되었다는 사실을 지적하고자 한다. 퇴계 선생의 어머니 춘천 박씨(1470~1537)나 그 할머니와 부인 등, 퇴계 주변의 여성들의 이야기는 그 작은 예에 불과한데,[54] 이러한 이야기들이 어떻게 전 우주를 포괄하는 유교적 천지생물지심의 큰 마음과 영이 바로 그러한 소박한 여성적 실천에서 비롯되는가를 뛰어나게 보여주고 있는 것이라고 여긴다. 사기종인과 극기복례와 구인성성의 마음과 삶은 바로 그와 같은 덕의 어머니와 여성의 마음과 삶이 밑받침이 되었다는 것이다. 그런 유교 모성들이 자녀를 키우는 과정에서 기초로 삼았던 정신이 담겨 있는 책인 『소학』에 의하면, "고시(高柴)가 공자를 뵙고 가르침을 받고 난 뒤로는 발로 사람의 그림자도 밟지 않고, 겨울잠에서 깨어나는 벌레를 죽이지 않았으며, 막 자라나는 나무를 꺾지 않았다"라고 적고 있다.[55] 오늘 우리에게도 꼭 필요한 우주적 생태 영성의 모형이 길러지는 과정이 잘 담겨 있다고 하겠다.

4. 유교적 페미니즘의 주체성과 다른 기독론

지금까지 우리는 서구 근대주의가 빠져들기 쉬운 자아 절대주의의 유(有)의 언어에 대한 대안으로서 유교적 하학이상달의 무(無)의 언어를 세 가지로 살펴보았다. 사기종인과 극기복례, 구인성성이 그것이었다. 하지만 전통사회에서 이 세 가지의 유교 언어는 한편으로 여성들에게는 혹독한 억압의 언어였으며, 오늘날도 많은 경우 상황이 그렇게 긍정적이지 않다. 더군다나 오늘 우리 시대에서 서구 근대성의 딸로서 크게 구가되는 페미니즘은 주체성의 원리를 그 핵심 모토로 삼고 있으므로, 이렇게 자아를 제한하고, 공동체를 돌아보며, 우주적 생명 공동체에 대한 책임을 말하는 큰 이야기는 여성들에게 환영받지 못한다.

하지만 나는 여기서 한 차원 더 깊이 생각해 볼 것을 제안한다. 즉 우리가 한 번 더 보편적인 인간 조건을 생각해 보면, 인간에게 고유하고 진정한 자유와 주체란 자아의 좁은 울타리를 넘어설 수 있는 능력과 관계되며, 그것은 성(性)의 구분을 떠나서 누구에게나 해당되는 이야기라는 것을 받아들이지 않을 수 없다는 것이다. 다시 말하면 인간을 고유하게 인간되게 하는 인간 도덕적 능력을 말한다. 따라서 여성들도 이러한 도덕적 주체성을 세우는 일을 회피할 수 없다고 보는데, 더군다나 오늘 우리 시대가 그것을 시급히 요청하는 상황이라면 인간 공동 삶의 한 책임 있는 일원이 되기를 원하는 현대 여성으로서 이 요구를 거부할 수 없다고 보는 것이다.

앞에서 유교적 사기종인과 극기복례, 구인성성의 세 가지 일을 역사에서 한 특정한 시점에서만의 계시 사건을 유일한 신적 계시로 보는 기독교적 배타주의를 극복하는 의미로 제시하였다. 그 일은 다른 말로 하면 좀 더 보편적으로 거룩(聖)과 초월의 영역을 확대하는 일이고, 복수(複數)의 그리스도를 주창하는 일이며, 성(聖)의 평범성의 확대를 주장하는 일이다. 나는 이 일이야말로 오늘 인류 문명이 지금까지의 좁은 인종적 · 민족적 · 국가적 경계 지음의 차별을 벗어나서 이제 '인간 종(人/仁, humanity)'이라고 하는 새로운 종적 정체성(species identity)의 확립을 요청하는 상황에서[56] 가장 필요로 하는 일이라고 여긴다. 그렇다면 여성들이 이제는 한편으로 서구 근대 페미니즘의 도움으로 참된 인간 주체성에로의 길에 성적인 구분이 더 이상 장애와 문제가 되지 않는다는 것을 알았고, 그러나 거기에 그치는 것이 아니라 진정한 여성 해방의 성취는 책임 있는 도덕적 주체로 서는 일에서 온전히 이루어지는 일이라고 보았다면,[57] 오늘의 시대적 대안으로 다시 조명되는 유교적 세 가지 언어를 우리가 부인할 이유가 없다는 것이다. 이에 더해서 21세기 오늘날은 여성들이 현대 성평등주의의 실행이 자칫하면 더 심각한 여성 몸의 물화를 가져올 수 있다는 것을 경험했기 때문에, 이제 쾌락의 자율을 넘어서 보다 고유한 의미로 자율과 존엄을 찾기를 원한다면 더욱 그러하다는 것이다. 나는 유교적 중용의 무(無)의 언어는 그런 의미에서 오늘의 여성들에게도 좋은 의미가 될 수 있다고 믿는다.

1) 여성적 사기종인(舍己從人)

그런데 사실 더 엄밀히 숙고해 보면 이미 유교 전통 사회에서 여성들이 남성들보다 사기종인의 덕을 더 고유하고 극진하게 실천하며 살아온 것을 알 수 있다. 사기종인의 언어가 말 그대로 자기를 버리고 타자를 받아들이는 것이라면 '고초 당초 맵다 한들 시집살이보다 더할까'라는 말이 나올 정도의 시집살이를 이끌어 온 여성들의 삶이 어떠했으리라는 것을 잘 짐작해 볼 수 있기 때문이다.[58] 유교 전통에서 여성들의 삶이란 이렇게 자신의 것이었던 모든 것을 떠나서 낯선 삶의 자리에서 낯선 사람들과 더불어 씨름하다가 마침내는 스스로가 그 낯선 것의 중심이 되는 일을 이루어 내는 일이었으므로, 그러한 유교 여성들의 사기종인적 실천이 어느 정도였을지를 쉽게 유추할 수 있다.

19세기 여성선비의 한 사람으로서 최근에 새롭게 조명되는 강정일당(姜靜一堂, 1772~1832)은 20세 때 6세 연하의 선비 윤광연과 혼인하여 살면서 가난한 집안의 시집살이에도 불구하고 남편에게 학문을 계속할 것을 간곡히 권했고, 자신도 곁에서 삯바느질을 하면서 남편의 글소리를 듣고 더불어 공부했다. 그런 방법으로 유교 13경의 가르침을 깊이 체화한 그녀는 남편에게 다음과 같이 학문의 길을 이야기하고 있는데, 그 말 속에서 그녀의 깊은 덕목을 잘 볼 수 있다.

나에게 참다운 덕이 있으면 남들이 알아주지 않은 들 무슨 손해가 있겠습니까? 나에게 참다운 덕이 없다면 비록 헛된 명예가 있어도 무슨 이익이 있겠습니까? 여기에 옥이 있는데 사람들이 그것을 돌이라 해도 옥에게는 손해가 없는 것이요, 여기에 돌이 있는데 사람들이 그것을 옥이라 해도 돌에게는 아무런 이익이 없을 것입니다. 바라건대 당신은 참된 덕에 힘써서 위로는 하늘에 부끄럽지 않고 아래로는 땅에 부끄럽지 않다면, 사람들이 알아주고 알아주지 않고는 마음 쓰지 마십시오.[59]

나는 이와 같은 정도로 유교 여성이 체현한 사기종인과 극기복례의 덕을 최근에 포스트휴먼 논의에서 우리 시대의 "핵심적 도덕 가치"로서 활발하게 논의되는 "익명성(anonymous as core moral value)"의 가치와 더불어 새롭게 이야기할 수 있다고 생각한다. 가상세계에서의 담화에서 자신의 이름을 "현실적으로 아무런 의미가 없는"을 뜻하는 "무트(moot)" 등으로 하거나, 자신들의 사이트에 들어오는 조건으로 이름이나 아이디, 비밀번호 등 어떤 아이덴티티의 검증도 요구하지 않는 사이트들을 통해서 이들 익명성을 추구하는 그룹들은 "아이덴티티를 가지고 놀면서" 오히려 그것을 해체하는 일을 자신들의 주업무로 삼는다고 한다. 그 일을 통해서 그들은 전방위적으로 오늘의 근대 세계가 사로잡혀 있는 주체와 자아에의 감옥을 비웃고 부수고자 하는 것이다.[60] 이 익명의 사이버 세계 포스트인간이 지난 2009년 아랍 세계 민주화 운동인 자스민 혁명의 바람을 확산시키는데도 큰 역할을 했다고 하는데, 이렇게 오늘 새롭게 등장하는 포스트휴먼적 익명성의 논의가 "자아와 또 그것과 연결된 폐쇄된 패거리성의 종말(the ends of identity and groups)"을 위한 것이라면, 나는 이 빛 아래서 유교 여성들의 사기종인의 실천을 새롭게 의미지어 볼 수 있다고 생각한다. 즉 그들 삶의 경험이란 근대 주체성 원리의 부패가 가져온 근대 문명의 병폐 치유의 한 길이 그 안에 있다고 이야기되는 익명성의 지극한 선취였다는 것이다. 그런 의미에서 그들의 삶은 오늘의 극단적 비인간화 시대에 인간을 여전히 인간 되게 하는 능력을 보여주는 것이다. 그것은 그 인간적 능력의 핵심이 자신을 스스로 비우는 능력, 익명으로 돌리면서 더 큰 공동의 세계에 속할 수 있는 능력과 관계된다는 것을 지시해 주는 것이라고 생각한다.

전통의 유럽 신학과는 다른 "미국적" 신학의 고유성을 찾기 위해서 노력하는 코링턴(Robert S. Corrington) 교수는 기독교의 등장과 전개를 개인이 아닌 "해석자들의 공동체(the community of interpreters)"의 역할에 근거해서 풀어낸다. 특히 "충성(loyalty, 忠)"라고 하는 언어를 핵심 기호로 삼아서 기독교를 "최고의 충성의 종교(the premier religion of loyalty)"라고 하면서, 기독교의 토대가 원시 교회 공동체의 해석 작업에 의해서 놓인 것을 밝혀낸다.[61] 나는 그가 이렇게 개인에 대한 집중보다는 해석하는 공동체를 실재의 전거로 삼고, 그 공동체에 충성하는 충성의 영에 기초하여 온 인류와 자연까지를 포괄하는 "자연공동체(the community of nature)"를 지향하는 대안적 신학을 내놓는 것을 보면서 바로 그러한 충성의 영의 전형을 유교 전통적 여성들의 삶에서 볼 수 있다고 생각했다. 물론 유교 전통에서의 충의 개념은 주로 남성들의 공직의 삶과 관련해서 쓰여 왔지만 자신들보다는 가족을 삶의 전거로 여기고 그를 위해서 한결같은 희생과 봉사로 일생을 살다가는 유교 여성들의 삶이야말로 충의 모범이라고 아니할 수 없다. 그렇다면 그런 여성들의 삶에 대한 연구가 오늘 더욱 활발해져서 고립된 개인이 아닌 공동체가 삶의 기반이 되었을 때 어떻게 거기서 오늘의 포스트휴먼 논의도 궁극적으로 추구하는 삶과 생명이 피어나는지를 보여주어야 할 것이다.[62] 다만 우리 시대의 가족공동체는 근대 페미니즘의 논의를 세차게 거친 후이기 때문에 더 이상 전통적인

줍은 혈연 중심과 가부장주의적 모습일 필요가 없다는 것만 지적하고자 한다.[63]

　기독교 여성신학자 레티 러셀은 그녀의 유고집인 『공정한 환대(*Just Hospitality*)』에서 어떻게 오늘의 탈식민주의를 사는 기독인들이 타자의 해석학도 넘어서서 이제 "환대의 해석학", 더 나아가서 "공정한 환대(Just hospitality)"의 해석학을 실천하며 살아야 하는지를 잘 밝혀 주었다. 자신과 다른 것, 차이(difference)와 관계하는 방식을 급진적으로 밀고 나가서 "해방시키는 차이(emancipatory difference)"를 강조하는 그녀는 차이를 결코 본질화시키지 말자고 강조한다.[64] 그녀는 이렇게 자신의 여성신학이 더욱 급진적으로 차이에 대한 의식과 거기서 더 나아가서 '환대(hospitality)'를 발견하게 된 한 계기로 아시아 여성신학자들과의 만남, 한국 방문 등을 꼽는다. 이것으로써 그녀는 차이 앞에서 굴하지 않고 그것들로부터 오히려 관계를 만들어내는 능력이 진정한 인간 능력이라는 것을 다시 한 번 확인해 주었다. 일찍이 다나 하러웨이(D. Haraway, 1991)도 그녀의 '사이보그 선언(The Cyborg Manifesto)'에서 "사이보그는 항상 커플을 선택하고(the cyborg always chooses to couple)",[65] "연결을 필요로 한다(needy for connection-they seem to have a natural feel for united front politics …)"[66]고 한 것에서도 알 수 있듯이 인간의 인간됨은 '함께함(仁)'인 것을 다시 알 수 있다. 나는 이렇게 모든 포스트휴먼 논의에서 나오는 관계성의 의미나 익명성의 의미 같은 것들이 유교 전통, 특히 거기서의 여성들에 의해서 실행된 유교적 삶 속에서 이미 잘 녹아 있다고 보는 것이다.

2) 여성적 극기복례(克己復禮)

　두 번째 유교적 대안으로 제시한 극기복례와 관련해서도 유교 여성들에 의한 실행에서 그 의미를 더욱 분명히 볼 수 있다. 자기를 비우고 다른 것을 받아들이는 인간적 행위는 인간 공동 삶을 마련하는 기초가 된다. 그런데 거기서 가능해진 공동 삶을 계속 유지하고 지속시키기 위해서는 각자의 사적이고 일시적인 필요나 의도로부터 독립해 있는 공동의 규범과 규칙들이 요청된다. 그것을 따르는 삶이 극기복례의 이상으로 제안된 것이라고 할 수 있다. 이렇게 예(禮)가 인간 공동 삶을 지속하기 위한 인간적 장치라고 한다면, 그 오래 지속 가능하게 하는 일 중에서 후손을 낳고 기르는 일만큼 핵심적인 일은 없을 것이다. 즉 가계를 잇는 일은 조상을 섬기는 봉제사(奉祭祀)와 같은 선상에서 유교 여성들이 핵심적으로 해 오던 일이었다는 것이다.

여기서 이 일과 관련하여 유교 전통의 입후(入後) 제도를 다시 살펴보고자 한다. 입후는 여성들이 자신의 몸에서 직접 후손을 얻을 수 없게 된 경우 양자를 얻어서 모자관계를 맺은 일을 말한다. 지금까지 일반적으로 유교 전통의 입후 제도는 유교 가부장주의의 가장 나쁜 악습으로 이야기되어 왔다. 하지만 나는 그런 가운데서도 유교 여성들이 이렇게 비록 자신이 낳지는 않았지만 아이를 입양해서 자신이 직접 낳은 자식만큼, 아니 그보다 더 극진하게 모자관계를 이루어 냈다는 것은 그녀들의 극기복례의 예가 어느 정도였는지를 드러내주는 스토리로 읽을 수 있다고 생각한다. 그리고 또한 오늘 우리 시대에는 그것을 새롭게 의미화할 수 있다고 보는데, 즉 오늘의 포스트모던 상황에서 이제 누가 낳았는가의 문제보다는 어떻게 지속적으로 인간적인 돌봄과 배려의 관계가 이루어졌는가에 따라서 부모–자식과 가족관계가 이루어지는 상황이 되었다면(모성의 탈본질화), 유교 여성들에 의해서 행해졌던 이 실행을 새롭게 볼 수 있다. 특히 오늘날 한국 사회에서 여전히 해외 입양을 보내고 미혼모나 가정을 잃은 많은 아이들이 방치되고 있는 상황을 생각해 보면 더욱 그러한 것을 알 수 있다.

인간 공동 삶을 지속시키는 일로서의 예를 세우는 일에서 가정이 첫 번째의 교육 장소가 되는 유교 사회에서 어머니들의 역할은 지대했다. 어머니로서 유교 여성들이 자녀를 훌륭히 키워내기 위해서 어떻게 자신들을 희생했는가 하는 이야기는 지금까지도 한국 사회에서 가장 많이 회자되는 이야기 중 하나이다. 그만큼 유교 전통은 후세대의 교육을 중시했고, 그것을 통한 인간 공동 삶의 창달을 중시했음을 의미한다. 어머니 나라의 말 또는 어머니의 언어(mothertongue)를 뜻하는 '모국어(母國語)'라는 단어 자체가 잘 지시하듯이 인간은 어머니와 더불어 언어를 배우고, 언어를 전수받고, 또 언어를 전할 수 있게 된다. 그래서 어머니의 존재는 인간 공동 삶의 전거가 되고, 앞에서 이반 일리치의 이야기를 통해서도 살펴보았듯이 인간적인 일상 언어와 고상한 인간적인 언어의 정치적 전복의 힘을 생각할 때, 그 인간적인 언어를 가능하게 해주는 모성의 존재야말로 인간 문명의 존속과 창달을 위해서 관건이 된다고 하겠다. 그렇다면 인간을 여전히 인간 되게 하는 것, 인간적인 능력이란 유교 전통의 여성들이 극진한 모성의 실천을 통해서 보여준 것과 같은 극기복례로서의 모성의 마음을 갖는 일이라고 할 수 있다.

이런 상황에서 최근에는 국내외에 이 모성에 대한 검토가 새롭게 이루어지고 있다. 예를 들어 북구의 여성신학자 크리스타 그렌홈(Crista Grenholm)은 이 모성의 주제를 전통 기독교 신학의 핵심 주제인 죄론과 구속론과 연결시켜서 기독교 신학의 궁극 지향인 사랑(love)을 알기 위해서는 이 주제에 대한 천착이 필수적임을 강조했다. 그녀는 "모성에 대한 성찰은 (신학에서) 근본적인 문제이다(Reflection on motherhood is a radical business)"라고 주창하였다.[67] 그래서 그 모성은 이제 "기독교 신앙의 중심 개념(a central concept in Christian faith)"이 된다고 강조한다.[68] 이렇게 오히려 서구의 기독교 여성신학자에 의해서 모성이 강조되면서 왜 우리가 우리 고유의 문화 전통을 중시해야 하는지가 드러난다. 이는 세계 어느 문화나 종교적 삶에서보다도 극진한 모성 체험을 두루 지니고 있는 한국 문화와 특히 유교 전통의 문화가 앞으로의 우리 삶을 위해서 더욱 큰 보고가 될 수 있음을 시사한다. 극기복례란 인간 공동 삶의 지속성을 위해서는 누구나 받아들여야 하는 삶의 조건이 있고, 그래서 자신을 극복하고서 스스로를 그 조건 밑에 두는 일이 긴요함을 말한다. 모성을 실천하는 여성들은 그 일이 어떻게든 인간적 생명적 삶을 잇는 일이라고 생각했고, 그 이어짐을 위해서 자신을 포기하고 자신을 그 과제 아래 두었다. 그녀들에게 있어서 가장 중시해야 하는 예(禮) 중의 한 가지는 바로 어머니 되기였던 것이다.

유교 전통 사회 여성들의 극기복례의 예는 이러한 모성의 실천과 더불어 효행과 봉제사의 예에서도 그 모습을 잘 드러낸다. 모성이 인간의 마음 씀을 아래로 향하는 것이라면 효(孝)는 위로 향하는 것이므로, 엄밀한 의미에서 보면 이 효의 실천에서 극기복례의 인간성이 더욱 극진하게 드러난다고 할 수 있다. 실질적 차원에서 이 봉제사의 예를 직접 담당해 온 주체로서 그 마음 씀의 정도가 어느 지경까지였는지에 대한 이야기가 넘쳐난다. 물론 오늘날은 이미 동학에 의해서 '향아설위(向我設位)'까지 전개되었지만, 봉제사가 단지 과거의 일만이 아니라 오늘의 여성들에 의해서도 실천되는 모습이 종종 회자된다. 예를 들어 간송 전형필 종가에서 종부가 시아버지 간송의 제삿날을 준비하는 모습으로 음식을 준비할 때 "혹시 음식에 불경스러운 입김이라도 쏘일까 마스크를 쓰기도" 하며, 혹 실수로 음식을 빠뜨릴까봐 예전에 시어머니가 준비했던 제상 사진까지 찍어 붙여두고 음식을 준비한다는 이야기는 깊은 감동을 준다.[69] 조상이 지금 몸으로 이 자리에 현존하지는 않지만 정신으로 그와 같은 정도로 깊이 하나 될 수 있는 능력, 또 강한 힘을 가졌거나 현재의 권력의 중심에 있지 않지만 그 드러나는 약함을 보지 않고 공경과 은혜 갚음으로 늙음과 오래된 것에 대한 존숭을 보내는 유교적 효와 경장(警長)의 실천으로서의 유교적 의(義)는 의미가 크다. 그것은 오늘 근대 사회에서 추구하는 실리주의적 의나 가치와는 사뭇 다르다. 그래서 하이데 거가 서구 근대적 차가운 계산 이성의 비인간성을 넘어서기 위해서 다시 역 사의 이야기들 가운데서 이해 타산과 계산과 자기 주장을 넘어서는 인간성 의 친구인 "집친구(Hausfreund)"를 찾아 나섰다면,[70] 나는 그것이 유교 전통의 여성들이 어머니와 아내로서 수행해온 '집사람(Hausfrau)'의 역할과 매우 유사 함을 본다. 하이데거의 집친구가 인간으로서 "운이 다한 사람(someone whose luck has run out)"에게 나쁘게 하는 것은 "불명예스럽고 비인간적인" 일이라는 것을 가르쳐주는 것처럼 그렇게 유교 전통의 여성들은 운이 다한 윗세대를 보살피는 일을 극진히 했다. 그래서 나는 이들의 삶을 통해서 진정한 인간 주체성은 그렇게 자신을 내어놓고 더 큰 의를 따르는 데 있는 것을 배울 수 있다고 생각한다.

3) 여성적 구인성성(求仁成聖)

구인성성을 들어서 참된 인간이 되는 길을 제시했던 퇴계는 주희의 말을 들어서 다시 "공(公)은 인(仁)을 체득하는 방법이니, '자기를 극복하여 예로 돌아가면 인이 된다'고 말하는 것과 같다(公者, 所以體仁, 猶言克己復禮爲仁也.)"[71]라 고 하였다. 즉 인은 우리가 "천지의 낳고 살리는 마음(天地生物之心)"을 받아서 "우리 마음으로 삼은 것(人之所得以爲心)"이지만 우리가 진정으로 우리 자신의 인간성을 키우고 싶다면 공적으로 자신을 드러내야 하고, 사람들과의 관계 속에 들어가야 하며, 거기서 자아중심주의와 비인간적인 힘이나 폭력을 버 리고 인간적인 말과 행위로 세계와 타자와 관계하는 일을 지속해나가야 한 다는 의미이다. 그러한 공(公)한, 관계적인, 인간적인 삶의 방식을 통해서만 이 만물을 낳고, 사랑하고, 배려하고, 보살필 수 있는 인간적인 능력(仁)이 길러진다는 가르침이다. 이렇게 유교 구인성성의 가르침은 공을 추구하는 것이고(天下爲公), 가장 가까운 자신의 부모와 가족에 대한 사랑으로부터 시작해서 천지만물에 대한 배려와 관심에로 나가는 것이며, 그런 의미에서 서구 근대적 의미의 사적 영역과 공적 영역의 이원론은 유교적 세계 의미 실현의 길에서는 낯설다. 우리가 알다시피 기독교를 포함한 서학의 동점에 대하여 유교를 환골탈태시켜서 동학을 제시한 최제우와 최시형 등은 그들의 배려가 경천(敬天)과 경인(敬人)을 넘어서 경물(敬物)에까지 도달하는 것을 더욱 분명히 했다. 해월 최시형은 땅을 "어머니의 살"처럼 여기라고 했고, 땅에서 나온 음식을 "어머니의 젖"으로 비유했으며, 그래서 음식을 먹을 때는 언제나 감사의 식고(食告)를 드리라고 했다. 그의 "이천식천(以天食天, 하늘이 하늘을 먹는다)" 이야기는 어떻게 그가 한 인간과 물건까지도 모두 하늘의 자식으로 여기는지를 잘 드러내주는데, 나는 이것이 천지생물지심(만물을 낳고 살리는 천지의 마음)의 인(仁)을 말하는 유교 생명사상이 동학에서 크게 꽃핀 것이라고 생각한다.

천지의 만물을 낳고 살리는 마음을 극진히 해서 단지 사적인 영역에만 머무는 것이 아니라 온 우주에까지 닿도록 하는 일이 유교적 구인성성의 언어이고, 나는 그 언어를 누구보다도 구체적으로 일상의 영역에서 지속적으로 살아온 사람들이 한국 유교 전통의 여성들이었다고 생각한다. 그것이 그녀들의 살림살이 영성이었던 것이다. 그런 의미에서 미국의 실천신학자 폴링(James N. Poling) 교수는 이러한 한국 여성들의 살림영성과 생명 영성에 주목하고서 특히 거기서 얻은 '살림(Salim, making things alive, giving life)'의 언어를 중시하면서 자신의 목회신학을 새롭게 구성하는 데에 좋은 토대로 삼고자 했다.[72] 그러한 살림의 일 가운데서도 유교적 천지생물지심의 영성이 특히 접빈객(接賓客)의 예에서 훌륭히 실행되어져 왔다. 그리고 이 접빈객의 예야말로 유교 여성들이 봉제사의 일과 함께 자신의 힘을 온전히 쏟아서 실행해 온 일이었기 때문에 여기서 길러진 여성들의 만물을 살리는 힘이 뛰어나다. 전남 영암의 한 종가에서는 제사를 마친 후에 오신 손님들에게 제사 음식을 나누어 주는 의식으로 분포례(分浦禮)라는 것이 있었는데, 여기서 주인은 제사상에 오른 음식을 하나 하나 봉지에 넣고 소쿠리에 잘 담아서 노잣돈을 넣은 봉투까지 넣어서 보자기에 싸서 예를 다한 의례로써 건넸다는 이야기가 전해져 온다. 접빈객의 예가 어느 정도의 정성으로 이루어졌었는가를 잘 보여주는 이야기이다.[73] 구한말 한국을 방문한 영국의 여성 여행가 비숍은 조선에 여관 등의 여행자를 위한 숙박 시설이 거의 없는 것을 보고 처음에는 매우 의아해했다고 한다. 그러다가 그 이유가 조선 사회는 접빈객의 예절이 지극하기 때문에 따로 그러한 시설이 필요 없기 때문이었다는 사실을 알고서 매우 놀랐다는 기록이 있는데, 이러한 것은 한국 여성들의 접빈객의 실천이 어느 정도였는지를 잘 드러내 준다.[74] 이렇게 접빈객의 예를 극진히 실천하며 살았던 유교 여성들의 삶은 오늘의 페미니스트들이 쉽게 말하듯이 공적 삶이 없었다고 말하는 것과 많이 다름을 알 수 있다. 이들이 비록 오늘의 상황과는 달리 가족적 울타리 안에 머물 수밖에 없었지만, 그들은 그 가족적 삶과 일을 깊은 공적 책임 의식 안에서 행했고, 그러한 그녀들의 공적 감각이 여러 가지 일로 표현되어왔음을 알 수 있다.

유교 여성들은 양반가에서도 가정 살림의 구체적인 경제 활동에 매우 적극적으로 역할을 했다. 퇴계 어머니 춘천 박씨(1470~1537)의 삶의 이야기에서도 잘 나오듯이 그들은 농사·길쌈·바느질·누에치기 등으로 구체적으로 생산 활동에 참여하여 가정의 경제 살림을 이끌어왔으며,[75] 그런 의미에서 서구 근대의 삶처럼 여성과 남성, 사적 영역과 공적 영역, 소비와 생산의 삶 등이 그렇게 엄격히 이분되지 않았다고 해석할 수 있다. 이런 유교 여성들의 공적 감각은 나라가 위기에 빠지게 될 때 더욱 잘 드러난다. 이들 중에는 부인과 세 아들의 어머니였지만 조선 말 일본의 침입에 대항해서 중국으로 건너가서 최초의 여성 의병대를 만든 윤희순(1860~1935) 여사 같은 분도 있었고, 독립투사 석주 이상룡의 손자 며느리 허은(1907~) 여사와 같이 나라의 회복을 위해서 자신의 온 삶을 바친 여성도 있다.[76] 이렇게 좁은 의미의 사적 영역에 대한 관심을 넘어서 나라의 일을 걱정하고, 구체적으로 생산의 일을 해 내면서 길러진 유교 여성들의 살림영성은 그리하여 오늘날도 여전히 살아 있어서 생명을 돌보고 배려하고 생산하고 창조하는 영성이 되어서 가족과 사회와 국가와 인류 문명의 근간으로서 역할을 하고 있다. 오늘날 전 세계로 번지고 있는 한류에서 특히 여성주인공들의 역할이 두드러진 것이 그 한 증거이고, 그 근저에 이상의 한국 여성들의 살림의 영성과 인간성이 자리 잡고 있다고 생각한다.

인류 근대성의 문제를 푸는 일은 우리가 어떻게 무(無)와 관계하는가에 좌우된다고 하는 다석 유영모에 따르면 "인생의 목적은 제물이 되는 것이다"[77] 또한 '사람'이라는 말과 '삶', '살다', '사르다'와 깊게 연관되어 있다.[78] 이렇게 사람, 산다고 하는 것은 자신을 살라서 불이 나게 하고, 그 불의 에너지로 다시 생명을 살리고 열매를 내는 일이라면 유교 여성들의 살림꾼으로서의 삶이 바로 그것이었다. 그들은 사람이 진정으로 자신을 사는 길은 자신을 내어주고 사르는 일을 통해서 라는 것을 보여주었다. "진리논리는 '개인'을 '한울' 속으로 확장시키며, '나'를 '우리'로 '전신'시키고야 만다. 진리논리는 어떻게 보면 하나의 '전신부(轉身簿, Metamorphoses)'이다."[79] "초인으로 되돌아가는 것, 이것이 사람의 목표다. 인생의 목적은 초인이다"[80] 라고 한국의 생명철학자 윤노빈은 동학의 생명사상을 크게 확장시켜 이야기하는데, 나는 이러한 언술들에서 오랜 한국 유교 전통의 축적과 집약을 본다.

맺는 말

기독교 성경의 마가복음(막 7:24-30)과 마태복음(마 15:21-28)이 동시에 전하는 수로보니게(가나안) 여자의 믿음의 이야기는 많은 생각을 하게 한다. 그녀는 귀신 들려 괴로워하는 딸을 고치기 위해서 예수께 청하지만 예수는 그녀가 이방인이라는 것을 들어서 아이들을 먼저 먹여야 하지 개들에게 빵을 던져 줄 수 없다는 말로 그 청을 거절하였다. 그러자 그녀는 심지어는 개들도 주인의 상아래서 떨어지는 부스러기를 얻어먹는다는 이야기를 들어서 예수의 논리를 꼼짝 못하게 했고, 예수에게서 승복을 얻어냈다. 이 이야기는 오늘 후천개벽의 시대에 제2의 그리스도의 재림을 기다리는 우리 시대에 많은 시사를 준다. 신약성서에서 예수가 사람들과의 관계에서 자신의 뜻을 꺾고 승복한 이야기가 이것이 유일하다고 생각하는데, 여기서 예수가 승복한 사람은 여인이었고 그것도 이방여인이었으며, 그 여성이 그렇게 과감하게 나올 수 있었던 것은 그녀의 어머니 마음 때문이었다. 자신의 딸을 살리려는 강한 모성으로 그녀는 예수와 대립했고, 예수는 그 이방여인의 모성에 굴한 것이다.

나는 이 이야기가 어떻게 '속된 것(俗, the profane)'을 '거룩(聖, the sacred)'으로 선포하는 하나님의 창조 사건, 말씀 사건(誠), 언어 사건이 계속되고 있는지를 잘 보여주는 사건이라고 생각한다. 그것은 그리스도 영역의 확장이고, 그래서 한 청년 예수가 그리스도로 선언되는데 그치지 않고, 이방여인과 온 피조물이 그리스도로 선언되는 것을 고대하고 있음을 보여주는 상징적 사건이라고 생각한다(롬 8:18-26). 오늘 포스트휴먼 논의의 시대에 이제는 그 기다림에 사이보그도 들어가고, 아바타도 있으며, 그 사이보그는 단순히 개인이 아니고 공동지성이기도 하다. 이런 맥락에서 우리가 기다리는 제2의 그리스도는 어떤 모습으로 올 것인지를 상상해 볼 수 있다. 그는 여성 그리스도이고, 이방인 그리스도이며, 선비와 여선비의 모습으로, 초인간(posthuman)으로 와서 우리로 하여금 모두 그와 같이 되도록 이끌 것이다.

우리는 항상 '인간(human)'이었고, 항상 '초인간(posthuman)'이었다. 초인은 개인이 아니다. 초인은 노예도 아니고, 하물며 주인도 아니다. 초인은 자유인이고 홍익인간이다. 초인인 홍익인간은 인내로 여성이 된 곰이 낳은 한국적 이상이다.

한국 교회와 여성, 그리고 인류 문명의 미래
- WCC 제10차 부산 총회가 남긴 것

시작하는 말

말도 많고 탈도 많았던 WCC 제10차 부산 총회(2013.10.30~11.8)가 끝나고 이곳저곳에서 그 의미화 작업이 이루어졌다. 사실 나는 2013년 WCC 부산 총회가 치러지기 전까지 WCC, 즉 세계교회협의회와 개인적으로 그렇게 많이 관계하며 살아 오지 못했다. 비록 스위스에서 신학을 공부하면서 수 년을 바젤 미션(Base Mission)의 한 책임자로 일했던 칼 바르트의 며느리(Pfr. Maria-Claire Barth)와 더불어 살기도 했지만 그녀로부터도 특별히 소개를 받지 못했다. 한국에 돌아와서 여성신학자로서 지난 20여 년간 한국교회협의회(NCCK)나 한국여신학자협의회(KAWT)에서 같이 했던 활동들이 WCC의 프로그램에 따라서 이루어진 것이기도 했지만—'폭력 극복 10년' 등—2013년 부산 총회에서 경험한 것과 같은 생생함은 없었다.

2013년 부산 총회는 세계 110개국, 347개 교파와 교단, 8천5백여 명이 참가한 역대 가장 큰 규모였다고 한다. 그런 가운데서 무수한 다양성들이 모여서 여러 모양의 전체와 하나를 만들어 가는 모습은 매우 인상적이고 감동적이었다. 특히 힘없고 목소리 약한 존재들에 대한 배려로 본 대회 이틀 전에 먼저 열렸던 '여성·청년·장애인 사전 대회(여성사전대회)'에서는 이 다양성을 어우르려는 노력이 더욱 두드러진 것 같았다. 그래서 자칫 산만하다는 느낌도 받았지만 어떻게든 좀 더 많은 사람들을 무대에 등장시키려하고, 아무리 하찮게 보이거나 개인적인 이야기로 들릴지라도 한 사람이 이야기를 시작했으면 끝까지 들어주고 진지하게 받아주려는 노력들이 매우 인상적이었다. 2013년 부산 여성 사전 대회는 특히 WCC에서 '교회와 사회에서의 여성과 남성의 협력'에 관한 부서가 생긴 60주년을 기념하는 예배로 드려졌다. 그래서 여성 사전 대회였지만 WCC 총무가 와서 인사를 하였고, 여전히 세계에서 가부장주의와 남성주의의 폭력으로 고통당하는 여성들의 이야기가 많이 거론되었지만 이 사전 대회를 총 마무리하는 예배는 "우리는 여성과 남성의 정의롭고 포괄적인 공동체인가?"라는 물음 아래서 여성과 남성이 공동으로 예배를 인도하였고, 어떻게 양성의 협력과 공동 삶이 가능해지겠는가에 초점이 맞추어졌다.

1. WCC 부산 총회의 준비 과정에서 벌어진 일

사실 WCC 부산 대회 개최를 일 년여 남겨 둔 2013년 1월 13일 NCCK를 포함한 한국 주최 측에서는 아주 이상한 선언문을 발표하였다. "WCC(세계교회협의회) 제10차 총회의 성공적 개최를 위한 공동선언문"이라는 이름 하에서 "종교다원주의"와 "공산주의", "인본주의", "동성연애" 등을 거론하며 한국 교회는 이러한 사조를 거부한다는 것이었으며, 성서무오실을 주장하는 입장을 공시했다. 이러한 돌출에 대해서 한국 사회와 교회, 특히 성찰적 기독인들은 큰 충격을 받았다. 부산 총회를 위해서 마음을 모으고 있던 여성신학계도 큰 충격과 당혹감 속에서 부산 총회를 거부해야 하는 것이 아닌가 고

심했다. 왜냐하면 그 선언문은 반(反)에큐메니즘과 반지성주의, 독단과 편협함으로 지난 200여 년 이상의 한국 기독교의 성취와 업적, 그동안의 한국 교회의 에큐메니즘의 열매를 한순간에 날려 버리는 것이었기 때문이다.

나는 당시 한국기독자교수협의회 회장을 맡고 있었는데, 이러한 시대정신을 간과한 공동선언문에 대해서 당시 총무로 수고했던 김은규 성공회대 교수와 이정배 감신대 전(前) 회장과 더불어 거기에 대한 반박문을 발표했다. 회장으로서 핵심적으로 작성한 아래의 글대로 최종 반박문이 나가지는 않았지만, 당시의 사태에 대한 나의 인식이 잘 들어 있어서 여기에 싣는다. '한국기독교교회협의회의 공동선언문에 대한 한국기독자교수협의회의 입장'이라는 제목으로 준비된 반박문의 내용은 다음과 같았다.

2012년 대선 결과의 충격이 아직 가시지 않은 상황에서 지난 1월 13일 한국 교회와 NCCK가 공동으로 발표한 "WCC(세계교회협의회) 제10차 총회의 성공적 개최를 위한 공동선언문"(이하 '공동선언문')은 한국 사회와 교회, 특히 거기서의 성찰적 기독인들을 다시 한 번 큰 충격에 빠뜨렸다. 그 선언문은 반에큐메니즘과 반지성주의, 독단과 편협함으로 지난 200여 년 이상의 한국 기독교의 성취와 업적, 한국 개신교의 성찰과 열매를 한 순간에 날려버리는 것이었기 때문이다.

주지하다시피 한국 교회는 세계 교회사에 유래가 없는 정도로 그 시작에서부터 인간 삶의 다원성과 문명적 다양성에 대한 의식 안에서 출발한 것이었다. 이벽(李檗, 1754~1786), 이가환(李家煥, 1742~1801), 정약용(丁若鏞, 1762~1836) 등 당시의 젊은 개혁적 유교인들의 진지한 탐구 속에서 받아들여진 기독교 신앙은 혹독한 박해와 어려움에도 불구하고 크게 꽃피었다. 개신교의 역사에서도 한국인들의 진리 추구력과 서구에서 온 헌신적인 선교사들의 만남이

오늘의 한국 교회를 가능하게 할 수 있었다. 오늘의 세계 정황에서도 한반도
는 유일하게 인류의 주요 종교 전통들이 여전히 활발하게 살아 움직이는 곳
이고, 그런 가운데서 특히 오는 10월에 부산에서 열리는 제10차 WCC 대회는
인류 역사 상 처음으로 동아시아의 유교 문화권에서 세계 교회가 한 자리에
모이는 뜻 깊은 행사이다.

　한국 교회와 신학은 그 어느 때보다도 큰 기대와 염원 속에서 이번 WCC
의 총회를 준비해 왔다. 자본주의의 폐해가 극에 달해 인류의 문명이 심각한
존폐의 위기에 빠져 있고, 그래서 세계 교회가 한국에서 모여서 그 앞길에 새
로운 대안을 제시할 수 있기를 바란 것이다. 주지하듯 동아시아의 유교 전통
은 지금까지 특별히 자신을 하나의 종교 전통으로 내세우지 않으면서 보다
보편적인 인문정신과 인간존중의 뜻을 가지고 다양한 문화적 꽃을 피워왔
다. 이렇듯 유교 전통의 토양 위에서 자란 한국 교회가 이번 기회를 통해서
그 뛰어난 손님 환대의 전통에 따라서 세계 교회 식구들을 맞아들일 수 있기
를 바랬지만, 그러나 지금 터무니없는 공동선언문 건으로 그 모든 기대와 기
회가 한갓 물거품이 되고 말 위기에 처하게 되었다.

　"종교다원주의"와 "공산주의", "인본주의", "동성연애" 등 이번에 공동선언
문이 "복음에 반하는 사상"으로 간단히 정죄해 버린 사안들은 향후 인류가
공동의 미래를 위해 진지하게 성찰해야 할 주제들이다. 이것은 어느 한 사람
이나 특정 그룹의 판단과 선언으로 일언에 폐기되거나 배척될 수 없는 오늘
인간 문화의 공통 과제들이다. WCC 세계 대회가 모이는 이유도 바로 그러
한 주제들을 함께 의논하고, 거기서 생명을 살리고, 정의롭고 범인류적인 대
응방안을 모색하기 위함일 것이다. 그럼에도 본 대회가 시작되기도 전에 이
러한 사항들을 소수의 정치적 시각과 편협한 선입견으로 미리 판단하고 폐
기하고자 하는 것은 어리석을 뿐 아니라 독단이고 폭력이라 생각한다. 개종

을 강요하는 전도나 66권 성경의 무오를 주장하는 사고 역시 21세기 인류 보편의 지성과 함께 할 수 없는 초학적이고 반지성적인 주장일 것이다. 그런 경직된 변론으로 지금까지 한국 사회와 교회가 축적한 건전한 가르침과 경험들을 다시 무로 돌리고자 한다면 그것은 역사의 후퇴이자 하나님의 탄식이 될 것이다.

오늘날 인류는 지금까지와는 다르게 일상적인 삶에서도 삶의 다원성을 깊이 경험하고 있다. 이렇게 매일의 삶에서도 그렇듯이 종교적, 문화적, 세계관적 다원성이란 결코 한 두 번의 말다툼이나 우격다짐, 힘 있는 세력의 주입이나 강요, 심지어는 물리적인 폭력에 의해서도 결코 해소될 수 없는 삶의 실재라는 것이 명백해졌다. 그것은 우리 삶이 접하는 일상이고, 삶 자체의 현실이며, 조건인 까닭이다. 그래서 이런 다양성과 다원성 앞에서 자신을 닫고 방어적이고 공격적이 되기보다는 오히려 그 다른 것에 다가가서 자신을 개방하는 일이 더욱 중요함을 배우라고 UN도 종교화합주간을 정했고, 우리 정부도 따르고 있다. 그것은 마치 우리가 어린 시절 글자를 깨우치고 책 읽는 것을 배워나갈 때의 경험처럼 또 하나의 식자력(literacy)을 터득하는 일이며, 그로써 우리 삶과 사고, 문화와 인류 문명은 이번 10차 총회의 주제가 적시하듯이 더욱 더 생명적이고, 정의로운 모습이 될 것이라 믿는다. 과거 유대교 전통의 폐쇄성과 고사 앞에서 예수라는 새로운 다원성이 등장했을 때 두려움 속에서도 그 낯선 것을 받아들인 사람들의 선택이 오늘의 기독교 문명의 모체가 되었음을 '공동 선언문' 관계자들은 기억해야 할 것이다. 바로 그처럼 오늘의 인류 역시 또 다른 의미의 다원성과 새로움의 도전 앞에 놓여 있다.

이러한 여러 생각들을 바탕으로 해서 한국기독자교수협의회는 공동선언문 사태와 관련해서 한국 교회가 거기서 드러난 반지성주의와 배타주의, 자기중심주의를 반성하고 곧 다가오는 큰 손님 접대에 부끄러움이 없기를 진정으로 촉구한다. 한국 교회가 10차 부산 대회를 준비하며 이처럼 뒷전에서는 그들 정신과 모순된 선언문을 내고 온갖 물량주의로 그것을 덮고 무마할 수 있다고 생각한다면 그것은 손바닥으로 하늘을 가리려는 명백한 기만일 것이다. 그럴 경우 이 땅 한국에서 WCC가 열릴 이유가 없고, 세계 교회도 그것을 원치 않을 것이며, 한국의 건전한 사고의 사람들 역시 결코 귀 기울지 않을 것이다. 이는 하나님이 한민족에게 주신 세계 문명을 위한 좋은 기회를 스스로 폐기하는 것으로 대표 대회장과 그 관련자들은 다시 한 번 진지하게 인정하고 성찰할 것을 촉구한다.

무엇보다 한국 기독자협의회는 이번 공동선언문이 나오게 된 배경, 즉 한국 대형교회들의 성취주의와 물량주의에 대해 깊이 우려하고 있다. 그것은 백 여 년 간 한국 교회와 신학이 힘겹게 이루어왔던 고난의 업적과 신학적 열매들, 그리고 10차에 걸쳐 축적된 WCC 신학 정신을 돈의 힘으로 흥정하는 것과 다르지 않고 영혼을 파는 일이 될 것이다. 더군다나 한국 땅은 20여 년 전 세계 신학의 향방을 바꾸었던 JPIC 대회가 열렸던 장소이기도 하다. 그 정신이 금번에도 이어지는 것은 너무도 지당한 일이지만, 거기에 반하는 '공동선언문'은 오늘의 대형교회의 금권과 폭력적 이데올로기 앞에 어이없이 굴복해 버린 반지성이고, 나태한 자기기만을 드러낸 것이라고 할 수 있다.

하지만 이러한 결과가 초래된 것에 대해 기독자교수협의회 역시 반성한다. 1960년대 이후 이 땅의 민주화를 위해 싸우면서 한국 교회와 신학의 역사를 일구어오는데 일조하였지만 그 후 점점 더 금권과 편협함에 사로 잡혀가는 한국 교회와 신학에 대해서 열심히 주목하며 용기있는 저항자로서 역할하지 못했기 때문이다. 이러한 무능력과 무저항에 대해서 깊이 사과한다. 금번 사건을 계기로 이 땅의 기독자 교수들은 깊이 반성할 것이며, 동시에 이로부터는 더욱 힘을 합해서 참된 예수의 정신을 찾고 실천할 것을 다짐한다. 이제 이 땅의 기독교 지성인으로 사는 우리 교수들은 살아계신 하느님이 결코 한 시대의 교리 신학은 물론 성서나 교회로도 다 담을 수 없는 더 크고 깊은 '거룩'이심을 믿으며 금번 '공동선언문' 사태에 대한 우리의 생각을 아래와 같이 촉구한다.

-NCCK는 여러 가지 기술적 언어로 이번 사태의 심각성과 잘못을 덮거나 감하려 하지 말고 정직하게 '공동선언문'을 폐기하고, 그와 관련된 사람들의 책임을 분명하게 물어 본래의 정신과 위상을 회복하기를 촉구한다.

-NCCK는 정치적 판단을 지양하고 그동안 한국 교회와 신학에서 희미해진 에큐메니칼 정신과 WCC 총회 주제 "생명의 하나님, 우리를 정의와 평화로 이끄소서"에 대한 제대로 된 인식을 바탕으로 그 일을 새롭게 준비할 수 있는 총회 준비그룹들을 다시 조직할 것을 촉구한다. 여기에 그동안 소외되었던 여성들, 청년들, 성적 소수자들, 한국 전통과 문화의 전문가들을 포함시켜서 진정한 환대와 배움, 성찰의 잔치를 만들기를 촉구한다.

-WCC는 물량공세와 과시위주의 대회를 거부하고 복음이 지닌 기독교의 진정성과 포괄성을 온전히 들어낼 수 있는 축제를 만들 것을 촉구한다. 하나 된 인류와 갈등 없는 한국사회의 앞날을 위해 지혜의 보고인 이 땅의 이웃종교들과의 창조적 대화를 용기 있게 추진하는 공동모험에 앞장 서줄 것을 촉구한다.

-WCC는 유일한 분단국가인 한국의 현실을 직시하고 이념논쟁에 빠진 불행한 과거사를 치유할 수 있는 정치적 혜안을 찾아 남북한 관계가 냉전 상태로 회귀치 않도록 최선의 노력을 경주해줄 것을 촉구한다. 한반도가 주변 강대국의 희생양이 되지 않고 통일을 이루는 일이 생명의 하느님이 바라는 평화인 것을 믿으며, 한국 교회가 편협한 이념논쟁에 휘말리지 않도록 서구 경

힘들이 온전히 나눠질 수 있도록 힘쓸 것을 촉구한다.

  -WCC 방문단은 본 사태와 관련된 한국 교회의 실상을 덮으려 말고 더욱 꼼꼼히 살펴서 WCC가 추구해온 에큐메니즘의 가치와 정신을 금번 대회를 통해 충실히 드러낼 수 있기를 촉구한다. 한국의 지성인들은 WCC의 본래 정신과 무관한 정치적 기만의 집회가 이 땅에서 일어나는 일을 결코 묵과하지 않을 것이며, 거기에 주목하고 있음을 명심할 일이다.

  이러한 우여곡절 끝에 열린 WCC 본 대회에서의 진행과 성과는, 그러나 우리의 우려를 많은 부분 잠재우며 오히려 한국 교회에게 이제 더 이상 그러한 아집과 자기 폐쇄주의, 반지성주의, 비주체적 문화식민주의를 계속해서는 안 된다는 것을 보여주었고, 한국 교회가 세계 교회의 보편적 진행과 함께 가면서도 나름의 역할을 할 수 있는 길을 시사해 주었다. 그 가능성이 가장 분명하게 나타난 것이 2013년 부산 총회가 1961년 제3차 뉴델리 총회 이후 32년 만에 새롭게 발표한 「함께 생명을 향하여: 변화된 지형에서의 선교와 전도(Together Towards Life: Mission and Evangelism in Changing Landscapes)」라는 제목의 선교 선언문일 것이다.

2. WCC 부산 총회의 열매 : 새로운 선교와 전도에 대한 확언

  새 선교 선언문은 그 제목에서도 잘 나타나 있듯이 세계 교회가 인류의 삶이 지난 세기와는 확연히 다른 지경에 들어갔다는 것을 직시하면서 어떻게 그 가운데서 기독교 선교와 복음 선포가 이루어져야 하는지를 깊이 있게 다각도로 성찰하고 있음을 보여준다. 여기서 제일 눈에 띄는 것은 세계 교회가 이제 선교를 "성령의 선교(the mission of the Spirit)"로 규정하면서 그것을 단순히 인간과의 일로만 보는 것이 아니라 전 우주적 차원으로 확장하여 온 생명, 온 세상(oikumene)이 모두 하나님 생명의 그물망 안으로 들어오는 차원의 선교를 선포한 것이다. 그러므로 여기서는 '생명(life)'이 특히 강조되고, '생명 살리기', '생명의 충만함(요 10:10)'이라는 궁극 가치와 더불어 온 우주의 생명이 관심의 초점이 된다. 이러한 영의 선교는 철저히 종전까지의 자기 중심주의를 넘어설 것을 요청한다. 그리하여 다른 창조 세계는 멸망하는데 인간만 구원받을 수 없다고 선포하고, 지금까지 선교가 중심으로부터 주변으로 향하는 선교였다면 이제는 오히려 "주변으로부터의 선교"를 말한다. 즉 성령의 선교는 우리 삶에서 주변화된 사람들이야말로 오히려 무엇이 진정으로 생명을 살리는 소리인지를 잘 구별하는 특별한 능력을 가지고 있다고 여기면서 바로 그 주변화된 사람들이 "선교의 대리인"이고, 하나님 선교의 "주요 동역자"들이라고 선포한다.

온갖 인위적인 구분과 장벽을 넘나드는 영의 바람대로 성령의 선교는 삶의 모든 영역에서 생명의 영을 살리기를 원한다. 그래서 오늘날 전 세계적으로 만연해 있는 "자유시장 경제 안에 있는 우상숭배"에 강력히 대항할 것을 요청하고, "지구화는 사실상 생명의 하나님을 자유 시장 자본주의의 신, 맘몬의 신으로 대체하였다"고 선언한다. 이렇게 분명한 목소리로 세계 경제 정의를 외치는 새 선교문서는 유사한 톤으로 종전의 서구 중심주의, 서구 문화 제국주의에 대해서도 회개를 요청한다. 그것은 먼저 지금까지의 선교 역사에서 "복음과 식민지 권력의 결합은 서구형 기독교를 표준으로 삼아서 다른 사람들의 복음에 대한 충성을 판단해야 한다는 전제 조건을 만들어 왔다"고 지적한다. 그리고 그렇게 "기독교와 서양문화를 동일시"하는 선교는 지구 생명체 위의 문화와 종교의 다양성을 해쳐 왔고, 선교를 개종과 동일시하는 누를 범해 왔음을 고백한다. 여기에 대해서 새 문서는 "개종

(proselytism)이 전도를 실행하는 합법적인 방법이 아니라는 것을 인식하는 것은 중요하다"라고 분명히 밝히면서, "다양한 종교와 문화가 있는 세계 안에서 생명 살리기 선교를 공동으로 증언하고 실천하기 위해서 우리는 어떠한 에큐메니칼 신념들을 가져야 하는가?"를 묻고 있다.

이러한 놀라운 질문에 대한 포괄적인 답인 성령의 선교는 "각자 문화와 상황 안에 생명을 살리는 지혜들이 있음을 인정하고, 그것들을 존중하고 협력하는 것이 우리 선교의 부분이 된다"라고 언명한다. 그러면서 지금까지와는 달리 이제는 교회가 선교를 소유하는 것이 아니라 오히려 선교가 교회를 소유함을 강조하는데, 그것은 교회와 일치(unity)에 대한 우리의 생각을 크게 확장해서 우리의 일치가 "인류의 일치 및 더 나아가 하나님의 온 창조 세계의 우주적 일치로 개방해야 한다"는 것을 말한다고 역설한다. 그래서 새 문서는 신뢰할 만한 선교는 "다른 사람"을 선교의 "대상"으로 삼지 않고 "동반자"로 삼는다고 밝히고, 모든 인류가 하나님의 형상으로 창조되었음에 근거한 "종교의 자유"와 "공동의 선"에 대해서 말한다. 결론적으로 새 문서는 이제 선교는 "생명의 충만함"이라는 새로운 분별 기준을 가지고 하나님의 창조 행위와 더불어 시작된 선교가 생명을 살리는 영의 선교를 통해서 온 창조물을 향하여 계속되는 것을 알아야 한다고 역설한다. 그러면서 그리스도 예수 안에 계셨던 성령이 우리의 마음을 채워서 우리로 하여금 겸손과 소망 가운데 선교의 종으로 부르시는 음성에 행동으로 응답할 것을 요청한다. 우리의 임무는 그렇게 온 창조물을 생명의 잔치에 초대하시는 하나님의 선교 앞에서 "하나님을 모셔 가는 것이 아니라 이미 그곳에 계시는 하나님을 증언하는 것(행 17:23-28)이고", "성령과 연합한 우리는 생명을 향해 함께 일하기 위해서 문화적, 종교적 장벽들을 극복할 수 있다"고 선언한다.

3. WCC 부산 총회와 한국 교회 여성

이렇게 부산 총회 선교선언문은 21세기 인류 문명의 다원적 상황에 대한 매우 강력하고 혁신적인 메시지를 담고 있다. 그것은 부산 총회 준비 과정에서 한국에서 나왔던 1·13공동선언문과는 하늘과 땅의 차이를 보여주고, 한국 교회가 이번의 대회를 무사히 치러 냈지만 새선교문서도 분명하게 지적하듯이 "기독교의 무게중심이 남반구와 동양으로 이동하고 있다는 사실"의 의미를 더욱 진지하게 성찰할 것을 요청한다. 한국 교회가 여전히 서구보다도 더 서구적이고, 반지성적이고, 가부장주의적 독단과 폐쇄에 빠져 있는 것에 대해서 근본적인 전환을 요구하는 것이다. 2013년 부산 총회에서 핵심적인 프로그램 중의 하나였던 21개 주제의 '에큐메니칼 대화(Ecumenical Conversations)'에서도 이상의 세계 교회의 전환된 의식이 확연히 드러났다. 특별히 그중 한 주제였던 교회 내에서의 양성 평등과 정의의 공동체를 지향하는 세계 교회 요청은 이번에 WCC 최고실행위원회의 의장에 케냐 성공회의 평신도 여성 아그네스 아브엄(Dr. Agnes Abuom)을 선출한 것으로 나타났고, 아시아 의장에도 장상 박사를, 중앙위원으로 배현주 교수를 선출했다. 교회 내 여성 리더십이 취약한 것은 말할 것도 없고 동성애나 HIV(후천성 면역결핍증) 등에 대해서 대화조차 허용되지 않는 한국 교회의 현실과는 달리 세계 교회는 이번에 한국 교회를 위해서 오히려 모두 여성 리더십을 선택한 것이다.

부산 WCC 대회를 치르면서 한국 교회 여성들은 많은 일을 했고, 다양한 경험을 공유할 수 있었다. 폐해 예배에서 설교를 맡았던 남아공의 미카엘 랩슬리(Michael Lapsley) 신부가 잘 지적한 대로, 부산 대회를 통해 세계 교회는 한국 교회의 친절과 환대, 믿음의 봉사로 "샤워를 하고" 돌아갔고, 거기서의 한국 교회 여성들의 수고에 대해서는 더 말할 필요가 없다. 정해선 WCC 중앙위원 겸 실행위원의 수고가 특히 두드러졌고, 이문숙 〈아시아교회여성연합회〉 총무의 인도로 진행된 여성사전대회에서의 한국과 아시아 문화와 삶의 소개, 본회의에서 감리교 김순영 목사의 설교가 있었던 한국교회와 함께 하는 수요예배, 김혜숙 〈NCCK 양성평등위〉 위원장과 최소영 〈교회여성연합회〉 전 총무, 〈여성교회〉의 정숙자 목사, 김신아 〈감리교여성개발원〉 총무 등이 이끌었던 'JPL여성협의회'에서 준비한 드라마가 있는 마당 워크숍 '한국여성과 정의・평화・생명운동' 등은 모두 한국 교회 여성들의 에큐메니즘이 잘 훈련되고 실천된 업적들이라고 할 수 있다. 하지만 마당 워크숍 드라마를 보고 나서 아프리카의 한 여성 참석자가 드라마에 나타난 한국 사회와 교회의 현실이 아프리카 자신들의 것과 별반 다르지 않다고 한 지적처럼, 한국 교회 여성들이 느끼는 현실은 교회 내 양성 평등과 정의 지수가 한없이 낮은 것을 보여준다. 이러한 평가에 대해서 나 개인은 조건없이 찬성하는 것은 아니지만 부산 WCC 대회를 통해서 한국 교회는 이제 교회 내에서의 양성 평등과 양성 협동은 한국 교회가 세계 교회와 함께 가기 위해서는 피할 수 없는 과제라는 것을 다시 한 번 확실히 알게 되었다.

이러한 가운데서도 〈한국여신학자협의회〉는 부산 총회를 기해서 『Life flows through Korean Feminist Theology』라는 영문책을 펴냈다. 나는 신학위원장으로서 이은주 부위원장과 이난희 사무국장과 더불어 이 일을 진척시켰고, 동연출판사 김영호 사장의 헌신으로 시간에 맞추어서 펴낼 수 있었다. 이와 더불어 특히 최영실(성공회대) 공동대표를 중심으로 해서 "생명의 하느님, 우리를 불의와 거짓 평화에 맞서 싸우게 하소서"라는 부제와 함께 'WCC 제10차 총회에 참여하는 한국여성신학자들의 선언'이라는 자체 성명서를 발표하였다.[1] 그것은 부산 총회에 대한 한국 여성신학자들의 비판적 우려와 요구, 각오를 독자적인 성명서로 선언한 것이며, WCC의 향후 방향에 대해서도 뼈 있는 제언을 한 것이다. 여기서 한국 여성들은 앞에서 언급한 한국 측 준비위의 1·13공동선언에 대한 비판, 핵산업과 핵무기 비판에서 오히려 강대국이 더욱 문제라는 지적, 한반도의 분단 극복과 평화통일을 당사자들이 자주적으로 이루어낼 수 있도록 WCC 부산 총회가 "강자들의 밀약을 막아야 한다"는 주창, 심각한 생태위기에 맞선 생태계 전체를 향한 섬김과 따름의 신학을 강조했다.

2013년 부산 총회를 기해서 WCC 출판국에서 나온 소책자 『*Journey for Justice-The Story of Women in the WCC*』에 보면 WCC가 기념하는 프랑스 여성신학자 마들렌느 바롯(Madeleine Barot, 1909~1995)은 "왜 교회에서 여성들의 지위는 같은 시대 사회에서의 여성들의 지위만큼도 개선되지 않는지, 왜 교회는 기독교 복음이 여성들에게 가져다 준 자유의 메시지 대신에 여성들의 역할에 대한 세속 개념에 압도되어 있는지?"라는 이중의 질문을 제기했다. 거기서 사회에 모범이 되어야 할 교회가 그 사회만큼도 못하고, 다른 한편으로는 이미 예수의 복음은 여성들에게 자유의 메시지(the message of freedom)를 전해주었음에도 불구하고 그 이야기 대신에 오히려 여성을 부차적으로 대우하는 세속의 이야기에 경도되어 있는 것을 비판하였다.[2] 이 이중의 지적은 오늘 한국 교회에도 그대로 적용된다. 한국 교회 내에서의 여성의 지위와 역할은 현재 한국 사회 일반에서의 그것보다도 못하다. 교회에서의 여성에 대한 의식과 개념이 예수 복음의 해방적 메시지에 의해서라기보다는 오히려 세속의 남존여비 사고에 더 좌우된다는 지적이다.

이런 상황에서 치러진 부산 대회를 위해서 독일 교회의 여성 비숍 베벨(Baerbel von Wartenberg-Potter)은 특히 "생명의 하나님(God of life)"을 강조하였다. 모든 생명체의 입에 먹을 것이 있기까지는 우리에게 결코 평화와 정의가 없다는 것을 가르쳐주었고, '에쿠메네(oikoumene)', 모두가 같이 살고 있는 지구적 집이 우리의 진정한 집이고 미래라는 것을 일깨우며 '네 형제와 네 자매가 어디에 있느냐?'라고 물으시는 분이 바로 "모든 창조물에 그 생명의 핵으로 존재해 계시는 생명의 하나님(God of life, is present in all creatures, the heart of life itself)"이라고 밝혔다. 이 생명과 생명의 하나님이 이번 부산 대회의 핵심 메시지라는 것을 분명히 지적해 주면서[3] 그녀는 교회들이 오래된 전통주의와 좁은 마음의 폐쇄주의로부터 깨어날 것과 우리 속에 예수에게서 충만했던 "자비(compassion)"를 일깨워서 모두가 그 "생명의 아젠다(agents of life)"로 일어설 것을 주창하였다.[4]

4. 유교 문명과 조우한 WCC 부산 총회와 한반도

여기서 나는 이렇게 생명과 자비에 초점을 두면서 정의와 평화를 말하는 여성신학적 방식에서 동아시아적 사고와 연결할 수 있는 좋은 접점을 본다.[5] 한국의 여성신학자로서 부산 대회를 준비하면서 나는 여러 기회를 통해서 부산 대회가 동아시아 유교 문명권의 핵심처에서 열리는 것의 의미를 지적해 왔다. 기독교가 유교 문명과 만나면서 기대되는 열매로서, 좀 더 보편적으로 만물의 거룩함(聖性)을 지시하는 유교영성과의 조우를 통해서 기독교의 폐쇄적인 그리스도론적 근본주의를 극복할 수 있다고 보았다. 이를 통해서 우리 삶의 공동체성의 회복과 이전 세대의 수고에까지 다다르는 정의(正義) 영역의 확장으로, 가족, 노년과 나이 듦의 문제에 교회가 더 천착해야 함을 강조했다. 동시에 성령의 열매를 '지속성(誠)'의 영성으로 해석하여 특히 그 지속성의 일인 교육의 문제에 대해서 교회가 근본적으로 다른 관점에서 적극적으로 관심을 가져야 한다고 제안했다.[6] 오늘날 교육이라는 이름으로 서구의 식민주의는 계속되고 있으며, 전 세계의 민중들이 극심하게 고통 받고 있기 때문이다.

하지만 이러한 사전의 지적은 주목받지 못했고, 실제 대회에서도 기대와 바람만큼 한국 사회와 한국 교회가 유교 문명권의 자식이라는 것이 그렇게 의식되지 못했다. 개폐식 행사에서 모든 소리와 언어, 행위를 단숨에 잠재우는 대금 연주나 춤사위를 통해서 오랫동안 유교 문명에서 영근 한국 미학이 뛰어나게 표현되었지만 그것이 세계인들에게 어떻게 의식되었는지 알 수 없고, 많은 손님들이 입에 침이 마르도록 감탄한 한국 교회와 그중에서도 여성들의 '손님 환대(hospitality)'가 유교적 정성과 밀접히 관계된다는 것을 알고 갔는지 모르겠다. 하지만 그런 가운데서도 나는 특히 이번 여성 사전 대회에서 세계 각 대륙의 대표로 구성된 '여성 종교 지도자'의 토크쇼에 참여하여 지금까지 유교와 기독교 간의 대화를 주된 학문 작업으로 삼아온 학자로서 유교와 기독교 안에 있는 전통적 가부장주의적 한계에도 불구하고 그 창조적인 연결을 이제는 여성들이 주도적으로 해 나가자고 역설하였다. 나름대로 호응을 얻을 수 있었고, 오늘날 세계 인류의 미래가 이 두 문명권(특히 중국과 미국의 두 강대국의 만남)이 어떤 방식으로 만나느냐에 따라서 많이 좌우될 것임이 확실해진 상황을 생각하면, 이 일을 여성들의 시각으로 관찰하고 판단하여 수행하는 일이 매우 중요하다는 것을 더욱 실감한다. 남성 신학자로서 김흡영 강남대 교수도 유교와의 대화를 강조하는 발표를 하였고, 이정배 감신대 교수 등이 발제한 〈KCRP 종교간대화위원회〉 워크숍도 '한국의 종교 간 대화운동사'를 다루면서 이 주제에 대해 언급했다.

2013년 부산 총회에서는 한반도를 위해서 또 하나의 중요한 성취가 있었다. '에큐메니칼 대화(Ecumenical Conversation)'의 주제로뿐 아니라 '한반도의 평화와 통일을 위한 선언(Statement on Peace and Reunification of the Korean Peninsula)'으로 채택된 한반도의 통일문제가 전 세계 기독인들에 의해서 함께 토론되고 해결 방향이 모색되었다는 것이다. 이런 일들을 통해서 세계 기독인들은 60년이 넘어 가는 분단국가에서의 민중들의 고통에 귀 기울이면서 하루속히 한반도에서 다시 정의와 평화가 회복되는 데 함께 행동할 것을 결의하였다. 이들은 한반도 통일의 성취는 바로 한국인 자신들이 주체가 되어서 이루어야 하는 일임을 확언하면서 매해 8월 15일 전(前) 주일을 "한반도의 평화로운 통일을 위한 기도 주일"로 보낼 것을 결의하였다. 또한 하루속히 휴전협정이 평화협정으로 전환되는데 노력할 것과, 유엔의 북한 경제 제재 조치를 그치게 하고 대신에 남북한의 교회들을 방문하는 평화의 사절단을 구성해서 통일의 중개자로 역할하자고 결의하였다. 그 첫 방문단을 2014년 도잔소 국제회의 30주년을 기념하는 해에 구성하자고 제안하였다. 이와 더불어 세계 기독인들은 동북아에서 모든 핵무기를 제거하여 세계 핵 자유의 교두보로 삼자는데 의견을 모았다. 이러한 모든 제안과 관심은 한반도의 평화가 더 이상 한 지역의 일이 아니고 앞으로의 인류 미래와 세계 평화가 가장 예민하게 연결된 곳이라는 인식에서 나온 것이다.

2013년 부산 총회를 계기로 그 앞에서 제주도 4 · 3기념관에서 열렸던 국제 '생명평화대회(Peace for Life)'나 한국기독학생회총연맹이 파주에서 열었던 정전 60주년 기념 '기독학생 국제 평화심포지엄'도 모두 같은 정신과 열망에서 이루어진 것이라고 할 수 있다. 또한 이번 대회의 사전 행사로서 큰 의미를 가졌던 '2013 한반도 화해와 통일을 위한 평화열차'와 총회 기간 중 주말을 이용하여 한국의 성취와 현실을 보여주고자 이루어졌던 '한반도와 세계를 위한 에큐메니칼 평화 순례' 프로그램도 이번 부산 총회의 고유성을 잘 보여준 것이라고 할 수 있다. 이러한 모든 프로그램들과 행사에서 드러난 한국 사회와 기독교회의 역량과 성실에 대해서 세계교회는 깊은 인상을 받고 갔고, 그래서 많은 우여곡절과 또 행사 기간 동안에도 벡스코 밖에서

WCC를 반대하는 한기총 외 단체들과 교회들의 반대 집회도 끊임없이 있었지만, 우리는 최선을 다해서 손님을 치렀다고 평가하고 싶다.

5. WCC 부산 총회가 남긴 것과 인류 미래를 밝힌 생명의 메시지

하지만 이러한 성과와 의미에도 불구하고 2013년 세계 기독인의 잔치가 끝난 후 먼저 들리는 소식은 집행부에 남겨진 많은 빚이었다. 그리고 김삼환 대표 대회장이 폐회식에서 한 북한과 관련한 뜻밖의 인사가 한국 교회와 정부의 현주소를 잘 드러내면서 논란을 일으키기도 했다. 세계 교회들이 한반도의 현실을 직시하고 동북아에 다시 심각한 신냉전시대가 도래하는 것을 우려하면서 그 문제를 함께 풀고자 노력하고 있지만, 정작 우리는 오히려 더 심각한 종북 이데올로기에 사로잡혀서 이러한 세계 교회의 평화 구축 노력에 반하는 행보를 하는 것을 볼 수 있다.

이것은 그렇게 밖에서 온 손님들에게는 온 정성을 다해 환대하고 보냈지만 스스로는 주체적으로 서지 못하여 스스로의 삶에서의 왜곡은 여전히 덮어 두고서 고치려 하지 않는 모습이라고 할 수 있다. 우리가 부산 대회의 준비 과정이나 진행에서도 보았듯이 한국에서 열려서 한국 정부와 교회가 많은 비용과 노력을 들여서 치른 대회였고, 또한 세계 교회들의 큰 지지와 박수갈채를 받았지만, 여전히 WCC는 서구 중심의 협의체이고, 한국 교회의 주체적 의지나 의사가 들어갈 여지가 많지 않다는 사실이다. 여성 사전 대회나 본 대회에서의 '여성공간 She Space'을 준비하는 과정에서도 이러한 사실은 여실히 드러나서 한국 여성들이 많이 당황했고, 그 결과 좀 더 긴밀한 협력과 풍성한 준비를 할 수 없었다. 또한 그 WCC의 여성 사전 대회에서조차도 쓰이는 언어가 별 의식 없이 '아버지 하나님'을 강조하는 가부장주의적인 것이었고, 특히 그곳 폐회 예배에서 쓰인 창세기의 성서 본문(창 2:21-24)도 여성을 남성의 갈빗대에서 만들어낸 것으로 그리는 여성비하적인 본문이 이의없이 선택된 것 등을 보더라도 앞으로도 갈 길이 멀다는 것을 알 수 있다. 그러므로 한국 교회는 손님 대접도 중요하지만 그보다 더 중요하고 시급한 일은 먼저 자기 안의 갈등을 잘 보듬고, 그리하여 우리 안의 에큐메니즘을 더욱 튼튼히 하고 확대해서 남북 간, 양성 간, 교파 간, 세대 간, 계급 간의 소통과 연대를 더욱 공고히 할 일이다.

한국 교회 여성들은 양성 협력에서 세계 교회가 어떤 방향으로 나아가기를 원하는지를 확실히 보았다. 아프리카나 남아시아 등 우리가 보통 생각하기에 경제적으로 어렵고 여성 리더십이 약하다고 생각하는 나라의 여성들이 어떻게 활발하게 국제적으로 연대해서 활동하며 그들의 목소리를 내고 있는지를 보았다. 그리하여 우리는 우리 안의 갈등을 좀 더 큰 포용력으로 껴안고, 모든 생명이 하나님의 창조라는 것을 다시 인정하면서, 깊은 성찰과 실천으로 먼저 우리의 삶의 자리에서 온 생명과 더불어 정의와 평화를 이루어 나가도록 노력해야 할 것이다. 나는 한국 교회가 이렇게 거듭날 때 앞으로 펼쳐질 동북아 세계문명의 시대를 위해서 선한 역할을 할 수 있다고 생각한다. 특히 우리는 지나간 오랜 역사에서 세계에서 유례가 없는 정도로 동서의 귀중한 종교 전통의 샘물들을 동시에 마시면서 우리의 영성을 키워왔다. 그렇게 다듬어진 생명사상과 다양한 깊이로 실천된 영성이 더욱 고유하게 피어날 때 부산 총회 이후 인류 문명은 또 한번의 큰 도약으로 새로운 자비의 인간성(仁)에로 나아갈 수 있을 것이다. 이번 WCC 10차 부산 총회의 핵심 메시지도 그것이라고 생각한다. 부산 대회는 "우리는 선교의 목적은 생명의 충만함(fullness of life)이며(요 10:10)이며 그것이 선교를 분별하는 기준임을 확언한다"라고 선포하였다.[7]

제1부 다른 유교

제1장 한국 유교의 종교적 성찰

1 필자는 이 유교 종교성의 개념에 초점을 맞추어서 "朝鮮後期 女性 性理學者의 생애와 학문에 나타난 儒敎 宗敎性 探究"란 학위 논문을 썼고(성균관대, 2007), 이 글은 이 학위 논문에 많이 근거됨을 밝힌다. 그리고 이 학위 논문은 2009년에 『잃어버린 초월을 찾아서-한국 유교의 종교적 성찰과 여성주의』(도서출판 모시는사람들)로 출판되었다.

2 같은 글, 41쪽 이하.

3 Dorothy Ko· Jahyun Kim Haboush· Joan R. Piggott (eds.), *Women and Confucian Cultures-in Premodern China, Korea and Japan*, University of California Press 2003.

4 참조: 이동준, 「유가의 인도정신과 문화교류의 방향」, 이동준 등 24인, 『동방사상과 인문정신』, 심산, 2007, p.14ff.

5 『孟子』, 「公孫丑上」 8 : 子路, 人告之以有過則喜. 禹聞善言則拜. 大舜有大焉, 善與人同. 舍己從人, 樂取於人以爲善.; 이동준 등 24인, 같은 책, 31쪽.

6 『국역윤지당유고(允摯堂遺稿)』, 원주시, 2001, 238쪽.

7 『允摯堂遺稿』, 「克己復禮爲仁說」: 噫! 我雖婦人, 而所受之性, 則初無男女之殊. 縱不能學顏淵之所學, 而其慕聖之志則切, 故略叙所見而述此, 以寓意焉.; 같은 책, 158쪽; 김미란, 「조선후기 여성사와 임윤지당」, 원주시/원주문화원, 『임윤지당의 생애와 사상』, 2002, 21쪽.

8 이선경, 「易의 坤卦와 유교적 삶의 완성-坤卦에 깃든 유교의 종교성과 인문정신을 중심으로」, 이동준 등 24인, 같은 책, 448쪽 이하.

9 『靜一堂遺稿』, 「外姑孺人安東權氏行狀」: 孺人謂曰: "若不體行, 便是虛讀."; 『국역: 정일당 유고』, 이영춘 역, 가람기획, 2002, 116쪽.

10 「行狀」: 喜作字書, 常於燈下運毫, 遒逸楷正.; 같은 책, 150쪽.

11 「行狀」: 遍讀十三經, 沈潛闡繹窮, 晝夜罔倦. 博通典籍, 古今治亂人物臧否, 燦然若指掌.; 같은 책, 159쪽, 172쪽.

12 「孺人靜一堂姜氏誄文」: 嘗愛有周公·爾雅·左氏春秋·近思錄·擊蒙訣諸書, 而閭巷諺稗, 一不經眼.; 같은 책, 173쪽.

13 이영춘, 『강정일당-한 조선 여성 지식인의 삶과 학문』, 「제1편 해제: 강정일당의 생애와 학문」, 가람기획, 2002, 23쪽.

14 『靜一堂遺稿』「附 尺牘」: 允摯堂曰: "我雖婦人, 而所受之性, 初無男女之殊." 又曰: "婦人而不以任姒自期者, 皆自棄也." 然則雖婦人而能有爲, 則亦可至於聖人. 未審夫子以爲何如?; 『국역: 정일당 유고』, 90쪽.

15 「靜一堂詩跋雖」: 其懇懇孜孜於省己誠心之工也, 不覺斂膝更坐.; 같은 책, 188쪽.

16 「靜一堂詩跋雖」: 而我東有師任·允摯兩夫人, 俱有德行, 而師任傳吟詠, 允摯播著述, 最有稱焉. 今孺人, 非特此詩, 好讀四書, 多有箚記, 兼兩夫人之所能.; 같은 글, 188쪽.

17 「行狀」: 人以不學, 無以爲人. 與其棄義而營生, 不若聞道而安貧.; 같은 책, 145쪽.

18 「附 尺牘」: 君子之爲道, 修己治人而已, 日夜孜孜, 猶恐不及. 夫奚暇於閑思慮, 閑言語, 閑酬應, 閑出入, 以自損乎任重致遠之志哉! 請夫子戒之勉之. 人之壽夭窮達, 有命焉. 爲父母者, 信世俗之語, 以敎女子讀書爲大忌, 故婦女往往全不識義理, 甚可笑也.; 같은 책, 90쪽.

19 이영춘, 같은 글, 36쪽.

20 『靜一堂遺稿』「孺人晉州姜氏墓誌銘」: 以故簪珥中, 雖有英資朗識, 未嘗以道學目焉.; 『국역: 정일당 유고』, 161쪽.

21 「挽章」: 古來多女士, 往往播芬芳. 學造精微域, 今聞靜一堂. 探賾天人際, 硏窮性命源. 却將吾道重, 一筆狀閨門. 誰驗吾心體, 能於未發時. 偉哉刀尺上, 存養以爲期.; 같은 책, 183쪽.

22 「行狀」: "天地萬物, 與我一體也. 苟未格一物之理, 則欠吾一知." 自天地·鬼神·卦象·井田, 以至昆蟲·草木, 與夫經史難義·日用所疑, 一一條列, 以質于坦齋. 坦齋隨知隨答, 所不知者, 問于師友而答之.; 같은 책, 152쪽.

23 「行狀」: 學莫先於格致, 今人多不能偕齊, 由其不能格致上用功也.; 같은 책, 151쪽.

24 「行狀」: 人有一言一行之善, 則聞輒入錄, 以爲模楷.; 같은 책, 152쪽.

25 김남이, 「姜靜一堂의 '代夫子作'에 대한 고찰-조선후기 사족여성의 글쓰기와 학문적 토양에 관한 보고서」, 『한국고전여성문학연구』 11, 54쪽.

26 박무영, 「여성한시 창작의 실제 상황」, 이혜순 외, 『한국고전여성작가연구』, 태학사 1999, 205쪽; 김남이, 같은 글, 54쪽.

27 김남이, 같은 글, 72쪽.

28 『국역 정일당유고』, 81쪽.

29 『靜一堂遺稿』「尺牘」: 海石金相公, 嘗謂夫子曰: "某在山亭, 終日, 只對坦園. 見屋上烟生, 則想饘粥之炊否, 見學徒出入, 則知敎授之多少." 此固出於相愛之意, 然又安知非戒? 夫子以固窮樂道篤學誨人耶? 每思其言, 深覺感荷.; 같은 책, 138쪽.

30 같은 책, 134쪽.

31 같은 책, 74쪽.

32 같은 책, 84쪽.

33 『靜一堂遺稿』「尺牘」: 孔顏吾願學, 妊姒子攸期. 志業且相勉, 况玆衰暮時!; 같은 책,

136쪽.

34 「祭文」: 研窮性命之源, 探賾精一之要, 常於應事接物之際, 凡然端坐, 體認未發. 自言: "每行疾恙, 輒收斂端坐, 覰?得誠明之界, 自然神氣和平, 不知疾之去體也.; 같은 책, 167쪽.

35 「詩: 主敬」: (以下年條未考) 萬理原天地, 一心統性情. 若非敬爲主, 安能駕遠程?; 같은 책, 61쪽.

36 「行狀」: 論小學則曰: "身爲萬事之本, 敬爲一身之主, 故敬身一篇, 乃是摠會."; 같은 책, 151쪽.

37 「行狀」: 又曰: "性命之微, 一貫之妙, 無徒作一場空說話, 須先從人事上篤實求之."; 같은 책, 151쪽.

38 「附 尺牘」: 俄聞, 夫子責人, 聲氣過厲, 此非中道也. 如是而設或正其人, 己先不正, 其可乎? 願加審思.; 같은 책, 72쪽, 73쪽, 85쪽.

39 「附 尺牘」: 夫陶情抒感, 達意導志, 是亦儒者之所不可無也. 請於究會六經之暇, 時時從事焉.; 같은 책, 77쪽.

40 「附 尺牘」: 某兒家, 聞四不擧火; 吾家, 則三不炊. 此兒所饋, 不可受. 況非其親之意而渠私自持來, 雖是升米分銅之小, 義則未安. 若向來金童之饋, 則雖是石米之多, 與受旣合情誼, 又以親命爲之, 不宜辭也. 義者, 治之源也; 利者, 亂之樞也. 聞, 或人日來外舍, 多言利說, 恐門生小子習聞其言, 浸浸然入於其中. 夫子何不早遠此人?; 같은 책, 83쪽.

41 「附 尺牘」: 某富人而勸酒三盃, 無乃過歟? 鈴原(尹參判行直)老矣, 湯羹間, 未及接待, 似爲欠事. 此雖小節, 不可不量處也.; 같은 책, 78쪽.

42 같은 책, 98쪽 이하.

43 「詩: 坦園」: 坦園(甲申)坦園幽且靜, 端合至人居. 獨探千古籍, 高臥數椽廬.; 같은 책, 54쪽.

44 「行狀」: 閑居無事, 闔戶端坐, 體認未發.; 같은 책, 149쪽.

45 같은 책, 146쪽 이하.

46 「詩: 聽秋蟬」: 萬木迎秋氣, 蟬聲亂夕陽. 沈吟感物性, 林下獨彷徨.; 같은 책, 61쪽.

47 「詩: 夜坐」: (癸未) 夜久群動息, 庭空皓月明. 方寸淸如洗, 豁然見性情.; 같은 책, 53-54쪽.

48 「祭亡室孺人姜氏文」: 吾有一善, 則非徒喜之, 又加勉焉; 見吾有愆尤, 非徒憂之, 又從以責焉, 必使吾立於中正之域, 爲天地間無過之人. 雖吾闇劣, 未能悉從, 然嘉言格論, 終身服膺, 所以夫婦之間, 嚴若尊師, 肅肅祗祗, 罔或有忽. 每與君坐, 如對神明; 每與君語, 如眼瞑眩. 自今以後, 斯人也, 不可得而復見.; 같은 책, 167쪽.

49 같은 책, 94쪽.

50 「附 別紙」: 師門往復別紙 深衣, 通吉凶之服, 則弔哭亦當服深衣耶? (剛齋答曰: "深衣弔哭, 恐似不穩, 未見明據, 何敢質言?" 性潭答曰: "深衣之著, 凡於吉凶, 何所不可?" 右癸

亥); 같은 책, 93-95쪽.

51 같은 책, 80쪽.

52 이영춘, 같은 글, 35쪽.

53 『靜一堂遺稿』「雜著」: 思嗜錄, 古之人事死如事生, 故齋之日, 思其居處·笑語·志意·所樂 及其所嗜.; 같은 책, 130쪽.

54 『靜一堂遺稿附錄』「挽章」: 城南有女士, 堂靜座無塵, 模範三千禮, 簞瓢四十春.; 같은 책, 176쪽.

55 같은 책, 64-65쪽.

56 「詩: 性善」: 人性本皆善, 盡之爲聖人. 欲仁仁在此, 明理以誠身.; 같은 책, 51쪽.

57 「詩: 勉諸童」: 汝須勤讀書, 毋失少壯時. 豈徒記誦已? 宜與聖賢期.; 같은 책, 58쪽.

58 같은 책, 82-83쪽.

59 같은 책, 79쪽.

60 「尺牘」: 下敎, 水能潤物而粘石不潤, 此似爲下愚而發. 然如使聖人當之, 則安知或因其 一端而化之也? 竊願, 不患其不潤, 而患不能潤.; 같은 책, 133쪽.

61 「尺牘」: 凡民俊秀, 三古之所不棄也. 今書童中, 盧龜詳明, 李嚴敦厚, 劉喆孝謹, 皆可敎 也. 請勿以卑幼而忽之.; 같은 책, 134쪽.

62 「詩」: (夢中詩) 餘生只三日, 慭負聖賢期. 想慕曾夫子, 正終易簀時.; 같은 책, 61쪽.

63 「行狀」: 己巳, 尊姑之喪, 哀毁甚切, 晨夕之哭, 上食之節, 盡其誠禮. 時値荒年, 冬且寒, 嚴家罄銖粒, 而竭力營葬.; 같은 책, 144쪽.

64 「祭亡室孺人姜氏文(三篇)」: 君之于歸, 父母安之, 娣姒宜之, 宗黨稱之, 婢僕依之.; 같 은 책, 164쪽.

65 「祭亡室孺人姜氏文(三篇)」: 室無升斗之儲, 而奉祭祀, 罔或有缺; 囊罄錙銖之資, 而接 賓客, 必盡其歡. 信於踐言, 及期, 則一刻不宿. 明於辭受, 非義, 則一介不取. 急於周濟, 簡於自奉, 嚴於律己, 寬於責人.; 같은 책, p.164ff.

66 「行狀」: 又嘗見朱子子"在同安, 聞鐘一聲, 未絶此心, 已自走作"之語, 每當昏曉鐘時, 默 默體驗. 書童擊水杓爲戲, 疏數無節, 孺人令勻其聲, 以驗此心操捨之頃. 又或持針紉線, 期以從此至彼, 不易此心.; 같은 책, 149쪽.

67 「行狀」: 平居, 無疾言·遽色. 呵叱, 不及於僕隷. 音樂優戲, 喧鬨外庭, 而未嘗窺戶; 夜不 秉燭, 則未嘗下堂. 用財, 則先人而後己; 分飪, 則先死而後生. 善則歸美於人, 過則歸咎 於己.; 같은 책, 148쪽.

68 「行狀」: 自言始患浮撓, 漸至瀜習, 泊晩年, 表裏泰然矣.; 같은 책, 149-150쪽.

69 「挽章」: 篤工惟聖學, 餘事是文章. 夫婦兼師友, 豆邊間几床!.;「挽章」: 君子修身士, 平 生師其婦. 几案間瓶俎, 典謨雜醞韭.; 같은 책, 181-182쪽.

70 「行狀」惟才德兼備知行交須者, 余於孺人見之. 然則如孺人者, 奚止爲女中之君子! 實 女史中所未有也. 余豈或阿其親而溢美乎哉?; 같은 책, 155쪽.

71 Luce Irigary, *Etique de la difference sexuelle*, Paris: Minuit 1984.

72 메리 데일리, 『하나님 아버지를 넘어서』, 황혜숙 옮김, 이대출판부, 1997, 56쪽 참조.

73 『孟子』「盡心下」13: 不仁而得國者有之矣, 不仁而得天下未之有也.

74 『孟子』「盡心下」25: 可欲之謂善 有諸己之謂信.

제2장 한류와 유교 전통 그리고 한국 여성의 살림영성

1 이수연, 『한류 드라마와 아시아 여성의 욕망』, 커뮤니케이션북스, 2008, 104쪽.

2 MBC 뉴스, 2011.4.7.

3 〈한겨레신문〉 2011.9.29, "한 인턴기자 '분노의 글'이 〈도가니〉 만들었다"

4 이은선, 「21세기 한국 여성 리더십에 있어서의 유교와 기독교(I), (II)」, 『동양철학연구』, 제62집, 63집, 2010.5, 2010.8.; 김서세리아, 「강화학의 실학적 특징을 통해 본 한국의 여성 주체성」, 『양명학』 제20호, 2008.7, 221쪽 이하 등을 참조.

5 김상준, 『맹자의 땀 성왕의 피-중층근대와 동아시아 유교문명』, 아카넷, 2011, 270쪽.

6 노버트 엘리아스, 『매너의 역사-문명화 과정』, 유희수 역, 신서원, 1995, 382쪽 이하.

7 이수연, 같은 책, 70쪽.

8 같은 책, 105쪽.

9 『孟子』, 「公孫丑上」8 : 子路, 人告之以有過則喜. 禹聞善言則拜. 大舜有大焉, 善與人同. 舍己從人, 樂取於人以爲善.; 이동준 등 24인, 『동방사상과 인문정신』, 심산, 2007, 31쪽.

10 신윤화/이한우외 편, 『동아시아의 한류』, 전예원, 2006, 61쪽.

11 전혜성, 『여성야망사전』, 중앙books, 2007, 124-125쪽.

12 栗谷, 『聖學輯要』(七)「제4 爲政 下」, 제3장 取善.

13 Hannah Arendt, "What is Freedom?", *Between Past and Future,* Penguin Book, NY, p.155

14 Hannah Arendt, *Men in Dark Times,* A Harvest Book, 1983, p.44.

15 Jean Bethke Elshtain, "Antigone's Daughters", Anne Phillips (ed.), *Feminism and Politics,* NY: Oxford University Press, 1998, p.363-367.

16 존 D. 카푸토, 『종교에 대하여-행동하는 지성』, 최성열 옮김, 동문서현대신서 133, 133쪽 이하.

17 Charles Taylor, *A Secular Age,* The Belknap Press of Harvard University Press, 2007, p. 533ff.

18 *Ibid.*, p.533-534.

19 이수연, 같은 책, 65쪽.

20 퇴계, 『聖學十圖』, 「第2西銘圖」, 「第7仁說圖」.

21 『聖學十圖』,「第7仁說圖」.

22 이기동,「유학의 세 요소와 한국 유학의 상생철학」,『생명과 화쟁』, 동연, 2010, 111쪽.

23 함석헌,『뜻으로 본 한국역사』, 한길사, 1986, 324쪽.

24 같은 책, 68쪽.

25 같은 책, 323쪽.

26 『聖學十圖』「第2西銘圖」.

27 한나 아렌트,『전체주의의 기원』1, 이진우 · 박미애 옮김, 한길사, 2006, 268쪽.

28 『聖學十圖』,「第7仁說圖」:

29 Hannah Arendt, "On the Nature of Totalitarianism", *Essays in Understanding 1930-1954*, Harcourt Brace & Company, 1994, p.337.

30 Hannah Arendt, *The Origins of Totalianism*, A Harvest/HBJ Book 1973, Preface to the first edition, p.ix.

31 栗谷,『聖學輯要』(七)「제4 爲政 下」, 제3장 取善: 蓋以天下之目, 爲目則明無不見, 以天下之耳, 爲耳則聽無不聞, 以天下之心, 爲心則睿無不思, 此聖帝明王所以鼓舞天下, 而不勞心力者也.

32 김병일,『퇴계처럼-조선최고의 리더십을 만난다』, 글항아리, 2012, 013쪽.

33 『孟子』「盡心下」, 不仁而得國者有之矣, 不仁而得天下未之有也.

34 이순형,『한국의 명문 종가』, 서울대학교출판부, 2000, 105쪽.

35 〈한겨레신문〉, 2011.10.12.

36 이동수, "한국 사회에서의 법과 정치-공화민주주의 관점에서",『오늘의 동양사상』제17호, 2007가을 · 겨울, 194쪽.

37 〈한겨레신문〉, "'언제실업자될지 무섭다.' 미중산층붕괴공포", 2011.10.18.

38 『孟子』「滕文公下」9.

39 이수연, 같은 책, 70-71쪽.

40 함석헌,『뜻으로 본 한국 역사』, 함석헌전집1, 한길사, 1986, 제11판.

41 Rosi Braidotti, "In Spite of the Times: The Postsecular Turn in Feminism", The 13th Symposuim of the International Association of Women Philosophers, IAPh 2008 "Multiculturalism and Feminism", Proceedings of the IAPH2008, Ewha Womans University, Korean Association of Feminist Philosophy, pp.44-76 참조.

42 Robert Cummings Neville, *Boston Confucianism*, SUNY Press, 2000.

제3장 21세기 여성 주체성과 유교 전통

1 이은선,「유교와 페미니즘-그 관계의 탐색을 통한 한국적 페미니즘 전망」,『동양철학연구』, 제15집, 1995.

2 한국유교학회 엮음,『유교와 페미니즘』, 철학과 현실사, 2001.

3 이은선,『잃어버린 초월을 찾아서-한국 유교의 종교적 성찰과 여성주의』, 도서출판 모시는사람들, 2009.

4 박용옥,『한국 여성 근대화의 역사적 맥락』, 지식산업사, 2001, 104쪽.

5 박용운 외 지음,『고려 시대사의 길잡이』, 일지사, 2007, 149쪽.

6 Martina Deuchler, *The Confucian Transformation of Korea-A Study of Society and Idelology*, Havard-Yenching Institute Monograph Series, 1992, p.225.

7 노버트 엘리아스,『매너의 역사-문명화의 과정』, 유희수 옮김, 신서원, 1995.

8 송호근,『인민의 탄생-공론장의 구조변경』, 민음사, 2012, 90쪽.

9 김옥희,「류한당 권씨 〈언행실록〉에 관한 연구」,『韓國學報』27, 일조각, 1982.

10 사사키 아타루, 송태욱 옮김,『잘라라, 기도하는 그 손을 : 책과 혁명에 관한 닷새 밤의 기록』, 자음과모음, 2013.

11 『孟子』「盡心上」1.

12 이은선,「종교문화적 다원성과 한국 여성신학」,『한국 생물生物 여성영성의 신학』, 도서출판 모시는사람들, 2011, 29쪽 이하.

13 이은선,「21세기 한국 여성 리더십에 있어서의 유교와 기독교(I)」,『동양철학연구』제62집, 2010.5, 226쪽.

14 이숙인,「유교 가족 담론의 여성주의적 재구성」, 성균관대학교 유교문화원 교육·연구단편,『여성의 발견, 동아시아와 근대』, 청아람 미디어, 2004, 132쪽 참조.

15 김상준,『맹자의 땀 성왕의 피-중층근대와 동아시아 유교문명』, 아카넷, 2011, 156쪽.

16 같은 책, 284-294쪽.

17 이은선,「유교적 몸의 수행과 페미니즘」,『유교 기독교 그리고 페미니즘』, 지식산업사, 2003, 218쪽 이하.

18 Neil L. Whitehead, "are we there yet?", Neil L. Whitehead, and Michael Wesch(eds.), *Human no more-Digital Subjectivities, Unhuman Subjects and the End of Anthropology*, University Press of Colorado, 2012, p. 222.

19 한나 아렌트,『인간의 조건』, 이진우, 태정호 역, 한길사, 2001, 216쪽; Hannah Arendt, *The Human Condition*, The University of Chicago Press, 1958, p.159.

20 『孟子』「公孫丑上」8.

21 Hannah Arendt, *The Origins of Totalitarianism*, A Harvest/HBJ Book, NY&London, 1983, p.457.

22 Hannah Arendt, "What in Freedom?", Hannah Arendt, *Between Past and Future*, NY: Penguine Books 1988, p.149.

23 프레드 달마이어,「"세계의 친구"로서의 하이데거」,『다른 하이데거』, 신충식 옮김, 문학과지성사, 2011, 315-316쪽.

24 전남 영암의 한 종가에서는 제사를 마친 후에 오신 손님들에게 제사 음식을 나누어 주
　　는 의식으로 분포례(分浦禮)라는 것이 있었는데, 이것이 어느 정도의 정성으로 이루어
　　졌는가 하면, 여기서 주인은 제사상에 오른 음식을 하나하나 봉지에 넣고 소쿠리에 잘
　　담아서 노잣돈을 넣은 봉투까지 넣어서 보자기에 싸서 예를 다한 의례로써 건넸다고
　　한다. 이연자,『종가의 삶에는 지혜가 있다』, RHK, 2012, 74쪽.
25 전혜성,『여자야망사전』, 중앙books, 124-125쪽.
26 메리 데일리,『하나님 아버지를 넘어서』, 황혜숙 옮김, 이대출판부, 1997, 56쪽.
27 〈한겨레신문〉, 2011.5.30, "여성이여, 위계 아닌 연계의 세상 위해 노력하라".

제4장 21세기 포스트모던 영성과 큰 배움, 큰 공동체

1 이반 일리치,『성장을 멈춰라』, 이한 옮김, 미토, 2004.
2 이 글은 원래 2013년 9월 27-29일 서강대학교 신학연구소 주관 〈종교영성과 교육〉 심
　포지엄에서 발표한 글을 보완한 것이다.
3 전달수,「가톨릭에서 본 영성신학」,『신학사상』99집, 1997 겨울, 74-75쪽; 이은선,『한
　국여성조직신학 탐구-聖性誠의 여성신학』, 대한기독교서회, 2004, 142쪽.
4 이은선,「세계화 시대 한국 교육의 무한경쟁주이 극복을 위한 인문학적 성찰」,『생물
　권 정치학 시대에서의 정치와 교육-한나 아렌트와 유교와의 대화 속에서』, 도서출판
　모시는사람들, 2013, 209쪽 이하.
5 한나 아렌트,『인간의 조건』, 이진우/태정호 옮김, 한길사, 2002, 217쪽.
6 Hannah Arendt, "What is authority?", *Between Past and Future*, NY: Penguin Book,
　1993, p.121.
7 이은선,「슐라이에르마허의 종교교육론-한국 사회와 교육을 위한 의미와 시사」,『한
　국 교육철학의 새지평-聖性誠의 통합학문적 탐구』, 내일을 여는 책, 2009개정판, 94쪽
　이하.
8 이은선,『잃어버린 초월을 찾아서-한국 유교의 종교적 성찰과 여성주의』, 도서출판 모
　시는사람들, 2009, 58쪽 이하.
9 여기서부터의 글은 본인의 기발표된 논문「『大學』과『中庸』사상의 현대 교육철학적
　해석과 그 의의」,『교육학연구』제39권 제4호, 한국교육학회, 2001, 19-44쪽에서 많은
　부분 발췌하여 다시 가져왔음을 밝힌다.
10 한스 큉/ 줄리아 칭 지음,『중국 종교와 그리스도교』, 이낙선 옮김, 경북 분도출판사,
　 1994; 이은선,「유교적 그리스도론-그리스도론의 교육적 지평확대를 위한 한 시도」,
　『포스트모던 시대의 한국 여성신학』, 경북 분도출판사, 1997, 49쪽 이하.
11 이기동 편역,『大學·中庸 講說』, 성균관대학교출판부, 1991, 21쪽.
12 류영모 옮김 박영호 풀이,『마음길 밝히는 지혜』, 성천문화재단, 1994, 21쪽.

13 같은 책, 22쪽.

14 같은 책, 105쪽.

15 같은 책, 144쪽.

16 같은 책, 105쪽.

17 같은 책, 180쪽.

18 왕양명, 『전습록』中 174, 答羅整菴少宰書: 夫理無內外, 性無內外, 故學無內外 講習 討論, 未嘗非內也;反觀, 內省, 未嘗遺外也. 夫謂學必資於外求, 是以己性爲有外也, 是 「義外」也, 用智者也;謂反觀, 內省爲求之於內, 是以己性爲有內也, 是有我也, 自私者 也:是皆不知性之無內外也. 故曰:「精義入神, 以致用也;利用安身, 以崇德也」:「性之 德也, 合內外之道也」此可以知「格物」之學矣. 「格物」者,《大學》之實下手處, 徹首徹 尾, 自始學至聖人, 只此工夫而已, 非但入門之際有此一段也. 夫「正心」,「誠意」,「致 知」,「格物」, 皆所以「脩身」:而「格物」者, 其所用力, 日可見之地. 故「格物」者, 格其 心之物也, 格其意之物也, 格其知之物也:「正心」者, 正其物之心也:「誠意」者, 誠其物 之意也:「致知」者, 致其物之知也 此豈有內外彼此之分哉? 理一而已:以其理之凝聚而 言則謂之「性」, 以其凝聚之主宰而言則謂之「心」, 以其主宰之發動而言則謂之「意」, 以其?動之明覺而言則謂之「知」, 以其明覺之感應而言則謂之「物」:故就物而言謂之 「格」, 就知而言謂之「致」, 就意而言謂之「誠」, 就心而言謂之「正」. 正者, 正此也;誠 者, 誠此也;致者, 致此也;格者, 格此也;皆所謂窮理以盡性也;天下無性外之理, 無性 外之物. 學之不明, 皆由世之儒者認理爲外, 認物爲外, 而不知「義外」之說, 孟子蓋嘗闢 之, 力至襲陷其內而不覺, 豈非亦有似是而難明者歟 ? 不可以不察也!

19 자크 랑시에르,『무지한 스승』, 양창렬 옮김, 궁리, 2008.

20 같은 책, 15-22쪽.

21 같은 책, 29-30쪽.

22 같은 책, 34, 39쪽.

23 같은 책, 36쪽.

24 왕양명,『전습록』.

25 랑시에르, 같은 책, 227쪽.

26 같은 책, 247쪽.

27 같은 책, 251쪽.

28 강성훈,「랑시에르의 교육학 비판」,『교육철학연구』제35권 제1호, 한국교육철학학회, 2013.03, 1-21쪽; 강성훈 박사의 이 논문을 통해서 나는 랑시에르의 사고가 또 하나의 교육학을 이루려는 사고라기보다는 우리의 '교육학' 자체에 대한 존재 비판으로 읽을 수 있다는 것을 잘 보았다. 이 논문이 보여주는 것처럼 초월과 정치와 교육에 대한 이 해가 포괄적으로 어우러져서 전개되는 랑시에르와 같은 이야기가 한국 사회와 교육계 에 더욱 널리 알려지기를 기대한다.

29 같은 책, 252쪽.

30 이은선, 「탈학교 사회와 한국 생물(生物) 여성영성의 교육」, 『생물권 정치학 시대에서의 정치와 교육-한나 아렌트와 유교와의 대화 속에서』, 223-264쪽.

31 서명석, 「『심경부주』에 드러나는 경의 개념/작용/효과 그리고 그 너머의 교육적 메시지」, 『교육철학연구』제34권 제4호, 한국교육철학학회, 2012.12, 132쪽.

32 장기근 역저, 『퇴계집』, 「聖學十圖를 올리는 箚子」, 명문당, 2003, 263쪽; 이황, 『성학십도』, 이광호 옮김, 홍익출판사, 2001, 95쪽 참조.

33 한나 아렌트, "문화의 위기: 그 사회적 정치적 의미", 『과거와 미래 사이에서』, 서유경 옮김, 푸른숲, 286쪽 이하.

34 이황, 『성학십도』, 「敬齋箴」, 194쪽.

35 지난 여름 퇴계 선생 평생공부의 중요한 터전이었던 경북 봉화의 청량산에 갔다가 그 청량산의 정상 즈음에 자리 잡고 있는 퇴계 암자 청량정사(淸凉精舍)가 "거경대학(居敬大學)"이라는 또 다른 현판을 달고 있는 것을 발견하고서 감동이 컸다. 퇴계 선생도 자신의 일생의 배움과 공부를 바로 이 경에 거하고, 그것을 더욱 갈고 닦아서 온전한 경의 사람이 되는 것으로 삼았다는 것을 알고서 나 자신과 우리 교육을 위해서 마음에 새겼다.

36 Michael C. Kalton, (ed.) *Yi Toegye, To become a sage - Ten Diagrams on sage Learning*, New York Columbia University Press, 1988.

37 『孟子』「盡心下」25 : 何謂善? 何謂信? 曰: 可欲之謂善, 有諸己之謂信.

38 『孟子』「告子上」7 : 故曰: 口之於味也, 有同耆焉; 耳之於聲也, 有同聽焉; 目之於色也, 有同美焉. 至於心, 獨無所同然乎? 心之所同然者何也? 謂理也, 義也. 聖人先得我心之所同然耳. 故理義之悅我心, 猶芻豢之悅我口.

39 『孟子』「盡心上」33 : 王子塾問曰: 士何事? 孟子曰: 尙志.

40 함석헌, 『뜻으로 본 한국역사』, 함석헌전집1, 한길사, 1986 제11판, 354쪽.

41 랑시에르, 같은 책, 257-258쪽

42 한나 아렌트, 『인간의 조건』, 311쪽.

43 이 말은 왕가위 감독의 영화 〈一代宗師〉에서 의미 깊게 들은 말이다. 이렇게 우리 시대는 한 편의 영화가 대학 한 학기의 강의보다 더 많은 것을 주고 있는지도 모르겠다.

제5장 내가 믿는 이것, 한국 생물(生物) 여성정치와 교육의 근거

1 〈한겨레신문〉, 9.11(목), 세월호 해법 연속기고, 한완상, "피로담론을 퍼뜨리는 이 땅의 '선장들'".

2 르웰린 보간리, 『생태영성-지구가 울부짖는 소리』, 김준우 옮김, 한국기독교연구소, 2014, 332쪽.

3 같은 책, 324쪽.

4 한나 아렌트, 『전체주의의 기원』 1, 이진우/박미애 옮김, 한길사, 2006, 280쪽.

5 N. 베르쟈예프, 『노예냐 자유냐』, 이신 역, 늘봄, 2015, 243쪽.

6 한나 아렌트, 『인간의 조건』, 이진우/태정호 옮김, 한길사, 2002, 217쪽.

7 이은선, 「종교문화적 다원성과 한국 여성신학」, 『한국 생물(生物) 여성영성의 신학』, 도서출판 모시는사람들, 2011, 29쪽 이하.

8 『孟子』 「離婁上」 5.

9 여기서 내가 쓰는 개념인 '生物'은 특히 『중용』의 '天地生物之心'에서 얻어온 것으로 '生'을 형용사가 아닌 동사로 먼저 이해하고자 한다. 즉 천지의 만물을 낳고 살리는 일이라는 의미에서 한국 여성들의 오래된 살림과 생명의식을 지시하는 의미이다. 나는 이러한 이해를 하곡의 '생리(生理)'를 이해하는 데도 그대로 적용할 수 있다고 생각한다; 이은선, 「한국 페미니스트 그리스도론과 오늘의 기독교」, 『한국 생물(生物) 여성영성의 신학』, 96쪽 이하.

10 『신편 국역 하곡집』 3, 재단법인 민족문화추진회 옮김, 한국학술정보(주), 2007, 7쪽.

11 이은선, 「라마, 베들레헴, 안산-세월호 참사와 생명의 연속성」, 2014 7.6 안산 단원구 화정감리교회 설교문, http://www.ecumenian.com/; 이은선·이정배, 『묻는다 이것이 공동체인가』, 동연, 2015.

12 〈페스티벌/도쿄2014〉 초청작, 「몇 가지 방식의 대화들」, 2014.9.13-21, 아르코예술극장 소극장, 크리에이티브 VaQi, 팸플릿, 13쪽.

13 Hannah Arendt, *The Origins of Totalitarianism*, , New York and London: A Harvest/HBJ Book, 1983, p.479.

14 『신편 국역 하곡집』 1, 「임술유교(壬戌遺敎)」, 재단법인 민족문화추진회 옮김, 한국학술정보(주), 2007, 294쪽 이하.

15 『신편 국역 하곡집』 3, 「존언(存言)」 上 '一點生理說', 재단법인 민족문화추진회 옮김, 한국학술정보(주), 2007, 87쪽 이하; 一團生氣之元, 一點靈昭之精, 其一(或無一字)箇生理(卽精神 生氣爲一身之生理)者, 宅竅於方寸, 團圓於中極. 其植根在腎, 開華在面, 而其充卽滿於一身, 彌乎天地. 其靈通不測, 妙用不窮, 可以主宰萬理, 眞所謂周流六虛, 變動不居也. 其爲體也, 實有粹然本有之衷, 莫不各有所則, 此卽爲其生身命根, 所謂性也. 只以其生理則曰: "生之謂性", 所謂 "天地之大德曰生". 惟以其本有之衷, 故曰: "性善", 所謂 "天命之謂性". 爲道者, 其實一也, 萬事萬理, 皆由此出焉. "人之皆可以爲堯舜"者, 卽以此也, 老氏之不死 釋氏之不滅, 亦皆以此也.

16 『신편 국역 하곡집』 3, 「존언(存言)」 上 '生理性體說', 143쪽.

17 『신편 국역 하곡집』 3, 「존언(存言)」 上 '仁性心知', 160쪽.

18 『신편 국역 하곡집』 3, 「존언(存言)」 上 '生理虛勢說', 95쪽.

19 『신편 국역 하곡집』 3, 「학변(學辯)」, 48쪽 이하; 김길락, 「하곡 정제두의 심성론 연구」

, 동양예문연구원, 김교빈 편저,『하곡 정제두』, 예문서원, 2005, 203쪽 이하.

20 〈페스티벌/도쿄2014〉초청작,「몇 가지 방식의 대화들」, 2014.9.13-21, 아르코예술극
장 소극장, 크리에이티브 VaQi, 팸플릿, 14쪽.

21 하곡의 생리에 대해서 들은 한 여성 지인이 문기를 여성들이 매달 하는 '생리
(menstruation)와 하곡의 '生理'가 같은 단어인가 했다. 그러한 연결은 생각하지 못했
는데 찾아보니 같았다. 이것은 매우 의미심장한 발견으로서 여성들의 몸이야말로 생
명의 근원, 생신명근이라는 것을 다시 잘 지적해 주는 의미라고 생각한다.

22 〈페스티벌/도쿄2014〉초청작,「몇 가지 방식의 대화들」, 이경성, "연출의 글", 4쪽.

23 한나 아렌트,「진리와 정치」,『과거와 미래사이』, 서유경 옮김, 푸른숲, 2005, 345쪽.

24 한나 아렌트,『인간의 조건』, 이진우·태정호 옮김, 한길사, 2001, 267쪽.

25 김교빈,「하곡 리기론의 구조에 관한 연구」, 동양예문연구원/김교빈 편저, 같은 책,
227쪽; 본인도 유사한 이유로 하곡이 임정종욕의 폐단을 깨달았다고 하는 신해년을
그의 23세 때로 보고자 한다.

26 『신편 국역 하곡집』3,「존언(存言)上」'生理虛勢設', 95쪽; 理性者, 生理耳 蓋生神爲理
爲性, 而其性之本, 自有眞體焉者, 是其性也理也, 故於生神中, 辨其有眞有妄 得主其眞
體焉, 則是爲尊性之學也 故於凡理之中主生理, 生理之中擇其眞理, 是乃可以爲理矣. 이
해영,「하곡 정제두 철학의 양명학적 전개」, 예문동양사상연구원/김교빈 편저, 같은
책, 194-195 번역 참조.

27 『신편 국역 하곡집』3,「존언(存言)上」'生理性體設', 143쪽; 生理之體, 本謂此爾 雖然,
又其一箇活潑生理, 全體生生者, 卽必有眞實之理(體). 無極之極, 而於穆沖漠, 純至一之
體焉者, 是乃其爲理之眞體也. (是乃所謂道者也, 命者也) 人心之神, 一箇活體生理, 全體
惻怛者, 是必有其眞誠惻怛, 純粹至善, 而至微至靜至一之體焉者, 是乃其爲性之本體也.

28 『신편 국역 하곡집』3,「존언(存言)中」'仁性心知', 160쪽.

29 『霞谷集』「筵秦」'戊申 4월 3일', 박연수,「하곡 정제두의 지행일체관」, 예문동양사상
연구원/김교빈 편저, 같은 책, 283쪽 재인용.

30 Hannah Arendt, What is freedom?, Between Past and Future, New York: Penguin
book, 1993.

31 Ibid., p.164ff, 이은선,「한나 아렌트의 탄생성의 교육학과 왕양명의 치량지의 교육사
상」,『생물권 정치학시대에서의 정치와 교육』, 도서출판 모시는사람들, 2013, 133쪽
이하.

32 Hannah Arendt, The Promise of Politics, Schocken Books, New York, 2005, 63ff.

33 Hannah Arendt, "Truth and Politics", Between Past and Future, 232ff.

34 Hannah Arendt, The Promise of Politics, p.66.

35 함석헌, 노명식 지음, "한 동발목의 이야기",『함석헌 다시 읽기』, 책과 함께, 2011, 36쪽.

36 〈페스티벌/도쿄2014〉초청작,「몇 가지 방식의 대화들」, 2014.9.13-21, 아르코예술극

장 소극장, 크리에이티브 VaQi, 공연대화.

37 Hannah Arendt, *The Promise of Politics*, p. 69.

38 「몇 가지 방식의 대화들」, 2014.9.13-21, 아르코예술극장 소극장, 크리에이티브 VaQi, 팸플릿, 13쪽, 9.18일 공연.

39 Hans Jonas, *Das Prinzip Verantwortung*, Frankfurt am Main, Insel Verlag, 1983, 184ff.

40 크리스 메르코글리아노, 『두려움과 배움은 함께 춤출 수 없다』, 공양희 옮김, 민들레, 2002, 223쪽 이하.

41 30여 년 전에 본인이 스위스에 유학하면서 두 아이를 낳고 키우면서 경험했던 스위스 육아정책과 공공육아시스템은 바로 이러한 가정적인 요소와 공공적인 요소를 잘 통합하여서 누구든지 편안하게, 여유를 가지고 아이를 키울 수 있도록 하려는 것이었다고 기억한다. 모유를 먹이는 모든 엄마들에게 그 수고비를 국가가 지급하고, 공공육아에 맡기기 전에 가족적인 환경에서 돌봄을 받을 수 있도록 그런 가정들을 서로 연결하고, 주택과 일자리를 육아와 가족의 삶이 훼손 받지 않도록 하는데 우선 배려하는 모습 등이었다. 그 당시 이미 비정규직이 아닌 정규직으로서의 파트 타임제, 기간제 등이 활성화되었던 것으로 기억한다.

42 Hannah Arendt, "What is Authority?", *Between Past and Future*, p.125.

43 *Ibid.*, 103쪽.

44 *Ibid.*, 93쪽 이하.

45 김낙진, 「정제두의 『중용설』에 나타난 반주자학적 경전 해석」, 동양예문연구원, 김교빈 편저, 같은 책, 316쪽.

46 크리스토퍼 레인, 『만들어진 우울증-수줍음은 어떻게 병이 되었나?』, 이문희 옮김, 한겨레출판, 2009, 「정희진의 어떤 메모」, 〈한겨레신문〉 2014.9.20, 2면.

47 플라톤, 『메논』, 김안중 옮김, 『교사를 일깨우는 사유』, 양은주 엮음, 문음사, 2007, 67-116쪽.

48 한나 아렌트 '권위'의 'authority'라는 단어가 '확장하다.', '증진시키다.'의 'augment'라는 단어에서 파생했고, 그런 의미에서 진정한 권위는 삶을 증진시키고 살찌우는 사람에게 자연스럽게 주어지는 것이라고 지적한다. Hannah Arendt, "What is Authority?", *Between Past and Future,* p.121-122.

49 Hannah Arendt, *The Life of the Mind*, Two/Willing, Appendix/Judging, NY&London:Yale University Press, 1982, p.266ff.

50 이은선, 「한나 아렌트의 탄생성의 교육학과 왕양명의 치량지의 교육사상-공적 감각과 지행합일의 인간교육을 위해서」, 『생물권 정치학 시대에서의 정치와 교육』, 148쪽 이하. 이애순 할머니는 어려운 환경과 많은 나이에도 불구하고 자신이 무엇을 좋아하는지, 옷과 신발과 음식과 색깔을 선택하는데 있어서 분명한 취향을 가지고 있다. 자신에게 기쁨을 주는 일이 무엇인지, 요가와 산에 가서 정상에 올라가서 아래를 내려다보

며 사진 찍어서 사위에게 보내는 일 등, 나름의 취미와 판단을 분명히 내보인다.

51 『신편 국역 하곡집』3, 「학변(學辯)」, 76쪽.

52 『신편 국역 하곡집』3, 「존언(存言)中」, 181쪽.

53 『신편 국역 하곡집』3, 「존언(存言)下」, '聖人之學心學', 197쪽.

54 『신편 국역 하곡집』1, 「유교(遺教)」, 296쪽; 정인재, 『양명학의 정신』, 세창출판사, 2014, 413쪽.

55 『신편 국역 하곡집』3, 「존언(存言)下, '문무지도(文武之道)', 209쪽; 이 구절의 번역을 위해서 유승국, 「하곡 철학의 양명학적 이해」, 동양예문연구원/김교빈 편저, 같은 책, 160쪽; 이경룡 박사가 이끄는 강화도 하곡학연구원이 편한 「존언(存言)」 등을 살폈다; 吾學求諸內而不求諸外, 所謂求諸內者, 非反觀內省而絶外物也. 惟求其自慊於內, 不復事於外之得失. 惟盡其心之是非, 不復徇於人之是非, 致其實於事物之本, 不復拘於事爲之跡也. 在於吾之內而已, 豈與於人哉?

56 『신편 국역 하곡집』1, 「筵奏」, 200쪽.

57 같은 글, 221쪽, 225쪽.

58 같은 글, 227-228쪽.

59 Hannah Arendt, *The Life of the Mind*, One/Thinking, p.94-96.

60 같은 글, 166쪽.

61 이은선, 「한국 여성민중(생명)영성과 여성 그리스도의 도래」, 『한국 생물 여성영성의 신학』, 도서출판 모시는사람들, 2011, 201쪽.

62 반다나 쉬바, 「안나다나: 밥이라는 선물」, 르웰린 보간리 엮음, 『생태 영성-지구가 울부짖는 소리』, 139-141쪽; 이 인용에서 나는 원래 '음식'이라고 표현된 것을 '밥'으로 바꾸었고, 전혀 이상이 없음을 본다.

63 J.H. Pestalozzi, 『은자의 황혼』, 이은선, 「뜨거운 영혼의 사상가, 페스탈로찌」, 『한국 교육철학의 새지평-聖性誠의 통합학문적 탐구』, 내일을 여는 책, 2000, 197쪽 이하.

제2부 다른 기독교

제1장 한국 천지생물지심의 영성과 기독교 영성의 미래

1 〈한겨레신문〉, 2012.7.28. 3면.

2 변선환, "비서구화와 제3세계 신학 특히 스리랑카의 알로이시우스 피에리스신부를 중심으로", 『종교간 대화와 아시아신학』(변선환전집1), 변선환 아키브 편집, 한국신학연구소, 1996, 239-241쪽.

3 한나 아렌트, 『인간의 조건』, 이진우/태정호 옮김, 한길사, 2001, 313쪽 이하; Arendt,

The Human Condition, The University of Chicago Press, 1958, p.248.

4 이은선, 「변선환의 한국적 신학과 다원주의 그리고 여성주의-기독론을 중심으로」, 변선환 아키브, 『변선환 신학 새로 보기』, 대한기독교서회, 2006.

5 김상준, 『맹자의 땀 성왕의 피-중층근대와 동아시아 유교문명』, 아카넷, 2011, 270쪽.

6 알랭 바디우, 『사도바울』, 현성환 옮김, 새물결, 2008, 17쪽.

7 한나 아렌트, 『전체주의의 기원』1/2, 이진우·박미애 옮김, 한길사, 2006: Hannah, *The Origins of Totalitarianism*, A Harvest/HBJ Book 1973.

8 한나 아렌트, 『인간의 조건』, 이진우, 태정호 역, 한길사, 2001, 216쪽; Hannah Arendt, *The Human Condition*, The University of Chicago Press, 1958, p.159.

9 알랭 바디우, 같은 책, 33-34쪽.

10 이기동, 「유학의 세 요소와 한국 유학의 상생철학」, 『생명과 화쟁』, 동연, 2010, 111쪽.

11 Hannah, *The Origins of Totalitarianism*, p.440.

12 Hannah Arendt, "On the Nature of Totalitarianism", *Essays in Understanding 1930-1954*, Harcourt Brace & Company, 1994, p.356.

13 박혁, "사멸성, 탄생성 그리고 정치-한나 아렌트에게 있어서 사멸성과 탄생성의 인간 조건이 갖는 정치적 함의", 『민주주의와 인권』, 2009년, 제9권 2호, 5.18연구소, 266쪽.

14 Hannah Arendt, *The Promise of Politics*, (ed.), Jerome Kohn, Schocken Books, New York 2005, p.108.

15 Hannah Arendt, 'What is Freedom?', Hannah Arendt, *Between Past and Future*, NY: Penguin Books 1968, p. 152.

16 *Ibid.*, p.152-153.

17 Hannah Arendt, *Hannah Arendt For Love of the World*, Yale University Press 1982, p.19.

18 퇴계, 『聖學十圖』, 「第2西銘圖」, 「第7仁說圖」.

19 『聖學十圖』, 「第7仁說圖」.

20 Hannah Arendt, *The Origies of Totalitarianism*, p.458.

21 『聖學十圖』, 「第7仁說圖」.

22 이은선, "한국적 페미니스트 그리스도론과 오늘의 기독교", 『한국 생물(生物) 여성영성의 신학-종교聖, 여성性, 정치誠의 한몸짜기』, 도서출판 모시는사람들, 2011, 98쪽.

23 참조: Hyo-Dong Lee, "Empty and tranquil, and without any sign, and yet all things are already luxuriantly present-A comparative theological reflection on the manifold Spirit", *Polydoxy-Theology of Multiplicity and Relation*, (ed.) Catherine Keller and Laurel C. Schneider, Rdge, p.134. 이번 글을 쓰면서 재미 한국 소장신학자 이효동 교수도 퇴계의 '천지생물지심'에 주목하면서 자신의 다원적 신학사상을 심도 있게 펼치는 것을 보고 매우 반가웠다. 그는 이 개념을 "the fecund heart-mind of Heaven

and Earth"라고 번역하였는데, 필자는 2011년 샌프란시스코에서 열린 미국종교학회 (AAR) 미팅에서 "Korean Confucianism and Women's Subjectivity in the Twenty-first Century"를 발표하면서 "Heaven-and-earth's mind-and-heart of giving life to things"로 번역하였었다.

24 곽신환, 『주역의 이해-주역의 자연관과 인간관』, 서광사, 1990, 110-120쪽.

25 Hans Saner, *Geburt und Phantasie*, Basel 1979, p.11, 박혁, 같은 논문, 267쪽 재인용.

26 Hannah Arendt, *For Love of the World*, p.14.

27 Hanna Arendt, *The Life of Mind*, One-Volume Edition, HBJ Book, Two/Willing, p.172ff.

28 이은선, 「종교문화적 다원성과 한국 여성신학」, 『한국 생물(生物) 여성영성의 신학-종교聖, 여성性, 정치誠의 한몸짜기』, 29쪽.

29 Catherine Keller, "Be a multiplicity-Ancestral anticipations", *Polysoxy-Theology of Multipliticity and Relation*, (ed.) Catherine Keller and Laurel C. Schneider, p.88.

30 함석헌, 『뜻으로 본 한국역사』, 한길사, 1986, 68쪽.

31 같은 책, 323쪽.

32 곽신환, 같은 책, 123쪽 참조.

33 Hannah Arendt, *The Human Condition*, p.247; 한나 아렌트, 『인간의 조건』, 312쪽.

34 같은 책.

35 같은 책, 54쪽.

36 Mary-Jane Rubenstein, "Undone be each other-Interrupted sovereignty in Augustine's Confessions", (ed.) Catherine Keller and Laurel C. Schneider, op.cit., p.120ff.

37 Hannah Arendt, 'What is Authority?', Hannah Arendt, *Between Past and Future*, p. 126.

38 *Ibid.*, 125ff.

39 Hannah Arendt, *Men in Dark Times*, A Harvest Book 1968, p.73.

40 참조, 이승환, "누가 감히 '전통'을 욕되게 하는가?", 『전통과 현대』, 1997 여름, 184쪽.

41 『맹자』 「盡心章 上」, 15: 親親, 仁也; 敬長, 義也. 無他, 達之天下也.

42 장하준, 『나쁜 사마리아인-장하준의 경제학 파노라마』, 이순희 옮김, 부키, 2007, 35쪽.

43 김비환, "아렌트의 '정치적 헌정주의'", 홍원표 외, 『한나 아렌트와 세계사랑』, 인간사랑 2009, 303-344쪽.

44 Hannah Arendt, 'The Crisis in Education', Hannah Arendt, *Between Past and Future*, p.173ff.

45 Hannah Arendt, *The Human Condition*, p.64; 한나 아렌트, 『인간의 조건』, 118쪽.

46 *Ibid.*, p.60.

47 *Ibid.*, p.62.

48 『孟子』,「滕文公下」9장.

49 이은선, "성과 가족 그리고 한국교육철학의 미래", 『교육철학』제33집, 2005.2; 조한혜정, "'보이지 않는 가슴' 되살려낼 육아정책", 〈한겨레신문〉오피니언, 2012.7.25.

50 Judith Butler, *Giving An Account of Oneself*, Fordhan University Press, 2004.

51 서유경, 「버틀러(J. Butler)의 '수행성 정치'이론의 정치학적 공헌과 한계」, 『대한정치학회보』제19집 2호, 2011.10월, 대한정치학회, 55쪽.

52 파커 J. 파머, 『비통한 자들을 위한 정치학-왜 민주주의에서 마음이 중요한가』, 김찬호 옮김, 글항아리, 2012.

53 이은선, 「에큐메니컬 운동의 미래와 한국적 聖性誠의 여성신학」, 『한국 생물(生物) 여성영성의 신학-종교聖, 여성性, 정치誠의 한몸짜기』, 332쪽 이하.

54 Crista Grenholm, *Motherhood and Love-beyond the gendered stereotypes of theology*, trans. by Marie Taqvist, Eerdmans Publishing Company 2011, p.60.

55 *Ibid.*, p.166.

56 *Ibid.*, p.188.

57 James Newton Poling and HeeSun Kim, *Korean Resources for Pastoral Theology-Dance of Han, Jeong and Salim*, Pickwick Publications, 2012. 최근 베니스 국제영화제에서 최고상을 받은 김기덕 감독의 영화 〈피에타〉도 나는 매우 극적으로 과격하게 바로 이러한 모성에 대해서 천착한 시대적 산물이라고 생각한다. 물론 거기에 대해서 많은 논의를 할 수 있지만 '피에타'라고 하는 서구 신학의 핵심 상징으로 한국 문화와 전통에서 배태된 모성성에 대한 사고를 표현해 주었고, 그것이 세계 보편적으로 공감을 얻었다는 것은 한국 모성의 의미와 그러나 오늘날 그 모성이 오늘 한국 사회에서 어떻게 망가져 있는지를 잘 지적해 준 것이라고 이해하고자 한다.

58 김은혜, 「한국 사회의 가족해체와 가족신학의 정립의 필요성」, 『한국여성신학』, 2012 여름 제75호 재수록, 11-40쪽.

59 존 D. 카푸토, 『종교에 대하여-행동하는 지성』, 최생열 옮김, 동문선, 현대신서, 133쪽 이하.

60 함석헌, 「새 시대의 종교」, 『새 시대의 종교』함석헌 저작집 14, 74쪽.

제2장 인(仁)의 사도 함석헌의 삶과 사상

1 노명식, 『함석헌 다시 읽기』, 책과 함께, 2011, 5쪽; 원출처는 함석헌 선생이 1959년에 쓰신 「물아래서 올라와서」라는 글이다.

2 함석헌, 「나의 인생 노트, 1973」, 같은 책, 31쪽.

3 함석헌, 「하나님의 발길에 채어서I, 1970」, 같은 책, 135쪽.

4 본인이 여기서 함석헌 사상의 '유교적' 뿌리를 생각하면서 굳이 그것을 양명학 등으로

세분화하지 않은 이유는 우선 양명학도 포함해서 그의 사상의 유교적 연관성을 밝히기 위해서이다. 물론 널리 알려진 대로 그의 스승 유영모 선생이 양명학을 매우 좋아하셨고, 그의 또 다른 제자 김흥호 선생이 양명의 『전습록』을 모두 다시 읽고서 『양명학 공부』(솔출판사)로 펴내면서 그들의 공부가 바로 양명학을 '입성지문(入聖之門)'으로 삼고서 이루어진 것이라는 사실을 드러냈지만, 여기서는 특별히 양명학을 구분하지 않았다. 함석헌 자신도 오산학교 시절 자신의 스승 유영모 선생이 그의 방에 양명의 '험이(驗夷)'라는 시를 걸어두고 사셨다는 것을 언급했지만 특별히 양명학을 유교로부터 의식적으로 구분하지 않은 것으로 보인다.

5 함석헌, 『뜻으로 본 한국역사』 함석헌전집1, 한길사, 1986, 제11판, 94쪽.

6 같은 책, 116쪽.

7 같은 책, 207-212쪽.

8 같은 책, 206쪽.

9 함석헌, 「나라는 망하고, 1959」, 노명식 지음, 같은 책, 69쪽.

10 함석헌, 「한 동발목의 이야기, 1971」, 같은 책, 36쪽.

11 함석헌, 『새시대의 종교』 함석헌저작집 14, 한길사, 2009, 74쪽.

12 함석헌, 「남강(南崗)·도산(島山)·고당(古堂), 1959」, 노명식 지음, 같은 책, 248쪽 이하.

13 함석헌, 「나의 어머니」, 같은 책, 50-52쪽.

14 같은 글, 53쪽.

15 같은 글, 53쪽.

16 같은 글, 56쪽.

17 같은 글, 56쪽.

18 함석헌, 「내가 겪은 관동대진재(關東大震災), 1973」, 같은 책, 192쪽.

19 같은 글, 195쪽.

20 함석헌, 「나는 왜 『씨알의 소리』를 내나」, 같은 책, 657쪽.

21 함석헌, 「나의 어머니」, 같은 책, 56쪽.

22 함석헌, 「내가 겪은 관동대진재(關東大震災), 1973」, 같은 책, 182쪽.

23 『孟子』「告子上」11. 孟子曰 仁人心也, 義人路也. 仁者 心之德, 程子所謂心如穀種, 仁則其生之性 是也.

24 이황, 『성학십도』, 이광호 옮김, 홍익출판사, 2001, 188쪽, 朱子曰: "仁者, 天地生物之心, 而人之所得以爲心."

25 함석헌, 『뜻으로 본 한국역사』, 25-26쪽.

26 같은 책, 88쪽.

27 같은 책, 29쪽.

28 같은 책, 38쪽.

29 함석헌, 「하나님의 발길에 채어서I, 1970」, 노명식 지음, 같은 책, 151쪽.

30 신재식, 「함석헌의 씨알사상에서 진화론적 사유의 성격 조명」, 『함석헌 연구』제2원제
1호, 2011 상반기, 씨알사상연구원, 18쪽.

31 함석헌, 『뜻으로 본 한국역사』, 320-321쪽.

32 같은 책, 48쪽.

33 같은 책, 322쪽.

34 함석헌, 『뜻으로 본 한국역사』, 321쪽.

35 같은 책, 305쪽.

36 함석헌, 「죽을 때까지 이 걸음으로」, 노명식 지음, 같은 책, 124쪽.

37 함석헌, 「하나님의 발길에 채어서 II」, 같은 책, 215쪽.

38 함석헌, 『뜻으로 본 한국역사』, 324-325쪽.

39 함석헌, 「하나님의 발길에 채어서 II」, 노명식 지음, 같은 책, 222쪽.

40 같은 글, 217쪽.

41 함석헌, 「남강(南崗), 도산(島山), 고당(古堂)」, 같은 책, 233쪽.

42 함석헌, 「내가 맞은 8.15」, 같은 책, 319쪽.

43 함석헌, 「성서적 입장에서 본 조선역사」, 같은 책, 421쪽 이하; 함석헌, 『뜻으로 본 한
국역사』, 323쪽 이하.

44 함석헌, 『뜻으로 본 한국역사』, 328쪽.

45 『孟子』「公孫丑上」8.

46 栗谷, 『聖學輯要』(七) 제4 爲政 下, 제3장 取善: 蓋以天下之目, 爲目則明無不見, 以天
下之耳, 爲耳則聽無不聞, 以天下之心, 爲心則睿無不思, 此聖帝明王所以鼓舞天下, 而
不勞心力者也.

47 함석헌, 「하나님의 발길에 채어서 I」, 노명식 지음, 같은 책, 138쪽.

48 함석헌, 「하나님의 발길에 채어서 I」, 노명식 지음, 같은 책, 138-140쪽.

49 함석헌, 「이단자가 되기까지, 1959」, 286쪽.

50 함석헌, 「내가 맞은 8.15」, 같은 책, 316쪽.

51 함석헌, 「조선에 기독교가 필요하냐」, 353쪽.

52 함석헌, 「무교회신앙과 조선, 1936」, 367쪽.

53 같은 글, 365쪽.

54 함석헌, 「무교회신앙에 대하여, 1936」, 같은 책, 383쪽.

55 같은 글, 391쪽.

56 함석헌, 「이단자가 되기까지, 1959」, 같은 책, 298쪽.

57 같은 글, 299쪽.

58 같은 글, 300쪽.

59 같은 글, 300쪽.

60 같은 글, 274-277쪽.

61 함석헌 ,「맹자에게서 배운다」,『씨알의 옛글풀이』, 함석헌 저작집 24, 383쪽 이하.

62 『孟子』,「告子上」7:

63 함석헌,「말씀모임, 1957」, 노명식 지음, 같은 책, 566쪽.

64 함석헌,「기독교 교리에서 본 세계관, 1954」, 같은 책, 467쪽.

65 같은 글, 475쪽.

66 같은 글, 479쪽.

67 함석헌,「한 배움」, 493쪽.

68 같은 글, 486쪽.

69 함석헌,「말씀 모임」, 568쪽.

70 이은선,「국제화시대 한국교육의 '무한경쟁주의' 극복을 위한 인문학적 성찰」,『교육
   철학』제41집, 2008. 2, 214ff.

71 함석헌,「씨알의 설움」, 같은 책, 528-529쪽.

72 함석헌,「새 삶의 길」,『인간혁명』, 함석헌 저작집 2, 210쪽.

73 함석헌,「기독교 교리에서 본 세계관」, 노명식, 같은 책, 475, 477쪽.

74 함석헌,「내가 맞은 8.15」, 같은 책, 310쪽.

75 함석헌,「남강(南崗)·도산(島山)·고당(古堂) 1959」, 같은 책, 248쪽, 254쪽.

76 함석헌,「대선언」,『수평선 너머』, 함석헌 저작집 23, 326쪽.

77 함석헌,「흰 손」, 같은 책, 426쪽.

78 함석헌,「삼천만 앞에 울음으로 부르짖는다」, 노명식 지음, 같은 책, 630쪽.

79 함석헌,「한 배움」, 같은 책, 484-485쪽.

80 같은 글, 490쪽.

81 같은 글, 494쪽.

82 함석헌,「씨알의 설움」, 같은 책, 527쪽.

83 같은 글, 527쪽.

84 같은 글, 528쪽.

85 같은 글, 527쪽.

86 같은 글, 531쪽.

87 함석헌,「옷을 팔아 칼을 사라」, 같은 책, 548-549쪽.

88 함석헌,「한 배움」, 508쪽.

89 Hannah Arendt, "On the Nature of Totalitarianism", *Essays in Understanding 1930-
   1954*, Jerome Kohn (ed.), Harcourt Brace & Company 1993, p.337.

90 함석헌,『뜻으로 본 한국역사』, 340쪽.

91 함석헌,「한 배움」, 노명식 지음, 같은 책, 505쪽.

92 함석헌,『씨알의 옛글풀이』,「한 사람 : 왕양명, 대학문」, 455-458쪽.

93 함석헌, 『뜻으로 본 한국역사』, 299쪽.

94 함석헌, 「내가 맞은 8.15」, 노명식 지음, 같은 책, 320쪽.

95 함석헌, 「5.16을 어떻게 볼까」, 같은 책, 623쪽.

96 함석헌, 「새 시대의 종교」, 『새 시대의 종교』, 함석헌 저작집 14, 74쪽.

97 같은 글, 40, 63쪽.

98 같은 글, 64쪽.

99 같은 글, 63쪽.

100 같은 글, 74, 75쪽.

101 Yi Toegye, *To Become a Sage-The ten Diagrams on Sage Learning*, trans., ed., by Michael C. Kalton, New York Columbia UNiversity Press 1988.

102 김조년, 「함석헌의 그리스도교 이해(1)」, 『함석헌 연구』 제1권 제1호, 2010 상반기, 씨알사상연구원, 105쪽.

103 함석헌, 「새 시대의 종교」, 24쪽.

104 함석헌, 『뜻으로 본 한국역사』, 279쪽.

105 함석헌, 「삼천만 앞에 울음으로 부르짖는다」, 노명식 지음, 같은 책, 642쪽.

106 함석헌, 『뜻으로 본 한국역사』, 354쪽.

107 같은 책, 365쪽.

108 함석헌, 「한 배움」, 505쪽.

109 같은 글, 504쪽.

110 함석헌, 「씨알의 설움」, 526쪽.

111 김경재, 「종교시에 나타난 하나님 이해」, 씨알사상연구회 편, 『씨알 생명 평화-함석헌의 철학과 사상』, 한길사, 2007, 458쪽.

112 함석헌, 『뜻으로 본 한국역사』, 41쪽.

제3장 왕양명의 양지와 함석헌의 '씨올', 생물권정치학 시대를 위한 존재 사건

1 김경재, 「함석헌의 종교사상」, 『씨올의 소리』, 100호, 1988.4; 강돈구, 「유영모 종교사상의 계보와 종교 사상사적 의의」, 김흥호·이정배 편, 『多夕 유영모의 동양사상과 신학』, 솔, 2002, 369쪽 재인용.

2 필자는 지난 2012년 2월 25일 〈씨올사상연구원(함석헌기념사업회)〉의 월례회에서 「仁의 사도 함석헌 선생님-함석헌 사상의 유교적 뿌리에 대하여」라는 글을 발표하였고, 그 글을 보완하여 「仁의 사도 함석헌 사상의 유교적 뿌리에 대하여」의 제목으로 『陽明學』 제33호, 2012.12에 실었다. 한편 최재목 교수가 2012년 4월에 함석헌학회 춘계학술대회에서 발표한 글(「咸錫憲과 陽明學」, 『陽明學』 제32호, 2012.8)이 이 둘에 대한 첫 번째의 본격적인 비교연구라고 생각한다.

3 류승국, 「한국 근대사상사에서 양명학의 역할」, 『한국 사상의 연원과 역사적 전망』, 유교문화연구소 유교문화연구총서 10, 2009, 417-442쪽.

4 최재목, 「咸錫憲과 陽明學」, 『陽明學』제32호, 2012.8, 164쪽.

5 송호근, 『인민의 탄생』, 민음사, 2012.

6 이은선, 「21세기 한국 여성 리더십에서의 유교와 기독교 I」, 『東洋哲學硏究』, 제62집, 2010.5, 205-242쪽.

7 프레드 달마이어, 『다른 하이데거』, 신충식 옮김, 문학과 지성사, 2011, 95쪽 이하, 385쪽.

8 리처드 J. 번스타인, 『한나 아렌트와 유대인 문제』, 김선욱 옮김, 아모르 문디, 2009, 107쪽.

9 이은선, 『생물권 정치학 시대에서의 정치와 교육-한나 아렌트와 유교와의 대화 속에서』, 도서출판 모시는사람들, 2013, 5쪽.

10 Neil L. Whitehead and Michael Wesch(eds.), *Human no more-Digital Subjectivities, Unhuman Subjects and the End of Anthropology*, University Press of Colorado, 2012, p. 218.

11 여기서부터 이어지는 양명 사상에 대한 서술은 이미 기존에 나와 있는 본인의 여러 논문들에서 많이 인용했음을 밝힌다. 이은선, 「양명공부법의 교육철학적 의의」, 『동양철학연구』, 제24집, 동양철학연구회, 2001.

12 『傳習錄』上, 103조, 先生謂學者曰, 爲學須得箇頭腦, 工夫方有着落 縱未能無間, 如舟之有舵, 一提便醒. 본 논문에서 따른 양명의 『傳習錄』은 김홍호의 『양명학공부』1, 2, 3 이 사용한 臺灣商務印刷館의 『傳習錄』이다. 그 해석에서는 *Instructions for Practical Living and Other Neo-Confucian Writings by Wang Yang-Ming,* Trans. by Wing-tsit Chan, Columbia University Press, New York을 많이 참조하였다.

13 『傳習錄』上 100조, 蓋所以爲精金者, 在足色, 而不在分兩 所以爲聖者, 在純乎天理, 而不在才力也. 故雖凡人, 而肯爲學, 使此心純乎天理, 則亦可爲聖人. 猶一兩之金, 此之萬鎰. 分兩雖懸絶, 而其到足色處, 可以無愧. 故日人皆可以爲堯舜者以此.

14 전목, 『주자학의 세계』, 이완재·백도근 역, 이문출판사, 1989, 81쪽 이하.

15 『傳習錄』中 133조: 故有孝親之心, 卽有孝之理, 無孝親之心, 卽無孝之理矣 有忠君之心, 卽有忠之理, 無忠君之心, 卽無忠之理矣 理豈外於吾心邪?

16 『前習錄』上 32조: 虛靈不昧, 衆理而萬事出. 心外無理 心外無事.

17 『傳習錄』上 68조: 「與其爲數頃無源之塘水, 不若爲數尺有源之井水, 生意不窮」. 時先生在塘邊坐 傍有井, 故以之喩學云.

18 한국의 하곡학자들은 하곡 정제두의 사상 속에서 이 '生理'의 사상이 잘 전개된 것에 주목한다. 정제두의 생리사상이 양명의 의식과 어느 정도로 연결되어 있는가 하는 점에서는 논의가 있지만 본 연구자는 『易經』을 매우 가까이 했던 양명의 의식에 이미

이 生意와 生理에 대한 의식이 뚜렷했던 것을 본다. 김연재,「생태역학에서 본 정제두의 생명미학」,『양명학과 지구, 생명 그리고 공생』, 제7회 강화양명학 국제학술대회, 2010.10.08, 한국양명학회, 41쪽 이하.

19 함석헌,「내가 겪은 관동재진재」, 노명식 전집 4,『함석헌 다시 읽기』, 책과 함께, 2011, 180-181쪽.

20 같은 글, 180쪽.

21 같은 글, 182쪽.

22 같은 글, 182쪽.

23 같은 글, 192쪽.

24 같은 글, 165-167쪽.

25 『傳習錄』中 4조, 心一而已. 以其全體惻怛而言謂之仁, 以其得宜而言謂之義, 以其條理而言謂之理. 不可外心以求仁, 不可外心以求義, 獨可外心以求理乎? 外心以求理, 此知行之所以二也. 求理於吾心, 此聖門知行合一之敎, 吾子又何疑乎!

26 『傳習錄』下 26조, 此須識我立言宗旨. 今人學問, 只因知行分作兩件, 故有一念發動, 雖是不善, 然卻未曾行, 便不去禁止. 我今說箇知行合一, 正要人曉得一念發動處, 便卽是行了.

27 줄리아 칭,『지혜를 찾아서-왕양명의 길』, 이은선 옮김, 분도출판사, 1998, 110쪽 이하.

28 『傳習錄』上 6조, 先生曰, 然. 身之主宰便是心. 心之所發便是意. 意之本體便是知. 意之所在便是物. 如意在於事親, 卽事親便是一物. 意在於事君, 卽事君便是一物. 意在於仁民愛物, 卽仁民愛物便是一物. 意在於視聽言動, 卽視聽言動便是一物. 所以某說無心外之理, 無心外之物.

29 『傳習錄』上 31조.

30 The Philosophical Letters of Wang Yang-ming, tr. and ann. by Julia Ching, South Carolina 1972, p.98.

31 『傳習錄』中 173조, 夫學貴得之心. 求之於心而非也, 雖其言之出於孔子, 不敢以爲是也, 而況其未及孔子者乎? 求之於心而是也, 雖其言之出於庸常, 不敢以爲非也, 而況其出於孔子者乎?

32 The Philosophical Letters of Wang Yang-ming, p.67.

33 『傳習錄』中 176조, 夫道, 天下之公道也, 學, 天下之公學也, 非朱子可得而私也, 非孔子可得而私也, 天下之公也, 公言之而已矣.

34 함석헌,「성서적 입장에서 본 조선역사」,『함석헌 다시 읽기』, 148쪽.

35 같은 글, 140쪽.

36 함석헌,「하나님의 발길에 채여서 II」, 같은 책, 214쪽.

37 함석헌,「성서적 입장에서 본 조선역사」, 같은 책, 419쪽.

38 함석헌,『뜻으로 본 한국역사』함석헌전집1, 한길사, 1986 제11판, 16쪽.

39 함석헌, 「하나님의 발길에 채어서 I」, 『함석헌 다시 읽기』, 154쪽.

40 함석헌, 「네째판에 부치는 말」, 『뜻으로 본 한국역사』함석헌전집1, 17쪽.

41 함석헌, 「이단자가 되기까지」, 『함석헌 다시 읽기』, 301쪽.

42 같은 글, 274-277쪽.

43 이은선, 「仁의 사도 함석헌 사상의 유교적 뿌리에 대하여」, 『陽明學』제33호, 2012.12, 308쪽 이하.

44 쥴리아 칭, 『지혜를 찾아서-왕양명의 길』, 이은선 옮김, 분도출판사, 1998.

45 『傳習錄』中 137조 "心者, 身之主也, 而心之虛靈明覺, 卽所謂本然之良知也. 其虛靈明覺之良知, 應感而動者, 謂之意. 有知而後有意, 無知則無意矣. 知非意之體乎?"

46 『傳習錄』下 205조, "爾那一點良知, 是爾自家底準則. 爾意念著處, 他是便知是, 非便知非, 更瞞地一些不得. 爾只不要欺他, 實實落落, 依著他做去, 善便存, 惡便去, 他這裡何等穩當快樂? 此便是『格物』的眞訣, 『致知』的實功"

47 『傳習錄』下 9조, 先生曰, 人若知這良心訣竅, 隨他多少邪思枉念, 這裏一覺, 都自消融, 眞箇是靈丹一粒, 點鐵成金.

48 『傳習錄』中 44조, 古之敎者, 敎以人倫, 後世記誦詞章之習起, 而先王之敎亡. 今敎童子, 惟當以孝弟忠信禮義廉恥爲專務, 其栽培涵養之方, 則宜誘之歌詩以發其志意, 導之習禮以肅其威儀, 諷之讀書以開其知覺. 今人往往以歌詩習禮爲不切時務, 此皆末俗庸鄙之見, 烏足以知古人立敎之意哉!

49 이은선, 「종교성과 생태적 감수성 : 생명교육의 한 예시」, 한명희 외, 『종교성, 미래교육의 새로운 패러다임』, 학지사, 2007, 126쪽 이하.

50 『傳習錄』中 12조, 聖學旣遠, 霸術之傳積已深, 雖在賢知, 皆不免於習染, 其所以講明修飾, 以求宣暢光復於世者, 僅是以增霸者之藩籬, 而聖學之門牆, 遂不復可覩, 於是乎有訓詁之學, 而博之以爲名, 有記誦之學, 而言之以爲博, 有詞章之學, 而侈之以爲麗, 若是者, 紛紛籍籍, 聖超角立於天下, 又不知其幾家, 萬徑千蹊, 莫知所適. … 蓋至於今, 功利之毒淪浹於人之心髓, 而習以成性也, 幾千年矣. 相矜以知, 相軋以勢, 相爭以利, 相高以技能, 相取以聲譽, 其出而仕也, 理錢穀者則欲兼夫兵刑, 典禮樂者又欲與於銓軸, 處郡縣則思藩臬之高, 居臺諫則望宰執之要. 故不能其事則不得以兼其官, 不通其說則不可以要其譽, 記誦之廣, 適以長其放他, 知識之多, 適以行其惡也, 聞見之博, 適以肆其辨也, 辭章之富, 適以飾其僞也.

51 같은 글, 蓋至於今, 功利之毒淪浹於人之心髓, 而習以成性也, 幾千年矣.

52 『傳習錄』中 12조, 所幸天理之在人心, 終有所不可泯, 而良知之明, 萬占一日, 則其聞吾拔本塞源之論, 必有惻然而悲, 戚然而痛, 憤然而起, 沛然若決□河, 而有斷不可禦者矣 。非夫豪傑之士, 無所待而興起者, 吾誰與望乎?

53 「大學問」, 김흥호전집, 『양명학 공부』(2), 솔, 1999, 313쪽 이하.

54 이은선, 「유교와 그리스도교-그 만남의 필요성과 의미」, 『포스트모던 시대의 한국 여

성신학』, 분도출판사, 1997, 44쪽.

55 『傳習錄』下 312조 "我今信得這良知, 眞是眞非, 信手行去, 更不著些覆藏. 我今繞做得 箇狂者的胸次. 使天下之人, 都說我行不掩言也罷."

56 『傳習錄』中 179조, "是非之心, 不慮而知, 不學而能, 所謂 良知也. 良知之在人心, 無間 於聖愚, 天下古今之所同也, 世之君子, 惟務其良知, 則自能公是非, 同好惡, 視人猶己, 視國猶家, 而以天地萬物爲一體, 求天下無治" 不可得矣."

57 함석헌, 「한 배움」, 『함석헌 다시 읽기』, 504쪽.

58 함석헌, 「내가 겪은 관동대진재」, 같은 책, 171쪽.

59 함석헌, 「내가 맞은 8·15」, 같은 책, 304-306쪽.

60 함석헌, 『뜻으로 본 한국역사』, 324쪽.

61 같은 책, 68쪽.

62 같은 책, 323쪽.

63 함석헌, 「내가 맞은 8·15」, 『함석헌 다시 읽기』, 319쪽.

64 같은 글, 321쪽.

65 함석헌, 「기독교 교리에서 본 세계관」, 『함석헌 다시 읽기』, 467쪽.

66 같은 글, 475쪽.

67 같은 글, 479쪽.

68 함석헌, 「씨올의 설움」, 『함석헌 다시 읽기』, 527쪽.

69 같은 글, 529쪽.

70 같은 글, 530쪽.

71 『씨올에게 보내는 편지 2』함석헌 저작집 9권, 275쪽.

72 Mikhail Epstein, Alexander Genis, and Slobodanka Vladiv−Glover, *Russian Postmodernism : New Perspectives in Post-Soviet Culture*, NewYork/Oxford: Beghahn Books, 1999, in : Charles Taylor, *A Secular Age*, p. 533-535.

73 이은선, 「仁의 사도 함석헌 사상의 유교적 뿌리에 대하여」, 325쪽.

74 함석헌, 「하나님의 발길에 채어서 I」, 『함석헌 다시 읽기』, 133쪽.

75 함석헌, 「5·16을 어떻게 볼 것인가」, 『함석헌 다시 읽기』, 622쪽.

76 같은 글, 623쪽.

77 함석헌, 「옷을 팔아 칼을 사라」, 『함석헌 다시 읽기』, 548-549쪽.

78 『씨올의 옛글풀이』함석헌 저작집 24권, 457쪽.

79 같은 책, 458쪽.

80 같은 책, 463쪽.

81 같은 책, 25쪽.

82 같은 책, 28쪽.

83 같은 책, 30쪽.

84 『새 시대의 종교』, 함석헌 저작집 14권, 74쪽.

85 김세정, 『왕양명의 생명철학』, 청계, 2006, 189쪽 이하 참조.

86 함석헌, 『인간혁명의 철학』 함석헌전집2, 83쪽.

87 같은 책, 99쪽.

88 『뜻으로 본 한국역사』, 354쪽.

89 김조년, 「함석헌의 그리스도교 이해(1)」, 『함석헌 연구』제1권제1호, 2010 상반기, 씨
알사상연구원, 105쪽.

90 함석헌, 「나는 왜 『씨올의 소리』를 내나」, 『함석헌 다시 읽기』, 657-664쪽.

91 함석헌, 『인간혁명의 철학』, 80쪽.

92 함석헌, 『뜻으로 본 한국역사』, 362쪽.

93 함석헌, 「한 배움」, 『함석헌 다시 읽기』, 508쪽.

94 『씨올에게 보내는 편지 2』함석헌 저작집 9권, 213쪽.

제4장 포스트휴먼 시대에서의 인간의 조건

1 Zeynep Tufekci, "We were always Human", Neil L. Whitehead and Michael
Wesch(eds.), *Human no more-Digital Subjectivities, Unhuman Subjects and the End
of Anthropology*, University Press of Colorado, 2012, p.40.

2 *Ibid.*, p.34.

3 Hayle N. Katherine, *How We Become Posthuman : Virtual Bodies in Cybernetics,
Literature, and Informatics,* University of Chicago Press, 1999, in: Jennifer cool, "The
mutual Co−Construction of Online and Onground in Cyborganic", Neil L. Whitehead
and Michael Wesch, op.cit., p.26.

4 Zeynep Tufekci, op. cit., p.45.

5 리처드 J. 번스타인, 『한나 아렌트와 유대인 문제』, 김선욱 옮김, 아모르 문디, 2009,
226쪽.

6 프레드 달마이어, 『다른 하이데거』, 신충식 옮김, 문학과 지성사, 2011, 122쪽; Fred
Dallmayr, *The Other Heidegger*, Cornell University Press, 1993, p.67.

7 Neil L. Whitehead and Michael Wesch, op. cit., p.218.

8 윤노빈, 『新生哲學』, 학민사, 2010, 73쪽.

9 Hannah Arendt, "On the nature of Totalitarianism", *Essays in Understanding 1930-
1954*, Harcount Brace & Company, 1994, p.340.

10 Neil L. Whitehead, "are we there yet?", Neil L. Whitehead & Michael Weseh, op. cit.,
p.222.

11 이기상, 『글로벌 생명학-동서 통합을 위한 생명담론』, 자음과 모음, 2010, 151쪽 이하.

12 이정배,『없이 계신 하느님, 덜 없는 인간-다석신학의 얼과 틀 그리고 쓰임』, 도서출판 모시는사람들, 2009; 한병철,『피로사회』, 문학과 지성사, 2011.

13 Eugene H. Peterson, *Christ Plays in The Ten Thousand Places,* William B. Eerdmans Publishing Company, 2005, pp.37-39.

14 여기서 피터슨의 책 제목이 "그리스도는 수만 가지의 영역에서 활동하신다.(Christ Plays in Ten Thousand Places)라는 것임을 지적하고자 한다. 즉 영으로서의 하나님과 그리스도의 이해를 통해서 그는 실체론과 有의식에 빠져있는 현금의 기독교에 대해서 경종을 가하는 의미이다.

15 Charles Taylor, *A secular Age.* The Belknap Press of Harvard University Press, 2007, p.477.

16 Charles Taylor, *A secular Age.* pp. 507-508.

17 Charles Taylor, *A secular Age.* p.509.

18 Hannah Arendt, *The Origin of Totalitarianism*, A Harvest/HBJ Book, 1973, p.454.

19 Hannah Arendt, "What Remains? The Language Remains": A Conversation with Guenter Gaus, *Essays in Understanding 1930-1954*, p.12.

20 Matthew Bernius, "Manufacturing and Encountering "Human" in the Age of Digital Reproduction", Neil L. Whitehead & Michael Wesch, op. cit., pp. 49~87.

21 이반 일리치,『성장을 멈춰라-자율적 공생을 위한 도구』, 이한 옮김, 미토, 2004, 568쪽.

22 같은 책, 169쪽.

23 같은 책, 174쪽.

24 데이비드 케일리(대담 엮음),『이반일리치의 유언』, 이한 옮김, 이파르, 2010, 73쪽.

25 Rodney L. Taylor, *The religious Dimensions of Confucianism*, SUNY 1990, p.24.

26 윤노빈, 같은 책, 96쪽, 113쪽.

27 윤석산 주해,『동경대전』, 동학사, 2004, 71쪽; 이은선,「한국 페미니스트 신학자의 동학 읽기」,『한국 생물(生物) 여성영성의 신학』, 도서출판 모시는사람들, 2011, 141쪽.

28 Mikhail Epstein, Alexander Genis, and Slobodanka Vladiv−Glover, *Russian Postmodernism : New Perspectives in Post-Soviet Culture*, NewYork/Oxford: Beghahn Books, 1999, in : Charles Taylor, op. cit., pp. 533-535.

29 이기상, 같은 책, 151쪽.

30 『孟子』「公孫丑上」, 8.

31 박연규, "유가적 몸과 관계적 자아-경(敬)의 '거리두기(Distancing)의 관계성을 중심으로-",『양명학』제28호, 2011.04, 한국양명학회, 341쪽.

32 『論語』「子罕」4.

33 『孟子』「公孫丑上」8.

34 『論語』「述而」22.

35 이동준,「유가의 민도 정신과 문화교류의 방향」, 이동준 외,『동방사상과 인문정신』, 심산, 2007, 12쪽.

36 율곡,『聖學輯要』제 4「爲政」下, 제 3장 取善.

37 Hannah Arent, *The Origin of Totalitarianism*, A Harvest/HBJ Book, 1973, p.444.

38 『論語』「顏淵」1.

39 『論語』「顏淵」2.

40 『論語』「顏淵」3; 천병돈,「선진유가의 仁」,『양명학』제12호, 2004.08, 한국양명학회, 140쪽 이하 참조.

41 이진경, "주체와 도덕의 관점에서 본 조선후기 眞假 담론 I",『양명학』제31호, 2012. 4, 한국양명학회, 195쪽.

42 『孟子』「告子」上, 11.

43 『孟子』「盡心」上, 15.

44 John D. Caputo, *On Religion: Thinking in Action*, Routledge, 2001.

45 Charles Taylor, op. cit., p. 509 ff.

46 이황,『성학십도』, 이광호 옮김, 홍익출판사, 2001, 171쪽; 최중석,「인간의 주체적 진실성과 퇴계심학의 과제」, 이동준 등 24인,『동방사상과 인문정신』, 심산, 2007, 369쪽 참조.

47 이황,『성학십도』, 이광호 옮김, 188쪽.

48 『中庸』20장.

49 퇴계,『聖學十圖』,「仁說」下.

50 『周易』,「繫辭傳」下.

51 퇴계,『聖學十圖』,「敬齋箴」, 194쪽.

52 퇴계,『聖學十圖』,「敬齋箴」, 194쪽.

53 Michael C. Kalton, (ed.) *Yi Toegye, To become a sage - Ten Diagrams on sage Learning*, New York Columbia University Press, 1988.

54 김병일,『퇴계처럼』, 글항아리, 2012.

55 『小學』,「稽古」, "高柴, 自見孔子, 足不履影. 啓蟄不殺. 方長不折", 이동준 등 24인, 『동방사상과 인문정신』, 19쪽에서 재인용.

56 Elise Boulding, *Building a Global Civic Culture-Education for an Interdependent World*, Columbia University 1988, p.64.

57 Rosemary Radford Ruether, *Women and Redemption*, Fortress Press 2012, p.140

58 규장각 한국학 연구원 엮음,『조선 여성의 일생』, 글항아리, 2010, 206쪽.

59 이영춘 역,『국역:정일당유고』, 가람문학, 2002, 76쪽.

60 Michael Wesch and the Digital Ethnography Class of Spring 2009, "Anonymous, Anoniymity, and the End(s) of Identity and Groups Online", Neil L. Whitehead &

Michael Wesch, op. cit., p.96.

61 이정배, 「해석학의 주제로서 '자연과 성서'」, 『생태영성과 기독교의 재주체화』, 동연, 2010, 193~226쪽.

62 이연자, 『종가의 삶에는 지혜가 있다』, RHK 2012.

63 이은선, 「유교적 페미니즘, 페미니즘적 유교」, 『유교, 기독교 그리고 페미니즘』, 지식산업사, 2003, 231쪽 이하.

64 레티 러셀, 『공정한 환대』, 여금현 옮김, 대한기독교서회, 2012, 117~119쪽.

65 Matthew Bernius, Manufacturing and Encountering "Human" in the Age of Digital reproduction", Neil L Whitehead and Michael Wesch, op. cit., p.60

66 Donnah J. Haraway, *Simians, Cyborgs, and Women-The Reinvention of Nature*, Routledge, 1991, p.151.

67 Crista Grenholm, *Motherhood and Love-beyond the gendered stereotypes of theology*, trans. by Marie Taqvist, Eerdmans Publishing Company 2011, p.60.

68 *Ibid.*, p.188.

69 이연자, 『종가의 삶에는 지혜가 있다』, 404쪽.

70 프레드 달마이어, 「세계의 친구"로서 하이데거」, 『다른 하이데거』, 신충식 옮김, 315-316쪽.

71 『聖學十圖』, 「仁說」.

72 James Newton Poling and Hee Sun Kim, *Korean Resources for Pastoral Theology-Dance of Han, Jeong, and Salim*, Pickwick Publications, 2012, p.107.

73 이연자, 『종가의 삶에는 지혜가 있다』, 74쪽.

74 이사벨라 버드 비숍, 이인화 옮김, 『한국과 그 이웃나라들』, 2001, 이은선, 「21세기 한국 여성 리더십에서의 유교와 기독교」, 『한국 생물(生物) 여성영성의 신학』, 253쪽.

75 김병일, 『퇴계처럼』, 글항아리, 2012, 98쪽.

76 구술 허은, 기록 변창애, 『아직도 내 귀엔 서간도 바람소리가』, 정우사, 1996. 여기서 허은 여사는 어떻게 그녀가 만주 신흥무관학교의 설립자이고 상해 임정 최초의 국무령이었던 석주 이상룡의 며느리가 되어서 친정과 시집의 모든 사람들이 나라의 독립을 위해서 희생되어 가는 과정에서 딸로서, 며느리와 아내, 어머니로서 똑같은 투철한 애국의식을 가지고 그 어려운 삶을 같이 해왔는지를 잘 들려주고 있다.

77 이기상, 『글로벌 생명학―동서 통합을 위한 생명담론』, 184쪽.

78 이기상, 『글로벌 생명학―동서 통합을 위한 생명담론』, 165쪽.

79 윤노빈, 『新生哲學』, 104쪽.

80 윤노빈, 『新生哲學』, 302쪽.

1 한국여신학자협의회는 한국여성신학자들을 대변한다는 의식으로 최영실 공동대표를 핵심 저술자로 하여서 이러한 성명서를 마련하였고, 그것을 영문으로 번역하여 대회장에서 세계에서 온 손님들에게 널리 배포하고자 노력하였다. 당시 여신협 부스를 방문했던 많은 사람들이 남성신학자들에게서도 나오지 않은 한국측 성명서를 여성신학자들로부터 받아들고 감탄하는 모습을 지켜보는 것은 매우 흐뭇한 경험이었다. 그때 수고했던 이난희 사무국장, 그 자리에서 이 성명서를 접으면서 함께 했던 모두의 수고를 기억한다.

2 Natalie Maxson, *Journey for Justice-The Story of Women in the WCC,* WCC Publications, 2013, p.66.

3 *Ibid.*, p.78.

4 *Ibid.*, p.80.

5 Un-Sunn Lee, "Korean Feminist Spirituality of heavenly Life-giving mind-and-heart(天地生物之心) and the Future of Christian Spirituality(Life, Justice and Peace)", *Life Flowing through Korean Feminist Theology-The 10th WCC Assembly and Life · Justice · Peace*, Korean Association of Women Theologians, Dong Yeon, 2013, 33ff.

6 이은선, 『한국 생물(生物) 여성영성의 신학』, 「에큐메니칼 운동의 미래와 한국적 聖·性·誠의 여성신학-2013 WCC 부산 총회를 전망하며」, 도서출판 모시는사람들, 2011, 321-350쪽. 이 글은 원래 2010년 6월 한국 에큐메니칼 운동의 산증인인 박상증 목사 평전출판기념회 심포지엄에서 발표된 것이고, 이후 2010/겨울 『신학사상』 151집(111-150쪽)에 실렸던 것을 본인의 책에 넣으면서 제목에서 약간의 수정이 있었다.

7 〈함께 생명을 향하여: 기독교의 지형 변화 속에서 선교와 전도-WCC 선교와 전도에 대한 새로운 확언〉, WCC CWME(Commission on World Mission and Evangelism), 2012. Sep.05.

참고문헌

『論語』　　　　　　　　　『大學』　　　「大學問」
『孟子』　　　　　　　　　『東經大全』
『聖學十圖』　　　　　　　『聖學輯要』
『小學』　　　　　　　　　『傳習錄』
『靜一堂遺稿』　　　　　　『中庸』
『周易』　　　　　　　　　『霞谷集』

『국역윤지당유고(國譯允摯堂遺稿)』, 원주시, 2001.

『국역정일당유고(國譯靜一堂遺稿)』, 이영춘 역, 가람문학, 2002.

『신편 국역 하곡집』1, 2, 3, 4, 재단법인 민족문화추진회 옮김, 한국학술정보(주), 2007.

강성훈, 「랑시에르의 교육학 비판」, 『教育哲學研究』 제35권 제1호, 한국교육철학학회, 2013.03.

구술 허은, 기록 변창애, 『아직도 내 귀엔 서간도 바람소리가』, 정우사, 1996.

규장각 한국학 연구원 엮음, 『조선 여성의 일생』, 글항아리, 2010.

곽신환, 『주역의 이해-주역의 자연관과 인간관』, 서광사, 1990.

김교빈, 「하곡 리기론의 구조에 관한 연구」, 동양예문연구원/김교빈 편저, 『하곡 정제두』, 예문서원, 2005.

김경재, 「함석헌의 종교사상」, 『씨올의 소리』, 100호.

_____, 「종교시에 나타난 하나님 이해」, 씨알사상연구회 편, 『씨알 생명 평화-함석헌의 철학과 사상』, 한길사, 2007.

김길락, 「하곡 정제두의 심성론 연구」, 동양예문연구원/김교빈 편저, 『하곡 정제두』, 예문서원, 2005.

김낙진, 「정제두의 『중용설』에 나타난 반주자학적 경전 해석」, 동양예문연구원/김교빈 편저, 『하곡 정제두』, 예문서원, 2005.

김남이, 「姜靜一堂의 '代夫子作'에 대한 고찰-조선후기 사족여성의 글쓰기와 학문적 토양에 관한 보고서」, 『한국고전여성문학연구』11, 2005.

김미란, 「조선후기 여성사와 임윤지당」, 원주시/원주문화원, 『임윤지당의 생애와 사상』, 2001.

김병일, 『퇴계처럼-조선최고의 리더십을 만난다』, 글항아리, 2012.

김비환, 「아렌트의 '정치적 헌정주의'」, 홍원표 외, 『한나 아렌트와 세계사랑』, 인간사랑 2009.

김상준, 『맹자의 땀 성왕의 피-중층근대와 동아시아 유교문명』, 아카넷, 2011.

김세정, 『왕양명의 생명철학』, 청계, 2006.

김연재, 「생태역학에서 본 정제두의 생명미학」, 〈양명학과 지구, 생명 그리고 공생〉, 제7
  회 강화양명학 국제학술대회, 한국양명학회, 2010.

김영민, 「형용모순을 넘어서-두명의 조선 시대 여성성리학자」, 『철학』 제83집, 2005.

김옥희, 「류한당 권씨 〈언행실록〉에 관한 연구」, 『한국학보』 27, 일조각, 1982.

김은혜, 「한국 사회의 가족해체와 가족신학의 정립의 필요성」, 『한국여성신학』, 2012 여
  름 제75호 재수록.

김조년, 「함석헌의 그리스도교 이해(1)」, 『함석헌 연구』 제1권 제1호, 씨알사상연구원,
  2010.

김흥호, 『양명학 공부(2)』, 솔, 1999.

김흥호·이정배 편, 『多夕 유영모의 동양사상과 신학』, 솔, 2002.

노명식, 『함석헌 다시 읽기』, 책과 함께, 2011.

노버트 엘리아스, 『매너의 역사-문명화 과정』, 유희수 역, 신서원, 1995.

니콜라스 A. 베르댜예프, 『노예냐 자유냐』, 이신 옮김, 늘봄, 2015.

동양예문서원/김교빈 편저, 『하곡 정제두』, 예문서원, 2005.

데이비드 케일리(대담 엮음), 『이반일리치의 유언』, 이한 옮김, 이파르, 2010.

류승국, 『한국 사상의 연원과 역사적 전망』, 유교문화연구소 유교문화연구총서 10, 2009.

리처드 J. 번스타인, 『한나 아렌트와 유대인 문제』, 김선욱 옮김, 아모르 문디, 2009.

류영모 옮김, 박영호 풀이, 『마음길 밝히는 지혜』, 성천문화재단, 1994.

르웰린 보간리, 『생태영성-지구가 울부짖는 소리』, 김준우 옮김, 한국기독교연구소,
  2014.

레티 러셀, 『공정한 환대』, 여금현 옮김, 대한기독교서회, 2012.

메리 데일리, 『하나님 아버지를 넘어서』, 황혜숙 옮김, 이대출판부, 1997.

박무영, 「여성한시 창작의 실제 상황」, 이혜순 외, 『한국고전여성작가연구』, 태학사, 19
  99.

박연규, 「유가적 몸과 관계적 자아-경(敬)의 '거리두기(Distancing)'의 관계성을 중심으
  로-」, 『양명학』 제28호, 한국양명학회, 2011.

박연수, 「하곡 정제두의 지행일체관」, 예문동양사상연구원/김교빈 편저, 『하곡 정제두』,
  예문서원, 2005.

박용옥, 『한국 여성 근대화의 역사적 맥락』, 지식산업사, 2001.

박용운 외 지음, 『고려 시대사의 길잡이』, 일지사, 2007.

박혁, 「사멸성, 탄생성 그리고 정치-한나 아렌트에게 있어서 사멸성과 탄생성의 인간조건
  이 갖는 정치적 함의」, 『민주주의와 인권』, 2009년, 제9권2호, 5.18연구소.

변선환, 「비서구화와 제3세계 신학 특히 스리랑카의 알로이시우스 피에리스신부를 중심
  으로」, 『종교간 대화와 아시아신학』(변선환전집1), 변선환 아키브 편집, 한국신학

연구소, 1996.

사라 러딕,『모성적 사유-전쟁과 평화의 정치학』, 이혜정 옮김, 철학과 현실사, 2002.

서명석,「『심경부주』에 드러나는 경의 개념/작용/효과 그리고 그 너머의 교육적 메시지」,『교육철학연구』제34권 제4호, 한국교육철학학회, 2012.

사사키 아타루, 송태욱 옮김,『잘라라, 기도하는 그 손을 : 책과 혁명에 관한 닷새 밤의 기록』, 자음과모음, 2013.

서유경,「버틀러(J. Butler)의 '수행성 정치'이론의 정치학적 공헌과 한계」,『대한정치학회보』제19집 2호, 2011.10월, 대한정치학회.

생명평화마당 엮음,『생명과 평화를 여는 정의의 신학』, 동연, 2013.

송호근,『인민의 탄생-공론장의 구조변경』, 민음사, 2012.

신윤화/이한우외 편,『동아시아의 한류』, 전예원, 2006.

신재식,「함석헌의 씨알사상에서 진화론적 사유의 성격 조명」,『함석헌 연구』제2권 제1호, 2011 상반기, 씨알사상연구원.

알랭 바디우,『사도바울』, 현성환 옮김, 새물결, 2008.

유승국,「하곡 철학의 양명학적 이해」, 동양예문연구원/김교빈 편저,『하곡 정제두』, 예문서원, 2005.

윤노빈,『新生哲學』, 학민사, 2010.

이기동 편역,『大學·中庸 講說』, 성균관대학교출판부, 1991.

이기동,「유학의 세 요소와 한국 유학의 상생철학」,『생명과 화쟁』, 동연, 2010.

이기상,『글로벌 생명학 - 동서 통합을 위한 생명담론』, 자음과 모음, 2010.

이동수, "한국 사회에서의 법과 정치-공화민주주의 관점에서",『오늘의 동양사상』제17호, 2007 가을·겨울.

이동준 등 24인,『동방사상과 인문정신』, 심산, 2007.

이반 일리치,『성장을 멈춰라-자율적 공생을 위한 도구』, 이한 옮김, 미토, 2004.

이사벨라 버드 비숍,『한국과 그 이웃나라들』, 이인화 옮김, 2001.

이선경,「易의 坤卦와 유교적 삶의 완성-坤卦에 깃든 유교의 종교성과 인문정신을 중심으로」, 이동준 등 24인,『동방사상과 인문정신』, 심산출판사, 2007.

이숙인,「유교 가족 담론의 여성주의적 재구성」, 성균관대학교 유교문화원 교육·연구단 편,『여성의 발견, 동아시아와 근대』, 청아람 미디어, 2004.

이순형,『한국의 명문 종가』, 서울대학교출판부, 2000.

이신,『슐리어리즘과 영(靈)의 신학』, 이은선/이경 엮음, 동연, 2011.

이연자,『종가의 삶에는 지혜가 있다』, RHK, 2012.

이영춘,『강정일당-한 조선 여성 지식인의 삶과 학문』, 가람문학, 2002.

이영춘 역,『국역:정일당유고』, 가람문학, 2002.

이은선,『포스트모던 시대의 한국 여성신학』, 분도출판사, 1997.

이은선,『한국교육철학의 새지평-聖性誠의 통합학문적 탐구』, 내일을 여는 책, 2000.

_____,『유교, 기독교 그리고 페미니즘』, 지식산업사, 2003.

_____,『한국 여성조직신학 탐구--聖・性・誠의 여성신학』, 기독교서회, 2006.

_____,「朝鮮後期 女性 性理學者의 생애와 학문에 나타난 儒教 宗教性 探求-任允摯堂과 姜靜一堂을 중심으로」, 성균관대학교 한국철학전공 박사학위 논문, 2007.4.

_____,『잃어버린 초월을 찾아서-한국 유교의 종교적 성찰과 여성주의』, 도서출판 모시는사람들, 2009.

_____,『한국 생물(生物) 여성영성의 신학-종교 聖・여성 性・정치 誠의 한몸짜기』, 도서출판 모시는사람들, 2011.

_____,『생물권 정치학 시대에서의 정치와 교육-하나 아렌트와 유교와의 대화 속에서』, 도서출판 모시는사람들, 2013.

이정배,『없이 계신 하느님, 덜 없는 인간-다석신학의 얼과 틀 그리고 쓰임』, 도서출판 모시는사람들, 2009.

_____,『생태영성과 기독교의 재주체화』, 동연, 2010.

이진경,「주체와 도덕의 관점에서 본 조선후기 眞假 담론 Ⅰ」,『양명학』제31호, 한국양명학회, 2012.04.

이해영,「하곡 정제두 철학의 양명학적 전개」, 예문동양사상연구원/김교빈 편저,『하곡 정제두』, 예문서원, 2005.

이황,『성학십도』, 이광호 옮김, 홍익출판사, 2001.

자크 랑시에르,『무지한 스승』, 양창렬 옮김, 궁리, 2008.

장하준,『나쁜 사마리아인-장하준의 경제학 파노라마』, 이순희 옮김, 부키, 2007.

전목,『주자학의 세계』, 이완재/백도근 역, 이문출판사, 1989.

전혜성,『여성야망사전』, 중앙books, 2007.

정인재,『양명학의 정신』, 세창출판사, 2014.

정희진,「정희진의 어떤 메모」,〈한겨레신문〉, 2014.9.20, 2면.

존 D. 카푸토,『종교에 대하여-행동하는 지성』, 최생열 옮김, 동문선 현대신서.

줄리아 칭,『지혜를 찾아서-왕양명의 길』, 이은선 옮김, 분도출판사, 1998.

천병돈,「선진유가의 仁」,『양명학』제12호, 한국양명학회, 2004.08.

최중석,「인간의 주체적 진실성과 퇴계심학의 과제」, 이동준 외 24인.『동방사상과 인문정신』, 심산, 2007.

최재목,「咸錫憲과 陽明學」,『양명학』제32호, 2012.8.

크리스 메르코글리아노,『두려움과 배움은 함께 춤출 수 없다』, 공양희 옮김, 민들레, 2002.

크리스토퍼 레인,『만들어진 우울증-수줍음은 어떻게 병이 되었나?』, 이문희 옮김, 한겨레출판, 2009.

파커 J. 파머, 『비통한 자들을 위한 정치학-왜 민주주의에서 마음이 중요한가』, 김찬호 옮김, 글항아리, 2012.

프레드 달마이어, 『다른 하이데거』, 신충식 옮김, 문학과 지성사, 2011.

플라톤, 『메논』, 김안중 옮김, 『교사를 일깨우는 사유』, 이은주 엮음, 문음사, 2007.

〈페스티벌/도쿄2014〉초청작, 「몇 가지 방식의 대화들」, 2014.9.13-21, 아르코예술극장 소극장, 크리에이티브 VaQi, 팸플릿.

한국문화신학회 엮음, 『한류로 신학하기-한류와 K-Christianity』, 동연, 2013.

한국유교학회 엮음, 『유교와 페미니즘』, 철학과 현실사, 2001.

한나 아렌트, 『인간의 조건』, 이진우/태정호 옮김, 한길사, 2002.

_____, 『과거와 미래 사이』, 서유경 옮김, 푸른숲, 2005.

_____, 『전체주의의 기원』 1, 이진우/박미애 옮김, 한길사, 2006.

한명희 외, 『종교성, 미래교육의 새로운 패러다임』, 학지사, 2007.

한스 큉 · 줄리아 칭 지음, 『중국 종교와 그리스도교』, 이낙선 옮김, 분도출판사, 1994.

한완상, 「피로담론을 퍼뜨리는 이 땅의 '선장들'」, 〈한겨레신문〉, 9.11(목), 2면.

함석헌, 『뜻으로 본 한국역사』, 함석헌전집1, 한길사, 1986, 제11판.

_____, 『인간혁명의 철학』, 함석헌전집2, 한길사, 1986.

_____, 『함석헌저작집』 전30권, 한길사, 2009.

_____, 『씨올에게 보내는 편지 2』 함석헌 저작집 9권, 2009.

_____, 『새 시대의 종교』 함석헌 저작집 14권, 2009.

_____, 『씨올의 옛글풀이』 함석헌 저작집 24권, 2009.

한병철, 『피로사회』, 문학과 지성사, 2012.

Charles Taylor, *A secular Age*. The Belknap Press of Harvard University Press, 2007.

Crista Grenholm, *Motherhood and Love-Beyond the Gendered Stereotypes of Theology*, trans. by Marie Taqvist, Eerdmans Publishing Company 2011.

Donnah J. Haraway, *Simians, Cyborgs, and Women-The Reinvention of Nature*, Routledge, 1991.

Dorothy Ko · Jahyun Kim Haboush · Joan R. Piggott (eds.), *Women and Confucian Cultures-in Premodern China, Korea and Japan,* University of California Press 2003.

Elise Boulding, *Building a Global Civic Culture-Education for an Interdependent World*, Columbia University 1988.

Eugene H. Peterson, *Christ Plays in The Ten Thousand Places*, William B. Eerdmans Publishing Company, 2005.

Fred Dallmayr, *The Other Heidegger*, Cornell University Press, 1993.

Hannah Arendt, *The Origins of Totalitarianism,* New York and London: A Harvest/HBJ

Book, 1973.

Hannah Arendt, *The Life of the Mind*, Two/Willing, Appendix/Judging, NY&London: Yale University Press, 1982.

_____, *Between Past and Future*, NY: Penguine Books 1988.

_____, *Essays in Understanding 1930-1954*, Jerome Kohn (ed.), Harcourt Brace & Company 1994.

_____, "What Remains? The Language Remains": A Conversation with Guenter Gaus, *Essays in Understanding 1930-1954*, Harcount Brace & Company, 1994.

_____, *The Promise of Politics*, Schocken Books, New York, 2005.

Hans Jonas, *Das Prinzip Verantwortung*, Frankfurt am Main, Insel Verlag, 1983.

James Newton Poling and Hee Sun Kim, *Korean Resources for Pastoral Theology-Dance of Han, Jeong, and Salim*, Pickwick Publications, 2012.

Jean Bethke Elshtain, "Antigone's Daughters", Anne Phillips (ed.), Feminism and Politics, NY: Oxford University Press, 1998.

Julia Ching, *The Philosophical Letters of Wang Yang-ming*, tr. and ann, South Carolina 1972.

John D. Caputo, *On Religion: Thinking in Action*, Routledge, 2001.

Lee Un-sunn, "Confucianism and Development of Korean Women's subjectivity in the Twenty-first Century", *Madang-Internatinal Journal of Contextual Theology in East Asia*, Vol.18, 15th December 2012, Seoul, Korea.

Mikhail Epstein, Alexander Genis, and Slobodanka Vladiv-Glover, *Russian Postmodernism : New Perspectives in Post-Soviet Culture*, NewYork/Oxford: Beghahn Books, 1999.

Neil L. Whitehead and Michael Wesch(eds.), *Human no more-Digital Subjectivities, Unhuman Subjects and the End of Anthropology,* University Press of Colorado, 2012.

Rodney L. Taylor, *The religious Dimensions of Confucianism*, SUNY 1990.

Rosemary Radford Ruether, *Women and Redemption,* Fortress Press 2012.

Susan J. Hekmann, *Feminist Interpretations of Michel Foucault*, Pennsylvania State Univ. Press 1996.

Yi Toegye, *To Become a Sage-The ten Diagrams on Sage Learning*, trans., ed., by Michael C. Kalton, New York Columbia UNiversity Press, 1988.

찾아보기

다른 유교 다른 기독교

등록 1994.7.1 제1-1071
1쇄 발행 2016년 1월 31일

지은이 이은선
펴낸이 박길수
편집인 소경희
편 집 조영준
관 리 위현정
디자인 이주향
펴낸곳 도서출판 모시는사람들
        110-775 서울시 종로구 삼일대로 457(경운동 88번지) 수운회관 1207호
전 화 02-735-7173, 02-737-7173 / 팩스 02-730-7173

인 쇄 상지사P&B(031-955-3636)
배 본 문화유통북스(031-937-6100)
홈페이지 http://modl.tistory.com/

값은 뒤표지에 있습니다.
ISBN 979-11-86502-39-6   93210

이 도서의 국립중앙도서관 출판예정도서목록(CIP)은 서지정보유통지원시스템 홈페이지(http://
seoji.nl.go.kr)와 국가자료공동목록시스템(http://www.nl.go.kr/kolisnet)에서 이용하실 수 있습
니다.(CIP제어번호: 2015033213)